Esther Verhoef-Verhallen

ZIERVÖGEL-ENZYKLOPÄDIE

Esther Verhoef-Verhallen

ZIERVÖGEL-ENZYKLOPÄDIE

DÖRFLER

FAUNA & FLORA

© Rebo International b.v.
Internet: www.rebo-publishers.com
e-mail: info@rebo-publishers.com

© der deutschsprachigen Ausgabe: Edition DÖRFLER
im NEBEL VERLAG GmbH, Eggolsheim

Übertragung aus dem Holländischen: Dr. Michael Meyer
Umschlaggestaltung: Andreas Dorn

ISBN 3-89555-080-9

2 3 4 5   6 5 4 3

INHALT

1 Einleitung

Der Kauf

Was man vorher bedenken sollte ...

Bei Züchtern oder Tier- bzw. Vogelhändlern kann man schier unzählige Arten von Vogeln erwerben: Eine sieht schöner aus als die andere, so dass es Anfängern recht schwer fällt, angesichts dieser Fülle die richtige Wahl zu treffen. Jede Vogelart stellt ihre eigenen Ansprüche an Haltung und Futter. So gibt es neben eher anspruchslosen Spezies andere (und wesentlich zahlreichere), die ganz besonderer Pflege bedürfen. Bevor man einen Vogel nur wegen seines attraktiven Äußeren, Verhaltens oder Gesangs kauft, sollte man wissen, worauf es bei seiner Pflege und Fütterung im Einzelfall ankommt.
Einige Vogelarten – vor allem Papageien – erfordern viel persönliche Zuwendung. Andere können beträchtlichen Lärm erzeugen (was u.U. zu Problemen mit den Nachbarn führt) oder stellen besonders hohe Ansprüche an Unterbringung und Futter. Bestimmte Arten eignen sich hervorragend als Stubenvögel bzw. Heimtiere, während andere in großen, bepflanzten Volieren und in Gesellschaft von Artgenossen besser gedeihen. So hat eben jeder Vogel seine Eigenarten. Um Missgeschicken vorzubeugen, sollte man sich im Voraus gründlichst darüber informieren.

Ein Vogel als Hausgenosse

Unter den zahlreichen Vogelarten eignet sich ein großer Teil als Heimtiere. Zu den bekanntesten und beliebtesten Vertretern dieser Gruppe gehören verschiedenen Papageien und Kakadus, Beos, Wellensittiche, „Liebesvögel" (Agaporniden) sowie bestimmte Großsittiche. Die Entscheidung für die eine oder andere Art ist eine Frage des persönlichen Geschmacks: Mancher Liebhaber begeistert sich für das lebhafte Verhalten der Agaporniden, wogegen sich andere vom munteren Zwitschern und der Farbenpracht der Wellensittiche faszinieren lassen. An Papageien schätzt man vor allem ihr Nachahmungstalent. Falls Sie sich für gesellig veranlagte Vögel entscheiden, müssen

Links: Nicht alle Vögel sind einfach zu versorgen: die meisten Loris stellen hohe Ansprüche an ihr Futter

Fast alle Sittiche, Papageien und Kakadus sind gesellige Tiere, die Verhaltensstörungen zeigen, wenn sie zu wenig Zuwendung empfangen

„Bunte" Pfirsichköpfchen

sie bedenken, dass sie viel Zuwendung brauchen, wenn man ihr Vertrauen erwerben will. Insofern stellen alle Papageien und Kakadus durchaus ähnliche Ansprüche wie beispielsweise Hunde. Vernachlässigt man sie in dieser Hinsicht, kommt es leicht zu den unterschiedlichsten Verhaltensstörungen (beispielsweise Selbstverstümmelung, seelische Krisen usw.). Wer also nicht viel Zeit für sein Haustier hat und voraussehen kann, dass er wohl außerstande ist, diesem täglich – bei Großpapageien häufig 50 Jahre und länger – die nötige Pflege und Zuwendung zukommen zu lassen, sollte sich schon dem Tier zuliebe besser für eine andere Vogelart entscheiden. Dies gilt auch für voll Berufstätige. Wenn Sie trotzdem von diesen Vögeln fasziniert sind, aber nicht die nötige Zeit aufbringen können, bietet sich Ihnen immer noch die Möglichkeit, ein Pärchen der betreffenden Art anzuschaffen: Solche Tiere werden zwar in der Regel nicht ganz so zahm und lernen auch weniger gut sprechen, doch dürften echte Vogelfreunde diese Nachteile den Tieren zuliebe gern in Kauf nehmen. Neben den allgemein bekannten Papageien- und Sitticharten eignen sich auch einige Vertreter der Glanzstare ganz hervorragend als Heimtiere: der bekannteste unter ihnen ist wohl der Beo mit seinen Unterarten.

Nymphensittich

Der Rotkardinal ist ein hervorragender Sänger

Diese interessanten Vögel werden durchweg recht zahm und passen sich auch gut an ein Leben als Stubenvogel an. Obwohl der Beo als solcher vielen bekannt ist, dürften nur die wenigsten Menschen wissen, dass viele Beos weitaus bessere Stimmenimitatoren als so manche Papageien sind. Ihr großer Nachteil gegenüber den Letzteren besteht allerdings darin, dass sie ganz oft und reichlich dünnflüssigen Kot absondern – eine natürliche Folge ihrer Nahrung, die überwiegend aus Insekten und Obst besteht. Diese unerfreuliche Eigenart erfordert die tägliche Reinigung des Käfigs und seiner unmittelbaren Umgebung; überdies muss man ständig auf der Hut sein, wenn die Vögel frei im Zimmer fliegen. Allein „dank" ihrer lästigen Ausscheidungen sind diese interessanten, schönen Vögel weniger beliebt als Papageien und Sittiche.

Überlegungen beim Kauf eines Stubenvogels

Falls Sie sich also einen Vogel als Haustier anschaffen wollen, wählen Sie auf jeden Fall ein junges Tier. Hin und wieder werden im Handel zwar auch ältere Vögel angeboten, doch wenn diese nicht bereits an ein Leben in

Wer einen zahmen Vogel haben will, sollte ein junges Tier anschaffen

menschlicher Gesellschaft gewöhnt sind, ist die Gefahr groß, dass sie nicht so zahm werden, wie Sie es vielleicht gern hätten.

Bei vielen Sittichen und Papageien kann man das Alter am Schnabel ablesen, der bei Jungvögeln teilweise noch eine schwarze Färbung aufweist. Auch dunklere Augen – v.a. solche mit weißer oder rotbrauner Iris – deuten bei vielen dieser Arten auf ein jugendliches Alter hin. Allerdings gelten diese Faustregeln nicht immer. Wenn Sie sich mit Vögeln nicht gut auskennen, sollten Sie sich entweder beim Kauf von Experten begleiten und beraten lassen oder die Tiere ausschließlich aus zuverlässiger Quelle beziehen (bspw. von Mitgliedern bekannter Züchtervereine). Viele Papageien und Kakadus werden von Hand aufgezogen. Ein Vorteil dieser Methode besteht darin, dass solche Tiere von klein auf an Menschen gewohnt sind und sie deshalb als „Artgenossen" betrachten. Sie zeigen keinerlei Furcht und werden rasch auch mit ihrem neuen Besitzer vertraut. Allerdings hat dieses Verfahren einen großen Nachteil: Es kommt zu einem nachhaltigen Eingriff in das natürliche Brut- und Pflegeverhalten, so dass derart aufgezogene Vögel später häufig selbst Schwierigkeiten bei der Betreuung ihrer Nachkommen haben – sofern sie überhaupt ihre Artgenossen vorher

als solche erkennen ... Falls Sie daher mit ihren Tieren selber züchten wollen, sollten Sie lieber solche Vögel erwerben, die von ihren eigenen Eltern aufgezogen wurden.

Wie macht man einen Vogel zahm?

Junge, von Hand aufgezogene Vögel werden dabei selbstverständlich zahm, während andere weit mehr Zeit brauchen – wie viel, hängt jeweils von der Herkunft der Tiere ab: Bei Züchtern aufgezogene Vögel werden schneller zahm als Wildfänge. Letztere können bisweilen ihr Leben lang scheu bleiben, weil sie in ihrer Jugend zu viele traumatische Erfahrungen mit Menschen machen mussten.

Um einen Vogel zu zähmen, sollte man sich ihm (bzw. ihr) immer bedächtig nähern. Stellen Sie den Käfig in Kopfhöhe auf, so dass Sie sich beim Ansprechen des Vogels nicht darüber beugen müssen (das würde die meisten Tiere in Furcht versetzen). Reden Sie mit dem Vogel, wenn Sie ihm Futter oder Wasser reichen, und bieten Sie ihm dabei Leckereien an. Sprechen Sie dabei möglichst immer die gleichen Worte, damit das Tier Sie nach einer gewissen Zeit persönlich erkennt. Leckereien können bei der Zähmung eines Vogels wahre

Rotrückensittich, „meergrün"

Zahmer Nymphensittich

Wunder wirken! Geben Sie ihm jeden Tag ein wenig von den Körnern, die ihm besonders zusagen, und reden Sie ihm dabei beruhigend und freundlich zu. Drängen Sie ihm solche Leckerbissen nicht auf, sondern bieten Sie diese nur an. Wichtig ist aber auch, dass Sie dabei stets Ruhe bewahren und freundlich auf das Tier einreden. Früher oder später wird der Vogel seine Neugier nicht länger bezähmen können und die Leckereien annehmen. Hat er erst einmal Futter aus der Hand angenommen (wozu je nach Art wenige Tage bis einige Monate verstreichen können), kann man versuchen, ihn vorsichtig an Brust oder Kopf zu kraulen. Gehen Sie dabei immer behutsam vor und vermeiden Sie jede schnelle, ruckartige Bewegung! Wenn Sie die Hand aus Angst vor einem Biss panikartig zurückziehen, kann sich der Vogel darüber erschrecken und seinerseits zurückweichen.

Mit Hilfe seiner Lieblingsspeise können Sie ihn auch dazu bringen, sich auf Ihre Hand zu setzen: Halten Sie dazu eine Hand in Sitzhöhe des Vogels und die andere – mit dem Leckerbissen – etwas höher, so dass er die ihm nähere Hand als „Stufe" benutzen muss. Sobald er durch sein ruhiges, zutrauliches Verhalten zu erkennen gibt, dass er Ihnen vertraut, können Sie ihn ruhig auch aus dem Käfig lassen. Achten Sie aber immer darauf, dass Türen und Fenster, aber auch die Gardinen geschlossen sind! Verbannen Sie giftige Pflanzen aus dem

Graupapageien sind bei weitem die besten „Sprecher", aber auch sehr eigensinnig

Zimmer und sorgen Sie dafür, dass keine anderen Haustiere mehr im Zimmer sind, wenn der Vogel den Käfig verlässt. Sobald es Zeit wird, dorthin zurückzukehren, locken Sie ihn mit Futter an. Sollte das keinen Erfolg haben, müssen Sie ihn einfangen, doch sollte man dies tunlichst vermeiden, da das Tier auf diese Weise erneut verängstigt würde. Am besten werfen Sie blitzartig ein Handtuch über den Vogel, nachdem Sie das Zimmer verdunkelt haben. Wenn Sie dabei schnell genug vorgehen, hat er sich nicht an die Dunkelheit gewöhnt, so dass er Sie nicht mit dem Fang assoziiert ...

Sprachunterricht

Ein Vogel braucht nicht ganz zahm zu sein, um sprechen zu lernen, doch lernen solche Tiere schneller und besser. Es ist nicht besonders schwer, Vögel zum Nachsprechen von Worten zu bringen: Wenn Sie beispielsweise beim Füttern oder Tränken stets Worte wie „Leckeres Essen!" oder „Leckerbissen!" sagen, sollte ein guter „Sprecher" Sie irgendwann nachahmen. Einige Vögel assoziieren sogar bestimmte Worte mit den zugehörigen Vorgängen: Sie kombinieren etwa die Frage „Dusche gefällig?" mit einer Dusche aus der Pflanzenspritze und sprechen sie aus, wenn sie eine Abkühlung wünschen. Manche vermögen auch andere Arten von Lauten zu imitieren, etwa Hundegebell, das Läuten der Türklingel, das Summen oder Klingeln des Telefons, Husten und andere oft zu hörende Laute. Sehr gelehrige Imitatoren „singen" sogar kurze Liedfetzen nach. Wenn Sie Ihren Vogel sprechen lehren wollen, können Sie ihm auch regelmäßig Tonbandkassetten mit den gewünschten Liedern oder Worten vorspielen.

Katharinasittich, „himmelblau"

Wellensittich können sehr zahm werden; ihre Sprachbegabung ist sehr unterschiedlich ausgeprägt

Halsbandsittiche, Lutinos

Viele Tiere lernen auf diese Weise schneller sprechen. Allerdings klappt das nicht bei allen grundsätzlich „begabten" Arten. Viele Papageien lernen trotz größer Bemühungen ihrer Besitzer in vielen Jahren kaum mehr als eine Hand voll unverständliche Wortfetzen.

Erwarten Sie also nicht, dass sich Ihr frisch gekaufter Vogel automatisch zu einem perfekten Sprecher entwickelt. Neben viel Mühe und Zeitaufwand Ihrerseits spielt auch seine individuelle Veranlagung eine wichtige Rolle!

Volierenvögel

Beim Zusammenstellen der Vögel für eine Gemeinschaftsvoliere muss man einige Regeln beachten: Vor allem sollten sich die verschiedenen Arten gut miteinander vertragen. Grundsätzlich vergesellschaftet man „Krummschnäbel" (also Sittiche, Kakadus, Agaporniden und Papageien) nicht mit anderen Vögeln: Sie können scheuern, schwächeren Vogelarten unter Umständen das Leben gehörig schwer machen. Ausnahmen von dieser Regel bilden indes die friedfertigen Nymphensittiche und einige Neophema-Arten, die man ruhig auch zu kleineren Vögeln setzen kann. Sorgen Sie ferner dafür, dass auch genügend Platz für alle „Insassen" vorhanden ist. Manche Vögel legen zwar normalerweise großen Wert auf „Tuchfühlung" mit Artgenossen, doch gibt es

Junger Pennantsittich

Chinesische Zwergwachteln können in nahezu allen Volieren gehalten werden

Die für die Voliere bestimmten Vögel müssen sich gut miteinander vertragen

unter ihnen auch sehr „territoriale" Zeitgenossen, die namentlich zur Paarungszeit für erhebliche Unruhe sorgen können. Wenn Sie beispielsweise auf dem Boden der Voliere Wachteln halten wollen, sind andere Bodenbrüter unangebracht: Diese Arten würden einander zur Brutzeit zu sehr stören. Bedenken Sie ferner, dass unter Umständen auch die Futterplätze und Tränken im Revier ortstreuer Vögel liegen können, die keine anderen heranlassen würden. In jeder Gesellschaftsvoliere müssen aus diesem Grunde immer mehrere Fress- und Trinknäpfe, aber auch mehrere Nistkästen vorhanden sein. In diesem Buch

Rosella, „Cinnamon"

wird bei jeder einzelnen Art – soweit dies möglich ist – auf ihre spezifische (Un-)Verträglichkeit bzw. auf geeignete Mitbewohner hingewiesen. Vögel sind im Allgemeinen Individualisten. Nicht alle Vertreter von normalerweise recht friedlichen Arten sind gleich verträglich (beziehungsweise umgekehrt). Achten Sie immer auch auf die Eigenarten und Ansprüche der jeweiligen Spezies. Vögel, die ohne weiteres in Volieren mit unbeheizten Schlägen überwintern können, lassen sich durchaus mit von Natur aus wärmebedürftigen Arten vergesellschaften, aber das ist natürlich keine für beide Teile befriedigende Lösung.

Setzen Sie auch niemals Vögel, welche die Bepflanzung gern als Deckung nutzen, mit notorischen „Pflanzenfressern" zusammen. Beschränken Sie sich also am besten auf Arten mit möglichst ähnlichen Ansprüchen.

Wo kann man einen Vogel kaufen?

Erwerben können Sie Vögel in Zoofachgeschäften, auf speziellen Börsen, bei Fachhändlern, auf Fachausstellungen – und selbstverständlich auch direkt beim Züchter.

Wo Sie das im Einzelfall tun, hängt unter anderem davon ab, was Sie sich von ihrem Vogel erhoffen und um welche Art es konkret geht. Besonders beliebte Arten wie Sittiche, Zebrafinken oder Kanarienvögel findet man wohl in jedem Zoofachgeschäft, doch ausgefallenere Spezies, Farbschläge oder Zuchtformen wird man dort kaum jemals zu Gesicht bekommen. Eben solche Tiere braucht man jedoch, wenn man damit züchten oder Ausstellungen beschicken will: Die Maßstäbe, welche dort an das Aussehen gestellt werden, sind sehr hoch, und in einer durchschnittlichen Zoofachhandlung werden Sie kaum jemals derartige Exemplare antreffen. Folglich ist es weitaus sinnvoller, Kontakt mit den örtlichen Züchterverbänden aufzunehmen; ihre Mitglieder bzw. Funktionäre kennen in der Regel die Adressen von Züchtern der gewünschten Art(en). Außerdem können Sie natürlich auch große Ausstellungen besuchen, auf denen Sie die verschiedensten Arten und Farbschläge zu sehen bekommen und auch Kontakte zu deren Eigentümern und Züchtern knüpfen können. Die genauen Veranstaltungstermine und -orte lassen sich ebenfalls bei lokalen und nationalen Verbänden brieflich oder telefonisch erfragen; außerdem findet man sie natürlich auch in den einschlägigen Fachzeitschriften.

Augen auf beim Vogelkauf: Diesem Tier fehlen einige Zehenglieder

Bei Vögeln, die unter Stress stehen, kann es zu Pigmentstörungen kommen. Auch sonst lässt der Gesundheitszustand dieses Goldbrüstchens zu wünschen übrig

Worauf sollte man beim Kauf unbedingt achten?

Wann immer Sie einen Vogel in einem Fachgeschäft oder beim Züchter erwerben wollen,

Spezielle Farbschläge wie diese Schwarzwangen- und Orangebrust-Zebrafinken wird man kaum je in Fachgeschäften sehen

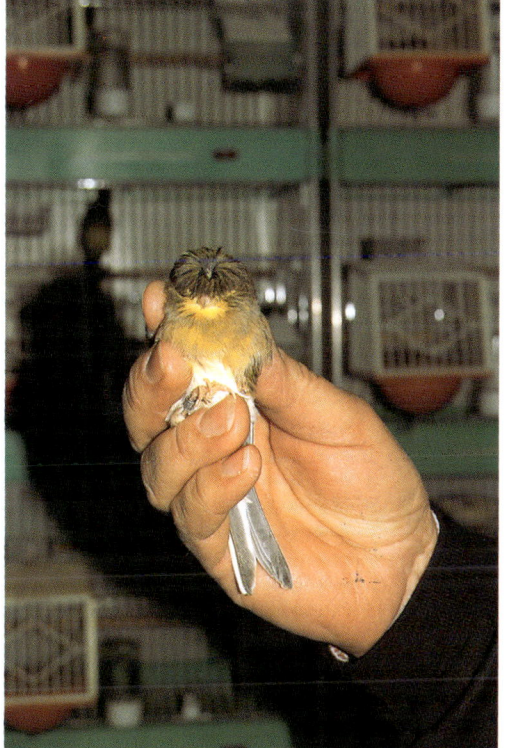

Haut. Je nach Art können verschiedene Krankheiten oder Beschwerden auftreten: Sie sollten die jeweiligen Symptome deshalb gut kennen. Daneben gibt es aber auch Erkrankungen, die nur schwer erkennbar sind. Deshalb sollten Sie ihre Vögel nur bei renommierten Händlern bzw. fachkundigen Personen kaufen. Falls Sie die Tiere zur Zucht anschaffen, empfiehlt sich der Kauf nicht verwandter Exemplare. Wählen Sie also nie Geschwister, sondern nur Abkömmlinge verschiedener Elternpaare. Verantwortungsbewusste Züchter sollten Ihnen daher nie blutsverwandte Vögel aufschwatzen.

Die Beringung

Sind die angebotenen Tiere gesund, werfen Sie auch einen Blick auf den Fußring: Alle bei Züchtern geschlüpften Vögel tragen solche Ringe, auf denen u.a. das Jahr verzeichnet ist, in dem sie geschlüpft sind. Solche Ringe darf man jedoch nicht mit den Markierungen verwechseln, die bei erwachsenen Tieren zur Unterscheidung der Individuen dienen. Bei unberingten Vögeln handelt es sich u.U. um illegale Importe bzw. Wildfänge aus dem

Gesetzlich geschützte Arten – wie dieser Birkenzeisig – müssen immer beringt sein

sollten Sie auf gewisse verdächtige Symptome achten. Studieren Sie zunächst das Verhalten des Tieres: Übertriebene Hektik ist ebenso verdächtig wie Apathie, aber auch bei Vögeln mit „stereotypen" Verhaltensweisen sollten Sie besser vom Kauf absehen. Das Gefieder sollte glänzen und fest anliegen, und der Vogel darf kein Anzeichen von Juckreiz oder ähnlichem Unbehagen zeigen – derartige Befunde deuten unfehlbar auf Außenparasiten hin. Achten Sie immer auch auf den Schnabel: er muss korrekt geformt sein. Bei einigen Arten verwächst er, so dass er nicht mehr ganz geschlossen werden kann. Nehmen Sie auch die Zehen in Augenschein: Häufig fehlt nach Streit oder Selbstverstümmelung eine oder mehrere; wenn solche Verstümmelungen auch im Grunde unschädlich sind, wirken sie doch entstellend. Kaufen Sie nie Vögel, die sichtbar nach Luft hecheln oder ihre Augen lange Zeit halb oder ganz geschlossen halten.

Nehmen Sie den Vogel in die Hand und untersuchen Sie seinen Analbereich: Er muss sauber sein und darf keine schmutzigen, verklebten Federn bzw. Kotreste aufweisen. Betasten Sie das Brustbein: Wenn es vorsteht, ist das ein ebenso bedenkliches Symptom wie ein geschwollener Bauch mit bläulich verfärbter

Ein fest sitzender Fußring gibt sichere Auskunft über Herkunft und Alter des Vogels

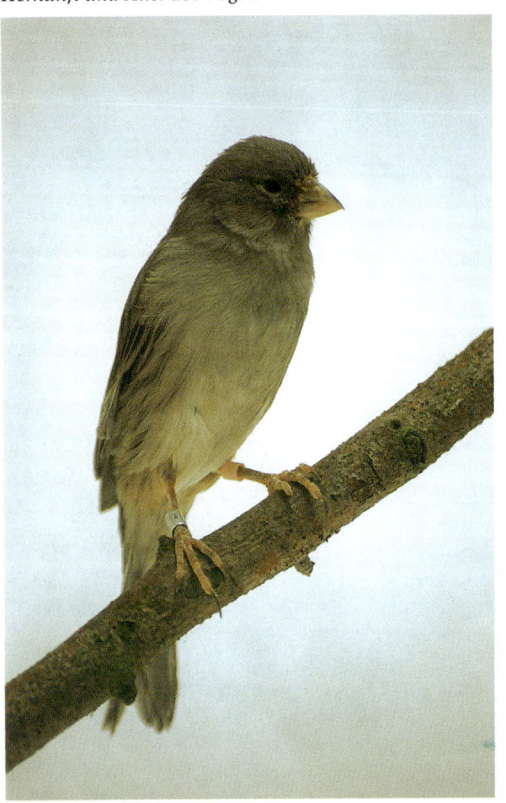

Inland. Wenn Ihnen unberingte Exemplare von Arten angeboten werden sollten, deren Haltung und Weitergabe nachweislich gesetzlichen Beschränkungen unterworfen ist, sollte eigentlich sofort die Alarmglocke klingeln. Allerdings deutet das Fehlen eines Ringes nicht unbedingt auf illegale Aktivitäten hin: Falls der betreffende Züchter kein Mitglied in einem Fachverband ist, kann er seine Tiere natürlich auch nicht beringen. In solchen Fällen handelt es sich in der Regel um Zufalls- bzw. Gelegenheitsnachzuchten. Es kann auch vorkommen, dass junge Vögel überraschend schnell wachsen und nicht mehr rechtzeitig ohne ernsthaften Stress beringt werden können. Prinzipiell ist bei Vögeln ohne Fußring immer erhöhte Aufmerksamkeit geboten.

Der Preis

Der Preis eines Vogels hängt von sehr unterschiedlichen Faktoren ab: Sehr seltene Arten sind in der Regel um ein Mehrfaches teurer als häufige. Wenn ihre Einfuhr gesetzlich verboten ist, das jeweilige Herkunftsland den Export unterbindet oder die Zucht sich sehr mühselig gestaltet, wirkt sich das ebenfalls negativ aus. Bei sehr begehrten Arten führt ein begrenztes Angebot bei gleichzeitig reger Nachfrage ebenfalls zu einem merklichen Preisanstieg. Dies ist regelmäßig der Fall, wenn neue Farbschläge

Jungtiere von leicht vermehrbaren und häufigen Arten sind durchweg recht billig zu erwerben

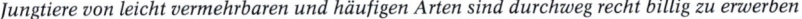

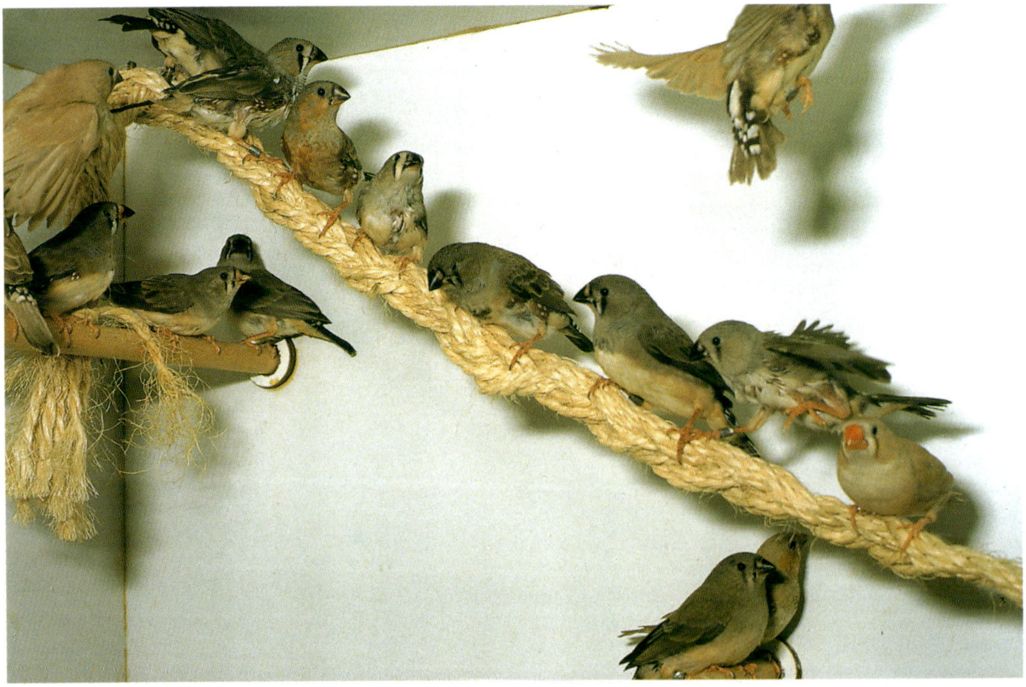

Seltenheit erhöht den Preis: Der Gelbflügelara zählt zu den teuersten Vögeln

Bergsittich

Rotrückensittich („Fallow")

auftreten. Auch das umgekehrte Phänomen lässt sich oft beobachten: Leicht vermehrbare, häufige Arten sind in der Regel recht billig. Ein sehr gutes Beispiel für dieses Phänomen ist der Zebrafink. Der Preis von Singvögeln hängt in der Regel stark vom Geschlecht ab: Die „singenden" Männchen sind begehrter als die Weibchen, welche eigentlich nur von Züchtern benötigt werden.

Schwarzkopfnonne

Viele Vogelarten stammen aus (sub-)tropischen Gebieten und brauchen deshalb eine beheizte Voliere

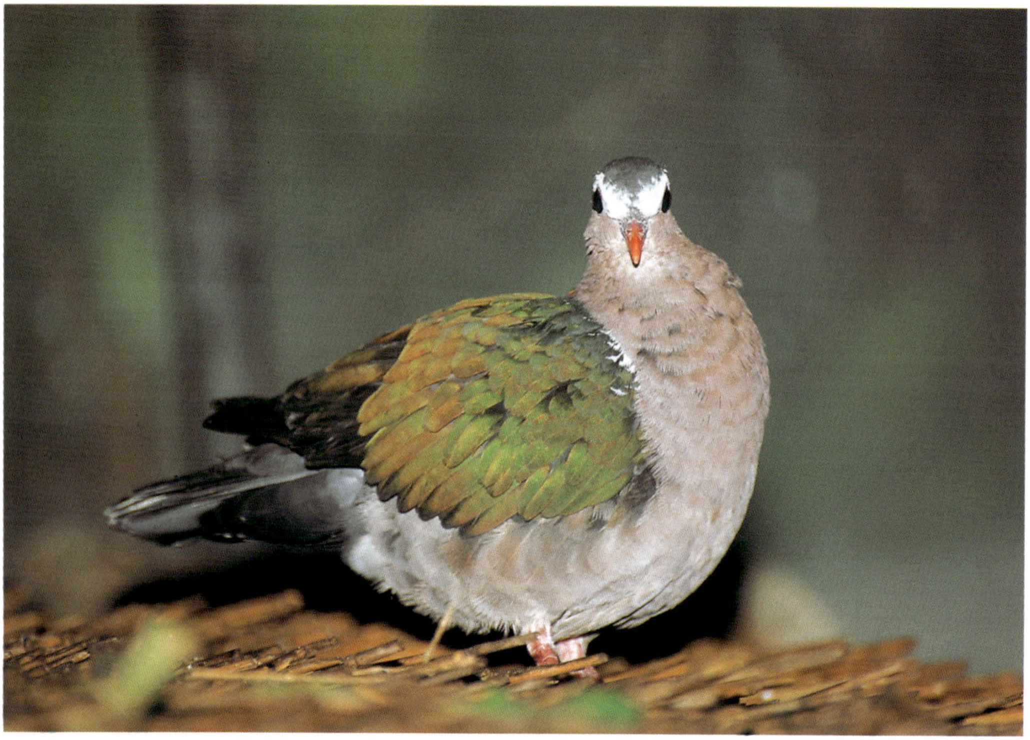

Der Preis kann auch saisonal schwanken: Im Herbst fallen die Preise in der Regel, weil dann aufgrund der sehr zahlreich vorhandenen Jungvögel meist ein Überangebot entsteht. Schließlich gibt es auch Vogelarten, die gezielt nach bestimmten Farbschlägen oder Körpermerkmalen gezüchtet werden. Perfekte Vertreter solcher Zuchtformen sind natürlich viel teurer als mit Mängeln behaftete.

Junge, noch nicht ausgefärbte Gouldamadine

Die Haltungstemperatur

Viele Vogelarten, die regelmäßig unsere Volieren und Käfige bevölkern, stammen ursprünglich aus (sub-) tropischen Regionen. Ihr Organismus ist daher auf deutlich höhere Temperaturen und eine höhere Luftfeuchtigkeit eingestellt, als unsere Breiten bieten können. Bei frisch importierten bzw. empfindlicheren Arten muss man sich zunächst auf ihre Ansprüche einstellen; das heißt, diese Vögel sollten am besten in einem beheizten Raum bei möglichst konstanter Wärme gepflegt werden. Auch Beleuchtung und Luftfeuchtigkeit müssen häufig der jeweiligen Art angepasst werden. Andere Vogelarten lassen sich den Sommer über gut in einer Außenvoliere halten, benötigen jedoch zur Winterszeit eine wärmere Rückzugsmöglichkeit für die Nacht. Hält man

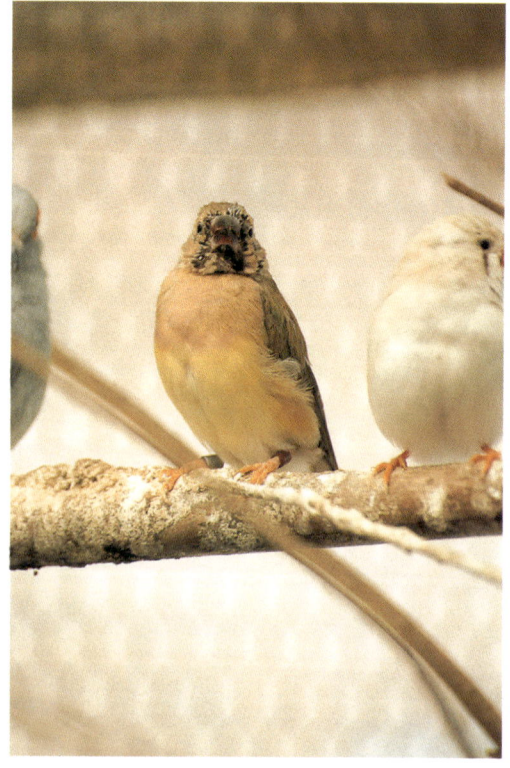

solche Vögel in zu kühlen Räumen, beginnen sie recht bald vor sich hin zu kümmern, und sie können schließlich sogar eingehen, wenn man nicht konsequent für rasche Abhilfe sorgt. Dies gilt aber nicht für alle (sub-) tropischen Arten: Zebrafinken und Wellensittiche – um nur zwei der bekanntesten Spezies zu erwähnen – werden bei uns schon derart lange als Stuben- oder Ziervögel gehalten, dass sie sich mittlerweile gut an die veränderten klimatischen Bedingungen angepasst haben. Dennoch muss man beim Eingewöhnen neu erworbener Vögel immer vorsichtig zu Werke gehen. Sie sollten

deshalb stets gut über die genaue Herkunft ihrer Tiere informiert sein: Es gibt beispielsweise Züchter, die ihre Gouldamadinen in Außenvolieren halten, wo sie auch den Winter zubringen.

Bestimmte Zuchtstämme nehmen bei dieser Haltungsform nach langfristiger Gewöhnung (und dank natürlicher Selektion) keinen Schaden. Allerdings werden die weitaus meisten Gouldamadinen in beheizten Innenräumen gepflegt. Wenn sie diese Art erwerben und anschließend in einer Außenvoliere halten wollen, müssen sie die Tiere natürlich bei einem Züchter kaufen, der sie ebenfalls im

Der rosa Bourkesittich ist ruhig und lässt sich recht einfach zähmen

Weiße Lachtaube

Freien hält. Dies gilt im Wesentlichen auch für alle weniger wärmebedürftigen Vogelarten.

Mit wenigen Ausnahmen reagieren (sub-)tropische Vögel recht empfindlich auf starke Temperaturschwankungen.

Informieren Sie sich deshalb beim Kauf gründlich darüber, wie die Vögel beim Vorbesitzer gehalten wurden, damit der Wechsel in Ihr Heim möglichst ohne abrupte Zäsur (mit fatalen Folgen) erfolgt.

Der Transport

Man kann Vögel – je nach ihrer Art und/oder Größe – auf die unterschiedlichste Art transportieren: Kleine bis mittelgroße Tiere werden meist in Pappschachteln verpackt; wenn die Fahrt zum Bestimmungsort nicht zu lange dauert, spricht nichts dagegen. Für mehrere Tiere oder Arten mit kräftigen Schnäbeln kann man spezielle Transportkäfige kaufen bzw. leihen. Bedenken Sie immer, dass Vögel beim Transport starkem Stress ausgesetzt sind – und zwar in umso höherem Maße, je stärker die äußeren Reize sind. Folglich verpackt man sie zum Transport am besten in dunklen Behältern, da sich die Tiere durchgängig ruhig verhalten, wenn sie wenig oder nichts sehen.

Eventuell können Sie den Transportkäfig in einen Karton packen. Natürlich sind auch beim Transport Temperaturschwankungen unbedingt zu vermeiden!

Die Eingewöhnung

Wenn Sie einen oder mehrere neu erworbene Vögel zusammen mit einer „etablierten" Gruppe in derselben Voliere pflegen wollen, sollten Sie die „Neulinge" zunächst einmal mehrere Wochen lang getrennt in einem geräumigen Käfig oder einer großen Voliere unterbringen. Falls die Tiere irgendwelche Krankheitssymptome zeigen, besteht in diesem Falle keine Ansteckungsgefahr.

Die Quarantäne allein stellt allerdings noch keine absolute Sicherheitsgarantie dar. Beim geringsten Zweifel zieht man grundsätzlich besser einen (möglichst auf Vögel spezialisierten) Tierarzt hinzu, um die Neulinge vor der endgültigen „Übersiedlung" zu behandeln. Gleichzeitig lässt sich während dieser Phase überprüfen, ob die Vögel bereitwillig fressen (und was sie im Einzelfall bevorzugen). Wird ein Vogel in einer großen, bereits besetzten Voliere freigelassen, ist aufmerksame Kontrolle unabdingbar. Fragen Sie den Züchter unbedingt, an welche Futtersorte bzw. -marke die

Diamantastrilde

Tiere gewöhnt sind. Der Wechsel in eine ungewohnte Umgebung ist schlimm genug: falls Sie nun auch noch seinen „Speiseplan" ändern, erkrankt der Vogel gewiss. Wenn er sich erst einmal eingewöhnt hat, können Sie ihm auch neue, ungewohnte Futtersorten anbieten. Tiere, die ihr ganzes Leben in eigenen (Brut-) Käfigen verbracht haben, lässt man innerhalb der Großvoliere zunächst noch für einige Tage in einem eigenen Käfig. Sie können sich so in Ruhe an das neue Umfeld gewöhnen; dann besteht kaum noch Gefahr, dass sie später in Panik gegen die Gaze fliegen. Einmal in die Voliere entlassen, muss der Neuling noch einige Tage aufmerksam beobachtet werden – es besteht immer die Gefahr, dass er von den „Alteingesessenen" nicht akzeptiert wird! Wenn Sie diese Regel beachten, können sie ggf. rechtzeitig eingreifen.

Schönsittiche

Dominikanerkardinal

Die Unterbringung

Volieren

Die Haltung in einer Außenvoliere bringt mehrere Vorteile mit sich. Sie ist vor allem eine „naturnahe" Methode, die besonders scheueren Arten sehr entgegenkommt. Man kann sie überdies nach Wunsch bepflanzen, und das natürliche Sonnenlicht übt im Wechsel der Jahreszeiten eine positive Wirkung auf den Prozess der Mauser sowie auf die Fortpflanzungsfreudigkeit aus. Nachteile sind allerdings auch zu verzeichnen: Beispielsweise können die Exkremente frei lebender Vögel in nicht überdachte Volieren gelangen, so dass Ihre Tiere unter Umständen mit ansteckenden Krankheiten infiziert werden. Außenvolieren versieht man prinzipiell vorbeugend mit einer festen, aber lichtdurchlässigen Bedachung, die noch genügend Sonnenlicht einfallen lässt. Sorgen Sie unbedingt für eine ausreichende Dachneigung, damit das Regenwasser immer gut abläuft! Die Voliere sollte so hoch sein, dass Sie bequem darin aufrecht stehen können.

Jede Voliere braucht unbedingt einen geschützten Standort, darf also weder Wind noch Regen ausgesetzt sein. Am besten richtet man sie daher nach Südosten oder Südwesten aus. Falls Sie scheuere Arten pflegen wollen, sollten Sie am besten eine ruhige Stelle als Bauplatz auswählen.

Die meisten Vogelarten benötigen separate Schläge für die Nachtruhe. Sorgen Sie dafür, dass diese von außen zugänglich sind, aber auch über eine Verbindungstür zur Voliere verfügen. Wegen der ständigen Fluchtgefahr sind Doppeltüren mit einer Art „Schleuse" von Vorteil. Diese Einrichtung verhindert, dass die Tiere zusammen mit Ihnen ins Freie entweichen können.

Das Baumaterial richtet sich im Einzelfall nach den Vogelarten, die Sie pflegen wollen. Aus Latten und Doppelgaze lassen sich durchaus

Eine sehr große und nicht alltägliche Voliere

Eine Überdachung hält Exkremente frei lebender Vögel fern, so dass sich die Gefahr von Wurminfektionen verringert

brauchbare Volieren für kleine Prachtfinken u.Ä. errichten, aber für Großsittiche oder Papageien reichen derartige Materialsorten nicht aus. Für solche Vögel fertigt man deshalb besser eine solide Rahmenstruktur an, und anstelle von Gaze kommen hier eher punktgeschweißte galvanisierte Gitter zur Anwendung. Alle möglicherweise den Schnäbeln ausgesetzten Holzteile verkleidet man zum Schutz mit Metallschienen oder -winkeln. Die Maschenweite der Gaze beziehungsweise des Gitters richtet sich dabei nach den kleinsten künftigen Insassen der jeweiligen Voliere. Bedenken Sie stets, dass Jungvögel kleiner als Erwachsene sind! Die Maschenweite der Gaze bzw. der Gitter darf aus diesem Grunde nie zu

Die Voliere muss immer an einer geschützten Stelle stehen

groß ausfallen. Das hölzerne Rahmenwerk muss auf einem gemauerten Fundament ruhen: Zwar können Sie Holzkonstruktionen auch auf der nackten Erde errichten, doch drohen sie dann zu vermodern, und außerdem ist es nicht immer möglich, die Konstruktion stabil im Boden zu verankern. Wenn die Voliere erst einmal steht, überprüfen Sie alle Elemente nochmals gründlich. Scharfe Kanten müssen abgefeilt und raue Holzoberflächen glatt geschliffen werden, um zu verhüten, dass sich die Vögel daran verletzen. Streichen Sie die Holzteile nur mit für die Vögel unbedenklichen Beizmitteln beziehungsweise Farben!

Der Schlag

Er wird am besten aus Stein oder auch – sofern es von hinreichend guter Qualität ist – aus Holz errichtet. Jeder Schlag muss sicher vor Zugluft sein und darf daher weder Spalten noch Löcher aufweisen. Manche Vogelarten ruhen am liebsten in einem Schlafnest; dazu kann man im Schlag bzw. in der Außenvoliere geschlossene oder halb offene Nistkästen aufhängen. In solchen Kästen sind die schlafenden Tiere auch vor Nachtfrösten und anderen Unbilden der Witterung geschützt. Zur Grundausstattung gehören auch einige solide Sitzstangen (tunlichst von unterschiedlicher Stärke, damit die Vögel selbst ihre Auswahl treffen können). Der Boden des Raumes muss sich leicht reinigen oder säubern und desinfizieren lassen. Beton bietet sich als hygienischste Lösung an, doch lassen sich auch Ziegelsteine gut verwenden. Bedecken Sie den Fußboden mit einer dicken Streu, damit die Exkremente nicht direkt auf den Estrich zu liegen kommen. Um den Vögeln den Zugang zum Schlag zu erleichtern, bringen Sie die Fluglöcher zur Außenvoliere in der richtigen Höhe an; sorgen Sie auch für geeignete „Landeplattformen". Alle Fluglöcher müssen sich mit Schiebern verschließen lassen. Manche Arten bleiben auch bei für sie eher ungünstiger Witterung lieber in der Außenvoliere. Solche Vögel lassen sich mit Futter in den Schlag locken, dessen Flugloch anschließend für die Nacht verschlossen wird.

Ist eine Bepflanzung grundsätzlich erforderlich?

Pflanzen sorgen nicht nur für einen schönen und natürlichen Eindruck, sondern bieten den Bewohnern der Voliere auch willkommene Deckungs- und Nistgelegenheiten. Manche Vogelarten halten sich gern in der Vegetation auf, während andere lieber die Freiräume auf-

suchen. Pflanzen Sie Sträucher, Kletterpflanzen und andere Gewächse so, dass die Vögel unbehindert durch die ganze Voliere fliegen können! In der Praxis heißt das, dass man große Sträucher an der Rückwand platziert, kleinere, in die Breite wachsende Arten (Bodendecker u.Ä.) hingegen im Mittelgrund. Als Schattenspender können Sie Kletterpflanzen über das Dach der Voliere ranken lassen. Allerdings sind Pflanzen nicht immer angebracht: Vor allem Großsittiche und Papageien

Holunderbeeren werden von vielen Vögel gern gefressen

Koniferen eignen sich hervorragend für Volieren: sie sind immergrün und bieten Deckung

Viele Vögel halten sich am liebsten in der Bepflanzung auf

Wenn man sie auf zu engem Raum hält, verfetten Prachtfinken sehr schnell

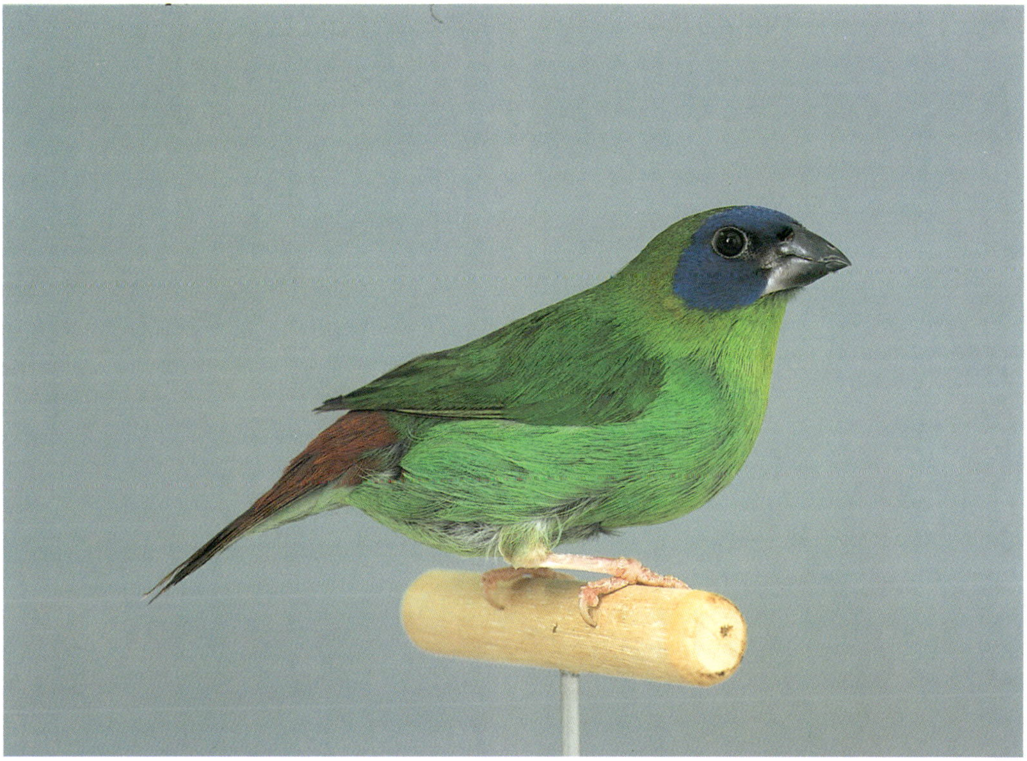

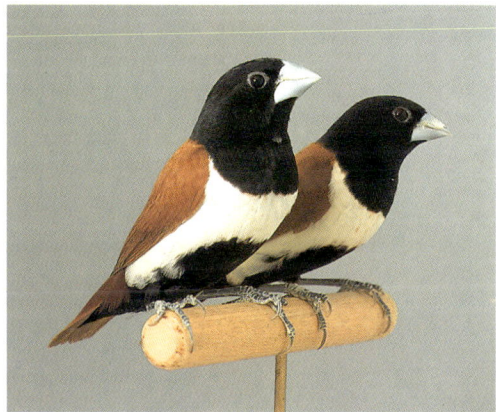

entfalten eine Zerstörungswut, die langfristig kein Gewächs übersteht. Diese Vögel klettern viel besser (und lieber) an kräftigen, aber „kahlen“ Kletterbäumen umher. Allerdings müssen auch in bepflanzten Volieren einige Sitzstangen vorhanden sein. Wählen Sie auf keinen Fall zu dünne Stärken: In diesem Falle wären die Zehen der Vögel bei Frost nicht vom Gefieder geschützt!

GEEIGNETE PFLANZEN UND STRÄUCHER

Nicht alle Pflanzen und Sträucher eignen sich für Volieren: Viele sind für Vögel giftig! Dies gilt bspw. für den Goldregen. Ohne weiteres kann man u.a. die folgenden Sorten verwenden:

- Holunder
- Koniferen
- Liguster
- Tanne
- Kiefer
- Efeu (Hedera helix)
- Ginster
- Wacholder
- Flieder
- Rose
- Distel
- Schmetterlingsstrauch
- Hainbuche
- Feuerdorn

Dreifarbennonnen

Käfige

Die Auswahl an Stubenkäfigen und Zimmervolieren ist unübersehbar. Wenn Sie den Kauf eines Käfigs ins Auge fassen, sollten Sie in erster Linie darauf achten, dass er groß genug ist. Zu kleine Käfige schränken die Bewegungsfreiheit der Vögel ein und motivieren sie nicht zur Bewegung oder zum Fliegen. In der Folge kann es zu verschiedenen Erkrankungen kommen, etwa zu schweren Verdauungs-

störungen, Verfettung und stereotypem Verhalten (z.B. Selbstrupfen). Bedenken Sie bei der Wahl des Käfigs nicht nur die Größe, sondern auch Schwanzlänge und Flügelspannweite! Ein Vogel wie der Nymphensittich ist zwar nicht besonders groß, doch sollte man wegen des langen Schwanzes einen hohen Käfig kaufen, Wenn man Beschädigungen der Federn vermeiden will. Im Allgemeinen sollte der Käfig breiter als hoch sein: Wenn man die Sitzstangen an den richtigen Stellen anbringt, kann der Vogel von einer zur anderen flattern oder hüpfen und so in guter Form bleiben. In schmalen, hohen Käfigen fehlt ihm diese Bewegungsfreiheit: er könnte allenfalls umherklettern, aber keinen Gebrauch von seinen Flügeln machen. Das Umherklettern an den Gitterstäben sagt allenfalls Papageien zu. Wenn Sie die Absicht haben, Ihr Tier zu zähmen und täglich einige Zeit frei im Zimmer fliegen zu lassen, darf der Käfig ruhig kleiner ausfallen. Bei den meisten Modellen bestehen alle Wände aus Gitterwerk, aber manchmal ist es sinnvoller, die Vögel in Käfigen zu halten, die nur an der Vorderfront mit Gittern versehen sind: sie eignen sich vor allem für scheuere Arten und Zuchttiere, denen die geschlossenen Seitenwände ein Gefühl der Sicherheit verleihen.

Die Gitterstäbe

Achten Sie beim Kauf des Käfigs darauf, dass die Gitterstäbe für die jeweilige Art ausreichend stabil sind! Dabei versteht es sich von selbst, dass sie bei Papageienkäfigen viel dicker sein müssen als bei solchen für Kanarienvögel. Auch der Abstand zwischen den Stäben (bzw. die Maschenweite der Gaze) spielt eine wichtige Rolle. Sind die Gitterstab-Zwischenräume oder die Maschenweite zu groß, können sich die Vögel hindurchzwängen oder ihren Kopf einklemmen. Kleine tropische Vogelarten gehören nicht in Käfige, die eigentlich für Agaporniden gedacht sind, wogegen sich die letztgenannten Vögel nicht für Papageienkäfige eignen. Aufgrund der zu dünnen Gitterstäbe bzw. der zu schwachen Metallgaze passen kräftige Großsittiche oder Papageien auch nicht in Käfige oder Zimmervolieren für kleine tropische Vögel oder Kanarienvögel – selbst wenn solche Käfige den Tieren an sich genug Platz bieten. Um Vergiftungen vorzubeugen, sollte man nur Käfige oder Zimmervolieren mit galvanisierten, verchromten oder gut lackierten Gitterstäben (nur bleifreie Farben!) wählen. Um Beschädigungen des Schwanzes zu vermeiden, sollten Sie abgerundeten Stäben den Vorzug vor geflochtener Gaze o.Ä. geben.

Blauer Halsbandsittich

Sittiche und ihre größeren Verwandten erfordern sehr stabile Drahtgaze

Die so genannte Doppelgaze ist stark genug für kleinere Finken und Prachtfinken

Blauer Pennantsittich

Achten Sie außerdem darauf, dass der Käfig keine spitzen bzw. scharfen Kanten oder Vorsprünge an Innen- und Außenseiten aufweist, an denen sich die Vögel verletzen könnten. Auch darf es keine Zierelemente geben, die unten spitz zulaufen: Aktive Kletterer könnten an den glatten Stäben abrutschen und sich zwischen den Kleinteilen einklemmen! Fast alle zu den Papageienartigen (Psittacidae) gehörenden Vögel klettern gern. Kaufen Sie deshalb nach Möglichkeit Käfige mit überwiegend horizontal angeordneten Gitterstäben. Vergessen Sie nie, dass diese Tiere sehr intelligent sind und sich als wahre Ausbrecher-

könige erweisen können! Bei Papageien und Kakadus kann man die Käfigtürchen zusätzlich mit einem Schloss sichern.

Die Sitzstangen

In jeden Käfig gehört mindestens eine, besser jedoch mehrere Sitzstangen. Bringen Sie diese niemals über den Fress- und Trinknäpfen an, da sonst leicht Exkremente hineinfallen können (aus dem gleichen Grund ordnet man sie auch nie übereinander an). Um den Bewegungsdrang der Vögel zu fördern, kann man die Stangen auf gleicher Höhe, aber in großem Abstand voneinander anbringen: das nötigt die Tiere, viel Kraft aufzuwenden, um von einer Stange zur anderen zu springen – was ihrer Verdauung und ihrem Allgemeinzustand sehr förderlich ist. Die Stärke der Stangen richtet sich nach der Größe der Käfiginsassen; sie darf weder zu dick noch zu dünn ausfallen. Falsch gewählte Stärken können zu überlangen Krallen führen und überdies die Vögel zu einer unnatürlich verkrampften Sitzhaltung zwingen, die erhebliche Schmerzen bereitet. Schon deshalb sollte man unterschiedlich starke Stangen anbieten: So wird der Vogel nicht

gezwungen, stets die gleiche Sitzhaltung einzunehmen. Als Material kommt am ehesten Holz in Frage. Plastikstangen sind zwar leicht zu säubern und entsprechend hygienisch, bieten aber weniger Angriffsfläche und nutzen daher die Krallen nicht so gut ab. Großsittiche und Papageien nagen gern alles Mögliche an – einschließlich ihrer Sitzstangen. Man kann sie dieser Neigung frönen lassen und die Stangen regelmäßig erneuern, aber stattdessen auch solche aus harten Holzarten wählen. Letztere reichen für eine viel längere Zeit. Alternativ kann man auch selbst Stangen aus Obstbaum- oder Weidenholz anfertigen: Derartige „Selbstbaustangen" sind von Natur aus unterschiedlich dick, so dass die Vögel die ihnen jeweils zusagende Stärke frei auswählen können. Zur sicheren Anbringung der Stangen gibt es in Fachgeschäften spezielle Halterungen in unterschiedlichen Größen. Ersetzen Sie solche Stangen regelmäßig durch „frische".

Futter- und Trinknäpfe

Material und Größe der Futter- und Trinknäpfe richten sich gleichfalls nach den Käfigbewohnern. Papageienartige Vögel knabbern gern an allem herum, also auch an den Futter- und

Die Stabilität der Fressnäpfe hat sich nach den jeweils gepflegten Vögeln zu richten

Trinknäpfen. Außerdem sind diese Tiere sehr kräftig und können Näpfe leicht umwerfen, wenn diese nicht ausreichend gut befestigt sind. Fress- und Trinknäpfe aus rostfreiem Stahl sind für diese Vögel sinnvoller als solche aus Plastik. Plastikausführungen eignen sich hingegen sehr gut für alle nicht knabbernden Arten. Es gibt sie in verschiedenen Farben, Abmessungen und Ausführungen. Mit Schutzkappen versehene Modelle verhindern, dass die Vögel allzu viele Körner (und deren leere Hülsen) herauspicken und auf den Boden des Käfigs fallen lassen. Kaufen Sie nur Näpfe mit gut abgerundeten Kanten, da sich ihre Vögel an scharfen Kanten oder Ecken verletzen könnten. Wichtig ist auch der richtige Standort der Näpfe: Für Papageien kann man die Schalen ruhig etwas höher im Käfig anbringen, am besten so hoch, dass die Vögel sich gehörig anstrengen müssen, um sie zu erreichen: auf diese Weise verschafft man ihnen Abwechslung und Bewegung. Stellen Sie die Näpfe nicht an Stellen auf, wo Exkremente hineinfallen können – also nie unter Sitzstangen bzw. möglichst hoch oben.

Badegelegenheiten

Im Fachhandel gibt es gebrauchsfertige Bade-häuschen, die man in die Käfigtür hängen kann. Sie sind ideal für kleine Arten wie Zebra-finken und Kanarienvögel, doch größeren und stärkeren Vögeln muss man andere Bade-gelegenheiten bieten. Die genannten Häuschen können nämlich von Starenvögeln oder Papa-geien leicht beiseite geschoben werden, so dass die Vögel aus dem Käfig ausbrechen. Außer-dem sind sie für diese Arten meist viel zu klein. Für größere Vögel schafft man als Badewanne besser eine große glasierte Keramikschale an.

Hinter Glas?

Im Fachhandel gibt es auch teilweise aus Glas oder Plexiglas bestehende Käfigmodelle, so ge-nannte „Vitrinenkäfige". Sie haben zwei große Vorteile: Einerseits kann man die Vögel ohne störende Gitterstäbe bewundern, andererseits bleiben Federn, Exkremente, leere Samen-hülsen u.Ä. im Käfiginneren. Allerdings haben diese Käfige auch verschiedene Nachteile: Bei warmem Wetter kann die Temperatur in einem Vitrinenkäfig zu hoch ansteigen. Das lässt sich am Verhalten des Vogels ablesen: Wenn es ihm zu warm wird, spreizt er die Flügel etwas vom Körper ab und sperrt den Schnabel auf.

Erhöhte Temperatur kann zusammen mit der verminderten Luftzirkulation beim Vogel auch zu Atembeschwerden und einem „verschwitzt" wirkenden Gefieder führen. Verhindern Sie das, indem Sie den Vitrinenkäfig an einer Stelle platzieren, wo er ausschließlich Abendsonne erhält.

Der Standort des Käfigs

Aus welchem Material der Käfig auch bestehen mag: er darf weder in der prallen Sonne noch an einem dunklen Platz stehen. Viel Licht ist für das Wohlbefinden der Tiere unerlässlich, und den meisten von ihnen tut ein wenig Abendsonne gut. Die meisten Vögel sitzen gern an erhöhten Plätzen, von denen sie ihre Umgebung übersehen können; außerdem fühlen sie sich dort sicherer. Deshalb sollten Sie den Käfig niemals auf den Boden stellen, sondern auf ein Tischchen oder einen Ständer. Wählen Sie jedoch auf keinen Fall einen Standort, an dem er bei geöffneten Türen oder Fenstern Zugluft ausgesetzt ist: Vögel sind dagegen äußerst empfindlich! Der Käfig darf ferner weder in der Küche noch in ihrer unmittelbaren Nachbarschaft stehen: Die Lungen von Vögeln reagieren empfindlich auf Giftstoffe. Vogelliebhabern ist bekannt, dass erhitzte Teflon-Pfannen Gase freisetzen, die Vögel – vor allem Papageien – sehr schnell töten können. Nur wenige Leute wissen jedoch, dass diese Gefahr auch von anderen

Zebrafink

Bandamadinen (wild- und isabellfarben)

Diese Grünflügeltaube nimmt in der Abenddämmerung ein Sonnenbad

Bratpfannen, Herden und Tischgrills ausgehen kann. Die Küche oder ein Platz in ihrer Nachbarschaft sind daher nicht gerade der geeignetste Standort für einen Käfig: Es ist sogar belegt, dass mehrere Zimmer von der Küche entfernt untergebrachte Vögel dennoch ihr Leben lassen mussten. Wachsamkeit ist hier oberstes Gebot!

Fütterung

Artgerechtes Futter

In freier Natur lebende Vögel können ihren Speisezettel selbst zusammenstellen. Je nach Jahreszeit und Nahrungsangebot vermögen sie

In freier Natur können Vögel ihr Futter selbst auswählen, so auch der Stieglitz oder Distelfink

so ihre Bedürfnisse zu befriedigen. In Volieren oder Käfigen ist ihnen keine vergleichbare Auswahl möglich: sie sind vollständig auf das angewiesen, was wir ihnen vorsetzen. Während frei lebende Vögel Genießbares und Ungenießbares instinktiv unterscheiden, geht diese Fähigkeit bei domestizierten Tieren oft langfristig nach und nach verloren. Auch aus Langeweile kann es dazu kommen, dass sie bisweilen für sie an sich ungenießbares oder sogar schädliches Futter fressen. Avocados beispielsweise sind unter anderem für Papageien und Kanarienvögel hochgiftig; dennoch kosten die meisten Vögel davon, wenn sie diese Früchte in ihren Käfigen oder Volieren vorfinden – mit möglicherweise fatalen Folgen. Viele Tiere bevorzugen fett- und eiweißreiche Futtersorten, und wenn wir sie dieser Schwäche ungehindert frönen lassen, verfetten sie sehr schnell – vor allem wenn eine derartige Ernährung mit einem Bewegungsmangel einhergeht. Deshalb muss man unbedingt für eine ausgewogene Ernährung sorgen, die den natürlichen Verhältnissen möglichst genau entspricht. Dabei muss man auch den sonstigen Haltungsbedingungen Rechnung tragen. Vögel in Zimmerkäfigen benötigen weniger Fette und Eiweiße als Artgenossen, die auch den Winter in Außenvolieren verbringen. Verdauungsstörungen – ein häufiges Gesundheitsproblem bei Vögeln – sind häufig nicht auf das Futter, sondern auf Bewegungsmangel zurückzuführen.

Volierenvögel fressen gern frische Sämereien

Volierenvögel fressen gern frische Sämereien

In Käfigen oder Volieren fressen Vögel praktisch alles, sogar ungeeignetes oder giftiges Futter

Während der Brutzeit brauchen Vögel speziell angepasstes Futter

Die Fütterung während der Brutzeit

Während der Brutzeit stellen Vögel andere Ansprüche an ihr Futter. Einige vorwiegend Körner fressende Arten bringen ihren Jungen dann ausschließlich Insekten, welche nun in ausreichender Menge vorhanden sein müssen. Auch Weichfutter u.Ä. haben sich in dieser Situation bewährt. Bei den meisten Körnerfressern stellt es in der Brutzeit eine wertvolle Bereicherung des Speisezettels dar. Viele Probleme, mit denen Züchter konfrontiert werden, lassen sich auf falsches Futter zurückführen. Die Tiere können zu reichlich gefüttert worden sein, oder es fehlt bspw. ein für die jeweilige Art unerlässlicher Bestandteil der Nahrung. Zu den weiteren Problemen gehören nicht schlüpfende Jungvögel, mangelnde Fürsorge der Eltern, das verfrühte Absetzen eines neuen Geleges (zu einem Zeitpunkt, an dem die Jungen aus dem ersten noch nicht selbständig für sich sorgen können) und das völlige Ausbleiben von Zuchterfolgen. Oft wirkt sich eine falsche Fütterung schon aus, bevor die Vögel zu brüten anfangen. Wenn die Zuchttiere nicht im besten Zustand sind, gehen sie in allenfalls mäßiger Verfassung ans Fortpflanzungsge-

schäft. Selbst wenn die Jungen schon „auf eigenen Füßen stehen", benötigen die Eltern noch Extrafutter: Da sie viel Kraft investiert haben, brauchen sie zusätzliche Nahrung, um wieder zu Kräften zu kommen. Die Bedeutung der richtigen Fütterung darf daher nicht unterschätzt werden.

Ein Naturprodukt

Die verschiedenen Arten von Körnerfutter stammen aus aller Herren Länder, die meisten jedoch aus Regionen südlich des Äquators. Alle Getreide sind Naturprodukte, deren Qualität von Witterungseinflüssen abhängt. Die Ernte kann schlecht ausfallen; heftige Niederschläge oder Dürreperioden beeinflussen u.U. die Entwicklung der Pflanzen und ihrer Samen, so dass die Qualität des Saatgutes häufig wechselt. Die Fabrikanten von Mischfutter haben darauf keinerlei Einfluss. Sie können sich allenfalls bemühen, nur hochwertige Produkte zu erwerben und gegebenenfalls auf andere Lieferländer ausweichen, wenn die Ernte zu gering oder minderwertig ausfällt. Die einzelnen Saatgutarten werden in großen Ballen angeliefert und treffen nach verschie-

Bindenastrild

Sämereien sind Naturprodukte, deren Qualität wechseln kann

Pflanzensamen sind „lebende" Produkte: Ihr eigentlicher Daseinszweck besteht darin, zu keimen und schließlich zu einer neuen Pflanze zu werden. Unter bestimmten Bedingungen – etwa bei zu hohen Temperaturen und zu hoher Luftfeuchtigkeit – können sie sehr schnell anfangen zu schimmeln. Deshalb müssen sie in trockenen Räumen gelagert werden, am besten möglichst kühl und dunkel. Falls Sie nur wenige Vögel pflegen, empfiehlt es sich, immer nur Kleinpackungen zu kaufen. Bei zu langer Lagerung lässt die Qualität nach (bis zum Verderben).

Neben reinen Körnerfressern gibt es auch Vogelarten, die sich ganz oder teilweise von Insekten und Früchten ernähren. Für sie gibt es spezielle Futtermischungen, die u.a. getrocknete Insekten, aber auch Dörrfrüchte und -beeren enthalten. Auch hier gilt es, das Futter kühl und trocken an einem möglichst dunklen Ort zu lagern; außerdem sollten Sie keine unnötig großen Mengen kaufen. Achten Sie beim Kauf auf glänzende Ware: Vogelfutter darf weder muffig noch staubig riechen (und erst recht nicht verschimmelt sein).

denen Zwischenstationen schließlich beim Mischfutterhersteller ein. Dort werden sie zunächst gründlich gesiebt und gereinigt und schließlich in der jeweils gewünschten Kombination gemischt. Das Futter hat also schon einen langen Weg zurückgelegt, bevor Sie es schließlich kaufen.

Bei weitem die meisten Käfig- und Volierenvögel sind Körnerfresser

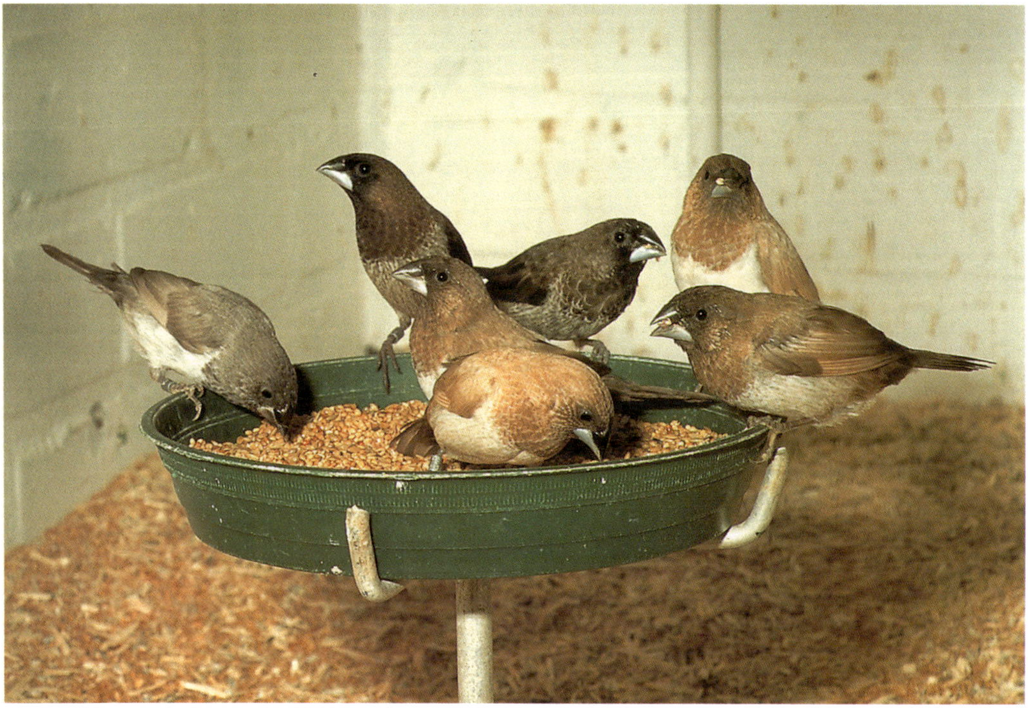

Körnerfresser

Die größte – aber auch beliebteste – Gruppe unter den Stuben- und Ziervögeln sind die Körnerfresser. Diese Arten ernähren sich vorwiegend von Saaten, fressen aber auch Früchte, Insekten, Weichfutter und Grünfutter. Früchte und Grünfutter enthalten lebenswichtige Nährstoffe, doch kann ein Übermaß hier zu Problemen führen: Die Vögel erkranken eventuell u.a. an Diarrhö. Man kann also ruhig Grünfutter reichen (es ist sogar durchaus gesund), aber immer mit Maß! Vor allem während der Brutzeit dürfen Körnerfresser ihren Jungen gern ab und zu Weichfutter und Insekten geben. Um zu verhindern, dass sie dieses Futter nicht als solches erkennen (und folglich nicht an ihre Jungen weitergeben), müssen Sie es ihnen schon lange vor der Brutzeit regelmäßig anbieten.

Weichfutter können Sie gebrauchsfertig in Zoofachgeschäften kaufen: Es ist ein wichtiges tägliches Beifutter der meisten Körnerfresser. Seinen wahren Wert zeigt es vor allem vor, während und nach der Brutsaison. Hier gilt im Übrigen das Gleiche wie bei Grünfutter und Obst: Reichen Sie es nur in Maßen! Der Vogel muss sich vor allem von Sämereien ernähren und darf erst in zweiter Linie auch etwas Grünfutter, Insekten und Weichfutter zu sich nehmen, um eventuelle Mängel auszugleichen.

Kanarienvogel

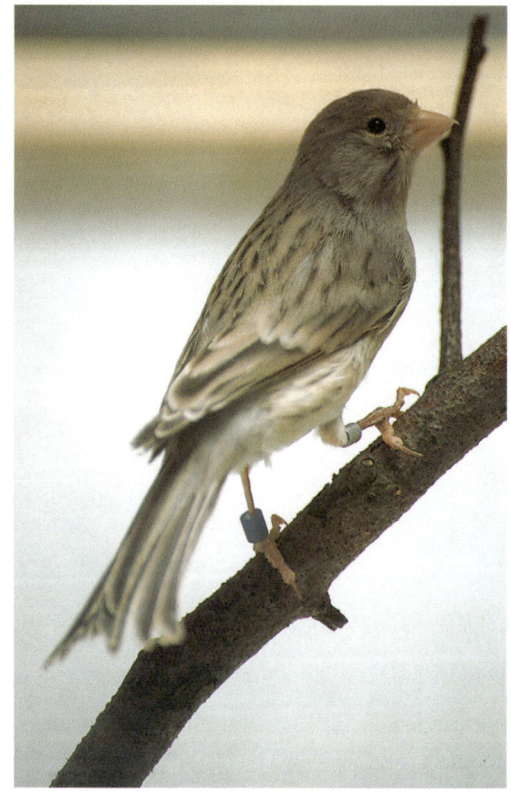

VERSCHIEDENE KÖRNERMISCHUNGEN FÜR AGA- PORNIDEN UND GROSSSITTICHE

Neophema-Saat

Körnermischungen für Großsittiche

Körnermischung für Agaporniden

VERSCHIEDENE KÖRNERMISCHUNGEN FÜR PAPAGEIEN UND KAKADUS

Sonnenblumenkerne werden vor allem von Großsittichen und Papageien gern gefressen, sind aber sehr fett

*Ungeschälte Erdnüsse kann man in Maßen an Papageien
verfüttern; im Übermaß fördern sie die Verfettung*

**VERSCHIEDENE KÖRNERMISCHUNGEN FÜR EU-
ROPÄISCHE WILDFÄNGE UND NACHZUCHTEN**

*Wildkräutersamen sind ein wichtiger Futterbestandteil
für europäische Nachzuchtvögel*

VOLIEREN-KÖRNERMISCHUNG

*Kolbenhirse ist nahrhaft und vertreibt bei allen kleinen
und mittelgroßen Vögeln die Langeweile*

Die Rationierung

Die verschiedenen Saaten werden dem Vogel als Mischung angeboten, damit er möglichst viele unterschiedliche Eiweiße und andere Nährstoffe aufnimmt, die er für sein Wohlergehen benötigt. Manche Vögel zeigen eine große Vorliebe für eine bestimmte Saatenart, die sie am liebsten ausschließlich fressen würden. Allgemein bekannt ist die Vorliebe vieler Papageien für Sonnenblumen- und Pinienkerne, zwei überaus fettreiche Samenarten. Wenn man sie diesen Vögeln ohne Einschränkung anbietet, fressen sie schließlich nichts anderes mehr. Von ausgewogener Zusammenstellung der Nährstoffe kann dann natürlich keine Rede mehr sein. Es kommt zu Mangelerscheinungen, und die Gesundheit der Tiere lässt bald nach. Als vorbeugende Maßnahme kann man die Körnermischung immer streng rationiert anbieten: Auf diese Weise erhält der Vogel täglich nur das, was er braucht – und

nicht mehr. So besteht nie die Gefahr, dass er sich einseitig ernährt. Wie viel er im Einzelfall braucht, hängt von verschiedenen Faktoren ab, z.B. der Temperatur, der Aktivität, der Zucht, der Mauser usw. Es empfiehlt sich grundsätzlich, erfahrene Züchter der jeweiligen Art um Rat zu fragen. Es gibt auch spezielle Vereine, in denen sich Liebhaber einer bestimmten Vogelart oder -gruppe zusammengeschlossen haben. Auch hier kann man sich nach Zusammensetzung oder Menge des Futters für seine Vögel erkundigen.

Warum Magenkiesel und Grit so wichtig sind

Körnerfresser zeichnen sich durch ein besonderes Verdauungssystem aus. Im „Kaumagen" werden die Körner zerkleinert, so dass sie anschließend leichter zu verdauen sind. Dazu braucht

der Vogel jedoch scharfkantige „Magenkiesel"; ohne solche Steinchen im Kaumagen kann der Vogel die Körner nicht zerkleinern. Diese scharfkantigen Gebilde verbleiben auch nicht für alle Zeiten im Kaumagen: Ihre Kanten werden nach und nach abgeschliffen, bis sie der Vogel die Steinchen schließlich wieder ausscheidet. Er nimmt dann erneut „frische" Kiesel auf, um den entstandenen Verlust auszugleichen. Folglich müssen Sie immer dafür sorgen, dass er bei Bedarf welche vorfindet. In Fachgeschäften können Sie sowohl spezielle Magenkiesel als auch Grit-Mischungen kaufen. Letztere haben den Vorteil, dass sie neben verdaulichem

Grit unter anderem auch Holzkohle enthalten. Solchen Mischungen sollten Sie immer den Vorzug geben: Der Vogel kann so die Bestandteile auswählen, die er braucht. Selbstverständlich muss die Körnung dieses Produkts auf die Größe des Vogels abgestimmt sein: Bei kleinen Vogelarten ist sie feiner als bei Papageien.

Obst, Grünfutter, Beeren und Wildkräuter

Grünfutter jeglicher Art wird von fast allen Vögeln gern gefressen: bei einigen bildet es einen

Frisches Obst ist ein wertvolles Futter für viele Frucht fressende Vogelarten

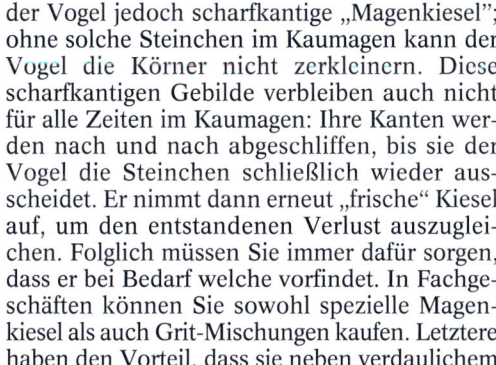

Prachtlori, „Gelbmantel"

Königsglanzstar

unerlässlichen Bestandteil ihrer täglichen Nahrung, bei anderen nur einen Zusatz. Sie können es selbst im Freiland „ernten", doch hat dies u.U. schwerwiegende Nachteile: Kräuter und Früchte können bspw. durch Emissionen der Schwerindustrie, Autoabgase oder Pflanzenschutzmittel erheblich belastet sein. Wer viele Vögel hält, zieht Grünfutter deshalb im Garten oder auf dem Balkon, um für einwandfreie Qualität zu sorgen. Wenn Sie Grünfutter reichen, sollten Sie sicherstellen, dass es nicht welk, faul oder gar verschimmelt ist. Unverzehrte Reste müssen noch am gleichen Tag beseitigt werden. Obst wird gründlich gewaschen und klein geschnitten angeboten.

GEEIGNETE GRÜNFUTTER- UND OBSTSORTEN
Die nachstehenden Grünfutter- und Obstsorten kommen als Nahrung in Frage: süße Äpfel, Birnen, Bananen, Weintrauben, Apfelsinen, Mandarinen, Papayas, Datteln, Feigen, Aprikosen (gedörrt und frisch), Ananas, Rosinen und Korinthen, Möhren, Tomaten, Maiskolben, Sellerie (in Maßen). Verfüttern Sie auf keinen Fall Avocados: sie sind für viele Vogelarten Gift!

GEEIGNETE BEERENSORTEN
Folgende Beeren bzw. Strauchfrüchte können verfüttert werden: Brombeeren, Himbeeren, die Früchte von Feuerdorn, Holunder, Berberitze, Vogelbeere, Rose und Weißdorn.

BEISPIELE FÜR GEEIGNETE GRÜNFUTTERSORTEN
Als geeignetes Grünfutter stehen u.a. die folgen-
den Sorten zur Auswahl: Vogelmiere, Kleiner
Huflattich, Hirtentäschel, Flöhkraut (Samen und
Blüten), Kreuzkraut, Wegerich, Sauerampfer,
Tausendblatt, Löwenzahn, Gartenkresse, ver-
schieden Grassamen, Nachtkerze, Maidistel.

Insekten- und Fruchtfresser

Für Insekten und Fruchtfressende Vogelarten
kann man in Fachgeschäften verschiedene gebrauchsfertige Futtermischungen kaufen: In jeder Tierhandlung kann man Ihnen mit Universalfutter, Beo-Körnern sowie Frucht- und
Insektenpasteten weiterhelfen. In bestimmten
spezialisierten Fachgeschäften gibt es auch Spezialfutter für Loris und Nektargetränke. Die genannten Produkte dienen als Grundnahrung.
Zur ausgewogenen Ernährung reichen sie
ebenso wenig aus wie Saatmischungen für Körnerfresser. Sie müssen Ihren Vögeln daher – je
nach Art – regelmäßig bis täglich frisches Grünfutter und/oder lebende Insekten anbieten.
Was Insekten angeht, können Sie selbst auf die
Jagd gehen, und Volierenvögel dürften regelmäßig selbständig verirrte Kerfe erbeuten, die
von in der Voliere blühenden Pflanzen ange-
lockt werden. Der Nachteil von Insekten und
anderen in der freien Natur eingefangenen Fut-
tertieren besteht darin, dass sie Krankheitserre-
ger beherbergen können. Dies gilt in hohem
Maße auch für Regenwürmer. Aus diesem
Grund ist es oft günstiger, auf kommerziell gezüchtete Futtertiere aus Fachgeschäften zurückzugreifen. Nicht alle Futtertiere eignen sich
für jede Insekten fressende Vogelart: Kleineren
und jungen Vögeln sollte man besser weichere
Insekten anbieten.

Insektenpastete

Paddyreis ist ein ideales Zusatzfutter für Vögel wie den Reisfinken

Mehlwürmer

Zedernkerne

Getreideschimmelkäferlarven

Mauserhilfe

Als Futtertierinsekten und sonstige Eiweißquellen für Volierenvögel eignen sich u.a. folgende Insekten und Wirbellosen: Heimchen, Heuschrecken, Käfer, Spinnen, Mehlwürmer, Getreideschimmelkäferlarven, Fliegenmaden, Obstfliegen, Blattläuse, Regenwürmer, Mückenlarven und Wasserflöhe.

Kalzium, Vitamine und Mineralstoffe

Auch wenn man seine Vögel noch so abwechs-lungsreich und gut füttert, kann es zu Mangelerscheinungen kommen. Dem kann man z.T. durch im Käfig bzw. in der Voliere aufgehängte „Mineralsteine" vorbeugen, an denen die Vögel nach Bedarf knabbern. Sinngemäßes gilt für Kalzium, das vor allem in der Brutzeit nicht fehlen darf. Ein Tintenfisch-Schulp – im Fachhandel als „Sepia(schale)" erhältlich – kommt den Tieren dann sehr zugute und sollte immer im Käfig vorhanden sein.

Keimende Samen

Buchenspäne in verschiedenen Größen dienen häufig als Bodenstreu für Insekten- und Fruchtfresser

Pflege

Hygiene

Zu den wichtigsten Aspekten der Vogelhaltung und -zucht gehört die Hygiene. Käfige und Volieren müssen deshalb in regelmäßigen Abständen gründlich gesäubert werden. Wie häufig dies erforderlich ist, hängt im Einzelfall von der Größe des Käfigs bzw. der Voliere, der Anzahl der Insassen, der Jahreszeit und der Menge des anfallenden Unrats ab. Um Kosten zu sparen, sind manche Leute dazu übergegangen, die Bodenstreu durchzusieben, so dass sichtbare Schmutzpartikel entfernt werden. Die unsichtbaren werden auf diese Weise allerdings nicht beseitigt, so dass weiterhin Ansteckungsgefahr besteht. Beim Auswechseln des Bodens sollten sie deshalb immer die gesamte alte Streu entfernen und durch neues Material ersetzen. Welche Produkte man jeweils verwendet, hängt wiederum von den gepflegten Vogelarten ab: Am bekanntesten – und dementsprechend am häufigsten verwen-

Der so genannte Muschelsand ist die am häufigsten verwendete Bodenstreu

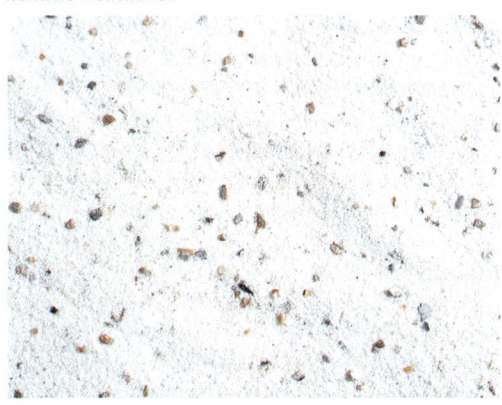

det – ist der so genannte Muschelsand, doch kommen auch Holzspäne, sauberer Flusssand und sogar Kieselsteine als Substrat zur Verwendung.

Säubern Sie regelmäßig die Wände, die Gitterstäbe und den Boden des Käfigs. Dafür gibt es in allen Fachgeschäften preiswerte Reinigungsmittel. Sitzstangen, Futternäpfe und Badehäuschen müssen ebenfalls regelmäßig mit Desinfektionsmitteln abgebürstet werden. Je hygienischer man zu Werke geht, desto seltener wird es zu Problemen kommen.

Die Pflege der Krallen

Die Krallen der Vögel können zu lang werden, wenn die Sitzstangen zu dünn oder zu glatt sind. Manche Vogelarten neigen dazu, besonders schnell überlange Krallen zu bekommen,

Vögel sind sehr auf ihr Äußeres bedacht

Graukardinal

bspw. bestimmte afrikanische Prachtfinken. Abgesehen davon, dass allzu lange Krallen für jeden Vogel eine starke Behinderung darstellen, können sie zu Entzündungen und Verwachsungen an den Zehen führen. Nehmen Sie die Krallen Ihrer Vögel deshalb regelmäßig genau in Augenschein und beschneiden Sie diese notfalls rechtzeitig. Denken Sie aber daran, dass Sie nur die Krallenenden kürzen dürfen: Achten Sie unbedingt darauf, dass Sie nicht „ins Fleisch schneiden". Andernfalls kommt es zu – manchmal langwierigen – Blutungen, und das Schneiden wird für den Vogel zu einer schmerzlich-traumatischen Erfahrung. Wenn Sie die Krallen Ihres Vogels erst einige

Überlange Nägel sind ein häufig vorkommendes Übel

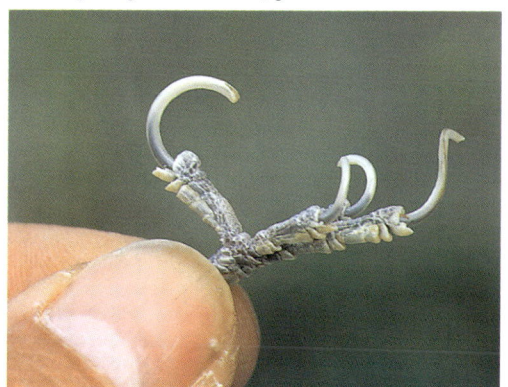

Male beschnitten haben, wird dieser Vorgang bald zu einer Routinemaßnahme, die nur noch wenige Minuten in Anspruch nimmt. Erscheint Ihnen diese Aufgabe zu schwierig, sollten Sie besser jemand anderen um Hilfe bitten – das ist immer noch besser, als dass sich der Vogel mit zu langen Krallen herumplagen muss.

Die Entwurmung

Praktisch alle Vögel können von Würmern befallen werden, am ehesten jedoch Papageienartige (insbesondere die australischen Neophema-Arten). Angehörige dieser „Risikogruppe" – auch nicht mehr zur Zucht benutzte „Ziervögel" – sollten alle sechs bis zwölf Monate einer Wurmkur unterzogen werden: das ist kein unnötiger Luxus! Falls Sie sich diese Prozedur nicht zutrauen, sollten Sie jemand anderen (u.U. einen Tierarzt) um Hilfe bitten.

Das Badewasser

Die Luftfeuchtigkeit in den Herkunftsländern vieler Stuben- und Ziervögel ist viel höher als in einem gewöhnlichen Wohnraum. Deshalb verspüren fast alle Vögel das Bedürfnis nach einem gelegentlichen Bad – manche sogar täglich, und dann hängt sogar ihre Gesundheit davon ab. Das Badewasser muss jeden Tag erneuert wer-

den, selbst wenn es noch sauber wirkt. Falls Ihr Vogel weder das Badehaus noch die Wasserschale am Boden annimmt, obwohl er zu einer Art gehört, deren Wohlbefinden vom Baden abhängt, sollten Sie ihn regelmäßig mit einer Pflanzenspritze besprühen. Tun Sie das aber nur bei ausreichend hohen Temperaturen, damit er sich keine Erkältung zuzieht!

Die Mauser

Erwachsene Vögel kommen alljährlich einmal in die Mauser. Ist dies öfter der Fall (oder dauert die Mauser zu lange an), kann das an falscher Fütterung, verschiedenen Stressfaktoren (bspw. plötzliche Temperaturwechsel) oder Krankheiten liegen. Die Mauser ist auf jeden Fall eine kritische Phase, die sich nachhaltig auf die Verfassung des Vogels auswirkt und in der er spezielle Nährstoffe benötigt. Normalerweise sangesfreudige Vögel sind während der Mauser i.d.R. viel stiller und verhalten sich auch allgemein ruhiger. Die Dauer der Mauser beträgt durchschnittlich anderthalb bis zwei Monate. Recht häufig kommt es zur so genannten „Dauermauser", d.h., die Mauser dauert immer länger. Dies ist häufig auf zu kaltes Trink- und Badewasser bei sonst angenehmen Temperaturen zurückzuführen. Als Hausmittel hat es

Federmilben kommen häufig vor, lassen sich aber mit einfachen Mitteln bekämpfen

sich bewährt, den betroffenen Vögeln über das Trinkwasser täglich ein wenig Soda zu verabreichen.

Krankheiten

Wer seine Vögel gut kennt, kann an ihrem Verhalten und am Äußeren ablesen, ob sie sich wohl fühlen. Gesunde Tiere zeigen ein glänzendes, dicht anliegendes Gefieder und sind immer aktiv. Abweichendes Verhalten – bspw. Absonderung von den Artgenossen, Apathie,

Ein Vogel, der sich nicht wohl fühlt, plustert sein Gefieder auf und wird träge

Diesem Tier wird eine Probe seiner Darmflora entnommen, um so eventuell die gefürchtete Papageienkrankheit aufzuspüren

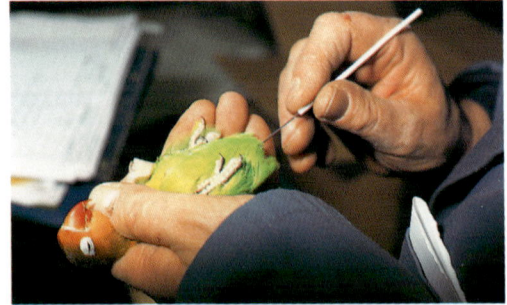

Ein Pärchen Rotflügelsittiche

Schmetterlingsastrild (Weibchen)

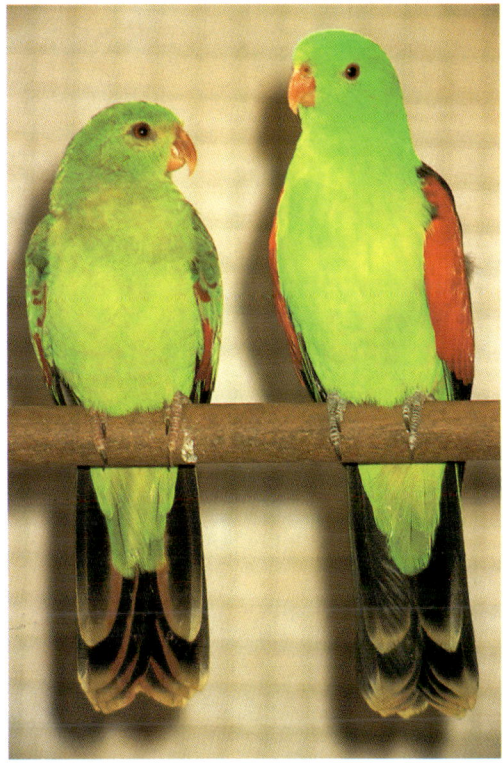

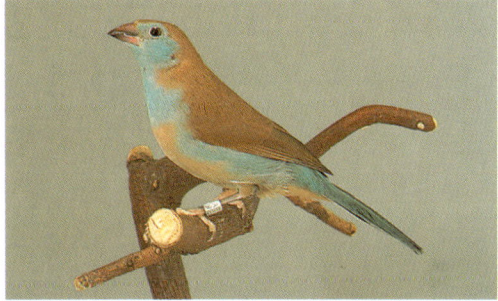

stereotype Bewegungen, Selbstrupfen und allgemeine Unruhe – können auf Erkrankungen hindeuten. Ein absolut sicheres Indiz dafür, dass ein Vogel sich nicht wohl fühlt, ist das „Aufplustern“: Dieser ohne weiteres verständliche Begriff besagt, dass der betreffende Vogel alle Federn abspreizt und einen lustlosen Eindruck erweckt. Viele Vögel zeigen dieses Verhalten, wenn die Umgebungstemperatur zu niedrig ist: Indem sie sich aufplustern, halten sie etwas Körperwärme zwischen den abgespreizten Federn fest. Eine Erhöhung der Haltungstemperatur sorgt in diesem Fall für Abhilfe. Andere bedenkliche Symptome sind u.a. ein ungewöhnliches Atmen, auffälliges „Hecheln“, ungewöhnlich dünnflüssige Exkre-

Zebrafink

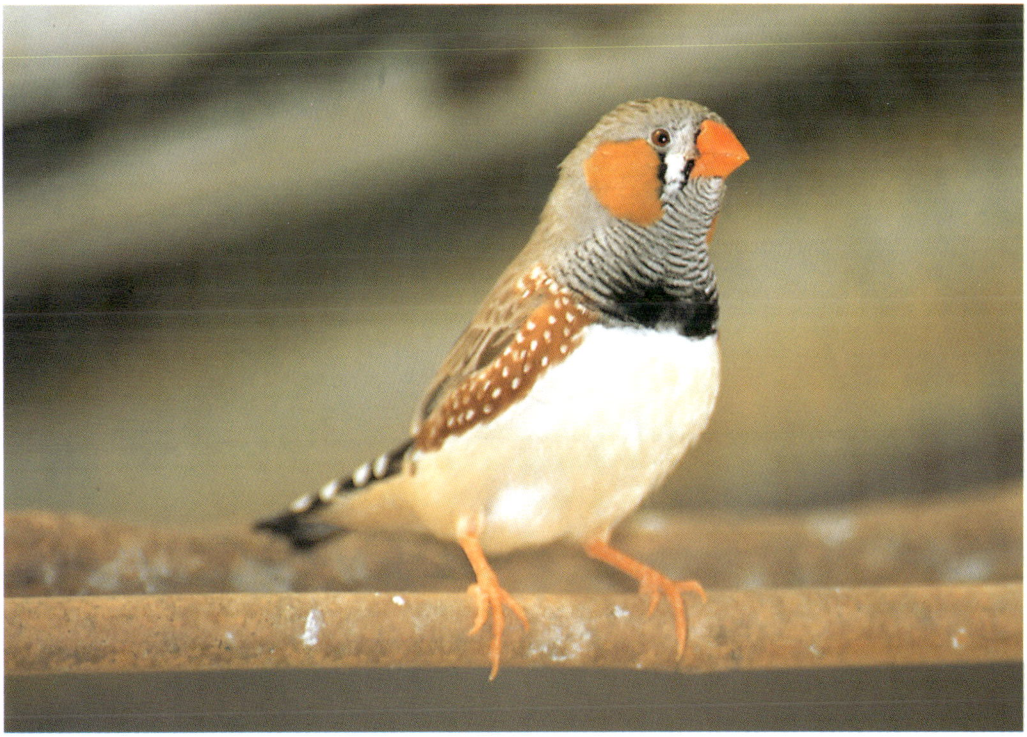

mente, geringer oder ausbleibender Appetit, kahle Stellen, ein unordentliches Gefieder, zu starke Mauser, Schnabel-, Zehen- und Lidwucherungen, teilweise bzw. vollständige Lähmungserscheinungen, Nasen- oder Augenfluss. Wann immer Ihnen der Zustand Ihres Vogels verdächtig vorkommt, sollten Sie nicht lange die weitere Entwicklung abwarten, sondern unverzüglich Gegenmaßnahmen ergreifen: Falls es in Ihrem Bekanntenkreis erfahrene Vogelhalter und -züchter gibt, sollten Sie ihnen das Problem schildern. Kundige Vogelliebhaber wissen die Symptome zu deuten und kennen meist auch die angebrachten Gegenmittel. Auch über die einschlägigen Fachverbände können Sie Kontakt mit solchen erfahrenen Fachleuten aufnehmen. Anschließend können Sie Ihren Tierarzt aufsuchen. Manchmal kann schon die Analyse der Exkremente und des Bluts eines befallenen Vogels Aufschluss über die Ursachen des Leidens geben.

Die Zucht

Einleitende Überlegungen

Die Vogelzucht kann sich zu einem faszinierenden Hobby entwickeln, an dem viele Leute ein Leben lang festhalten. Die meisten Menschen beginnen mit Arten, die sich einfach züchten lassen, aber wenn das „Züchtervirus" erst einmal von einem passionierten Liebhaber Besitz ergriffen hat, befasst dieser sich über kurz oder lang mit anspruchsvolleren Spezies. Er erwirbt entweder seltenere Zuchttiere oder konzentriert seine Anstrengungen auf bestimmte Farbschläge bzw. Zuchtformen. Unabhängig vom Ziel, das der Züchter anstrebt, sind einige Grundprinzipien zu beachten: Beispielsweise muss der Zuchtkäfig (bzw. die Voliere) groß genug und so eingerichtet sein, dass sich die Vö-

Verfolgt man bei der Zucht bestimmte Ziele, werden die Vögel am besten separat untergebracht

Bei den meisten Papageien vergehen Jahre, bevor man sie zur Zucht verwenden kann

Ein Nest der Gouldamadine

gel darin wohl fühlen und in die richtige „Stimmung" kommen. Die Zucht nimmt die Vögel stark in Anspruch, und es versteht sich von selbst, dass die zur Zucht vorgesehenen Paare am Vorabend der Brutzeit in einem optimalen Zustand sein müssen. Erwerben Sie also nur völlig gesunde Vögel und bieten Sie diesen eine optimale Fütterung und Behausung. Wenn Ihre Bemühungen auf besondere Zuchtformen und Farbschläge abzielen, sollten Sie besser keine Zuchttiere mit augenfälligen Mängeln auswählen. Ein profundes Wissen über die verschiedenen auf Vogelausstellungen gültigen Standards ist in solchen Fällen unerlässlich.

Kanarienweibchen im Nest

Eine wichtige Rolle spielt auch das Alter der künftigen Zuchttiere: Wenn man allzu junge Vögel auswählt, wird der Erfolg häufig ausbleiben; das gilt auch für überalterte Tiere. Wie alt oder jung ein Vogel sein muss, wenn man ihn erstmals zur Zucht verwendet, hängt im Einzelfall von der Art ab. Viele kleine Prachtfinkenarten sind schon mit neun bis zehn Monaten zur Zucht geeignet, während dies bei manchen Sittichen und anderen Papageien erst im Alter von mehreren Jahren der Fall ist.

Großsittiche benötigen sehr große und tiefe Nistkästen

Aggression während der Fortpflanzungszeit

Nicht allen Vogelarten fällt die Partnerwahl gleich leicht: Immer wieder kommt es vor, dass die Vögel, die Sie zur Zucht in einen Käfig oder eine Voliere setzen, nicht miteinander harmonieren. Wenn es sich um Arten handelt, die als Streithähne verrufen sind, sollten Sie die Tiere in den folgenden Tagen ständig im Auge behalten. Dann können Sie notfalls rechtzeitig einschreiten. Auch später kann es noch problematisch werden, wenn der eine oder andere Partner gerade nicht in Paarungsstimmung ist. Aggression während der Brutzeit geht meist von den Männchen aus. Die anschließenden Verfolgungsjagden können dann fatale Folgen haben. Wenn Sie die Tiere tagsüber im Auge behalten, können Sie die Streithähne ggf. rechtzeitig trennen. Manchmal hilft es auch, sehr aggressiven Vögeln die Flügel zu stutzen: durch dieses vorübergehende Handicap sind sie weniger behände und langsamer. Solche Aggressionen sind häufig vorübergehender Natur und halten nur so lange an, wie das Weibchen braucht, um in Paarungsstimmung zu kommen (sofern es nicht zu jung ist).

Vorbereitungen

Sorgen Sie für ein Umfeld, das den Tieren angenehm ist (und sie so in Paarungsstimmung bringt). Einige Arten brauchen unbedingt eine dicht bepflanzte Voliere ohne fremde Mitbewohner, während andere auf engstem Raum eine Brut nach der anderen aufziehen. Hängen Sie an geschützten Stellen der Außenvoliere oder im Schlafkäfig mehrere Nistkästen oder -körbe auf. Als Faustregel kann gelten, dass in der Voliere immer mehr Nistgelegenheiten als Brutpaare vorhanden sein müssen, damit der Streit um geeignete Plätze auf ein Minimum beschränkt beleibt. Schaffen Sie nur Nistkästen an, die sich von der Konstruktion her für

Ein Nistkasten muss so gebaut sein, dass er sich mit minimalem Aufwand kontrollieren lässt

Manche Vögel benötigen sehr viel Nistmaterial: hier ein Nest des Taha-Webers

die jeweilige Art eignen. Tauben bevorzugen flache, offene Schalen oder Bretter, während andere Arten lieber in rundum geschlossenen Nistkästen brüten. Am besten verwenden Sie Modelle, deren Deckel sich mühelos öffnen lässt, so dass Sie nicht nur die Eiablage, sondern auch das Schlüpfen und Aufwachsen der Jungvögel verfolgen können. Bei Arten, die ihre Nester in hohen Nistkästen bzw. ausgehöhlten Baumstämmen bauen, kann ein Treppchen aus Gaze, das man innen unter dem Einflugloch anbringt, sehr nützlich sein: so verhindert man, dass die Eltern die Eier ungewollt beschädigen.

Nistmaterial

Sorgen Sie dafür, dass den Vögeln, die Sie züchten, ausreichend geeignetes Nistmaterial zur Verfügung steht. Als Material eignen sich u.a. dürres Gras, Heu, Pflanzenwurzeln (Grassoden ausklopfen und umgedreht in die Voliere legen); Kokos- und Sisalfasern (aus Fachgeschäften), trockenes Moos, Laub, Tierhaare, (Kaninchen, Hund, Pferd und Rind) sowie dünne Zweige. Die meisten Papageienartigen bauen keine Nester. Streuen Sie etwas feuchten Torfmull auf den Boden des Nistkastens: er hält die Eier ausreichend feucht – jede Aus-

Sittiche bauen keine richtigen Nester. Man kann Holzmulm, Torfmull oder Sägespäne auf den Nistkastenboden streuen

trocknung wäre tödlich – und verhindert überdies, das sie zur Seite rollen. Zerstörungswütige, stark knabbernde Arten – vor allem Papageien, eine Anzahl Großsittiche und Kakadus – sind durchaus in der Lage, mit ihren kräftigen Schnäbeln für einen „Umbau" des Nistkastens zu sorgen. Dabei gehen sie nicht immer gleich brutal zu Werk: Meist wird das Einflugloch derart erweitert, dass ein „halb offener" Nistkasten entsteht. Viele Elterntiere lassen auch den Boden des Nistkastens nicht in Ruhe: Abhilfe können hier unter anderem ein Belag aus Hartholz oder Metallstreifen schaffen. Versorgen Sie solche Vögel zur Brutzeit stets ausreichend mit Knabbermaterial, bspw. frischen Weidenzweigen.

Wie viele Gelege pro Saison?

Viele Vogelarten setzen nur ein Gelege ab und belassen es dabei. Andere – darunter gerade die beliebtesten Arten – ziehen hingegen gewöhnlich pro Jahr mehrere Bruten auf. Manche beginnen viel zu früh mit dem Legen, so dass die Jungen zu einem ungünstigen Zeitpunkt schlüpfen, oder sie tun es noch spät im Herbst, förmlich „bis zum Umfallen". Auch ein falsches „Timing" und völlig unkontrolliertes Brüten führen unter Umständen zu Problemen. Durch Stress oder hormonelle Schwankungen können normalerweise recht friedfertige Vögel beim Anblick ihrer Brut sogar kannibalische Neigungen entwickeln. Bei anderen Vogelarten kommt es häufig schon zu einem zweiten Gelege, während die erste Brut noch im Nest sitzt – worauf sie von den verwirrten Eltern hinausgeworfen wird.

Außerdem kommt es vor, dass die Eier unbefruchtet sind, Jungvögel nicht normal schlüpfen oder von ihren Eltern zu früh sich selbst überlassen werden. Man muss also mit mannigfaltigen Problemen rechnen, wenn man die Vögel in dieser Zeit unkontrolliert sich selbst überlässt. Im Allgemeinen sollte man den Zuchttieren nach zwei Gelegen eine Ruhepause gönnen: dazu entfernt man alle Nistgelegenheiten und -materialien aus der Voliere. Wenn die Vögel trotzdem noch einen geeigneten Platz zur Fortsetzung ihrer Aktivitäten finden, sollten Sie die Geschlechter besser für die Ruheperiode (Herbst und Winter) voneinander trennen. Überdies gibt es zahllose andere Faktoren, die zu Problemen bei der Vogelzucht führen können: dazu gehört unter anderem die Verwendung zu junger Zuchttiere, zu viel Betrieb im Umfeld des Zuchtkäfigs bzw. der Voliere, Lichtüberfluss oder -mangel, eine zu kurze Beleuchtungsphase, eine falsche Umgebungstemperatur, Witterungseinflüsse und sogar bestimmte Futtersorten. Anfänger auf diesem Gebiet tun deshalb immer gut daran, sich vorher von erfahrenen Züchtern beraten zu lassen.

Die Fütterung vor und während der Brutzeit

Vor und während der Brutzeit stellen manche Vogelarten etwas abweichende Ansprüche an ihre Ernährung. Welche Nährstoffe sie im Einzelnen brauchen, hängt jeweils von der Art ab. Zusätzliche Kalkgaben können willkommen sein, sind aber eigentlich überflüssig, wenn man den Tieren ständig ausreichend Grit oder Sepia anbietet. Manche Arten von Körnerfressern nehmen zur Brutzeit auch kleinere Mengen tierischer Nahrung zu sich, bspw. kleine Insekten oder Weichfutter. Es gibt sogar Körnerfresser, die ihre Jungen teilweise – in den ersten Lebenstagen sogar ausschließlich – mit Lebendfutter oder tierischem Eiweiß füttern. Wenn Sie solche Arten pflegen, müssen Sie diese lange Zeit, bevor sie mit dem Nestbau beginnen, mit Weichfutter und kleinen Insekten vertraut machen. Zögert man diese Maßnahme hinaus, bis die Jungen geschlüpft sind, besteht die Gefahr, dass die Eltern dieses Futter nicht als solches erkennen – und folglich nicht an die Jungen weitergeben. Bedenken Sie auch, dass junge Vögel noch nicht so harte Schnäbel wie ihre Eltern haben. Hartschalige Insekten wie Mehlwürmer und Heuschrecken können sie häufig noch nicht gut fressen. Weiche Arten

sind deshalb für Jungvögel besser geeignet. Eine ausgewogene und abwechslungsreiche Fütterung spielt immer eine wichtige Rolle: für die Jungen ist sie aber sprichwörtlich lebenswichtig. Verfüttern Sie nicht immer die gleichen Insekten, sondern eine Mischung, aus der die Vögel dann wählen können. Man darf davon ausgehen, dass bestimmte Nährstoffe im Übermaß genauso schädlich sind wie ein Mangel – und jede Pflanzen- oder Tierart enthält eine spezifische Kombination. Einseitige Ernährung führt zu Entwicklungsstörungen, aber auch zu zahlreichen anderen Problemen.

Die Beringung

Als Anfänger in der Vogelzucht sollten Sie sich unbedingt einem Verein anschließen: so kommen Sie in Kontakt mit anderen Züchtern und können Erfahrungen austauschen, so dass Sie bei eventuellen Problemen nicht allein stehen. Über den Verein können Sie auch die Fußringe bestellen, mit denen Ihre Vögel beringt werden müssen. Es gibt spezielle Größen für jede Art, die man den Jungvögeln in einem bestimmten Alter anlegt. Wann dies der Fall ist, hängt jeweils von der betreffenden Art, aber

Vögel richten sich nicht immer nach ihren Pflegern: Dieser Zebrafink hat einen ungewöhnlichen Nistplatz ausgewählt

Jeder Jungvogel sollte beringt werden: Am Fußring kann man ihn sein Leben lang erkennen

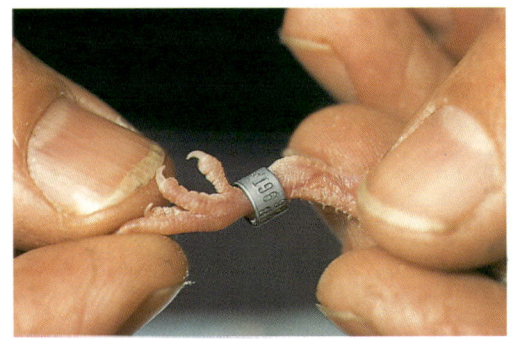

Ein Nest des Kanarienvogels

Auf Ausstellungen werden Vögel nach verschiedenen Kategorien beurteilt (u.a. Zustand, Farbe und Körperbau)

auch vom individuellen Wachstum ab. Das Beringen der Vögel spielt nicht nur bei Züchtern eine Rolle, die ihre Tiere auf Ausstellungen präsentieren wollen oder große Mengen von Jungvögeln erzielen. Vielmehr gibt es zahlreiche Vogelarten, für die bestimmte Gesetzesbestimmungen gelten: dazu gehört u.a., dass sie mit einem amtlichen, von einem Verband herausgegebenen Fußring versehen werden müssen. Wenn Vögel dieser Arten ungeachtet der erwähnten Bestimmungen unberingt bleiben, kann dies für ihren Besitzer ein sehr unangenehmes juristisches Nachspiel haben. Auch frei haltbare beziehungsweise verkäufliche Vogelarten sollten prinzipiell beringt werden: Der Ring enthält nämlich wichtige Informationen wie bspw. das Jahr des Kaufs, und dank dieser Angaben bleiben solche Tiere ihr Leben lang identifizierbar. Wichtig ist auch, dass die Vögel ausreichend große Ringe bekommen: zu kleine können später in den Fuß einwachsen, während zu große eine Behinderung oder sogar eine Gefahr für den Vogel darstellen. Neue Fußringe glänzen oft noch stark, und es kann vorkommen, dass die Eltern versuchen, sie aus dem Nest zu werfen – zusammen mit den Jungvögeln ... Sie sollten die Ringe deshalb mit ungiftiger Farbe schwarz anstreichen, damit sie nicht so auffallen.

Nach dem Flüggewerden ist ein Jungvogel immer noch ein Weilchen von seinen Eltern abhängig

Nach dem Flüggewerden ist ein Jungvogel immer noch ein Weilchen von seinen Eltern abhängig

Kreuzung zwischen Angola-Schmetterlingsastrild und Blaukopfastrild

Das Flüggewerden

Die Jungvögel werden je nach Art unterschiedlich früh flügge. Für alle Spezies gilt jedoch, dass die Jungen danach noch nicht sofort für sich selbst sorgen können. Sie verfügen noch nicht über ein voll entwickeltes Federkleid und sind noch einige Zeit von den Eltern abhängig. In dieser Phase sind die Jungvögel

sehr empfindlich: Ein plötzlicher Sturm oder Regenschauer kann unter ihnen beträchtlichen Schaden anrichten. Es lohnt sich daher, in der Voliere eine geschützte Zone einzurichten, wohin sich die Tiere bei rauem Wetter zurückziehen können. Mit Hilfe der Eltern, der erwähnten Schutzmaßnahmen und einer reichhaltigen, ausgewogenen Ernährung absolvieren die meisten Jungvögel diese heikle Lebensphase problemlos.

Jetzt kann man sie – so erwünscht – herausfangen und separat unterbringen. Dies empfiehlt sich vor allem bei aggressiven Arten, welche ihre herangewachsenen Jungen meist nicht mehr im gleichen Revier dulden.

Mit einer Prüflampe kann man feststellen, ob die Eier befruchtet sind

Mutationen

Was ist eine „Mutation"?

Viele bekannte Vogelarten kommen in zahlreichen Farb- und Zeichnungsmustern vor, die es bei der „wilden" Stammform nicht gibt. Solche auffälligen Farben gehen meist auf Mutationen zurück, d.h. spontan auftretende Veränderungen des Erbgutes. Mutationen sind daher ein völlig natürliches Phänomen, das so alt ist wie die Welt. Sie äußern sich bei allen Lebensformen, also auch bei Menschen, Pflanzen, Viren und Bakterien. So eine Mutation kann

Dominikanerkardinal

sich sehr unterschiedlich auswirken (je nach der Stelle, an der sie auftritt). Sie kann bspw. Einfluss auf das Gehör oder die Verdauung nehmen, doch handelt es sich bei den für die Vogelzucht relevanten Mutationen zumeist um solche, die Farbe und Körperbau des Vogels bzw. die Struktur seines Gefieders betreffen. Mutationen sind durchweg erblich: Die jeweiligen Mutanten geben also ihre Eigenschaften an die Nachkommen weiter – vorausgesetzt, die Mutation stellt keine Behinderung für das natürliche Paarungs- und Brutverhalten dar.

Der Sinn von (Farb-)Mutationen

Wenn wir das Äußere eines Vogels betrachten, merken wir, dass seine Farben durchweg an die natürliche Umgebung angepasst sind. Die farbenprächtigen Aras fallen bspw. im kontrastreichen Farbenspiel des tropischen Regenwaldes kaum auf, und die zahlreichen europäischen Lerchen sind auf dem sandigen Boden, den sie so gern aufsuchen, praktisch unsichtbar. Eine funktionierende Tarnung ist für Vögel lebenswichtig: je weniger sie auffallen, desto geringer ist die Chance, dass sie eines bösen Tages Raubvögeln oder Katzen zum Opfer fallen. Dennoch kommt es gelegentlich spontan zum Schlupf völlig abweichender Farbvarianten: obwohl diese keinem bestimmten Ziel zu dienen scheinen und das Individuum lediglich

bei seinem „Kampf ums Dasein" behindern, kommt ihnen wohl dennoch eine wichtige Funktion für die Art als Ganzes zu. Der Le-

Bourkesittich mit gelben Deckfedern

bensraum einer Vogelart ist nämlich unter Umständen Veränderungen unterworfen, deren Ausmaß so beträchtlich werden kann, dass die ursprünglich optimale Tarnfärbung keinerlei Schutz mehr bietet. Eine entsprechende Farbmutation kann unter diesen Umständen sehr willkommen sein und die Population vor dem Aussterben bewahren. Mutationen lassen sich also als Handreichungen auffassen, mit denen „Mutter Natur" einer Art ihr Überleben ermöglicht. Allerdings verlaufen sie in der Praxis nicht immer glücklich, und häufig sind sie sogar ausgesprochen sinnlos. So zieht ein frei lebender Sittich keinen Vorteil aus einem gekräuselten Gefieder. Nur wenn eine Mutation dem Individuum eine Eigenschaft verleiht, die es Artgenossen überlegen macht, hilft sie den Bestand der Art sichern – wenn auch in veränderter Form.

Dieser Austernfischer zeigt eine auffallende, nicht alltägliche Zeichnung

Mutationen in der Vogelzucht

Die Vögel, welche unsere Käfige und Volieren bevölkern, haben keine natürlichen Feinde. Deshalb brauchen sie an sich keine Tarnfärbung mehr. Wenn ein lebensfähiger, fruchtbarer Jungvogel mit vom Besitzer als schön empfundenen abweichenden Eigenschaften schlüpft, ist die Wahrscheinlichkeit groß, dass er zum Stammvater eines völlig neuen Farbschlages wird. Wenn möglichst viele Tiere der gewünschten Form- oder Farbvariante (die eventuell genetisch bedingt ist) miteinander gekreuzt werden, bilden sich nach einiger Zeit eigene Rassen bzw. Farbschläge aus. Die zahlreichen Farbschattierungen der Wellensittiche und die auffälligen Körperformen der Positur- und Formkanarien sind die bekanntesten Beispiele für derart fest-

Mutanten kommen auch in der Natur regelmäßig vor: hier ein abweichend gefärbter Kiebitz

gelegte Mutationen (bzw. Kombinationen aus solchen). Neue Farbschläge innerhalb einer Art gehen übrigens nicht immer auf Mutationen zurück: sie lassen sich vielmehr auch durch eine strenge Selektion auf bestimmte Eigenschaften hin erzielen. Das ist unter anderem dann der Fall, wenn Züchter ihre Zuchttiere beispielsweise streng nach bestimmten Zeichnungsmustern oder möglichst hellen beziehungsweise dunklen Farbtönen auswählen. Da es immer wieder zu neuen Mutationen kommt und die Zahl der möglichen Kombinationen unbegrenzt ist, kann man auch in Zukunft mit neuen Farbschlägen und Varianten rechnen. Die in diesem Buch beschriebenen Farb- und Federmutationen sind von daher nur als Bestandsaufnahme der aktuellen Situation zu verstehen.

Diese gescheckte Amsel ist ein gutes Beispiel für eine unvorteilhafte Farbmutation: sie wird von Beutegreifern eher entdeckt als ihre normal gefärbten Artgenossen

2 Wachteln – Phasianidae

Excalfactoria chinensis

CHINESISCHE ZWERGWACHTEL

VERBREITUNGSGEBIET

Südostasien und Australien.

GRÖSSE

Circa 11 bis 13 cm.

GESCHLECHTSUNTERSCHIEDE

Die Geschlechter sind bei wildfarbenen Tieren schon auf den ersten Blick zu unterscheiden: der Hahn weist eine deutliche weiße Kielzeichnung auf.

VERTRÄGLICHKEIT

Die Chinesische Zwergwachtel geht in der Voliere ihren eigenen Weg und lässt Mitbewohner in Ruhe. Da die Hähne dieser Art überaus vital sind, empfiehlt es sich, ihnen statt einer besser mehrere Hennen zuzugesellen: sie stellen den Letzteren namentlich auf begrenztem Raum unablässig nach. Da sich die Hähne zur Paarungszeit sehr territorial verhalten und die Umgebung des Nestes und der Jungen wütend verteidigen, sollte man sie besser nicht zusammen mit anderen Bodenbewohnern pflegen. Es gibt allerdings auch Tiere, die ihre Vaterpflichten vernachlässigen und sich gegenüber Weibchen und Jungen aggressiv gebärden. Solche Tiere trennt man besser von den anderen. Das genannte Verhalten ist im Übrigen oft Folge der „Überbevölkerung" eines zu kleinen Geheges.

UNTERBRINGUNG

Chinesische Zwergwachteln fühlen sich in jedem Gehege zu Hause, wenn sie nur etwas zu scharren haben. Sie eignen sich besonders gut als Bodenbewohner großer Volieren mit Prachtfinken. Sie stellen nur geringe Ansprüche, benötigen aber unbedingt einige Pflanzen als Deckung.

HALTUNGSTEMPERATUR

Chinesische Zwergwachteln sind sehr robuste Vögel. Sie stellen keine großen Ansprüche an die Haltungstemperatur, brauchen jedoch für die kühlen Herbst- und Wintermonate als Deckung eine bepflanzte Ecke und einen windgeschützten, trockenen und frostfreien Unterschlupf für die Nacht.

FÜTTERUNG

Viele Halter von Volierenvögeln geben ihren Zwergwachteln kein spezielles Futter: Die Tiere fressen das Gleiche wie die übrigen Volierenbewohner. Als Grundnahrung eignet sich Mischfutter für kleine tropische Vögel und Kanarien.

Chinesische Zwergwachtel ohne Kielzeichnung

Chinesischer Zwergwachtelhahn, Wildform

Links: Harlekinwachtelhahn

Chinesischer Zwergwachtelhahn ohne Kielzeichnung

Chinesische Zwergwachtelhenne, grau-pastell mit „Kuckuckszeichnung"

Außerdem fressen diese Wachteln gern kleine Mengen Grünfutter (Wildkräuter), ferner auch Grit und „Magenkiesel" zur Deckung ihres Kalkbedarfs. Während der Brutzeit brauchen sie überdies tierische Nahrung, beispielsweise Getreideschimmelkäferlarven und die handelsüblichen „Insektenpasteten".

Chinesische Zwergwachtelhenne mit Küken

Chinesischer Zwergwachtelhahn, grau-pastell

Chinesische Zwergwachteln sind gesellige, lebhafte Laufvögel, die fast unablässig rastlos am Boden der Voliere umherhuschen und dort eifrig nach Nahrung scharren. Sie nehmen zur Pflege ihres Gefieders gerne regelmäßig Sandbäder. Dafür eignen sich mit feinem, lockerem Sand gefüllte Schalen. Wechseln Sie den Inhalt aber nach dem „Bad" aus, damit er nicht zu sehr durch Exkremente verunreinigt wird!

ZUCHT

Chinesische Zwergwachteln lassen sich verhältnismäßig einfach nachzüchten. Das Weibchen legt seine Eier in eine flache Kuhle am Boden der Voliere, am liebsten an einer gut geschützten Stelle unter einem Strauch. Man kann im Schnitt mit 8 bis 10 (oder auch mehr) Eiern rechnen. Sie werden von der Henne in 16–18 Tagen ausgebrütet. Die Jungen sind Nestflüchter: sie folgen sofort der Mutter und picken selbständig Nahrung auf. Sie brauchen auch Trinkwasser, aber weil sie in einem normalen Trinknapf leicht ertrinken könnten, sollte man ihnen besser eine flache Schale anbieten, deren Inhalt täglich erneuert wird. Der Hahn bleibt die ganze Zeit über bei der Henne, patrouilliert um das Nest und verjagt allzu neugierige „Kiebitze". Im Alter von ungefähr 4 Wochen können die Jungen schon für sich selbst sorgen, doch sollte man sie zur Sicherheit noch für weitere 4 Wochen bei den Eltern belassen.

Obwohl ein gutes Zuchtpaar ohne weiteres pro Saison zwei bis drei Gelege absetzen und großzuziehen vermag, kann es vorkommen, dass die Henne nicht brütet: sie legt die Eier ohne System ab und kümmert sich nicht weiter darum. Manchmal reicht es dann aus, die Eier einzusammeln und unter einem Strauch in eine flache Kuhle zu betten; wenn das keinen Erfolg hat, kann man sie auch in einer Brutmaschine zeitigen. Die Jungwachteln lassen sich mit Kleinfutter (beispielsweise

Eier der Chinesische Zwergwachtel können sehr unterschiedlich gefärbt sein

Insekten, tropischen Sämereien und Weichfutter) aufziehen.

In den ersten Lebenswochen kann man den
Jungen unter einer Rubinglas-Heizlampe zusätzliche Wärme spenden; um sie an die normale Umgebungstemperatur zu gewöhnen,
hängt man die Lampe schrittweise immer
höher auf.

MUTATIONEN

Es sind verschiedene Mutationen bekannt, die
sich unter anderem in einer anderen Zeichnung oder im Fehlen der „Kiele" des Gefieders
äußern, doch gibt es auch abweichende Farbschläge wie beispielsweise rotbraune, zimtfarbene, rein weiße, bunte und verschiedene
pastellfarbene Varianten.

Coturnix japonica

JAPANWACHTEL

VERBREITUNG

Südostasien.

GRÖSSE

Ungefähr 15 cm.

GESCHLECHTSUNTERSCHIEDE

Beim Männchen dieser Art ist die Kopf- und
Kehlzeichnung kontrastreicher als beim Weibchen.

VERTRÄGLICHKEIT

Japanwachteln lassen sich problemlos in Gemeinschaftsvolieren mit einer „gemischten"
Besetzung halten. Sie streiten sich niemals mit
anderen Vogelarten und gehen ihren eigenen
Weg. Schaffen Sie am besten einen Hahn und
mehrere Hennen an, da die Männchen sehr
vital sind und einem einzigen Weibchen pau-

Japanwachtelhahn, Wildform

Japanwachtelhenne, Wildform

Japanwachtel, „ausgebleichte" Mutation

senlos nachstellen würden. Aggressivität entsteht auch bei dieser Vogelart meist aus dem
Zusammendrängen zu vieler Tiere auf einer zu
kleinen Fläche.

UNTERBRINGUNG

Pflegen Sie diese Wachteln am besten in einer
geräumigen, gut bepflanzten Außenvoliere mit
einem Schlag. Als Deckung schätzen diese
Tiere besonders schnellwüchsige Sträucher mit
herabhängenden Zweigen. Die Vögel lassen
sich auch in Stubenkäfigen halten, doch sind
solche meistens viel zu klein.

HALTUNGSTEMPERATUR

Japanwachteln sind ziemlich robuste Vögel.
Wenn man ihnen auch einen gut geschützten
Schlag anbietet, ist eine zusätzliche Heizung
überflüssig.

FÜTTERUNG

Japanwachteln fressen alles, was ihre Mitbewohner übrig lassen. Besonders gern nehmen
sie Mischfutter für kleine tropische Vögel, das
mit Wildkräutersamen angereichert wird, ferner – vor allem während der Brutzeit – kleines

Japanwachtel, rotbraun

Lebendfutter. Grit und Magenkiesel müssen immer vorhanden sein, damit die Jungen ihren Bedarf jederzeit decken können.

VERHALTEN

Diese Wachteln halten sich auf dem Boden auf, wo sie nach Futter scharren. Es handelt sich durchweg um friedliche Vögel. Sie nehmen gerne Sandbäder. Dafür kann man eine Keramikschale mit feinem, lockerem Sand auf den Boden der Voliere stellen. Wechseln Sie den Inhalt nach dem „Bad" aus, damit er nicht zu sehr durch Exkremente verunreinigt wird!

ZUCHT

Japanwachteln zeichnen sich nicht gerade durch elterliche Fürsorge aus. Im Idealfall legt die Henne ihre (meist 8) Eier in einer flachen Mulde an einer geschützten Stelle ab. Die Eier sind schmutzig weiß mit bräunlichen Flecken. Sie werden in 16–18 Tagen ausgebrütet. Die Jungen sind Nestflüchter und können nach dem Schlüpfen sofort der Mutter folgen und Futter aufpicken. Außer Wachtelaufzuchtfutter und kleinen Sämereien fressen die Jungen gern auch etwas Lebendfutter. Mit etwa vier Wochen sind sie selbständig und können von den Eltern getrennt werden.
Die ganze Brutzeit hindurch kümmert sich das Männchen weder um das Gelege noch um die Aufzucht der Jungen. Allerdings bewacht es das Nest und dessen Umgebung. Wenn das Weibchen keinerlei Anstalten macht, die Eier auszubrüten (was bei dieser Art sehr häufig vorkommt), können Sie diese in einer Brutmaschine zeitigen. Da solchen Jungen die Wärme der Mutter fehlt, muss man für künstlichen Ersatz sorgen, etwa in Gestalt einer Infrarot-Wärmelampe. Sie lassen sich mit Wachtelaufzucht- oder Universalfutter und kleinen Insekten füttern. Damit sie nicht Gefahr laufen zu ertrinken, reicht man ihnen nur eine flache Wasserschale. Erneuern Sie das Trinkwasser mehrmals täglich. Um die Jungen an die Umgebungstemperatur zu gewöhnen, kann man die Lampe schrittweise immer höher aufhängen. Sie wachsen durchweg problemlos heran und können schon mit drei Monaten für Nachwuchs sorgen.

MUTATIONEN

Aus der Wildform haben sich im Laufe der Zeit einige Farbmutationen entwickelt, so dass es heute auch weiße, isabellfarbene, rotbraune und bunte Exemplare gibt.

BESONDERHEITEN

Die Japanwachtel ist weniger bekannt als ihre „kleine Schwester", die Chinesische Zwergwachtel, aber für Anfänger ebenso gut geeignet.

Coturnix delegorguei

HARLEKINWACHTEL

VERBREITUNGSGEBIET
Süd- und Ostafrika.

GRÖSSE
Circa 15–17 cm.

GESCHLECHTSUNTERSCHIEDE
Die Männchen besitzen im Gegensatz zu den Hennen einen Kehlfleck.

VERTRÄGLICHKEIT
Diese Wachtelart kann ohne weiteres in einer Gemeinschaftsvoliere gepflegt werden. Sie gehen ihre eigenen Wege und lassen andere Vogelarten unbehelligt. Anders steht es mit anderen Wachteln: Halten Sie nur eine Art, denn die Männchen verschiedener Spezies würden einander das Leben schwer machen, zumindest zur Brutzeit. Beschränken Sie sich am besten auf einen Hahn und mehrere Hennen.

Ein Pärchen Harlekinwachteln

UNTERBRINGUNG

Harlekinwachteln lassen sich am besten in einer üppig bepflanzten Außenvoliere mit zahlreichen Versteckplätzen pflegen. Zwar können Sie auch in Zimmerkäfigen sehr gut gedeihen, doch haben diese im Normalfall eine viel zu kleine Grundfläche. Wenn allzu viele Tiere auf engem Raum gehalten werden, kommt es unweigerlich oft zu Aggressionen.

HALTUNGSTEMPERATUR

Harlekinwachteln sind keine besonders empfindlichen Vögel, doch brauchen sie zur Winterszeit – insbesondere bei Frostwetter – einen warmen Innenschlag. Die Temperatur darf dort niemals unter 7 °C sinken!

FÜTTERUNG

Harlekinwachteln sind Körnerfresser, die sich in freier Natur vor allem von allerlei Grassamen ernähren. Man kann ihnen eine Körnermischung – beispielsweise ein Mischfutter für Volierenvögel – oder auch ein spezielles Wachtelfutter anbieten. Außerdem fressen sie überaus gern etwas Grünfutter (etwa Vogelmiere oder ein Blatt Salat) und Insekten beziehungsweise deren Larven, Puppen oder Eier. Man hält sie häufig als Bodenbewohner in Volieren mit einer gemischten Besetzung, wo sie das Futter aufpicken, das die anderen Vögel fallen lassen. Sorgen Sie immer für ausreichend Grit und Magenkiesel.

VERHALTEN

Das Leben der Harlekinwachteln spielt sich am Boden der Voliere ab. Es sind recht ruhige Vögel, die gern ein Sandbad nahmen. Stellen Sie dazu eine große glasierte Keramikschale auf den Boden der Voliere, die mit gut gewaschenem Sand gefüllt wird. Entfernen Sie die Schale nach dem Bad, damit der Sand nicht durch Exkremente verunreinigt wird.

ZUCHT

Das Nest der Harlekinwachtel besteht aus einer flachen Erdmulde an einem verborgenen, auch gegen Sicht geschützten Platz. Sie können durchschnittlich mit 6 bis f10 Eiern rechnen. Diese sind grünlich bis cremefarben mit dunklen Flecken. Sie werden von der Henne ungefähr 17 Tage lang ausgebrütet. Harlekinwachteln sind Nestflüchter. Sie können schon unmittelbar nach dem Schlupf ihrer Mutter nachlaufen und Futter aufpicken. Es gibt spezielles Aufzuchtfutter für Wachteln, das man den Jungen in den ersten Lebenswochen verabreichen kann. Außerdem fressen sie auch gern kleines Lebendfutter. Im Alter von einem bis anderthalb Monaten sind die Jungen selbständig und können von ihren Eltern getrennt

Virginiawachteln (rechts die Wildform)

werden. Ein gutes Zuchtpaar zieht im Durchschnitt zwei Bruten pro Saison auf. Harlekinwachteln gehen oft nachlässig mit ihren Gelegen um, d.h., die Hennen verstreuen die Eier in der Voliere und kümmern sich nicht weiter darum. Manchmal hilft es, wenn man selbst an einer geschützten Stelle eine Mulde scharrt und die Eier dort platziert, öfter jedoch muss man sie in einer Brutmaschine zeitigen. Die auf diese Weise zur Welt gekommenen Jungen können in den ersten Lebenswochen unter einer Wärmelampe mit Aufzuchtfutter, zarten Sämereien und kleinen Insekten großgezogen werden. Um der Gefahr des Ertrinkens vorzubeugen, darf die Wasserschale nur sehr flach sein. Um die Jungen allmählich an die normale Umgebungstemperatur zu gewöhnen, kann man die Wärmelampe schrittweise immer höher hängen.

Colinus virginianus

VIRGINIAWACHTEL

VERBREITUNGSGEBIET

Östliche USA, Mittelamerika und Westindische Inseln.

GRÖSSE

Ungefähr 22 bis 23 cm.

GESCHLECHTSUNTERSCHIEDE

Die Kopfzeichnung ist bei den Hennen deutlich weniger kontrastreich. Sie ist bei den Männchen weiß, bei den Hennen hingegen cremebeige.

VERTRÄGLICHKEIT

Man kann diese Wachteln paarweise pflegen, doch ist es besser, einen Hahn und mehrere

Virginiawachteln, weiß und rotbraun

Hennen anzuschaffen. Halten Sie außer der Virginiawachtel keine andere Wachtelart in derselben Voliere (und auch niemals mehr als ein Männchen pro Gehege)! Virginiawachteln gehen ihre eigenen Wege und lassen die anderen (fliegenden) Volierenbewohner in Frieden. Innerartliche Aggression ist meist die Folge eines zu kleinen Geheges.

HALTUNGSTEMPERATUR

Diese Wachteln sind recht widerstandsfähig und robust. Wenn sie einen gut geschützten Schlag haben, braucht man keinerlei weitere Vorkehrungen zu treffen.

FÜTTERUNG

Geeignete Futtersorten sind unter anderem Wachtelfutter, Hühneraufzuchtfutter und alles, was die anderen Volierenbewohner fressen. Außerdem verzehren die Tiere gern ein wenig Grünfutter und Insekten.
Grit und Magenkiesel müssen stets vorhanden sein.

VERHALTEN

Virginiawachteln sind durchaus nicht immer am Boden zu finden, sondern bringen einen Großteil des Tages im dichten Gebüsch zu. Sie schlafen nachts auf hohen Ästen, was unter den anderen Vögeln für Unruhe sorgen kann. Sie nehmen auch sehr gern Sandbäder, um ihr Gefieder zu pflegen. Stellen Sie ihnen dazu eine mit gewaschenem Sand gefüllte Keramikschale auf den Boden der Voliere. Wechseln Sie den Sand nach dem Bad aus, damit er nicht durch Exkremente verunreinigt wird.

ZUCHT

Die Virginiawachtel scharrt an einer geschützten Stelle eine flache Mulde, die sie mit weichen Grashalmen und dünnen Zweigen auspolstert. Ein vollständiges Gelege besteht aus durchschnittlich 14 bis 18 Eiern, die von der Henne in 22 bis 23 Tagen ausgebrütet werden. Die Jungen sind Nestflüchter und können als

solche praktisch sofort ihren Eltern folgen und selbständig Nahrung aufpicken. In dieser Lebensphase kann man sie mit Aufzuchtfutter versorgen, das mit Insekten angereichert wird. Virginiawachteln sind nicht gerade als übermäßig fürsorgliche Eltern bekannt: Häufig schicken sie sich nicht einmal an zu brüten. In diesem Falle kann nur eine Brutmaschine helfen.
Die Jungen brauchen in den ersten Wochen viel Wärme, so dass eine Heizlampe erforderlich wird. Trinkwasser sollte man ihnen nur in einer möglichst flachen Schale anbieten, um die Gefahr des Ertrinkens gering zu halten. Die Temperatur lässt sich durch schrittweises Höherhängen der Wärmelampe allmählich behutsam absenken. So gewöhnen sich die Jungen behutsam an normale Werte.

MUTATIONEN

Es sind schon verschiedene Farbmutationen aufgetreten, darunter weiße, rotbraune und isabellfarbene Tiere.

Lophortyx californicus

SCHOPFWACHTEL

VERBREITUNGSGEBIET

Westliche USA.

GRÖSSE

Ungefähr 24 bis 25 cm.

GESCHLECHTSUNTERSCHIEDE

Die Hähne dieser sehr attraktiven Wachtelart besitzen – anders als die Hennen – einen schwarzweißen Kehlfleck. Überdies ist der Scheitelschopf bei diesem Geschlecht schwarz und lang, bei den Weibchen hingegen kurz und braun.

VERTRÄGLICHKEIT

Bei diesen Vögeln gibt es nur wenig Probleme mit anderen Spezies, die sich in den mittleren und höheren Lagen der Voliere aufhalten; am besten vertragen sie sich jedoch mit etwas größeren Vogelarten. Gesellen Sie einem Hahn vorsorglich mehrere Hennen zu. Wenn zu viele Tiere auf einer zu kleinen Fläche gehalten werden, kommt es oft zu innerartlicher Aggression.

UNTERBRINGUNG

Schopfwachteln hält man am besten in einer geräumigen, üppig bepflanzten Voliere. Diese Vögel sind sehr empfindlich gegen Feuchtigkeit und wissen daher eine (teilweise) überdachte Voliere sehr zu schätzen.

HALTUNGSTEMPERATUR

Prinzipiell lässt sich diese Art das ganze Jahr in einer Außenvoliere halten – vorausgesetzt, es gibt einen gegen Frost, Zugluft und Nässe geschützten Schlag.

FÜTTERUNG

Eine abwechslungsreiche Saatmischung, die mit etwas Grünfutter, lebenden Insekten und Universalfutter angereichert wird, hält die Vögel bei guter Gesundheit. Wachtelfutter ist ideal, aber (noch) nicht in allen Fachgeschäften erhältlich. Scharfkantige Magenkiesel und Grit müssen in der Voliere stets verfügbar sein, damit die Vögel sie bei Bedarf zu sich nehmen können.

VERHALTEN

Schopfwachteln leben teilweise auf dem Boden der Voliere, wo sie nach Futter scharren. Sie können recht gut fliegen und sind deshalb regelmäßig auch in den „höheren Regionen" zu finden.

Nachts suchen sie einen hoch gelegenen, geschützten Ruheplatz auf, was unter den Mitbewohnern bisweilen für Unruhe sorgt. Sie nehmen gern Sandbäder. Eine schwere Schale dient als ideale „Badewanne". Sorgen Sie dafür, dass der Sand sauber ist, und entfernen Sie ihn nach dem „Bad", damit er nicht durch Exkremente verunreinigt wird.

ZUCHT

Diese Wachtelart ist an der Eierzahl gemessen sehr produktiv (zwanzig und mehr pro Gelege sind nichts Ungewöhnliches), aber – wie so manche andere Spezies – nicht gerade für ihre Elternliebe bekannt. Das ist insofern unproblematisch, als die Jungen – ähnlich wie Hühnerküken – sofort nach dem Schlüpfen umherlaufen und Futter suchen.

Wenn die Henne ihr Gelege im Stich lässt, können Sie es auch in einer Brutmaschine zeitigen. Aus den Eiern (hellblau mit großen bräunlichen Flecken) schlüpfen nach 18 bis 23 Tagen die Küken.

Sie müssen unter einer Wärmelampe mit Wachtelaufzuchtfutter, Universalfutter und zerkleinerten Insekten großgezogen werden. Man tränkt sie – um die Gefahr des Ertrinkens gering zu halten – aus einer möglichst flachen Schale, deren Inhalt mehrmals täglich erneuert wird. Die Temperatur kann schrittweise abgesenkt werden, so dass sich die Küken in vier bis fünf Wochen an normale Werte gewöhnen. Anschließend kann man sie im Freien halten. Wachteln müssen übrigens keineswegs immer auf diese Weise großgezogen werden: wenn man ein Elternpaar besitzt, das sich selbst um die Jungen kümmert, wird man bald feststellen, dass das Weibchen die Brutpflege übernimmt.

Die Küken werden nach dem Schlupf von beiden Eltern bewacht.

3 Tauben – Colombidae

Geopelia cuneata

DIAMANTTÄUBCHEN

VERBREITUNGSGEBIET

Australien.

GRÖSSE

Ungefähr 18 bis 19 cm.

GESCHLECHTSUNTERSCHIEDE

Aufmerksame Beobachter werden feststellen, das der Augenring des Männchens – vor allem zur Brutzeit – etwas heller als jener des Weibchens gefärbt ist.

VERTRÄGLICHKEIT

Diamanttäubchen gehören zu den friedfertigsten Taubenarten. Sie können problemlos gemeinsam mit anderen Spezies in einer (Zimmer-)Voliere gepflegt werden.
Auch gegenüber viel kleineren Mitbewohnern (beispielsweise Prachtfinken) verhalten sie sich vorbildlich. Zur Brutzeit können die Männchen dieser Art einander allerdings durchaus ans Leder gehen. Deshalb sollte man pro Voliere nur ein Paar Diamanttäubchen halten (wenn ausreichend Raum zur Verfügung steht, allenfalls zwei).

UNTERBRINGUNG

Diamanttäubchen lassen sich sehr gut in Außen- und Innenvolieren sowie (Zucht-)Käfigen pflegen. Da diese Vögel nicht klettern, sollte ihr Käfig länger als breit sein.

HALTUNGSTEMPERATUR

Diese Taubenart ist sehr widerstandsfähig. Bei

Diamanttäubchen, „Pastell"

Links: Diamanttäubchen sind überaus gesellige Vögel

Diamanttäubchen, „Weißschwanz"

rauer Witterung benötigt sie jedoch einen frostsicheren, gut isolierten Schlag.

FÜTTERUNG

Als Grundnahrung erhalten diese Täubchen eine Körnermischung (für kleine tropische Vögel). Außerdem kann man ihnen hin und wieder ruhig etwas Grünfutter, Kolbenhirse oder gekeimte Saaten anbieten. Grit und Magenkiesel sind unerlässlich, damit die Vögel sich notfalls nach Bedarf bedienen können. Diamanttäubchen trinken verhältnismäßig wenig.

VERHALTEN

Diese Vögel verhalten sich durchweg sehr ruhig. Sie baden selten oder nie, lassen sich aber bei Gelegenheit gern vom Regen „überbrausen". Wenn das Wetter längere Zeit hindurch trocken ist, können Sie die Tiere auch mit einer Blumendusche oder einem ähnlichen Gerät übernebeln. Diamanttäubchen sind wahre Sonnenanbeter, die sich auch gern auf dem Boden der Voliere aufhalten, um dort nach Futter zu scharren.

ZUCHT

Diese Art lässt sich gleichermaßen in Volieren und Brutkäfigen zur Nachzucht bringen. In der Voliere kann man an verschiedenen Stellen Nistkästen aufhängen. Diese sollten bei 12 x 12 cm Grundfläche ungefähr 15 cm hoch sein (geben Sie ihnen den Vorzug vor Drahtkörben und halb offenen Kästen). Das Nest wird aus unterschiedlichen Materialien (beispielsweise aus Heu und Ästchen) gebaut. Vor, während und nach der Brutzeit brauchen die Vögel in erhöhtem Maße Weichfutter. Diamanttäubchen legen zwei Eier. Diese werden ungefähr 12 bis 13 Tage lang von beiden Eltern ausge-

Diamanttäubchen, „Weißschwanz Pastell" („silbern")

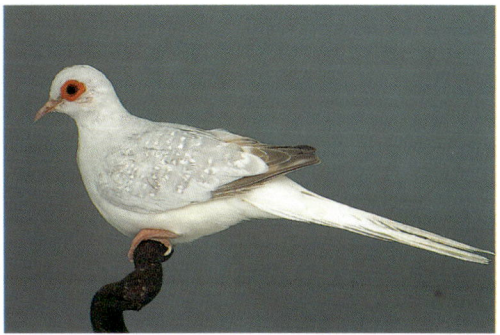

Gemeinsam mit der Lachtaube zählt das Diamanttäubchen zu den beliebtesten Taubenarten

brütet. In den ersten Lebenstagen füttert nur das Weibchen die Jungen mit „Kropfmilch". Anschließend steht ihm das Männchen bei. Die Jungen werden mit 12 bis 14 Tagen flügge. Sie können dann noch nicht selbst für sich sorgen und werden noch einige Zeit von beiden Eltern behütet und gefüttert. Ein gutes Zuchtpaar kann pro Saison zwei bis drei Bruten großziehen.

MUTATIONEN

Neben der bekannten Wildfarbe gibt es auch isabell- und achatfarbene, rotbraune und „silberne" Diamanttauben. Es gibt auch „Weißschwänze", die mit allen Varianten kombiniert sein können.

Oena capensis

KAPTÄUBCHEN

VERBREITUNGSGEBIET

Madagaskar, Zentral- und Ostafrika.

GRÖSSE

Circa 23 cm.

GESCHLECHTSUNTERSCHIEDE

Die Geschlechter sind einfach zu unterscheiden: Den Weibchen fehlt die schwarze Gesichtsmaske.

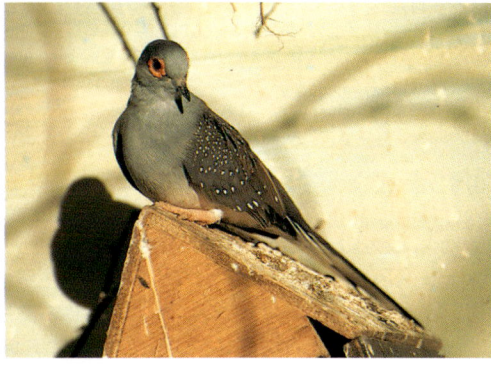

Kaptäubchen, Tauber

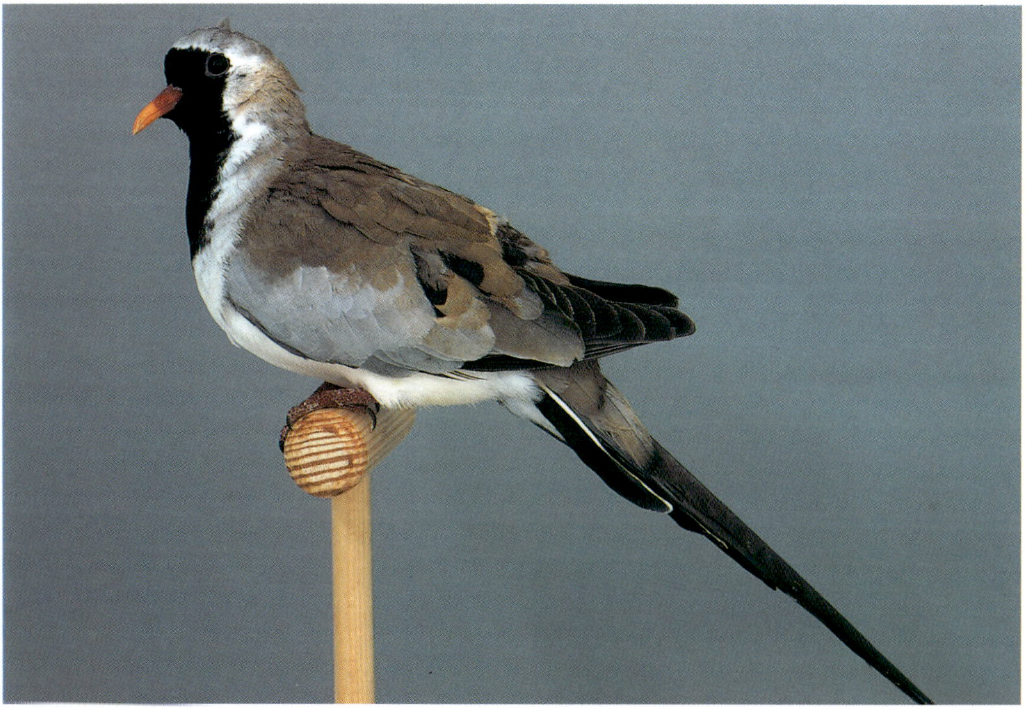

VERTRÄGLICHKEIT

Diese Täubchen passen sehr gut in Volieren mit gemischter Besetzung, auch zusammen mit Arten, die kleiner als sie selbst sind. Man hält sie aber besser nicht zusammen mit weiteren Kaptäubchen oder anderen Taubenarten: Tauben können unter sich äußerst unverträglich sein!

UNTERBRINGUNG

Sie können diese Vögel in einer Außenvoliere halten, doch sollte diese möglichst geschützt stehen. Sie verstecken sich gern im Grünen und müssen auch Gelegenheit dazu haben. In einer bepflanzen Zimmervoliere fühlen sie sich ebenfalls wohl. Da die Tiere nicht klettern, muss ihr Käfig (bzw. die Voliere) breiter als hoch sein.

HALTUNGSTEMPERATUR

Kaptäubchen fühlen sich an warmen Sommertagen am wohlsten. Sie genießen die Wärme der Sonnenstrahlen und sterben rasch an Feuchtigkeit. Ein gut isolierter Schlag, der in strengen Winter auch beheizt wird, ist für diese Art lebenswichtig.

FÜTTERUNG

Man kann als Futter eine Körnermischung für Wellensittiche und kleine tropische Vögel anbieten, außerdem etwas Kolbenhirse. Auch Keimlinge werden gern gefressen, und natürlich müssen stets ausreichend Grit und Magenkiesel vorhanden sein, damit sich die Vögel nach Bedarf bedienen können. Ab und zu fressen sie gern etwas Weichfutter.

VERHALTEN

Wenn sie sich in ihrer Umgebung ausgesprochen wohl fühlen, sind diese Vögel überhaupt nicht scheu. Sie können sehr schnell zutraulich werden. Kaptäubchen sind keine Energiebündel, sondern überaus ruhige Vögel. Sie nehmen zur Pflege ihres Gefieders gern Sandbäder. Stellen Sie dazu täglich eine große Keramikschale mit sauberem, lockerem Sand auf den Boden der Voliere. Entfernen Sie die Schale nach dem Bad, damit der Sand nicht verunreinigt wird.

ZUCHT

Wenn Sie diese Vögel zur Nachzucht bringen wollen, können Sie an gut geschützten Stellen der Voliere Nistkörbe aufhängen, damit die Vögel selbst einen geeigneten Nistplatz auswählen können. Kaptäubchen legen zwei Eier, aus denen nach etwa 14 Tagen die Küken schlüpfen. Ungefähr zwei Wochen später werden die Jungen flügge. Wenn die Elterntiere in guter Verfassung sind, schreiten sie sehr rasch zur nächsten Brut. Die Jungtauben sollten besser von den Eltern getrennt werden, sobald sie selbst fressen können. Es können drei bis vier Wochen verstreichen, bevor die Jungen ihre endgültige Färbung annehmen. Geschlechtsreif werden die Tauben erst im Alter von gut anderthalb bis zwei Jahren. Suchen sie Störungen während der gesamten Brutzeit möglichst zu vermeiden!

Streptopelia risoria

LACHTAUBE

VERBREITUNGSGEBIET

Die Lachtaube ist eine domestizierte Art. Die Stammform (Streptopelia roseigrisea) lebt in Nordafrika.

GRÖSSE

Ungefähr 23 cm.

GESCHLECHTSUNTERSCHIEDE

Die Geschlechter kann man nur schwer unterscheiden. Manchmal sind die Männchen kräftiger gebaut und haben größere Körper und Köpfe, doch sind dies keine verlässlichen Indizien. Man sollte die Tiere lieber beobachten; die Männchen balzen zur Paarungszeit um die Weibchen.

Weiße Lachtaube

Rotbraune Lachtaube

VERTRÄGLICHKEIT

Lachtauben machen durchweg keine Probleme mit anderen Vögeln. Auch untereinander sind sie verträglicher als andere Taubenarten. Wenn Sie eine geräumige Voliere besitzen, können Sie sogar zwei oder mehr Paare zusammen halten. Werfen Sie aber zur Brutzeit ein wachsames Auge auf die Tiere!

UNTERBRINGUNG

Lachtauben fühlen sich in einer geräumigen Außenvoliere am wohlsten, lassen sich aber auch in einer Zimmervoliere halten, wenn diese länger als hoch ist.
Eine Bepflanzung ist willkommen, aber nicht unbedingt erforderlich, damit sich die Tiere wirklich wohl fühlen. Diese Tauben werden häufig auch als Einzeltiere gehalten. In diesem Falle muss der Käfig wenigstens 70 cm lang sein und eine Breite bzw. Tiefe von jeweils 40 cm aufweisen. Die für diese Art geeigneten Sitzstangen sollten einen Durchmesser von ungefähr 2,5 cm haben.

HALTUNGSTEMPERATUR

Wenn die Voliere über einen gut geschützten Schlag verfügt, braucht man für den Winter normalerweise keine besonderen Vorkehrungen mehr zu treffen.

FÜTTERUNG

Lachtauben fressen eine Mischung aus Turteltaubenfutter, das man mit einer Körnermischung für kleine tropische Vögel anreichert. Außerdem nehmen sie gern etwas Weich- und Grünfutter. Magenkiesel und Grit müssen stets vorhanden sein, damit sich die Vögel nach Bedarf bedienen können.

VERHALTEN

Diese Taubenart hat einen sehr guten Ruf. Sie gewöhnt sich verhältnismäßig schnell an ihren Betreuer und wird bei ruhiger Annäherung und guter Pflege ziemlich rasch zahm. In der Voliere und im Käfig verhalten sich die Vögel ruhig, und sie sind gar nicht schreckhaft. Diese Taubenart nimmt zur Gefiederpflege gern ein Sandbad. Stellen Sie dafür eine Keramikschale mit feinem, hellem Sand (kein Vogelsand!) auf den Boden des Käfigs bzw. der Voliere.

ZUCHT

Die Zucht der Lachtaube ist nicht besonders schwierig. Die Eltern kümmern sich aufopfernd um die Brut. Als Nistplatz ist ein Taubenkorb geeignet. Auch eine Plattform (20 x 25 cm) mit einer 5 cm hohen Umrandung wird angenommen, wenn sie hoch oben an einer geschützten Stelle angebracht ist. Legen Sie einige Strohhalme und Zweige auf den Nistplatz. Gewöhnlich bauen diese Tauben kein eigentliches Nest. Sie legen fast durchweg 2 Eier, die nachts von der Taube und tagsüber vom Tauber bebrütet werden. Nach etwa zwei Wochen schlüpfen die Jungen. Sie werden knapp drei Wochen später flügge. Sie können noch nicht selbst für sich sorgen und werden noch ein Weile – vornehmlich vom Tauber – begleitet und gefüttert; wenn sie selbständig fressen, kann man sie separat unterbringen.
Die Eltern sind unterdes oft schon mit dem nächsten Gelege beschäftigt. Lachtauben sind für ihre ausgeprägte Elternliebe bekannt. Eier und Küken anderer (minder fürsorglicher) Taubenarten werden meist ohne weiteres „in Pflege genommen".

MUTATIONEN

Von dieser Art sind viele Mutationen bekannt. Es gibt u.a. weiße und gefleckte Tiere, aber es gibt auch zahlreiche Varianten, die sich in der Intensität der Farbe oder Zeichnung äußern. Zu den bekannten Mutationen zählen weiße Tiere mit schwarzen Augen, isabellfarbene, „Pfirsichköpfe" und bunte Tauben. Es gibt auch Lachtauben mit abweichender Federstruktur, bspw. „frisierte" (mit gekräuselten Federn) und die „Silky"-Variante (mit seidenartigen Federn). Die Letztgenannten sind keine guten Flieger.

BESONDERHEITEN

Lachtauben werden oft mit Turteltauben (Streptopelia decaocto) verwechselt. Obwohl sie diesen sehr ähnlich sehen, handelt es sich um zwei völlig verschiedene Taubenarten. Lachtauben können sehr alt werden (bei guter Pflege etwa 30 Jahre).

Columbina cruziana

GOLDSCHNABELTAUBE

VERBREITUNGSGEBIET

Nord-Chile, Peru und Ecuador.

GRÖSSE

Etwa 15 cm.

GESCHLECHTSUNTERSCHIEDE

Die Geschlechter sind schwer zu unterscheiden. Normalerweise ist das Gefieder des Männchens etwas dunkler als das des Weibchens. Dessen Federkleid zeigt eine eher bräunliche Farbe.

VERTRÄGLICHKEIT

Außerhalb der Brutzeit sind Goldschnabeltauben friedfertig, und man kann sie gut mit anderen Vögeln in einer Voliere halten. Während der Brutzeit werden sie sehr aggressiv, vor allem gegenüber Artgenossen und anderen Tauben. Nun sollte man sie separat unterbringen.

UNTERBRINGUNG

Diese Vögel lassen sich in Außenvolieren (sofern sie an geschützten Standorten stehen) oder geräumigen Zimmervolieren halten. Sie legen großen Wert auf eine Bepflanzung. Da sie nicht klettern, sollte der Käfig bzw. die Voliere länger als hoch sein.

HALTUNGSTEMPERATUR

Goldschnabeltauben sind sehr empfindlich gegen Kälte. Wenn sie im Freien gehalten werden, muss der Schlag zur Winterszeit nachts beheizt werden.

FÜTTERUNG

Diese Tiere haben eine Vorliebe für feinkörnige Samen. Geben Sie ihnen eine Mischung aus Wellensittichfutter, tropischen Sämereien und Wildkrautsamen. Außerdem fressen sie gern Kolbenhirse und haben – vor allem zur Brutzeit – eine Vorliebe für Weichfutter. Grit und Magenkiesel müssen stets vorhanden sein, damit die Vögel sich nach Bedarf bedienen können.

VERHALTEN

Goldschnabeltauben sind etwas zurückgezo-

Goldschnabeltaube

gene und scheue Vögel, denen man sich behutsam nähern muss. Sie nehmen gerne ein Sandbad. Stellen Sie dazu eine schwere Schale mit feinem, lockerem Sand (kein Vogelsand!) auf den Boden der Voliere. Entfernen Sie diese nach dem, Bad, damit der Sand nicht durch Exkremente verunreinigt wird.

ZUCHT

Wenn Sie Ihre Goldschnabeltauben gern nachziehen wollen, können Sie an verschiedenen Stellen der Voliere Brutschalen aufhängen beziehungsweise aufstellen. So können sich die Vögel selbst einen geeigneten Platz zum Nestbau aussuchen. Das Nest ist recht kunstlos konstruiert und wird aus Heu, Grashalmen und ähnlichem Material gebaut. Goldschnabeltauben legen 2 Eier, aus denen nach etwa 14 Tagen die Küken schlüpfen. Wenn diese 11 bis 12 Tage alt sind, werden sie flügge. Anschließend werden sie von den Eltern bewacht und gefüttert, bis sie ein Alter von etwa drei Wochen erreicht haben. Danach können sie als selbständig gelten und eigene Käfige beziehen. Während der gesamten Brutzeit zeigen die Vögel einen erhöhten Bedarf an Weichfutter. Suchen Sie alle Störungen in dieser Phase so weit wie möglich zu vermeiden: Die Tiere

Diese Goldschnabeltaube leidet infolge von Stress an einer (vorübergehenden) Pigmentstörung

Sperbertäubchen

brauchen jetzt vor allem Ruhe! Ein gutes Zuchtpaar kann in einem Jahr mehrere Bruten großziehen.

Geopelia striata

SPERBERTÄUBCHEN

VERBREITUNGSGEBIET

Australien, Neuguinea, Südostasien.

GESCHLECHTSUNTERSCHIEDE

Nur ein sehr geübter Betrachter kann einige Unterschiede zwischen den Geschlechtern ausmachen: die Männchen sind durchweg etwas größer als ihre weiblichen Artgenossen und zeigen eine dunklere Färbung. Den Tauber erkennt man überdies an seinem Balzverhalten.

VERTRÄGLICHKEIT

Diese Täubchen verhalten sich gegenüber anderen (auch kleineren) Vogelarten sehr sozial und sorgen daher in Gesellschaftsvolieren nicht für Probleme. Halten Sie immer nur ein Paar: sie können gegenüber Artgenossen und anderen Taubenarten sehr unverträglich sein!

UNTERBRINGUNG

Zebratauben lassen sich gut in einer üppig bepflanzten Außenvoliere halten. Man kann sie aber auch im Käfig halten, wenn dieser groß genug ist; das Gleiche gilt für Zimmervolieren. Da diese Vögel nicht klettern, sollte der Käfig bzw. die Voliere länger als hoch sein.

HALTUNGSTEMPERATUR

Zebratauben sind sehr empfindlich gegen Kälte und brauchen unbedingt einen beheizten Innenschlag, um gesund durch den Winter zu kommen.

FÜTTERUNG

Man kann diesen Tieren als Grundnahrung eine Saatmischung für kleine tropische Vögel geben. Kleine Mengen Weichfutter und Keimlinge werden ebenfalls sehr gern angenommen; das Gleiche gilt auch für Grünfutter und Früchte.

Grit und Magenkiesel müssen stets in ausreichender Menge vorhanden sein, damit sich die Vögel nach Bedarf bedienen können.

VERHALTEN

Sperbertäubchen sind durchweg sehr ruhige Vögel, die sich regelmäßig auch auf dem Boden der Voliere aufhalten. Sie nehmen gern hin und wieder Sandbäder; dazu können Sie eine große, schwere Keramikschale mit gewaschenem Flusssand auf den Boden der Voliere bzw. des Käfigs stellen. Außerdem nehmen sie an warmen Tagen auch gern ein richtiges Wasserbad. Im Freien untergebrachte Tiere können etwas auf Distanz und sogar schreckhaft bleiben; hält man diese Vögel jedoch von Jugend auf im Zimmer und widmet man ihnen genug Aufmerksamkeit, werden sie sehr schnell zutraulich.

ZUCHT

Sperbertäubchen sind nicht besonders schwer zu züchten, sofern man für eine möglichst ruhige Umgebung sorgt. Sie reagieren empfindlich auf Störungen und können dann ihre Eier oder Küken im Stich lassen. Am besten pflegt man sie deshalb ohne Mitbewohner in einer Außenvoliere, die ruhig gelegen und üppig bepflanzt sein sollte, damit sie nicht ständig durch Geräusche oder andere Vögel gestört werden. Falls das nicht möglich sein sollte, bringt man sie besser in einem eigenen (großen!) Zuchtkäfig im Hausinneren unter. Ihr kunstloses Nest bauen die Täubchen in einer Keramikschale (die als „Brutschüssel" für Tauben erhältlich ist), aber auch in halb offenen Nistkästen. Im Regelfall legen sie 2 Eier, die vom Weibchen ausgebrütet werden. Etwa 12 bis 13 Tage später schlüpfen die Küken. Nach spätestens zwei Wochen werden diese flügge.

Sie werden noch einige Zeit von den Eltern betreut, die dann meist schon mit dem zweiten Gelege beschäftigt sind.

Die Jungen trennt man am besten von den Eltern, sobald sie selbständig fressen können.

Gallicolumba luzonica

DOLCHSTICHTAUBE

VERBREITUNGSGEBIET

Philippinen (Inseln Luzon und Polillo).

GRÖSSE

Circa 25 cm.

Der rote Fleck auf der Brust ist bei den Männchen meist leuchtender und größer. Im Allgemeinen sind die Männchen (Tauber) auch größer und kräftiger als die Weibchen.

VERTRÄGLICHKEIT

Die Vögel verhalten sich anderen Volierenbewohnern gegenüber sehr friedfertig, aber was Artgenossen und andere Tauben angeht, gilt das genaue Gegenteil! Um Probleme zu vermeiden, sollten Sie besser nur ein einziges Pärchen anschaffen.

UNTERBRINGUNG

Dolchstichtauben gedeihen am besten in einer großen, üppig bepflanzten Voliere. Als Pflanzen eignen sich vor allem Sträucher und ähnliche Pflanzen, die den Tieren Deckung bieten.

HALTUNGSTEMPERATUR

Obwohl es einige Liebhaber gibt, die ihre Tauben ohne zusätzliche Heizung in gut isolierten Schlägen überwintern lassen, kann dies nicht als Leitlinie für alle Dolchstichtauben gelten; vielmehr empfiehlt es sich grundsätzlich, im Winter zu heizen.

FÜTTERUNG

Dolchstichtauben fressen abwechslungsreiche Mischungen aus Sämereien, so etwa feinkörniges Turteltaubenfutter, Universalfutter, Kerbtiere (unter anderem Mehlwürmer und kleine Insekten) sowie Weichfutter und Obst. Außerdem fressen sie gern Beeren. Ihr Futter picken sie praktisch ausschließlich vom Boden auf. Es hat sich auch bewährt, schon etwas abgelagerte Gartenabfälle in die Voliere zu streuen: darin sitzen zahlreiche kleine Insekten und Larven, die von den Tauben sehr gern verspeist werden. Grit und Magenkiesel müssen stets in der Voliere verfügbar sein, damit die Vögel sich nach Bedarf bedienen können.

VERHALTEN

Diese auffällige Taubenart gehört zu den „Bodentauben". Diese können zwar fliegen, tun dies aber nur selten und nur über kurze Strecken. Sie halten sich vornehmlich auf dem Boden auf, wo sie nach Futter scharren. Nachts suchen sie indes höher gelegene Schlafplätze auf. Dolchstichtauben sind sehr ruhige Tiere.

ZUCHT

Dolchstichtauben bauen ihr Nest nicht immer auf dem Boden (wie man es bei dieser Art eigentlich vermuten würde), sondern auch bis zu einem Meter über der Erde. Sie können in einem geschützten Strauch einen Nistkasten anbringen und diesen mit Zweigen u.Ä. verkleiden. Nur der Tauber beschafft das Nistmaterial, welches dann vom Weibchen verarbeitet wird. Normalerweise legen diese Vögel 2 cremefarbene Eier, die tagsüber hauptsächlich vom Tauber, nachts aber von der Mutter bebrütet werden. Die Küken schlüpfen nach 14 bis 16 Tagen. Mit etwa zwei Wochen manchmal auch einige Tage früher oder später) werden sie flügge, und gut zwei Wochen später können sie selbst für sich sorgen. Unmittelbar danach kann man sie ruhig von den Eltern trennen. Während der gesamten Brutzeit brauchen Dolchstichtauben in erhöhtem Maße Lebend- und Weichfutter.

Dolchstichtauben sind nicht immer besonders verlässliche Brutvögel: Wenn man sie zur Brutzeit stört, können sie derart in Panik geraten, dass sie ihre Eier oder Küken im Stich lassen. Ruhe ist daher Grundbedingung für eine erfolgreiche Nachzucht.

Columba guinea

GUINEATAUBE

VERBREITUNGSGEBIET

Afrika.

GRÖSSE

Ungefähr 32–36 cm.

GESCHLECHTSUNTERSCHIEDE

Es gibt keine farblichen Unterschiede. Die Weibchen sind häufig etwas kleiner und schlanker.

VERTRÄGLICHKEIT

Diese sehr attraktiv gefärbte Taubenart zeichnet sich gegenüber anderen Tauben im Allgemeinen nicht gerade durch ihr soziales Verhal-

Guineataube

Guineataube

ten aus. In einer geräumigen Voliere kann man ein Pärchen zusammen mit anderen großen Vogelarten halten. Um Zuchterfolge zu erzielen, sollte man sie jedoch besser in einer eigenen Voliere unterbringen.

UNTERBRINGUNG

Halten Sie diese große Taubenart am besten in einer sehr geräumigen, gut bepflanzten Außenvoliere. Guineatauben fühlen sich in einer „kahlen" Umgebung nicht wohl, sondern verstecken sich gern im Laub der Bepflanzung.

FÜTTERUNG

Guineatauben fressen gleichermaßen Sämereien, Grünfutter und tierische Nahrung. Als Grundfutter können Sie ihnen eine Mischung aus Turteltaubenfutter reichen, das mit ein wenig geschrotetem, enthülstem Hafer angereichert wird. Außerdem wissen diese Tauben Wildkräuter und Beeren sehr zu schätzen. Als tierische Nahrung kommen unter anderem Mehlwürmer und kleine Grillen in Frage. Grit und Magenkiesel müssen stets in ausreichender Menge vorhanden sein, damit sich die Vögel nach Bedarf bedienen können.

VERHALTEN

Guineatauben sind sehr ruhige Vögel. Sie nehmen gern ein Sandbad. Verschaffen Sie ihnen eine Gelegenheit dazu, indem Sie täglich eine Keramikschale mit sauberem, lockerem Sand auf den Boden der Voliere stellen. Entfernen Sie die Schale nach dem Bad, damit sie nicht durch Ausscheidungen verschmutzt wird.

ZUCHT

Diese Art ist durchweg nicht besonders schwer zu züchten, wenn man den Tieren nur ausreichend Ruhe gönnt. In einer eigens für sie eingerichteten Voliere ohne Mitbewohner kann man am ehesten mit Nachwuchs rechnen. Die Weibchen legen zwei Eier, aus denen nach etwa 17 Tagen die Küken schlüpfen. Die Jungtauben werden mit 22 bis 23 Tagen flügge.

Guineataube

4 Finken – Fringillidae

Fringilla coelebs

BUCHFINK

VERBREITUNGSGEBIET

Europa, Westasien, nördliches Afrika.

GRÖSSE

Ungefähr 15 bis 16 cm.

GESCHLECHTSUNTERSCHIEDE

Die Männchen sind nicht nur an ihrem wohlklingenden Gesang zu erkennen, sondern auch auffälliger gefärbt und gezeichnet.

VERTRÄGLICHKEIT

Finken bilden eigene Reviere, die sie vor allem zur Brutzeit erbittert gegen Eindringlinge verteidigen. Wegen dieser Eigenschaft sind sie für Gesellschaftsvolieren weniger gut geeignet. Ein Pärchen dieser Vögel kann man zur Brutzeit am besten in einem eigens für sie eingerichte-

Buchfink, isabellfarbenes Weibchen

Buchfink, wildfarbenes Männchen

Links: Dompfaff, Männchen

ten Käfig bzw. einer entsprechenden Voliere pflegen. Männchen dieser Art reagieren in dieser Phase aufeinander sehr aggressiv und dürfen dann keinesfalls zusammen gehalten werden.

UNTERBRINGUNG

Finken pflegt man am besten in einer überdachten Außenvoliere, die man mit teilweise immergrünen Gewächsen (etwa Tannen und Koniferen) bepflanzt.

HALTUNGSTEMPERATUR

Diese Vögel sind hervorragend an das Leben in den gemäßigten Breiten angepasst. Ein Schlag für die Nacht ist nicht notwendig, wenn die Voliere an einem geschützten Platz steht und eine dichte Bepflanzung aufweist, in die sich die Vögel zurückziehen können.

FÜTTERUNG

Es gibt Spezialfuttermischungen für europäische Ziervögel. Solche Mischungen reichen als Grundfutter völlig aus. Daneben fressen Finken auch gern Lebendfutter, beispielsweise Mehlwürmer und Blattläuse. Außerdem schmecken ihnen Beeren und Früchte. Magenkiesel und Grit müssen ebenfalls stets ausreichend vorhanden sein, damit sich die Vögel jederzeit nach Bedarf bedienen können.

VERHALTEN

Finken sind durchgehend sehr ruhige Vögel. Die Männchen sind wegen ihrer sängerischen Qualitäten berühmt.

ZUCHT

Finken bauen ein kunstreiches Nest, in dem sie allerlei Material verarbeiten, bspw. Gras-

Buchfink, wildfarbenes Weibchen

Buchfinkenhahn beim Füttern der Jungen

Vögel in Stubenkäfigen zu züchten, doch verlangt dies viel Erfahrung; die Ergebnisse sind überdies dürftiger als in Außenvolieren. Finken bilden lebenslang Paare. Falls ein Partner stirbt, sollten Sie bis zur nächsten Brutzeit warten, bevor Sie einen neuen dazusetzen; andernfalls trachten die Witwen oder Witwer dem bzw. der „Neuen" manchmal nach dem Leben.

MUTATIONEN

Es sind verschiedene Farbmutationen bekannt, beispielsweise isabell-, achat-, pastell-, opalfarben und bunt.

BESONDERHEITEN

Diese Finkenart gehört zu den gesetzlich geschützten Vogelarten. Sie darf daher ausschließlich mit bestimmten Einschränkungen und unter strenger Kontrolle gehalten werden. In manchen europäischen Ländern – vor allem in Belgien – werden seit Jahrhunderten mit Finken „Sängerwettkämpfe" veranstaltet. Diese Bestandteile des lokalen Brauchtums sind gesetzlich verboten!

Pyrrhula pyrrhula

DOMPFAFF ODER GIMPEL

VERBREITUNGSGEBIET

Die verschiedenen Unterarten des Dompfaffs sind über große Teile der Alten Welt verbreitet (von Europa bis tief nach Asien hinein).

GRÖSSE

Ungefähr 14 bis 17 cm.

GESCHLECHTSUNTERSCHIEDE

Die Unterschiede zwischen den Geschlechtern sind bei dieser Art gut zu erkennen: Die Männchen haben auffällig rosenrote Brustfedern, während die Weibchen viel schlichter gefärbt sind.

halme, (aufgedröselte) Hanfschnüre und Pflanzenwurzeln. Das Nest wird vollständig mit Tierhaaren und weichen Federn ausgepolstert. Sein Bau ist ausschließlich Sache des Weibchens, während das Männchen in der Nähe bleibt und Wache hält. Das Weibchen baut sein Nest meist mitten in einem dichten Strauch, manchmal jedoch auch in einem gewöhnlichen Nistkasten (Gitterkorb) oder -körbchen. Finken legen durchschnittlich 3 bis 4 Eier. Diese werden hauptsächlich vom Weibchen ausgebrütet.

Die Jungen schlüpfen nach einer Brutzeit von ungefähr 11 bis 13 Tagen aus den Eiern. Sie werden dann von beiden Elternteilen gefüttert und brauchen in ihren ersten Lebenstagen viele kleine lebende Insekten, beispielsweise Blattläuse, Getreideschimmelkäferlarven und Fruchtfliegen. Diese müssen also mehrmals täglich in ausreichenden Mengen verfügbar sein. Die jungen Finken werden im Alter von 12 bis 17 Tagen flügge und dann noch eine Weile in abnehmendem Maße von beiden Eltern – in erster Linie vom Vater – bewacht und gefüttert, bis sie selbständig sind. Wenn es so weit ist, muss man sie herausfangen, da namentlich die männlichen Jungvögel vom Vater überaus aggressiv behandelt werden. Ein gutes Zuchtpaar kann in einem Jahr mehrere Bruten großziehen. Es ist auch möglich, diese

VERTRÄGLICHKEIT

Dompfaffen hält man am besten paarweise, doch ist es durchaus möglich, auch mehrere Paare zu vergesellschaften. Sie vertragen sich durchweg auch mit anderen gleich großen Vogelarten gut, beispielsweise mit Zeisigen und Grünfinken.

UNTERBRINGUNG

In der freien Natur bewohnen Dompfaffen am liebsten bewaldete, dicht mit Nadelhölzern bestandene Landschaften. Am besten hält man Dompfaffen deshalb in einer geräumigen Voliere, in der immergrüne Sträucher und andere

Pflanzen (wie Nadelbäume und Koniferen) ihren natürlichen Lebensraum nachahmen. Sie fühlen sich in etwas dunkleren, beschatteten Volieren wohler als in sonnendurchfluteten Räumen. Man kann sie auch im Haus sehr gut in geräumigen Zimmervolieren oder -käfigen pflegen, wenn diese genug Grün enthalten.

HALTUNGSTEMPERATUR

Die meisten Dompfaffen in unseren Käfigen stammen aus Europa und sind daher perfekt an unser wechselhaft-feuchtes, bisweilen sogar winterkaltes Klima angepasst. Nichtsdestoweniger muss man dafür sorgen, dass die Vögel ausreichend vor Wind und Regen geschützt sind.

FÜTTERUNG

Dompfaffen sind in erster Linie Körnerfresser. Als Grundnahrung kann eine speziell für Dompfaffen zusammengestellte Körnermischung dienen. Außerdem fressen sie gern Grassamen, Löwenzahn- und Obstbaumknospen sowie Samen von Wildkräutern. Je nach Saison nehmen sie gern auch allerlei Beeren an. Außer Sämereien muss man den Vögeln regelmäßig frisches Grünfutter und Keime anbieten. Vor, während und nach der Brutzeit haben sie einen großen Bedarf an allerhand lebenden Insekten nebst deren Larven. Magenkiesel und Grit müssen immer in

Dompfaff, „braun"

Dompfaff, „Pastell"

ausreichenden Mengen vorhanden sein, damit sich die Vögel nach Bedarf bedienen können.

VERHALTEN

Dompfaffen sind sehr häufig im Grünen zu finden. Bei guter Pflege werden diese Vögel schnell zutraulich. Die Männchen singen sehr schön. Junge Vögel kann man leicht dazu bringen, kurze Melodien zu imitieren, die man ihnen vorpfeift.

ZUCHT

Die besten Zuchtergebnisse erzielt man bei diesen Vögeln mit so genannten „Zuchtboxen": dabei handelt es sich um 2 m hohe, 2 m tiefe und 1 m breite Käfige. Die Trennwände sind geschlossen, so dass die benachbarten Paare einander nicht sehen können; das Dach hingegen besteht aus durchsichtigem Wellplastik. Die werdende Mutter baut aus verschiedenen Materialien wie Kokosfasern, Grashalmen u.Ä. ein schalenförmiges Nest. Die weichsten Stoffe verwendet sie dabei zum Auspolstern des Inneren. Dompfaffen bauen ihre Nester an geschützten Stellen, in der Voliere bspw. in einem dicht belaubten Strauch. In den erwähnten Zuchtboxen kann man die zuvor installierten Brutkörbe mit frischen Zweigen „tarnen". Die Zahl der Eier pro Gelege beträgt bei dieser Art etwa 4–5. Sie sind von hellblauer bis hellgrüner Farbe, mit dunklen Flecken. Das Ausbrüten der Eier ist ausschließlich Sache des Weibchens. Es wird dabei regelmäßig von seinem Partner gefüttert, so dass es das Nest niemals zu verlassen braucht. Nach etwa 12 bis 14 Tagen schlüpfen die Jungen, welche das Nest ungefähr zwei Wochen später verlassen. In der Zwischenzeit brauchen die Vögel große Mengen von kleinem Lebendfutter, beispielsweise Getreideschimmelkäferlarven und Obstfliegen. Diese müssen ausreichend vorhanden sein und mehrmals täglich zur Verfügung stehen. Wenn ein gutes Zuchtpaar abwechslungsreich gefüttert wird, kann es durchaus zwei oder drei Gelege pro Saison großziehen. Dompfaffen sind für ihre monogame Lebensweise bekannt. Sie hängen stark aneinander und interessieren sich kaum für andere Artgenossen.

Dompfaffenweibchen, „braun-pastell"

Dompfaffenpaar am Nest

Es sind verschiedene stabile Farbmutationen aufgetreten und festgelegt worden: zu den bekanntesten zählen die Varianten „Ino", „Pastell", „geperlt" und „braun".

BESONDERHEITEN

Bei guter Pflege können Dompfaffen etwa zehn Jahre alt werden.
Der Dompfaff gehört zu den geschützten Arten. Seine Haltung und Weitergabe sind strengen gesetzlichen Beschränkungen und Regelungen unterworfen.

Carduelis spinus

ERLENZEISIG

VERBREITUNGSGEBIET

Europa, Teile von Asien und Nordafrika.

GRÖSSE

Ungefähr 12 cm.

GESCHLECHTSUNTERSCHIED

Die Männchen haben einen schwarzen Scheitel und sind insgesamt lebhafter als die Weibchen gefärbt. Man erkennt dieses Geschlecht auch an seinem Gesang.

VERTRÄGLICHKEIT

Diese Vogelart ist für ihre Verträglichkeit bekannt. Sie passt hervorragend und problemlos in eine Voliere mit gemischter Besetzung. Als Mitbewohner kommen andere europäische Vogelarten in Frage, vor allem (Blut-)Hänflinge, Grünfinken und Dompfaffen. Zeisige können gegenüber ihrem Besitzer sehr zutraulich werden und fressen dann bereitwillig Futter aus der Hand.

UNTERBRINGUNG

Erlenzeisige lassen sich sowohl in Außenvolieren als auch in Innenvolieren oder großen

Braunes Erlenzeisig-Weibchen

Erlenzeisig, Weibchen

Erlenzeisig, Männchen

Zuchtkäfigen halten, am besten jedoch in einer üppig bepflanzen Außenvoliere.

HALTUNGSTEMPERATUR

Man kann Erlenzeisige ohne weiteres in einer Außenvoliere halten, wenn diese an einem gut geschützten Platz steht. Ebenso wichtig ist eine dichte Bepflanzung, in der die Vögel notfalls Deckung suchen können. Immergrüne Koniferen und Nadelbäume eignen sich für diesen Zweck besonders gut. Ein frostsicherer Schlag ist stets willkommen, aber bei normalem Winterwetter (und wenn die Voliere windgeschützt steht) nicht unbedingt nötig.

FÜTTERUNG

Geben Sie Ihrem Erlenzeisig eine Futtermischung für Singvögel und etwas Insektenpastete. Lebende Insekten, halbreife (Wildkräuter-)Samen und Grünfutter dürfen auf dem Speisezettel nicht fehlen und werden gern gefressen. Magenkiesel und Grit müssen stets ausreichend vorhanden sein, damit sich die Vögel jederzeit bedienen können.

VERHALTEN

Erlenzeisige sind durchweg ruhige Vögel, die nicht leicht erschrecken. Die Männchen singen, aber ihr Gesang klingt nicht wirklich schön.

Erlenzeisig, „ausgebleichte" Mutation

ZUCHT

Erlenzeisige bauen ihr Nest am liebsten an einer geschützten Stelle im Laubwerk. Dazu verwenden sie verschiedene Materialien, beispielsweise Heu, Grashalme, Moos und Tierhaare. Ein Gelege umfasst meist 4 bis 5 Eier, die vom Weibchen ungefähr 13 Tage lang bebrütet werden. Die Fütterung der Jungen übernehmen beide Elternteile. Die Jungvögel erhalten fast ausschließlich kleine lebende Insekten. Sorgen Sie dafür, dass solche in ausreichender Menge verfügbar sind und mehrmals täglich angeboten werden. Zu den geeigneten Insektenarten zählen beispielsweise Spinnen, Mehlwurmstücke, Getreideschimmelkäferlarven, Fruchtfliegen und Blattläuse. Die Jungen werden flügge, wenn sie etwa 18 Tage alt sind. Sie können dann noch nicht selbst für sich sorgen und werden noch gut eine Woche lang bewacht und gefüttert. Die jungen Erlenzeisige ähneln zunächst stark den Weibchen, sind aber etwas heller gefärbt.

MUTATIONEN

Es sind schon einige Mutationen aufgetreten und festgelegt worden, u.a. „pastellfarben", „übergossen", braun, achat- und isabellfarben.

BESONDERHEITEN

Der Erlenzeisig gehört zu den geschützten Vogelarten. Haltung und Weitergabe unterliegen strengen gesetzlichen Beschränkungen.

Carduelis chloris

GRÜNLING

VERBREITUNGSGEBIET

Europa, Westasien und Nordafrika.

GRÖSSE

Circa 14 bis 15 cm.

GESCHLECHTSUNTERSCHIEDE

Die Männchen sind etwas lebhafter als die Weibchen gefärbt. Außerdem erkennt man sie an ihrem Gesang.

VERTRÄGLICHKEIT

Grünlinge sind äußerst soziale, friedfertige Vögel, die ausgezeichnet in eine Gesellschaftsvoliere passen. Man kann sie sowohl paarweise als auch in Gruppen pflegen. Vergesellschaften Sie sie aber besser nicht mit Kanarienvögeln, da sich beide Arten paaren können!

UNTERBRINGUNG

Man kann diese Vögel gleichermaßen in gut bepflanzten Außen- und in Zimmervolieren halten. Sehr wohl fühlen sie sich auch in großen (Zucht-)Käfigen.

HALTUNGSTEMPERATUR

Grünlinge sind widerstandsfähige Vögel, die auch raue Winter gut überstehen – vorausgesetzt, dass ihre Voliere gut geschützt steht und üppig mit (immergrünen!) Pflanzen bestückt ist, die den Vögeln Deckung bieten.

FÜTTERUNG

Grünlinge gedeihen ausgezeichnet bei einer Kost aus gemischten Sämereien (für Wildvögel); außerdem fressen sie gern frische Wild-

Grünling, Männchen

Grünling, Weibchen

Grünlingmännchen, „Satinet"

kräuter (bspw. Vogelmiere). Auch Weichfutter, Grassamen, Insekten, Beeren und Keimlinge werden gern angenommen. Magenkiesel und Grit müssen immer in ausreichender Menge vorhanden sein, damit sich die Vögel stets nach Bedarf bedienen können.

VERHALTEN

Grünfinken sind überwiegend ruhige Vögel, die in allen Winkeln der Voliere umherstöbern, sich aber am liebsten im Grünen aufhalten.

ZUCHT

Wenn Sie diese Vögel züchten wollen, können Sie an verschiedenen Stellen der Voliere Gitterkörbchen aufhängen. Die Tiere bevorzugen dabei solche, die hoch oben angebracht sind. Als Nistmaterial kommen unter anderem Heu und Kokosfasern in Frage; das Innere wird mit Tierhaaren und Flaumfedern gepolstert. Der Nestbau ist allein Sache des Weibchens, ebenso das Ausbrüten der Eier. Ein Gelege umfasst etwa 3 bis 6 Eier, aus denen nach ungefähr 13 bis 15 Tagen die Jungen schlüpfen. Die jungen Grünlinge werden von beiden Elternteilen gefüttert und sind mit ungefähr zwei Wochen flügge.
Gesunde Grünlinge können in einer Saison auch mehrere Bruten großziehen. Die Jungvögel dürfen ohne weiteres bei den Eltern blei-

ben. Grünlinge lassen sich auch in geräumigen Zuchtkäfigen nachziehen. Der Nistkasten kann unter Umständen mit immergrünen Zweigen (bspw. von Tannen oder Koniferen) getarnt werden, damit die Vögel ein wenig Deckung erhalten.

MUTATIONEN

Es gibt verschiedene Farbmutationen, u.a. isabellfarben, braun, achatfarben, „Ino" und „pastellfarben".

BESONDERHEITEN

Der Grünling gehört zu den geschützten Vogelarten. Seine Haltung und eventuelle Weitergabe unterliegen strengen gesetzlichen Regelungen und Beschränkungen.

Carduelis carduelis

STIEGLITZ ODER DISTELFINK

VERBREITUNGSGEBIET

Europa, West- und Zentralasien, Nordafrika.

GRÖSSE

Ungefähr 12 bis 17 cm.

Mitteleuropäische Nominatform des Distelfinken

GESCHLECHTSUNTERSCHIEDE

Die Unterschiede zwischen den Geschlechtern sind nicht leicht zu erkennen. Ein geübter Beobachter nimmt jedoch verschiedene kleine Details wahr: so haben die Männchen oft etwas längere Schnäbel, und die roten Scheitelfedern reichen weiter nach hinten. Der „Schnurrbart" und der Flügelbug sind bei den Männchen tiefschwarz, bei den Weibchen hingegen graubraun. Bei dieser Art singt sowohl das Männchen als auch das Weibchen.

VERTRÄGLICHKEIT

Diese Vögel passen ausgezeichnet in eine Voliere mit gemischter Besetzung, können aber auch sehr gut „unter sich" gehalten werden. Wenn Sie großen Wert auf Zuchterfolge legen, sollten Sie besser nur ein Pärchen pro Käfig halten, da fremde Mitbewohner störend auf das Zuchtpaar einwirken würden. Halten Sie Stieglitze nie zusammen mit Kanarienvögeln, da es zwischen diesen beiden Arten zu Bastarden kommen kann.

UNTERBRINGUNG

Stieglitze können gleichermaßen in geräumigen Außenvolieren und in Zimmervolieren oder -käfigen gepflegt werden. Wichtig ist eine üppige Bepflanzung, da sich die Vögel dann

Dies ist der kleinste Distelfink: Carduelis britannica *von den Britischen Inseln*

Der größte Distelfink ist Carduelis major *aus Sibirien*

Weißer Distelfink

wohler fühlen. Geeignet sind u.a. immergrüne Gewächse wie Koniferen und Tannen. Auch die im Zusammenhang mit dem Dompfaff erwähnten „Zuchtboxen" eignen sich gut zur Unterbringung dieser Vögel.

HALTUNGSTEMPERATUR

Stieglitze sind hervorragend an unser Klima angepasst, brauchen im Winter jedoch unbedingt einen schützenden Unterschlupf. Falls ihre Voliere an einer geschützten Stelle steht und die Pflanzen für Deckung sorgen, sind keine weiteren Vorkehrungen nötig. Andernfalls sind die Vögel dankbar für einen Schlag.

FÜTTERUNG

Sie können diesen Vögel als Grundnahrung eine Körnermischung für frei lebende Singvögel geben, aber auch die so genannte „Volierensaat", die verschiedene Sämereien enthält, wird gern angenommen. Wie alle anderen Körnerfresser benötigen auch Distelfinken scharfkantige Magenkiesel und Grit. Beides muss stets in reichlichen Mengen vorhanden sein, damit sich die Vögel bedienen können. Geradezu versessen sind die Tiere auf Distelsamen, die Sie getrost zufüttern können. Auch kleine Insekten, Beeren und ein wenig Grünfutter (Wildkräuter) werden gern gefressen.

VERHALTEN

Distelfinken sind mäßig lebhafte Vögel, die sich vor allem in der Vegetation aufhalten. Die Männchen singen sehr schön und klar, doch tun dies auch einige Weibchen (allerdings weniger schön).

ZUCHT

Das Nest wird an einer hoch gelegenen Stelle gebaut, möglichst mitten in der Vegetation (große Koniferen), doch machen die Vögel auch Gebrauch von Nistkästen. Sie bevorzugen hellfarbiges Nistmaterial, beispielsweise Schafwolle.

Stieglitze legen durchschnittlich 3 bis 6 Eier: sie sind hellblau mit braunen Flecken und werden vom Weibchen etwa 13 bis 15 Tage lang ausgebrütet. Sobald die Jungen geschlüpft sind (besser auch ein Weilchen früher und später), kann man den Vögeln außer dem gewohnten Körnerfutter kleine Mengen von Insekten in verschiedenen Stadien (Eier, Larven, Puppen) sowie Grünfutter (Löwenzahn, Hirtentäschel, Vogelmiere), Keimlinge, Weichfutter und Früchte anbieten.

Was tierisches Eiweiß anbetrifft, zeigen alle Stieglitze eine Vorliebe für Blattläuse, Getreideschimmelkäferlarven und Mehlwürmer. Nach gut zwei bis knapp drei Wochen sind die Jungen flügge. Sie werden anschließend noch eine Weile von beiden Elternteilen – vor allem vom Vater – bewacht und gefüttert, bis sie selbst für sich sorgen können. Die Jungvögel zeigen dann noch nicht die Farbe erwachsener Tiere, die einige Wochen auf sich warten lässt. Gesunde Distelfinken können direkt nach der Aufzucht der ersten Brut mit dem nächsten Gelege beginnen.

MUTATIONEN

Es sind mehrere Farbmutationen aufgetreten und festgelegt worden, u.a. braun, achat-, pastell- und isabellfarben, weiß, „Ino", „Gelbbauch" und „geperlt".

BESONDERHEITEN

Es gibt zahlreiche Unterarten des Distelfinken. Die am häufigsten gehaltenen sind der oben beschriebene Kleine Stieglitz (manchmal auch Erlenzeisig genannt) und der Große Stieglitz (*Carduelis carduelis major*).

Der Distelfink gehört zu den geschützten Vogelarten. Was seine Haltung und den eventuellen Verkauf angeht, gelten strenge gesetzliche Regelungen und Beschränkungen.

Brauner Distelfink

Pastellfarbener Distelfink

Carduelis cannabina

BLUTHÄNFLING

VERBREITUNGSGEBIET

Europa, Südwestasien und Nordafrika.

GRÖSSE

Ungefähr 13 bis 14 cm.

GESCHLECHTSUNTERSCHIEDE

Das Männchen ist nur während der Brutzeit ohne weiteres erkennbar. Brust und Scheitel sind dann rot befiedert. Allerdings sind die Geschlechter auch außerhalb dieser Phase zu unterscheiden: das Brustgefieder des Weibchens weist eine dunklere Streifung auf. Die Männchen singen.

VERTRÄGLICHKEIT

Bluthänflinge sind sehr verträgliche, friedfertige Vögel. Sie eignen sich sehr gut für Volieren mit gemischter Besetzung. Man kann sie auch paarweise oder in kleinen Gruppen halten.

UNTERBRINGUNG

Bluthänflinge fühlen sich in „kahlen" Räumen ausgesprochen unwohl. Am besten hält man sie daher in einer geräumigen, üppig bepflanzten Außenvoliere. Als Pflanzen eignen sich vor

Bluthänfling, Männchen

Bluthänfling, Weibchen

Nest des Bluthänflings

allem immergrüne Arten, beispielsweise Koniferen und Tannen.

HALTUNGSTEMPERATUR

Wenn die Voliere an einem windgeschützten Platz steht und die Bepflanzung ausreichende Deckungsmöglichkeiten bietet, braucht man keine weiteren Vorkehrungen zu treffen. Andernfalls wissen die Tiere einen schützenden Schlag sehr zu schätzen.

FÜTTERUNG

Man kann Bluthänflingen ein Mischfutter für Wildvögel geben, das mit Wildkräutersamen angereichert wird. Auch frische Wildkräuter, Obst, Weichfutter und Keimlinge werden sehr gern gefressen.
Magenkiesel und Grit müssen immer verfügbar sein, damit sich die Tiere notfalls bedienen können.

VERHALTEN

Bluthänflinge fliegen gern und viel, halten sich aber nur selten auf dem Boden auf. Sie sind auch ziemlich unruhig und schreckhaft. Die Männchen dieser Art sind für ihren melodiösen Gesang bekannt, den man auch außerhalb der Paarungszeit hören kann.

Bluthänfling-Männchen beim Füttern der Jungen

ZUCHT

Die besten Aussichten auf Nachwuchs bestehen bei dieser Vogelart in einer eigenen Außenvoliere. Dort werden sie nicht unablässig von anderen Vögeln aufgeschreckt oder sonst gestört. Das Nest wird meistens in einem dichten Strauch ungefähr 1 m über dem Boden gebaut. Bei seinem Bau finden allerhand geeignete Materialien Verwendung, beispielsweise Wurzeln, Kokosfasern, Grashalme, Heu und Pferdehaar. Die Vögel akzeptieren auch Nistkästen und -körbe, wenn diese nur an der richtigen Stelle sitzen. Nestbau und Brüten sind ausschließlich Sache des Weibchens. Es legt durchschnittlich 4 bis 6 hellblaue, dunkel gefleckte Eier, aus denen nach ungefähr 12 bis 14 Tagen die Jungvögel schlüpfen. Die frisch geschlüpften Küken erhalten in den ersten Lebenstagen neben Kropffutter überwiegend kleine Insekten als Nahrung. Deshalb muss man rechtzeitig dafür sorgen, dass in dieser Lebensphase ein ausreichendes Angebot verschiedener kleiner Insekten(-Larven) gesichert ist. Die Fütterung der Jungen besorgen beide Elternteile. Die Jungvögel werden mit 14 Tagen flügge, können dann aber noch nicht selbst für sich sorgen und werden deshalb eine weitere Woche (oder länger) von den Eltern gefüttert und bewacht. Gesunde Bluthänflinge ziehen meist noch eine weitere Brut groß. Bluthänflinge bleiben einander treu und bilden auf Lebenszeit Paare. Ein harmonierendes Pärchen sollte deshalb besser nicht getrennt gehalten werden.

MUTATIONEN

Neben der Wildform gibt es heute auch pastellfarbene Tiere, welche die gleiche Zeichnung aufweisen, aber viel heller gefärbt sind. Gelegentlich kommen auch bunt gezeichnete Exemplare vor, doch sind diese einstweilen noch sehr selten.

BESONDERHEITEN

Der Bluthänfling gehört zu den geschützten Vogelarten. Haltung und Weitergabe unterliegen strengen gesetzlichen Beschränkungen.

Männlicher Haussperling, Wildform

Männlicher Haussperling, „braun"

Passer domesticus

HAUSSPERLING

VERBREITUNGSGEBIET

Der Feldsperling kommt in fast allen von Menschen bewohnten Gebieten vor.

GRÖSSE

Ungefähr 15 cm.

GESCHLECHTSUNTERSCHIEDE

Scheitel und Rücken des Männchens sind kastanienbraun; der schwarze Kehlfleck zieht sich hier bis auf die Brust. Beim Weibchen herrschen Grautöne vor, und sein Rücken weist eine gröbere Streifenzeichnung auf.

VERTRÄGLICHKEIT

Außerhalb der Brutzeit können diese Vögel ohne weiteres mit anderen Arten in einer Gesellschaftsvoliere gepflegt werden, aber sobald die Fortpflanzungszeit anbricht, können sie sehr dominant und unduldsam werden. Man hält sie dann besser unter sich.

UNTERBRINGUNG

Haussperlinge pflegt man am besten in einer überdachten Außenvoliere, die üppig mit teilweise immergrünen Gewächsen (beispielsweise Tannen und Koniferen) bepflanzt wird.

HALTUNGSTEMPERATUR

Haussperlinge lassen sich ohne weiteres in Außenvolieren halten, doch müssen diese an gut geschützten Plätzen stehen. Mindestens ebenso wichtig ist eine ausreichende Bepflanzung, die den Vögeln Schutz bietet. Geeignet sind u.a. immergrüne Koniferen und Tannen. Ein frostsicherer Schlag ist willkommen, aber bei geschützten Volieren (s.o.) und in normalen Wintern nicht erforderlich.

FÜTTERUNG

Sie können den Tieren als Grundnahrung ein

Haussperling, „Pastell"

Männlicher Haussperling, isabell-pastellfarben

Männlicher Haussperling, „Phaeo"

Mischfutter für Wildvögel geben, das mit etwas Insektenpastete angereichert wird. Reichen Sie ihnen außerdem regelmäßig lebende Insekten, halbreife (Wildkräuter-)Samen und Grünfutter. Magenkiesel und Grit müssen stets in ausreichender Menge vorhanden sein, damit die Vögel ihren Bedarf decken können.

VERHALTEN

Haussperlinge sind sehr lebhafte und unruhige Vögel. Sie verstecken sich in der Bepflanzung, wenn sie sich unsicher fühlen. Gern nehmen sie auch ein Bad: Stellen Sie dazu eine mit Wasser gefüllte glasierte Keramikschale auf den Boden der Voliere oder auf einen Sockel. Entfernen Sie die Schale nach einigen Stunden, damit die Vögel nicht vom verschmutzten Wasser trinken können.

ZUCHT

Haussperlinge bauen ihr Nest an geschützten Stellen. Das kann in einem geschlossenen Nistkasten, in einem dichten Strauch oder – so weit möglich – unter Dachpfannen geschehen.
Als Nistmaterial verwenden sie unter anderem Gras, Federn, Moos und Tierhaare. Das Gelege umfasst durchschnittlich 4 bis 6 bläuliche, dunkel gesprenkelte Eier, die 13 bis 14 Tage lang hauptsächlich vom Weibchen bebrütet

werden. Die Jungen werden von beiden Eltern gefüttert und sind mit etwa 17 bis 18 Tagen flügge. Ein gesundes Paar kann pro Saison mehrere Bruten aufziehen.

MUTATIONEN

Es wurden mehrere Farbmutationen festgelegt: dazu gehören u.a. „Achat", braun, „Opal", „Pastell", isabellfarben, rotbraun, „Phaeo", „Satin", „Ino", Albino und weiß.

Acanthis flammea

BIRKENZEISIG

VERBREITUNGSGEBIET

Große Teile Europas.

GRÖSSE

Je nach Unterart 11,5 bis 14,5 cm.

GESCHLECHTSUNTERSCHIEDE

Das Männchen erkennt man an der karminroten Befiederung von Brust, Kehle, Wangen und Schwanz; außerdem ist es weniger auffällig gestreift und insgesamt lebhafter als das Weibchen gefärbt. Beide Geschlechter haben ein rotes „Scheitelkäppchen".

Birkenzeisig, „Achat"

VERTRÄGLICHKEIT

Birkenzeisige sind sehr friedfertige Vögel, die sich gut für Volieren mit einer gemischten Besetzung eignen. Als Mitbewohner kommen andere europäische Vogelarten wie Bluthänflinge, Grünlinge und Dompfaffen in Frage. Birkenzeisige können überaus zahm und zutraulich werden. Bei ruhiger Annäherung und guter Pflege sind sie schnell bereit, Futter aus der Hand zu fressen.

UNTERBRINGUNG

Diese Art lässt sich in Außenvolieren, aber auch in Zimmervolieren und großen (Zucht-)Käfigen pflegen. Am besten hält man sie jedoch in einer üppig bepflanzten Außenvoliere.

HALTUNGSTEMPERATUR

Birkenzeisige sind ziemlich widerstandsfähige Vögel. Ihre Voliere muss an einem vor Wind geschützten Platz stehen. Eine üppige Bepflanzung, zwischen der die Tiere bei Bedarf Schutz suchen können, ist sehr zu empfehlen. Zu den geeigneten Pflanzenarten gehören in erster Linie immergrüne Sträucher bzw. Büsche. Ein frostsicherer Schlag ist willkommen, aber bei richtiger Lage der Voliere (siehe oben) in Wintern mit normaler Witterung nicht erforderlich.

(Kleiner) Birkenzeisig, Männchen

((Kleiner) Birkenzeisig, Weibchen

(Kleiner) Birkenzeisig, „braun"

FÜTTERUNG

Man kann diesen Vögeln als Grundnahrung eine Körnermischung für Wildvögel geben, die man unter anderem mit etwas Insektenpastete anreichert. Lebende Insekten dürfen nicht fehlen, und halbreife (Wildkräuter-)Samen sowie Grünfutter werden ebenfalls gut angenommen. Magenkiesel und Grit müssen ausreichend vorhanden sein, damit die Vögel ihren Bedarf decken können.

VERHALTEN

Birkenzeisige sind durchweg recht ruhige und zutrauliche Vögel. Die Männchen dieser Art singen, doch hört sich das nicht besonders melodiös an.

ZUCHT

Diese Art lässt sich recht einfach züchten. Zusammen mit dem Grünling gilt sie als idealer „Einstiegsvogel" für Anfänger, die europäische Vögel züchten wollen. Zuchterfolge können nicht nur in Großvolieren, sondern auch in geräumigen Zuchtkäfigen erzielt werden. In Außenvolieren bauen Birkenzeisige ihr Nest in der Bepflanzung. Als Nistmaterial verwenden sie unter anderem Grashalme, Heu, Moosstückchen und Pferdehaare. Man darf im Durchschnitt mit 4 bis 5 Eiern rechnen, die in etwa 13 Tagen ausgebrütet werden. Während das Brutgeschäft allein Aufgabe des Weibchens ist, kümmern sich beide Elternteile um die Jungen. Diese erhalten fast ausschließlich kleine lebende Insekten, welche deshalb mehrmals täglich in ausreichender Menge vorhanden sein müssen. Sorgen sie beispielsweise für klein geschnittene Mehlwürmer, Getreideschimmelkäferlarven, Spinnen, Fruchtfliegen und Blattläuse. Die Jungen werden im Alter von ungefähr 18 Tagen flügge.

MUTATIONEN

Es gibt verschiedene Farbmutationen, u.a. braun, achat- und isabellfarben sowie „Pastell".

BESONDERHEITEN

Der Birkenzeisig gehört zu den geschützten Vogelarten. Er darf daher nur mit bestimmten Auflagen und unter strengen gesetzlichen Beschränkungen gehalten werden.

Carduelis cucullata

KAPUZENZEISIG

VERBREITUNGSGEBIET

Venezuela, Kolumbien.

GRÖSSE

Ungefähr 11 bis 12 cm.

GESCHLECHTSUNTERSCHIEDE

Die Unterschiede zwischen den Geschlechtern sind deutlich zu erkennen.
Die Männchen dieser Art sind feuerrot mit schwarzen Flügeln und ebensolchem Kopf, die Weibchen hingegen insgesamt viel blasser gefärbt.

VERTRÄGLICHKEIT

Kapuzenzeisige sind friedfertige Vögel, die ausgezeichnet mit anderen Volierenbewohnern harmonieren. Eine Ausnahme von dieser Regel bilden die Männchen, die zur Paarungszeit untereinander recht aggressiv werden können. Um Kämpfe zu vermeiden, sollten Sie daher besser jeweils nur ein Pärchen dieser Art pflegen. In einer großen Voliere lassen sich allerdings auch zwei Paare halten. Sie können sich allerdings auch auf Männchen beschränken: wenn keine weiblichen Kapuzenzeisige in der Nähe sind, sollte es nicht zu Rivalitäten kommen. Man darf Kapuzenzeisige niemals zusammen mit Kanarienvögel pflegen: diese Arten produzieren nämlich Bastarde. Obwohl auf

Kapuzenzeisig, Männchen

Kapuzenzeisig, „Pastell"

diese Weise bei den Kanarienvögeln bereits schöne Farb- und Zeichnungsmuster entstanden sind, sollte man verschiedene Arten nur mit genau festgelegten Zielen vornehmen.

UNTERBRINGUNG

Diese Vögel gedeihen am besten in nicht zu sparsam bepflanzten Außen- oder Zimmervolieren. Zur Brutzeit kann man sie auch in geräumigen (Zucht-)Käfigen halten. Kapuzenzeisige schlafen gern an möglichst hohen Stellen und nehmen weit oben angebrachte Sitzstangen (am liebsten aus Erlenholz) bereitwillig an.

HALTUNGSTEMPERATUR

Obwohl diese Zeisige nicht gerade empfindlich sind, brauchen sie in den Wintermonaten einen erwärmten Schlag.

FÜTTERUNG

Man kann als Basisfutter ein Gemisch aus Kanariensaat und Wildvogelfutter anbieten.

Kapuzenzeisig, Weibchen

Junge Kapuzenzeisige

Kapuzenzeisig, neue Farbmutation

Vor allem während der Brutzeit werden auch kleine Mengen Weichfutter, Insektenpastete und Keimlinge bereitwillig angenommen. Die Vögel fressen überdies sehr gern Grünfutter, doch sollte man hier ihrer Gesundheit zuliebe besser Sparsamkeit walten lassen.
Wie alle Körnerfresser braucht auch der Kapuzenzeisig ständig Grit oder scharfkantige Magenkiesel.

VERHALTEN

Kapuzenzeisige sind flinke, lebhafte und neugierige Vögel. Die Männchen dieser Art singen. Sie sind auf Sonne geradezu versessen und nehmen gern ein Bad. Dazu können Sie eine glasierte Keramikschale voll Wasser auf den Boden der Voliere stellen. Wechseln Sie das Badewasser täglich, da es sonst schnell verschmutzt!

ZUCHT

Kapuzenzeisige bauen ihr Nest häufig in einem Nistkörbchen. Sie können im Durchschnitt mit 3 bis 4 hellblauen, braun gefleckten Eiern rechnen. Diese werden ausschließlich vom Weibchen bebrütet. Das Männchen übernimmt dessen Fütterung, so dass es das Nest selten oder nie zu verlassen braucht. Nach etwa 14 bis 16 Tagen schlüpfen die Jungen, welche 16 bis 18 Tage später das Nest verlassen.
Sie sind dann noch nicht selbständig und werden eine Weile von den Eltern gefüttert und bewacht. Erst im Alter von fünf bis sechs Wochen können sie selbständig nach Futter suchen, und man darf sie jetzt von den Eltern trennen.

MUTATIONEN

Es sind verschiedene Mutationen bekannt, beispielsweise bunte und braune Kapuzenzeisige. Es gibt aber auch Tiere mit roten Augen.

Mosambikgirlitz, Männchen

Mosambikgirlitz, Weibchen

Serinus mozambicus

MOSAMBIKGIRLITZ

VERBREITUNGSGEBIET

Afrika.

GRÖSSE

Ungefähr 11–12 cm.

GESCHLECHTSUNTERSCHIEDE

Die Männchen besitzen eine rein gelbe Brust, während sich bei den Weibchen dort Striche oder dunkle Punkte finden. Die Männchen sind überdies oberseits insgesamt etwas heller gefärbt.

VERTRÄGLICHKEIT

In freier Natur bilden diese Vögel große Schwärme, aber in der Voliere vertragen sie sich durchaus nicht immer gut miteinander. Andere Vogelarten haben von diesen leuchtend bunt gefiederten Afrikanern nichts zu befürchten. Sie eignen sich deshalb gut für Volieren mit gemischter Besetzung. Pflegen Sie die Tiere besser nicht zusammen mit Kanarienvögeln – sonst kommt es nämlich zu unerwünschten Bastarden.

Mosambikgirlitz, isabellfarben

UNTERBRINGUNG

In einer Außenvoliere fühlen sich diese Tiere äußerst wohl. Eine Bepflanzung wissen sie zu schätzen, doch ist diese nicht unbedingt erforderlich. Von Züchtern erworbene Vögel lassen sich auch sehr gut in Stubenkäfigen oder Zimmervolieren im Haus halten. Männchen dieser Art wurden früher wegen ihres Gesangs häufig auch als Einzeltiere gepflegt. Sorgen Sie in diesem Fall unbedingt für ausreichende Bewegung, damit der Vogel nicht verfettet; füttern sie ihn sparsam. Ein breiter Käfig, in dem die Sitzstangen möglichst weit voneinander entfernt angeordnet sind, zwingt den Vogel zum Fliegen und reicht völlig aus, um ihn in guter Verfassung zu halten.

HALTUNGSTEMPERATUR

Mosambikgirlitze sind ziemlich robuste Vögel, die im Grunde keinen beheizten Schlag brauchen. Sorgen Sie aber dennoch lieber für einen gut isolierten Schlag an einer geschützten Stelle.

FÜTTERUNG

Sie können diesen Tieren als Grundnahrung eine Körnermischung für kleine tropische Vögel geben. Daneben fressen sie auch andere Sämereien – beispielsweise Kolbenhirse – sowie frische und getrocknete Wildkräuter- und Grassamen. Außerdem schätzen sie kleine Obststücke, aber seien Sie damit sparsam! Wie alle überwiegend Körner fressenden Vogelarten brauchen sie unbedingt scharfkantige Magenkiesel, mit denen sie die Körner im Kaumagen zerkleinern. Diese müssen daher – ebenso wie Grit – immer ausreichend vorhanden sein, damit sich die Vögel notfalls bedienen können.

VERHALTEN

Die Männchen dieser Art singen sehr schön, lassen sich aber fast nur zur Paarungszeit hören. Wird ein Männchen jedoch allein gehalten, singt es ganzjährig. Normalerweise hält man diese Vögel in einer Voliere, wo sie ihren Gesang vornehmlich in der Morgen- und Abenddämmerung erschallen lassen. Es sind im Allgemeinen lebhafte, aber keineswegs nervöse Vögel. Sie werden recht schnell zutraulich.

ZUCHT

Mosambikgirlitze können sowohl in Außenvolieren als auch in Zuchtkäfigen für Nachwuchs sorgen. Sie bevorzugen Nistkörbchen, die Sie bei Außenhaltung an verschiedenen Stellen aufhängen können. Wenn ausreichende Bepflanzung vorhanden ist, wird bisweilen auch ein frei stehendes Nest gebaut. Die Vögel können so selbst ihre Wahl treffen. Beim Nestbau, der allein Sache des Weibchens ist, werden verschiedene weiche Materialien verwendet, beispielsweise Hanfschnurstückchen und biegsame, dürre Grashalme. Diese Art legt durchschnittlich 2 bis 4 Eier. Sie sind weiß bis hellblau mit rotbraunen Flecken und werden ausschließlich vom Weibchen bebrütet; allerdings hält sich auch das Männchen nachts oft im Nistkasten auf. Die Jungen schlüpfen nach einer Brutzeit von etwa 13 Tagen; sie werden von beiden Elternteilen versorgt und sind mit etwa drei Wochen flügge. Das Männchen füttert sie anschließend noch ein paar Wochen. Nach dem Selbständigwerden sollte man die Jungen besser herausfangen, da sie nun vom Vater meist nicht mehr geduldet werden. Bis zur vollständigen Ausfärbung können einige Jahre vergehen. Bis dahin sind die Männchen nur schwer von den Weibchen zu unterscheiden. Ein gutes Zuchtpaar kann jährlich mehrere Bruten aufziehen. Obwohl diese Vögel bei einer Kost aus Sämereien und Grünfutter prächtig gedeihen, brauchen sie zur Brutzeit auch kleine Insekten. Solange sie noch jung sind, gibt man ihnen täglich mehrmals kleine lebende Insekten (u.a. Fruchtfliegen) und Weichfutter.

Bei diesem Mosambikgirlitz ist die Farbe noch nicht festgelegt worden; das abgebildete Tier stammt von Wildfängen ab

Von dieser Art ist eine Farbmutation bekannt: diese Tiere haben ein etwas blasseres Gefieder.

Kanarienvögel

SING-, FARB-, POSITUR- UND FORMKANARIENVÖGEL

VERBREITUNGSGEBIET

Unsere Zierkanarienvögel kommen in der freien Natur so nicht vor. Der Wildkanarienvogel ist die Stammform der heutigen Stubenvögel. Er kommt unter anderem auf den Kanarischen Inseln und Madeira vor. Unsere domestizierten Kanarienvögel sind teilweise aus Kreuzungen der Wildform mit anderen Finkenvögel hervorgegangen, teilweise auch aus gezielter Selektion nach bestimmten Merkmalen, schließlich durch die Stabilisierung von Mutationen.

GRÖSSE

Die Größe variiert je nach Rasse. Die Wildform wird ungefähr 12 bis 13 cm groß, während es die Sing- und Farbkanarienvögel im Durchschnitt auf 14 cm bringen. Die allergrößte Rasse ist der Lancashire-Kanarienvogel. Die Größe

Es gibt viele verschiedene Farbschläge, die alle standardmäßig festgelegt wurden

halten kann. Eine Bepflanzung ist sehr willkommen, aber für das Wohlergehen der Vögel nicht unbedingt erforderlich. Die Männchen wurden wegen ihres schönen Gesangs oft in Einzelkäfigen gehalten.

HALTUNGSTEMPERATUR

Die meisten Kanarienrassen sind robust und hervorragend an ein gemäßigtes Klima angepasst. Es gibt jedoch Ausnahmen, die im Zusammenhang mit den einzelnen Rassengruppen erörtert werden.

Form- und Haltungsrassen sind bei Züchtern stark in Mode

dieses Vogels beträgt etwa 22 bis 23 cm. Die kleinsten Rassen – beispielsweise der „Gloster", der „Japan Hoso" und der Spanische Zwergkanarienvogel – messen ungefähr 11,5 cm.

GESCHLECHTSUNTERSCHIEDE

Äußere Unterschiede zwischen den Geschlechtern sind nur schwer zu erkennen. Während der Fortpflanzungszeit können erfahrene Liebhaber die Geschlechter anhand von Form und Größe der Kloake erkennen. Paarungsbereite Weibchen haben überdies weitgehend unbefiederte Bäuche. Ein sicheres Kriterium ist der Gesang, den nur das Männchen erschallen lässt.

VERTRÄGLICHKEIT

Kanarienvögel sind gesellige Tiere, die sich sowohl miteinander als auch mit anderen Vögeln ausgezeichnet vertragen. Aggression ist ihnen völlig fremd. Man pflegt sie besser nicht zusammen mit anderen Finkenvögeln, da es praktisch mit jeder Finkenart zu Bastarden kommen kann. Manche Finken zeugen allerdings mit Kanarienvögeln nur unfruchtbare Nachkommen.

UNTERBRINGUNG

Kanarienvögel sind echte „Allzweck-Vögel", die man gleich gut in Zimmerkäfigen oder -volieren, Zuchtkäfigen und Außenvolieren

Ein Nest des Kanarienvogels

Weißes Kanarienvogelküken

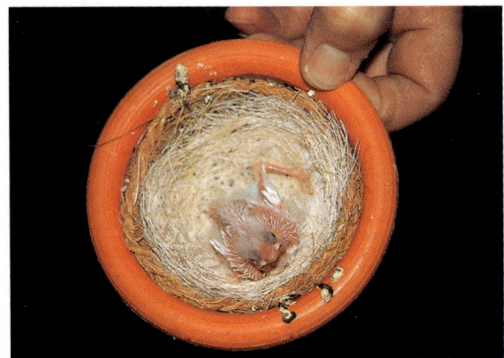

FÜTTERUNG

Im Fachhandel gibt es spezielle Futtermischungen für Kanarienvögel. Man kann diese hin und wieder mit etwas Weichfutter (v.a. zur Brutzeit), Wildkräutersamen und Kräutern (beispielsweise Vogelmiere) anreichern. Kanarienvögel fressen auch gern ein wenig Obst (zum Beispiel Apfelstückchen). Grit und Magenkiesel müssen immer vorhanden sein, damit sich die Vögel nach Bedarf bedienen können.

VERHALTEN

Alle Männchen singen – unabhängig von der Rasse. Da Singkanarien immer nach ihren sängerischen Fähigkeiten selektiert werden, sind sie die besten Sänger unter allen Kanarienvögeln. Praktisch alle Kanarienrassen nehmen gern ein Bad. Man kann spezielle Badehäuschen kaufen, die vor die Türen der Stubenkäfige gehängt werden. In Volieren reicht eine Keramikschale völlig aus, wobei das Wasser wenigstens einmal täglich erneuert werden muss. Die Eigenschaften sind von Rasse zu Rasse verschieden: Einige – unter anderem der „Norwich" – sind sehr ruhig, während sich andere lebhafter und behänder gebärden. Bei ruhigem Vorgehen werden die Vögel rasch mit dem Pfleger vertraut, aber niemals so zahm wie beispielsweise viele Sittiche und Papageien.

ZUCHT

Kanarienvögel sorgen auch in Zuchtkäfigen in der Wohnung für reichlichen Nachwuchs. Für einen mittelgroßen Kanarienvogel muss der Käfig bei einer Länge von 35 bis 40 cm jeweils etwa 30 cm hoch und tief sein. Ein derartiger Käfig reicht während der Brutzeit für ein Zuchtpaar völlig aus. Die Vögel bevorzugen offene Nistgelegenheiten, beispielsweise Nistkörbe, halb offene Nistkästen und ebensolche Drahtkäfige. Beim Nestbau kommen unter anderem gekochte Sisalschnipsel zur Verwendung. Ein Gelege umfasst im Durchschnitt etwa 4 bis 5 Eier; diese sind hellgrün mit dunklen Flecken. Das Weibchen brütet etwa 13 bis 14 Tage lang.

Die frisch geschlüpften Jungvögel bekommen nicht nur Sämereien zu fressen, sondern auch Weichfutter. Letzteres muss jederzeit in ausreichenden Mengen verfügbar sein, da tierisches Eiweiß für die Jungen absolut lebenswichtig ist. Wenn die Jungvögel ein Alter von ungefähr 14 Tagen erreicht haben, werden sie flügge. Sie können dann noch nicht selbst für sich sorgen und werden noch eine Weile (mit abnehmender Intensität) vom Männchen gefüttert. Ein Zuchtpaar, das in guter Verfassung ist, kann in einem Jahr mehrere Bruten großziehen.

Gesangskanarien

HARZER ROLLER
BELGISCHER WASSERSCHLÄGER
SPANISCHER TIMBRADO
AMERICAN SINGER

ALLGEMEINES

Obwohl alle Kanarienmänner singen (zu welcher Rasse sie auch gehören), sind die Gesangskanarien für diese Fähigkeit berühmt. Der Gesang der einzelnen Rassen wird auf Ausstellungen abschnittsweise nach bestimmten Kriterien beurteilt und dann nach Punkten bewertet. Das Äußere wird bei diesen Vögeln als minder wichtig eingestuft. Davon ausgenommen ist eine der jüngsten Rassen aus den USA, der „American Singer". Diese in Europa noch wenig verbreitete Rasse wird auf Ausstellungen nicht allein nach ihrem Gesang, sondern auch nach ihrem Aussehen bewertet.

GESCHICHTE DER SINGKANARIEN

Singkanarien haben eine lange Geschichte. Ihr ältester Vertreter ist der „Harzer Roller", der seinen Namen jener Landschaft verdankt, in der er größte Berühmtheit erlangte: dem norddeutschen Harz. In diesem alten Bergbaugebiet werden viele Kanarienvögel gehalten. Die

Bergleute waren indes nicht in erster Linie an den Sangeskünsten ihrer Vögel interessiert: Sie nahmen sie mit in die Bergwerke, weil sie auf Kohlenmonoxyd und andere giftige Gase viel empfindlicher als Menschen reagieren. Später ging man dazu über, die Vögel gezielt nach ihrem Gesang zu selektieren – sicher auch, weil mit guten Sängern viel Geld zu verdienen war. Die Sänger aus dem Harz wurden in anderen Landschaften – und sogar in fremden Ländern – rasch populär. Dank der Harzer Kanarienvögel konnten viele Bergleute ihre gefährliche, gesundheitsgefährdende Arbeit aufgeben und sich ganz auf die Zucht von beziehungsweise

Wasserschläger

Die Farbe ist bei Singkanarienvögeln von untergeordneter Bedeutung

„Achat-Opal mit rot-Ivoor intensiv"

„Isabell mit Gelb intensiv"

den Handel mit Singkanarien samt Zubehör – beispielsweise Vogelkäfige – verlegen. Den Vernehmen nach verdienten in der Oberharzer Metropole St. Andreasberg drei Viertel der Einwohner (nachweislich!) auf diesem Sektor ihren Lebensunterhalt. Heute braucht man nicht mehr selbst in den Harz zu reisen, um einen guten „Harzer Roller" zu erwerben: Diese Vögel werden praktisch in aller Welt auf einem recht hohen Niveau gezüchtet. Die „Harzer Roller" sind für ihre Touren und Beitouren berühmt: „Knorre", „Glucke", „Pfeife", „Hohlklingel", „Klingeltour", und „Hohlrolle".

Die Ahnen des anderen berühmten „Stars" unter den Singkanarien, des „Belgischen Wasserschlägers", stammen aller Wahrscheinlichkeit nach ursprünglich aus Italien. Dort werden diese Kanarienvögel vor allem wegen ihres gleichmäßig gelben Gefieders geschätzt. Belgische Liebhaber haben aus diesen Italienern in den Jahren um 1900 einen Gesangskanarienvogel gezüchtet, der sich in mancher Hinsicht vom „Harzer Roller" unterscheidet. Der „Wasserschläger" ist traditionell rein gelb und wird etwas größer als der „Harzer Roller". Liebhabern kommt es jedoch in erster Linie auf seinen eigentümlichen Gesang an: dieser stimmt viel stärker mit dem Lied der Nachtigall überein.

Neben dem „American Singer", der in den 1920er Jahren in den USA gezüchtet wurde (die Gründung des „American Singer Club" erfolgte 1934), ist der „Spanische Timbrado" der jüngste Singkanarienvogel. Diese Rasse wurde in den 1950er Jahren gezüchtet. In seinem Ursprungsland wurde dieser 13 cm lange Singvogel 1962 amtlich anerkannt. Vom „Spanischen Timbrado" gibt es außerhalb seiner Heimat nur kleinere Bestände, während der „American Singer" in Europa einstweilen noch praktisch unbekannt ist.

EIGENSCHAFTEN

Wer in erster Linie am Gesang eines Vogels interessiert ist, wird diesen Rassen vor den übrigen Kanarienvögeln den Vorzug geben. Ihr Gesang ist sehr schön und melodiös, dabei aber weder laut noch schrill. Alle „unreinen", grellen oder sonst missklingenden Töne sind durch strenge Selektion „ausgefiltert" worden. Was prinzipiell auf alle Kanarienrassen zutrifft, gilt auch für Singkanarien. Wenn Sie ernsthaft an einem hochwertigen Vogel interessiert sind, sollten Sie Kontakt mit dem örtlichen Züchterverband aufnehmen. Dessen Mitglieder werden Ihnen gern mit Adressen vertrauenswürdiger Züchter weiterhelfen. Die einzelnen Rassen singen jeweils auf ihre eigene Art, die Ihnen unter Umständen zusagt – oder auch nicht. Auf Ausstellungen findet man neben Form- und Farbkanarien meist auch einige Gesangskanarien. Hier ist der rechte Ort, sich an ihrem Gesang zu erfreuen und herauszufinden, welcher Gesangstyp einem zusagt.

Farbkanarien

ALLGEMEINES

Zur großen Gruppe der Farbkanarien gehören die meistgehaltenen und beliebtesten Kanarienvögel. Sie werden nicht nur nach Farben, sondern auch nach Typen gezüchtet. Mit einer Länge von etwa 14 cm gehören sie zu den mittelgroßen Rassen. Unter dem Einfluss von

„Schwarz Onyx mit Rotschimmel"

Selektion und Mutation sind im Laufe der Geschichte viele Farben und Farbkombinationen entstanden. Zurzeit sind etwa 400 offiziell anerkannt. Dies bedeutet, dass uns all diese Farbschläge auf Ausstellungen begegnen können.

Durch Kombination verschiedener Farben und Faktoren ließen sich noch viel mehr Farbschläge erzielen. Außerdem bleibt auch die Natur nicht untätig, so dass in Zukunft mit weiteren Mutationen zu rechnen ist, die – sofern sie lebensfähig und ethisch akzeptabel sind – von Züchtern zu stabilen Farbschlägen weiterentwickelt werden können. Auch die neuen Farbschläge lassen sich wiederum mit bestehenden kombinieren, so dass es im Laufe der Zeit zu Tausenden verschiedener Farbschläge kommen kann. „Dank" der zahllosen bei Kanarienvögeln bekannten Farben und Zeichnungsmuster sieht ein Laie vor lauter Bäumen den Wald nicht mehr, wenn er auf einer Ausstellung nach der Farbe eines bestimmten Vogels fragt und die Antwort erhält: „Das ist ein männlicher schwarz Pastell Grauflügel rot Ivoor Mosaik, Typ 2." Um den Schleier ein wenig zu lüften, sollen im Anschluss einige Grundbegriffe und Farbbezeichnungen sowie die Vererbung erörtert werden. Mit diesen Ausführungen und den beigefügten Farbabbildungen sollte Ihnen zumindest etwas geholfen sein. Die Liste ist dabei alles andere als vollständig. Wer sich ernsthaft näher mit dieser Materie befassen will, kann verschiedene Bücher zu Rate ziehen, die speziell über diesen Themenbereich verfasst wurden.

GRUNDFARBEN

Lipochrome und Pigmente

Farbkanarienvögel zerfallen in zwei Hauptgruppen: die Melanin-Kanarien (mit braunen oder schwarzen Pigmenten) und die Lipochrom-Kanarien (ohne braune und schwarze

„Rot intensiv"

„Braun mit Rot intensiv"

Pigmente). Die erstgenannten Tiere besitzen neben schwarzen und braunen Pigmenten – der so genannten Hauptfarbe – auch eine Fettstofffarbe. Diese wird bei pigmentierten Vögeln in der Regel als „Nebenfarbe" bezeichnet. Fettstoff- bzw. Nebenfarben sind auch unter den Bezeichnungen „Lipochrome" oder „Karotinoide" bekannt. Lipochrome, Karotinoide, Fettstofffarben und Nebenfarben sind daher lediglich verschiedene Wörter für ein und dieselben Begriffe.

Unter den pigmentierten Vögeln ist der schwarze (pigmentierte) mit gelben Flügeln (Nebenfarbe) der bekannteste. Zu den beliebtesten Farben innerhalb der Lipochrom- (oder unpigmentierten) Gruppe zählt unter anderem Gelb – der Farbton, für den Kanarienvögel bekannt sind.

„Schwarz mit Gelb intensiv"

Pigmentierte Kanarienvögel

Melaninfarbschläge bei Kanarienvögeln
Die dunkle Zeichnung bei Kanarienvögeln beruht auf Melanin-Pigmenten.
Melanin-Pigmente sind in Korn-, Kugel- oder Stäbchenform in den Federn des Vogels eingelagert. Die Menge, Anordnung und Struktur des Melanins bestimmt Farbe und Zeichnung eines Vogels. Bei sehr dunkelbrauner oder gar schwarzer Pigmentierung spricht man von

Eumelanin, bei hellbraunen von Phaeo-Melanin. Das hellbraune Melanin findet sich praktisch in allen Federn, während das dunkle Eumelanin meist auf die Deckfedern beschränkt bleibt. Es überlagert gleichsam das Phaeo-Melanin und verleiht dem Vogel sein spezifisches Zeichnungsmuster. So eine pigmentbedingte Zeichnung bezeichnet man als „Streifung". Mittlerweile sind verschiedene Mutationen aufgetreten, die sich auch auf die Pigmentierung auswirken. Manche beeinflussen lediglich das Eumelanin, andere wiederum das Phaeo-Melanin.

„Achat mit Gelbschimmel"

„Schwarz mit Rot intensiv"

Klassische Pigmente

Unter den klassisch pigmentierten Kanarienvögeln kommen alle oben beschriebenen Melaninformen vor. Hierzu gehören die schwarze, braune, achat- und isabellfarbene Serie. Pigmentierte Kanarienvögel weisen als Hauptfarbe immer eines dieser Pigmente auf; bei achatfarbenen Tieren wirkt das schwarze Pigment leicht aufgehellt (bspw. hellere Säume der Schwungfedern). Isabellfarbene Vögel zeichnen sich durch hellbraune Pigmente aus; als Nebenfarben kommen hier Weiß, Gelb oder Rot vor. Wenn man die Farbe eines Kanarienvogels beschreiben will, nennt man zuerst die Haupt- und dann die Nebenfarbe. Ein schwarz pigmentierter Vogel mit der Nebenfarbe Gelb heißt demnach

„schwarz gelb". Ein Tier mit Achat-Pigment und der Nebenfarbe Rot wird „Achat rot" genannt. Weist der Vogel als Nebenfarbe Weiß auf, so ist er entweder „weiß dominant" oder „weiß rezessiv" (vgl. den Abschnitt „Weiße Farbkanarien").

„Braun-pastell mit Gelbschimmel"

Pastell

Der Pastellfaktor beeinflusst alle klassischen Pigmente, nicht aber die Neben- oder Fettstofffarben. Durch ihn verschwinden bei hell pigmentierten Vögeln (etwa isabellfarbenen und braunen Kanari) die dunklen Pigmente fast völlig. Zurück bleibt ein gleichmäßig hellbrauner Farbton ohne Zeichnung. Schwarz und achatfarben pigmentierte Vögel weisen noch eine schwache Zeichnung auf, doch ist diese nun beige oder grau. Der Pastellfaktor wird geschlechtsgebunden vererbt und ist rezessiv. Ein Pärchen Pastellkanarien hat daher ausschließlich pastellfarbene Nachkommen. Dieser Faktor kann unsichtbar im Erbgut schlummern und sich erst bei den Jungen zeigen, wenn das betreffende Tier mit einem Träger des gleichen Faktors verpaart wurde. Wenn ein Vogel eine derartige unsichtbare Veranlagung in sich trägt, bezeichnet man ihn als „spalterbig" für den bewussten Faktor.

Gescheckt (Schecken)

Die Kreuzung pigmentierter und unpigmentierter Kanarienvögel führt durchweg zu „gescheckten" Nachkommen; wenn man deren Abkömmlinge miteinander kreuzt, erhält man sowohl pigmentierte als auch unpigmentierte Tiere. Schecken-Kanarienvögel sind bei Farbkanarienliebhabern nicht gefragt, weshalb man ihnen auf Ausstellungen kaum jemals begegnen dürfte. Hingegen trifft man sie durchaus bei den Gesangs-, Positur-, Form- und Schopfkanarien an. Farbe und Zeichnung sind bei den Schecken von untergeordneter Bedeutung, doch schätzt man auf Ausstellungen bei diesen Spielarten in erster Linie gleichmäßig und symmetrisch gezeichnete Tiere. Für eine schöne Zeichnung muss man strengstens

selektieren: Das bloße Kreuzen von zwei perfekt gezeichneten gescheckten Eltern ist keine Garantie für identisch gezeichnete Nachkommen.

Lipochrome Kanarienvögel

Die lipochromen Farbschläge gliedern sich in den Rot- und den Gelbfaktor. Andere gebräuchliche Bezeichnungen sind „Nebenfarben", „Fettstofffarben" und „Karotinoide".
Fettstofffarben können unter dem Einfluss von Pflanzenfarbstoffen (bspw. Karotin aus Karotten und die Wurzeln bestimmter gelb blühender Pflanzen) intensiver werden. Auch der umgekehrte Fall kann eintreten: wenn ein Vogel keinerlei Pflanzenfarbstoffe bekommt, können sich die Fettstofffarben nicht richtig entfalten.

Rote Farbkanarien
Zu den bekanntesten Fettstofffarben bei Kanarienvögeln gehört Rot. Der Rot-Faktor entsteht hier durch die Kreuzung mit Kapuzenzeisigen. Rote Kanarienvögel – v.a. intensiv gefärbte Tiere – sind bei Züchtern und Liebhabern sehr begehrt. Die schöne, tiefrote Färbung kann sich allerdings nicht zu ihrer vollen Pracht entwickeln, wenn die Vögel zu wenig Karotin (oder andere Nährstoffe, welche die Rotfärbung stimulieren) erhalten. Rote Kanarienvögel können schwarze oder rote Augen haben. Letztere Variante nennt man „Rubinos" (s.a. „Ino-Faktor").

Gelbe Farbkanarien
Die häufigste und bekannteste Farbe bei Fettstoff-Farbkanarien ist Gelb. Man hat verschie-

dene Nuancen von Gelb gezüchtet, von strahlend hell bis tiefdunkel.

Farbkanarienzüchter sollten die verschiedenen Schattierungen nicht vorschnell kreuzen: die Nachkommen zeigen meist Zwischentöne, die keinem bestimmten Schönheitsideal entsprechen. Gelbe Kanarienvögel können sowohl dunkle als auch rote Augen haben. Die letztere Variante nennt man „Lutinos" (vgl. den Abschnitt „Ino-Faktor").

Weiße Farbkanarien

Weiße Farbkanarien sind unpigmentiert, aber ihre „Farbe" ist keine Fettstofffarbe. Sie bilden deshalb eine eigene Gruppe und zerfallen in Vögel der Typen „weiß dominant" und „weiß rezessiv". Man züchtet sie sowohl mit roten als auch mit dunklen Augen. Erstere werden als Albinos bezeichnet (s.a. „Ino-Faktor").

„Weiß dominant": Beachten Sie die gelben Akzente am Flügel

Vögel des Typs „weiß dominant"

Die weiße Gefiederfarbe geht bei Tieren vom Typ „weiß dominant" auf einen Faktor zurück, welcher die Wirksamkeit der für die Gelb- und Rottöne verantwortlichen Karotinoide unterdrückt. Kanarienvögel des Typs „weiß dominant" sind nicht unbedingt strahlend weiß, weil sie durchaus noch Karotinoide besitzen, die sich vor allem in den Schwungfedern finden. Diesen Befund bezeichnet man als „Einschlag". Auf Ausstellungen schätzt man minimale Einschläge. Kanarienvögel des Typs „weiß dominant" werden stets mit andersfarbigen Tieren gekreuzt, weil bei der Verpaarung gleichartiger Eltern etwa 25% der Embryonen im Ei absterben (letaler Faktor). Ein Vogel des Typs „weiß dominant" mit „intensiver" genetischer Veranlagung wird also mit einem weniger intensiv disponierten gekreuzt (und umgekehrt). Die Farbe des Partners spielt keine besondere Rolle, sofern es sich um eine lipochrome handelt (d.h. um ein unpigmentiertes Tier). Kreuzungen mit roten Kanarienvögeln werden nur selten

vorgenommen, da auf Ausstellungen v.a. ein gelber Einschlag hoch bewertet wird.

„Weiß rezessiv"

Vögel des Typs „weiß rezessiv"

Tiere des Typs „weiß rezessiv" sind bei Züchtern beliebter als „dominante". Sie sind nämlich rein weiß – was sich mit Vögeln des Typs „weiß rezessiv" nur sehr schwer erzielen lässt. Tiere vom eben genannten Typ können überdies bedenkenlos miteinander verpaart werden. Künftige Eigner oder Züchter müssen wissen, dass die eben erwähnten Tiere von sich aus kein Vitamin A bilden können: dieses muss man ihnen daher etwa einmal wöchentlich verabreichen.

FAKTOREN, DIE FARBE UND ZEICHNUNG BEEINFLUSSEN KÖNNEN

„Intensiv" und „Schimmel"

Pigmentierte und unpigmentierte Kanarienvögel lassen sich jeweils in „intensive" und „nichtintensive" („Schimmel"-Kanarien) unterteilen.

Bei intensiver Färbung ist die Fettstofffarbe gleichmäßig über das Gefieder verteilt. Das kommt daher, dass „intensive" Vögel kürzere Federn, aber ebenso viel Pigment wie langfedrige Tiere besitzen. Bei Letzteren wird das Pig-

„Gelbschimmel"

„Schwarz-Umo mit Gelb intensiv"

„Schwarz-Opal mit Gelbschimmel"

ment sozusagen „gestreckt", so dass u.a. die Federspitzen farblos sind. Dies sorgt für einen melierten Effekt, den man als „Schimmel" bezeichnet. Man sollte intensive Kanarienvögel grundsätzlich nicht miteinander kreuzen: oft erhält man auf diese Weise schwach (bzw. dünn-) befiederte Nachkommen, und viele Embryonen aus solchen Paarungen sterben schon im Ei ab. „Intensiv" paart man folglich am besten mit „Schimmel". Die ausschließliche Kreuzung von Schimmelkanarien „unter sich" ist ebenfalls unerwünscht, da man hierbei auf die Dauer häufig Jungvögel mit viel zu langen Federn erhält. Diese sitzen dann nicht mehr – wie Züchter es ausdrücken – „wie angegossen".

„Schwarz-pastell Grauflügel mit Weiß dominant"

Grauflügel

Bei Vögeln mit dem „Grauflügel"-Faktor ist der Mittelteil der Schwungfedern grau, und auch die Schwanzfedern sind heller. Die Spitzen der Schwung- und Schwanzfedern zeigen die normale Färbung. Hinzu kommt, dass die Streifenzeichnung des Rückens weniger deutlich ausfällt. Dieser Faktor tritt nur bei Vögeln mit dem „Pastell"-Faktor auf, und nur bei schwarzpigmentierten Farbkanarien (Melanin-Farbschlägen).

Opal-Faktor

Beim Opal-Faktor sind die Melanin-Pigmente im Gefieder anders angeordnet, und außerdem verdrängt dieser Faktor die braunen Pigmente fast völlig.

Wenn er bei schwarz pigmentierten Vögeln (Melanin-Farbschlägen) auftritt, wirken die Federn eher blaugrau, und bei braun pigmentierten Tieren sorgt der Opal-Faktor für ein nahezu pigmentloses Federkleid. Er wird rezessiv vererbt, d.h., dass aus der Verpaarung von zwei Opal-Kanarien ausschließlich Junge mit dem Opal-Faktor hervorgehen können. Dieser Faktor kann lange unbemerkt im Erbgut eines Kanarienvogels schlummern und erst in den Jungen zum Durchbruch kommen, nachdem der Vogel mit einem anderen Träger dieses Erbfaktors verpaart wurde. Wenn ein Vogel einen solchen Erbfaktor unbemerkt in sich trägt, spricht man davon, dass er für den bewussten („unsichtbaren") Farbton „spalterbig" ist.

„Mosaiktyp 1"

Mosaik

Der „Mosaik"-Faktor entstand durch die Einkreuzung von Kapuzenzeisigen. Es handelt sich dabei um vorwiegend weiße Vögel mit Farbflecken auf dem Körper. Farbe, Lage und Größe

dann ausschließlich mit Weibchen) oder auf Typ II (dann bekommt man dort von diesen Züchtern nur Männchen zu sehen). Die Züchter, welche Typ I schätzen, verwenden bei ihren Zuchtprogrammen bevorzugt Männchen mit halbwegs „weiblicher" Zeichnung (und umgekehrt). Die Chance, gut gezeichneten Nachwuchs zu erhalten, wird dann größer. Der „Mosaik"-Faktor wird mittlerweile auch mit Pigmenten kombiniert. Solche Vögel sind sogar sehr beliebt geworden.

„Gelb-Ivoor intensiv"

„Isabell-Satinet mit Gelb-Ivoor"

„Mosaiktyp 2, schwarz-pastell Grauflügel mit Rot"

dieser Flecken werden auf Ausstellungen nach Punkten bewertet. Zu den besonderen Kennzeichen, die zusammen mit dem Mosaikfaktor auftreten, gehört es, dass Weibchen und Männchen unterschiedliche Zeichnungsmuster aufweisen. Das geht auf den Einfluss der Kapuzenzeisige zurück, bei denen sich männliche und weibliche Vögel farblich unterscheiden. Man bezeichnet die beiden Zeichnungsmuster als „Mosaiktyp I" (weibliches Schema) bzw. „Mosaiktyp II" (männliches Schema). Die meisten Züchter legen sich auf einen einzigen Mosaiktyp fest: sie spezialisieren sich entweder auf Typ I (und beschicken die Ausstellungen

Der „Ivoor"-Faktor

Der „Ivoor"-Faktor wirkt sich ausschließlich auf lipochrome Farbschläge aus. Die Pigmente bleiben von ihm unberührt. Unter dem Einfluss dieses Faktors verändern die Fettstofffarben ihre Lage, so dass sie optisch „wächserner" wirken. Gelb wird dadurch viel heller, während sich Rot zu Hellrot oder Rosa verändert. Der „Ivoor"-Faktor wird rezessiv vererbt, ist aber geschlechtsgebunden. Wenn ein Züchter ausschließlich „Ivoor"-Nachkommen wünscht, verpaart er zwei Tiere mit dem „Ivoor"-Faktor.

„Rubino intensiv"

Der „Ino"-Faktor

Rotäugige Kanarienvögel sind dem breiteren Publikum weniger bekannt, aber regelmäßig auf Ausstellungen zu sehen. Der „Ino"-Faktor ist noch recht jungen Datums und fand erst vor einigen Jahrzehnten ernsthaft Beachtung, worauf man ihn in größerem Maßstab zu züchten begann. Rote Augen kommen bei verschiedenen Melanin- und Lipochrom-Farbschlägen (nichtpigmentierten Vögeln) vor. Zu den bekannten rotäugigen „Lipochromen" zählen Lutinos, Rubinos und Albinos: Lutinos sind gelbe Kanarienvögel mit roten Augen, Rubinos rote mit ebensolchen Augen und Albinos weiße, rotäugige Vögel. Der „Ino"-Faktor wird rezessiv vererbt: verpaart man also einen Ino-Vogel mit einem dunkeläugigen Tier ohne „Ino"-Vorfahren, wird kein einziges Junges mit roten Augen schlüpfen. Die Jungvögel sind aber Träger des Faktors. In der Fachsprache bezeichnet man sie als „spalterbig" für den „Ino"-Faktor.

Paart man zwei Ino-Kanarienvögel, haben alle Nachkommen rote Augen. In der Praxis kommt es kaum je zu solchen Kreuzungen, da die Jungen von zwei rotäugigen Elternteilen oft recht schwach sind. Kräftige und großenteils rotäugige Nachzuchten erhält man, wenn man ein rotäugiges Männchen mit einem entsprechend spalterbigen Weibchen verpaart.

„Isabell-Satinet mit Weiß"

Satinet

„Satinet"-Kanarienvögel besitzen überhaupt kein „Phaeo"-Melanin, und auch das hellbraune Eumelanin kommt hier nur mangelhaft zur Geltung. Heraus kommen dabei Vögel mit sehr hellbraunem Eumelanin. „Satinet"-Kanari zeichnen sich überdies durch die hellen Umrandungen der pigmentierten Federn aus. Dieser Faktor wirkt sich nur auf die Pigmente aus, lässt die Fettstofffarben also unberührt. „Satinet"-Kanarien haben durchweg rote Augen. Der Faktor vererbt sich rezessiv und ist geschlechtsgebunden.

„Brauner Phaeo-Rotschimmel"

Phaeo

Der „Phaeo"-Faktor gleicht hinsichtlich der Wirkung ein wenig dem „Satinet"-Faktor. Er unterdrückt aber die schwarzen und dunkelbraunen Eumelanin-Pigmente vollständig. Auch die Augen hellen sich auf und werden rot. Unberührt davon bleiben das hellbraune Phaeomelanin und die Fettstofffarben. Der „Phaeo"-Faktor vererbt sich rezessiv: Aus der Kombination von zwei „Phaeo"-Kanarien gehen also nur „Phaeos" hervor. In der Praxis kommt es allerdings nicht zu solchen Kreuzungen. Der „Phaeo"-Faktor kann indes unsichtbar im Erbgut eines Kanarienvogel über-

tragen werden und erst bei einem Nachkommen zum Tragen kommen, wenn er mit einem Tier verpaart wird, das gleichfalls Träger dieses Faktors ist. Wenn ein Vogel einen solchen unsichtbaren Faktor beherbergt, bezeichnet man ihn als „spalterbig" für den bewussten (unsichtbaren) Faktor.

EIGENSCHAFTEN

Wirklich schöne Farbkanarien, vor allem untadlige und weniger bekannte Farbschläge, werden in Fachgeschäften nur selten zum Kauf angeboten. Wer sich für ausstellungswürdige Farbkanarien interessiert, sollte deshalb besser Kontakt mit dem örtlichen Züchterverband aufnehmen: Dieser kann sicher mit den Adressen von Züchtern aus der näheren Umgebung aushelfen.

„Frisierte" Kanarienvögel

PARISER FRISÉ (TROMPETER)
NORDHOLLÄNDER
SÜDHOLLÄNDER
GIBBER ITALICUS
MAILÄNDER FRISÉ (MILANAIS)
GIBOSO ESPANOL
SCHOPF-PADUANER (ITALIENISCHER SCHOPF-FRISÉ)
GLATTKOPF-PADUANER
SCHOPF-FIORINO
GLATTKOPF-FIORINO
SCHWEIZER FRISÉ
MAKIGE FRISÉ
MEHRINGER
ARRICCIATO GIGANTE ITALIANO (GROSSER ITALIENISCHER FRISÉ)

ALLGEMEINES

Die ersten Berichte über Kanarienstämme mit gekräuselten Federn datieren aus dem frühen 19. Jahrhundert. Vor allem Länder wie Italien, Frankreich und Spanien, aber auch Belgien und die Niederlande haben in der Entwicklungsgeschichte dieser Rassen eine wichtige Rolle gespielt.

Frisierte oder Krausfederkanarienvögel sind wohl die auffälligsten Rassen dieser Vögel. Ihr dünn befiederter Körper und die eigenartige Haltung dürften nicht jedermann auf den ersten Blick zusagen. Man unterscheidet in diesem Zusammenhang Rassen, welche am ganzen Körper gekräuselte Federn tragen („gebogene" frisierte Kanarienvögel), und solche, bei denen nur Rücken, Brust und Flanken derartig befiedert sind („glatte" frisierte Kanarienvögel). Zu den Erstgenannten gehören Pariser Frisé (Trompeter), Milanais, Mehringer und Paduaner, zur zweiten Gruppe werden u.a. Nord- und Südholländer, Schweizer Frisé und Gibber Italicus gerechnet. Größenmäßig gibt es gewaltige Unterschiede zwischen den einzelnen Rassen: zu den größten zählen unter anderem der Pariser Frisé (Trompeter) mit 19 bis 22 cm und der Italienische Frisé, der wenigstens 22 cm misst. Der Mehringer ist eine Miniaturausgabe des Pariser Frisé. Die kleinste Rasse ist der Fiorino, welcher es auf etwa 15 cm bringt, doch auch der Gibber Italicus ist mit 15 cm wahrlich kein Riese. Die übrigen Rassen nehmen hinsichtlich der Größe eine Zwischenstellung ein: die meisten messen ungefähr 17 bis 18 cm.

Pariser Frisé

Nordholländer Frisé

Gibber Italicus

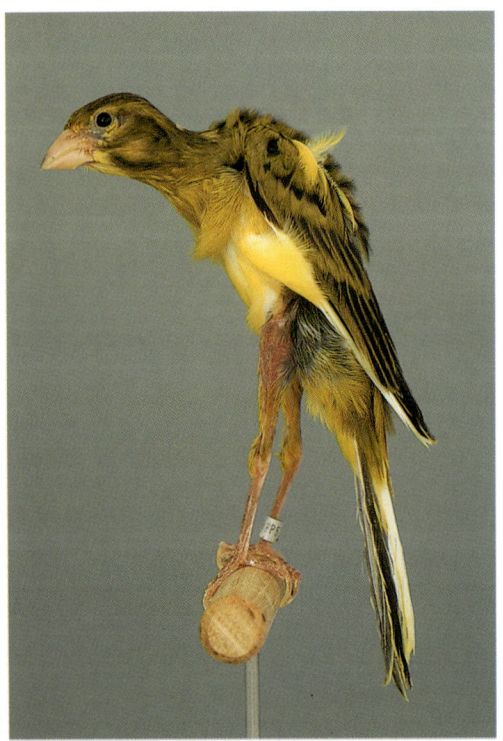

EIGENSCHAFTEN

Es wird häufig behauptet, dass „Frisierte" Kanarien nicht in eine Außenvoliere gehören, weil sie wegen ihrer eigenartigen Gefiederstruktur keine Körperwärme speichern könnten. Das gilt allerdings nur für teilweise kahle Rassen wie Gibber Italicus, Giboso Espanol und Makige Frisé. Diese Rassen hält man an kälteren Tagen besser im Haus. Im Übrigen ist das kein unüberwindbares Problem, da viele Liebhaber auch ihre normal gefiederten Vögel in den eigenen vier Wänden pflegen. Die anderen „Frisierten" Kanarienvögel kann man ohne weiteres in Außenvolieren halten, sogar im Winter. Voraussetzung dafür ist allerdings, dass diese mit einem geschützten, gut isolierten Schlag für die Nacht ausgestattet sind. Für die meisten dieser Rassen reicht ein Zuchtkäfig von 35 cm Länge und jeweils 30 cm Höhe und Tiefe völlig aus, aber größere Rassen brauchen während der Brutzeit eine geräumigere Behausung. In solchen Fällen ist eher ein etwa 60 cm langer und jeweils 40 cm tiefer bzw. hoher Käfig angebracht. Dieser Kanarientyp wird in Zoo- oder Vogelfachgeschäften nur selten angeboten. Falls Sie an solchen Vögeln interessiert sind (selbst wenn Sie nur ein Einzeltier erwerben wollen), sollten Sie Kontakt mit dem örtlichen Züchterverein aufnehmen.

Scotch Fancy

Positur-Rassen

BOSSU BELGE (BULT)
SCOTCH FANCY
JAPAN HOSO
MÜNCHNER KANARIENVOGEL
RHEINLÄNDER

ALLGEMEINES

Positur-Kanarienvögel sind bei Kanarienzüchtern in aller Welt sehr beliebt, werden jedoch bis heute vom breiteren Publikum weniger geschätzt. Die spezifische Körperhaltung spricht nicht jedermann an. Die Positur, nach der man sie auf Ausstellungen bewertet (und in welcher sie durchweg abgebildet werden), ist keineswegs ihre alltägliche beziehungsweise normale. Es handelt sich um eine so genannte „Arbeitshaltung". Wenn sie frei in der Voliere umherfliegen und sich selbst überlassen sind, gleichen alle Vertreter der Gruppe gewöhnlichen Kanarienvögeln; allenfalls sind sie etwas schlanker und länger gebaut. Ihre Körperhaltung ist teilweise angeboren, muss aber z.T. auch antrainiert werden. Die größten Vertreter der Gruppe sind der „Bossu Belge" und der „Scotch Fancy", die es auf etwa 17 cm bringen. Die kleinste Rasse überhaupt – ein wahrer

Zwerg – ist der „Japan Hoso" mit nur 11,5 cm Körperlänge. Diese Kanarienrassen werden in allen bekannten Farben gezüchtet, unter anderem in bunt.

EIGENSCHAFTEN

Positurrassen können ohne weiteres in Stubenkäfigen oder Außenvolieren gehalten werden. An kalten Wintertagen brauchen sie jedoch einen Schlag, der ihnen Schutz vor Frost, Zugluft und Nässe bietet. Wenn Sie an einer dieser Rassen interessiert sind, sollten Sie am besten Kontakt mit dem örtlichen Züchterverband aufnehmen. In Zoofachgeschäften werden Haltungsrassen selten oder niemals angeboten. Achten Sie beim Kauf darauf, dass die Federn nicht zu lang sind. Bei der Haltung in Haus oder Garten spielt das überhaupt keine Rolle, wohl aber, wenn sie ihren Vogel (bzw. ihre Vögel) einmal ausstellen wollen. Das Gefieder muss bei diesen Rassen dicht am Körper anliegen.

Gestalt- oder Formkanarienvögel

NORWICH
BORDER
BERNER (BERNOIS)
FIFE FANCY
RAZA ESPAGNOLA (SPANISCHER ZWERGKANARIENVOGEL)
YORKSHIRE
IRISH FANCY

ALLGEMEINES

Formrassen – v.a. der „Norwich" und der „Border" – sind neben den Farbkanarien bei Züchtern sehr beliebt. Es gibt wohl keine Vogelausstellung, auf der nicht zahlreiche Formrassen zu sehen wären. Ein Formkanarienvogel eignet sich auch als Stubenvogel. Die größte Rasse ist der „Yorkshire", welcher wenigstens 17 cm lang sein muss. Unmittelbar danach folgen der „Berner" und der „Norwich" mit Längen von

Fife Fancy

Yorkshire

Norwich

Raza español (de España)

Border

lang und jeweils 30 cm tief und hoch. Große Gestaltrassen (bspw. „Norwich", „Berner" [Bernois] und „Yorkshire") hält man besser in größeren Brutkäfigen von etwa 69 cm Länge und einer Breite bzw. Höhe von 40 cm. Es versteht sich von selbst, dass diese Maße nur für Tiere gelten, die außerhalb der Brutzeit viel mehr Platz zur Verfügung haben. Wenn Sie sich für Gestaltrassen interessieren, sollten Sie am besten Kontakt mit dem örtlichen Züchterverein aufnehmen.

Wirklich schöne und ausstellungswürdige Vertreter dieser Rassen sind in Zoogeschäften nur selten zu finden.

Haubenkanarienrassen

GLATTKOPF-GLOSTER (CONSORT)
SCHOPF-GLOSTER (CORONA)
CRESTED UND CRESTBRED
DEUTSCHER SCHOPFKANARIENVOGEL
GLATTKOPF-LANCASHIRE
SCHOPF-LANCASHIRE
COLUMBUS FANCY (SCHOPF)
STAFFORD CANARY (SCHOPF)

16 bis 17 cm. Unter den Gestaltrassen gibt es auch zwei „Zwergrassen", den Spanischen Zwergkanarienvogel und den „Fife Fancy", die es jeweils auf ungefähr 11,5 cm bringen.

Sämtliche Kanarienrassen dieser Gruppe werden in allen bekannten Farbschlägen gezüchtet, darunter auch „bunt".

EIGENSCHAFTEN

Gestaltrassen kann man sowohl innen als auch außen halten. Wenn sie sich zur Winterszeit in einen geschützten, gut isolierten Schlag zurückziehen können, braucht man keine weiteren Vorkehrungen zu treffen. Normale Zuchtkäfige sollten folgende Maße haben: 35 cm

Crested

Gloster (Glattkopf)

Lancashire

ALLGEMEINES

Schopf- oder Haubenkanarienvögel sind bei Ausstellern und Züchtern ebenso beliebt wie beim breiten Publikum.

Mit Ausnahme der „Deutschen Haube" werden sämtliche Rassen in allen bekannten Kanarienfarben gezüchtet, u.a. in „gescheckt". Die „Deutsche Haube" bildet insofern eine Ausnahme, als es sich hier im Grunde um Farbkanarien mit Schopf bzw. Haube handelt. Bei diesen Vögeln spielt die Farbe auf Ausstellungen eine wichtige Rolle. Sie dürfen daher nur in bei Farbkanarien anerkannten Farben

Gloster Corona

Deutsche Haube

gezüchtet werden. „Gescheckt" ist bei diesen Rassen also unerwünscht. Eine Variante, die man bei der „Deutschen Haube" oft zu sehen bekommt, sind farblich kontrastierende Schöpfe, die den Vögeln ein attraktives Aussehen verleihen. Die „Deutsche Haube" unterscheidet sich auch anderweitig von den übrigen Haubenrassen: diese werden auf Ausstellungen in ihren schopflosen Varianten zugelassen und bewertet. „Deutsche Hauben" ohne Schopf sollte man hingegen besser nicht auf Ausstellungen schicken. Den Größenrekord unter allen Kanarienvögeln hält ein Mitglied dieser Gruppe: der „Lancashire" mit 22 bis 23 cm. Ihr kleinster Vertreter ist – mit etwa 11,5 cm – der „Gloster".

EIGENSCHAFTEN

Von jeder Haubenkanarienrasse gibt es auch eine schopflose „Glattkopf"-Form. Das kommt daher, das beim Verpaaren von zwei Schopfkanarien etwa 25 % der Jungen im Ei absterben. Kreuzt man solche Vögel jedoch mit schopflosen Artgenossen, gibt es keine vorzeitige Sterblichkeit, aber viele Junge ohne Schopf. Die Vererbung des Schopfs ist nicht geschlechtsgebunden. Es gibt daher sowohl männliche als

Lizard

auch weibliche Schopfträger. Haubenkanarienvögel kann man gleichermaßen in Stubenkäfigen (also in der Wohnung) und in Außenvolieren halten. Wenn sie sich im Winter in einen geschützten und gut isolierten Schlag zurückziehen können, brauchen Sie durchweg keine weiteren Vorkehrungen zu treffen. Für die meisten Vertreter dieser Rassen reicht ein 35 cm langer und 30 cm hoher bzw. tiefer Zuchtkäfig völlig aus. Der „Lancashire" braucht natürlich einen viel größeren, um sich ungehindert bewegen zu können: hier sind in der Regel Brutkäfige von 70 cm Länge und 40 cm Tiefe bzw. Breite erforderlich. Haubenkanarienvögel sind hin und wieder in Zoofachgeschäften anzutreffen. Falls Sie ein wirklich schönes Tier

Lizard

wünschen, sollten Sie besser Kontakt mit dem örtlichen Züchterverband aufnehmen: dort wird man Ihnen gern mit den Adressen seriöser Züchter dieser Rassen aushelfen.

Zeichnungsrassen

„LIZARD"-KANARIENVÖGEL

ALLGEMEINES

Der „Lizard" ist der einzige Vertreter dieses „Rassenkreises". Als Rasse ist er schon sehr alt: er wurde aller Wahrscheinlichkeit nach bereits im siebzehnten Jahrhundert in England gezüchtet. Das auffallendste Merkmal des „Lizard" ist seine Zeichnung: sie wirkt dunkel „geschuppt" und erinnert so an das Schuppenmuster eines Reptils (daher auch die Bezeichnung „Lizard" = „Eidechse"). Ein weiteres ins Auge springendes Zeichnungselement dieser Rasse ist die „Kappe", ein farblich kontrastierender Scheitelfleck. Je nach Größe bezeichnet man Letzteren als „Kappe" oder „zerbrochene Kappe". Lizards ohne „Kappe" nennt man „kappenlos" (non-caps). Auf Ausstellungen muss bei „non-caps" die Schuppenzeichnung vom Schnabel an deutlich ausgeprägt sein. Lizards werden in verschiedenen Farben gezüchtet und erreichen Körperlängen von ungefähr 13 cm

EIGENSCHAFTEN

Lizards können sowohl im Hause als auch im Freien gehalten werden. Wenn sie über einen gut isolierten Schlag verfügen, ist im Winter keine zusätzliche Heizung erforderlich. Lizards sind recht selten und werden daher selten oder nie in Zoogeschäften angeboten. Falls Sie an diesen Vögeln interessiert sind, sollten Sie am besten Kontakt mit dem örtlichen Züchterverband aufnehmen.

Lizard

5 Prachtfinken – Estrildidae

Lagonosticta senegala

SENEGAL-AMARANT

VERBREITUNGSGEBIET
Tropisches Westafrika.

GRÖSSE
Ungefähr 10 cm.

GESCHLECHTSUNTERSCHIEDE
Die Geschlechter sind auf den ersten Blick zu unterscheiden: die Männchen sind tiefrot, während die Weibchen eine viel schlichtere Färbung aufweisen; ihr Federkleid ist – abhängig von der jeweiligen Rasse – graubeige bis braun gefärbt.

VERTRÄGLICHKEIT
Senegal-Amaranten eignen sich hervorragend für eine mit verschiedenen Arten besetzte Gesellschaftsvoliere und vertragen sich ausgezeichnet mit anderen Prachtfinken. Sie gehen ihre eigenen Wege und lassen die anderen Vögel durchweg in Ruhe. Nur zur Brutzeit können die Männchen gegenüber gleichgeschlechtlichen Artgenossen ein wenig unverträglicher werden.

UNTERBRINGUNG
Senegal-Amaranten können sowohl in teilweise mit Sträuchern bepflanzten – und am besten überdachten – Außenvolieren als auch in Zimmervolieren oder großen Brutkäfigen gepflegt werden. Dem Wohlbefinden der Tiere zuliebe muss die Außenvoliere an einem gut vor Regen und Wind geschützten Platz stehen.

HALTUNGSTEMPERATUR
Senegal-Amaranten vertragen raues Wetter, heftige Niederschläge und Kälte nur sehr schlecht. In der kalten Jahreszeit sollte man sie daher besser in die Wohnung holen oder den Schlag beheizen.

FÜTTERUNG
Als Grundnahrung kann man diesen beliebten afrikanischen Finken eine Körnermischung für kleine tropische Vögel geben. Daneben werden Kolbenhirse sowie (frische) Gras- und Wildkräutersamen gern angenommen. Geben Sie den Vögeln ab und zu etwas Vogelmiere. Senegal-Amaranten können durchweg mit pflanzlichem Futter ernährt werden, das nur gelegentlich mit etwas Insektenpastete angereichert wird. Kleines Lebendfutter ist bei dieser Art jedoch in der ersten Lebensphase wichtig. Wenn die Eltern nicht daran gewöhnt sind, besteht die Gefahr, dass sie es verweigern und auch nicht an die Jungen weitergeben – mit fatalen Folgen. Wenn Sie Wert auf Nachzuchten legen, füttern Sie die Eltern regelmäßig mit kleinen Insekten, um sie daran zu gewöhnen. Als tierische Eiweißquellen eignen sich u.a. Fruchtfliegen, Blattläuse und Getreideschimmelkäferlarven. Grit und Magenkiesel müssen stets verfügbar sein, damit sich die Tiere notfalls bedienen können.

VERHALTEN
Senegal-Amaranten sind lebhafte Vögelchen, die alle Winkel der Voliere durchstöbern. Sie

Senegal-Amarant, Männchen

Links: Reisfink, Normalfärbung

Senegal-Amarant, Weibchen

halten sich gern in der Bepflanzung auf, fliegen aber auch im Freiraum umher. Ab und zu scharren sie auch auf dem Boden der Voliere nach Futter. Wir empfehlen dringend, keine Importtiere zu erwerben: Frisch importierte Senegal-Amaranten sind nicht nur sehr scheu, sondern oft auch geschwächt und äußerst anfällig für Krankheiten. Sie ersparen sich selbst und den Vögeln viele Probleme, wenn Sie ausschließlich Nachzuchttiere anschaffen.

ZUCHT

Diese Tiere brüten sowohl in (bepflanzten!) Brutkäfigen als auch in Volieren. Bei der Suche nach einem Nistplatz sind sie nicht sehr wählerisch. Man hat gleich gute Resultate mit geschlossenen und halb offenen Nistkästen erzielt; auch Nistkörbchen werden von diesen Vögeln gern angenommen. Außerdem werden auch „freie" Nester in dichten Sträuchern gebaut. Bei geschlossen Nistkästen reicht ein Fluglochdurchmesser von durchschnittlich 4 cm. Als Nistmaterial eignen sich unter anderem Kokosfasern, kleine Stückchen Sisalschnur, Tierhaar (beispielsweise von Pferden), kleine Daunenfedern und Grashalme. Ein Gelege besteht aus ungefähr 3 bis 4 Eiern. Vater und Mutter bebrüten die Eier abwechselnd. Die Jungen schlüpfen nach 11 bis 12 Tagen aus den Eiern. Sie werden von beiden Elternteilen gefüttert. In der ersten Lebenswoche besteht die Nahrung der jungen Senegal-Amaranten fast ausschließlich aus Lebendfutter wie Getreideschimmelkäferlarven. Ein Mangel an Lebendfutter führt unwiderruflich zum raschen Tod der Jungvögel. Die Jungen werden mit 17 bis 21 Tagen flügge. Sie können dann noch nicht gut selbst für sich sorgen und werden deshalb noch mindestens eine Woche lang von ihren Eltern gefüttert. Ein gesundes Zuchtpaar kann in einem Jahr mehrere Bruten großziehen, doch sollte man höchstens zwei Gelege pro Saison zulassen, da jedes von ihnen stark an der Substanz und Gesundheit der Altvögel zehrt. Die Eltern stellen den Jungen aus früheren Bruten normalerweise nicht nach.

Senegal-Amarant, Männchen

Orangebäckchen

Estrilda melpoda

ORANGEBÄCKCHEN

VERBREITUNGSGEBIET
Afrika.

GRÖSSE
Ungefähr 10 cm.

GESCHLECHTSUNTERSCHIEDE
Die Geschlechter sind nur schwer voneinander zu unterscheiden. Oft ist der Orangeton bei den Männchen heller, doch ist dies kein allzeit sicheres Indiz. Während der Paarungszeit balzen und singen die Männchen.

VERTRÄGLICHKEIT
Orangebäckchen eignen sich vorzüglich für Gesellschaftsvolieren. Es sind sehr friedfertige Vögel, die nicht nur miteinander, sondern auch mit anderen Vogelarten vorzüglich harmonieren.

UNTERBRINGUNG
Orangebäckchen können sowohl in Außen- als auch in Zimmervolieren gepflegt werden. Die vorübergehende Haltung in einem Stubenkäfig ist möglich, doch erzielt man in einer Voliere bessere Zuchtergebnisse. Die Tiere

Orangebäckchen

schätzen Deckung in Form von Sträuchern und ähnlichen Pflanzen.

HALTUNGSTEMPERATUR

Diese sehr beliebten Prachtfinken sind robuste Vögelchen, die im Winter keiner besonderen Fürsorge bedürfen, wenn sie sich in einen gut isolierten Schlag zurückziehen können.

FÜTTERUNG

Eine Körnermischung für tropische Vögel kann als Grundnahrung dienen, die ab und zu mit Kolbenhirse und (halbreifen) Wildkräutersamen angereichert wird. Vor allem während der Brutzeit brauchen die Tiere etwas mehr Weich- und Lebendfutter (beispielsweise Getreideschimmelkäferlarven). Magenkiesel und Grit müssen stets vorhanden sein, damit sich die Vögel nach Bedarf bedienen können.

VERHALTEN

Orangebäckchen sind lebhafte, wendige Vögelchen, die viel fliegen und alle Winkel der Voliere durchstöbern. Sie reagieren oft etwas schreckhaft und nehmen gern ein Bad: Dazu können Sie eine Keramikschale auf ein Podest oder direkt auf den Boden der Voliere stellen. Entfernen Sie die Schale nach einigen Stunden, um zu verhindern, dass die Vögel von dem mittlerweile verschmutzten Wasser trinken. Das Männchen singt zur Paarungszeit.

ZUCHT

In Freiheit bauen Orangebäckchen ihr Nest oft dicht über dem Boden, und das ist auch in der Voliere der Fall. Sie wählen aber oft auch höher gelegene Stellen oder bauen ihr kugelförmiges Nest in einem halb offenen Nistkasten. Es werden durchschnittlich 4 bis 6 weiße Eier gelegt. Zwar brüten beide Elternteile, doch bringt das Weibchen die meiste Zeit im Nest zu. Die Jungen schlüpfen etwa nach 12 Tagen und werden in den ersten beiden Lebenswochen vor allem mit kleinen Insekten (Getreideschimmelkäferlarven, Blattläusen und Obstfliegen) gefüttert. Auch Weichfutter und frische Keimlinge werden gern angenommen. Im Alter von etwa zwei Wochen verlassen die Jungen das Nest. Sie haben dann noch schwarze Schnäbel und sind dunkler als die Eltern gefärbt. Der Wangenfleck ist noch nicht vollständig ausgeprägt. Weil sie noch nicht selbst für sich sorgen können, werden sie noch eine Weile (in abnehmendem Maße) gefüttert und bewacht. Mit ungefähr vier Wochen brauchen sie die Eltern nicht mehr. Ein gesundes Zuchtpaar kann jährlich mehrere Bruten aufziehen. Wichtig ist, dass Störungen während der gesamten Brutzeit möglichst ausbleiben. Andernfalls kann es dazu kommen, dass die Eltern Nest und Junge im Stich lassen.

Grauastrild

Grauastrild, „Gelbschnabel"

Estrilda troglodytes

GRAUASTRILD

VERBREITUNGSGEBIET

Steppengebiete Nordost- und Westafrikas.

GRÖSSE

Ungefähr 10 cm.

GESCHLECHTSUNTERSCHIEDE

Die Weibchen sind im Allgemeinen etwas schlichter gefärbt als die Männchen.

VERTRÄGLICHKEIT

Es handelt sich um eine anspruchslose Vogelart, die sich sowohl mit Artgenossen als auch mit anderen Arten ausgezeichnet verträgt. Diese Tiere sorgen selten für Unruhe, nicht einmal während der Brutzeit.

UNTERBRINGUNG

Grauastrilde lassen sich gleichermaßen in Außen- und Zimmervolieren pflegen; die zeitweilige Haltung in einem großen Käfig ist ebenfalls durchaus möglich. In diesem Falle müssen Sie aber dafür sorgen, dass die Sitzstangen so angebracht sind, dass die Vögel von einer zur anderen fliegen müssen.

HALTUNGSTEMPERATUR

Grauastrilde sind keine übermäßig empfindlichen Vögel, vertragen aber Frostkälte nur schlecht. Im Winter kann man sie ins Haus holen oder den Schlag so stark beheizen, dass die Temperatur dort niemals unter 10 °C sinkt.

FÜTTERUNG

Man gibt diesen Prachtfinken eine Körnermischung für tropische Vögel, die mit Kolbenhirse und Wildkräutersamen angereichert wird. Auch Wildkräuter werden in mundgerechten Portionen gern angenommen. Zur Brutzeit fressen die Vögel gern Weichfutter und kleine Insekten. Magenkiesel und Grit müssen immer vorhanden sein, damit sich die Tiere notfalls bedienen können.

VERHALTEN

Grauastrilde sind lebhafte Vögelchen. Sie halten sich mit Vorliebe nahe an der Erdoberfläche auf und scharren häufig am Boden der Voliere umher, wo sie einen Teil ihrer Nahrung finden.

ZUCHT

Die Zucht dieser Vögel ist nicht einfach. Sie legen zwar häufig Eier, doch gestaltet sich die Aufzucht der Jungen schwierig. Die Jungvögel haben einen hohen Bedarf an lebenden Kleininsekten, die folglich immer in ausreichenden Mengen angeboten werden müssen. Man kann ein Paar in einer ruhigen Außenvoliere sich selbst überlassen, es aber auch in einem geräumigen Stubenkäfig in der Wohnung halten. Die Tiere bauen ihr kunstfertiges Nest am liebsten „frei stehend" in einem dichten Strauch, manchmal sogar direkt auf dem Boden. Dabei fällt auf, dass sie über dem eigentlichen Nest manchmal ein zweites bauen, in dem häufig die Abfälle deponiert werden. Möglicherweise soll dieses zweite Nest dazu dienen, potenzielle Nesträuber abzulenken. In freier Natur bauen diese Vögelchen fast immer ein derartiges „Ablenkungsnest", während in der Voliere oder im

Grauastrild, Wildform und „Gelbschnabel"

Brutkäfig meistens darauf verzichtet wird. Ein Gelege besteht aus 3 bis 6 Eiern, die 11 bis 13 Tage lang von beiden Elternteilen abwechselnd bebrütet werden. Das Futter für die Jungvögel besteht teilweise aus Keimlingen, zunächst jedoch hauptsächlich aus kleinen Insekten in verschiedenen Entwicklungsstadien, beispielsweise Fruchtfliegen und kleinen Stückchen von Getreideschimmelkäferlarven. Die Jungen sind nach gut zwei bis drei Wochen flügge und werden dann noch ein Weilchen (in abnehmendem Maße) von den Altvögeln gefüttert und bewacht. Etwa im Alter von drei Monaten weisen die Jungvögel die gleiche Farbe wie ihre Eltern auf.

Estrilda astrild

WELLENASTRILD

VERBREITUNGSGEBIET
Südafrika (vor allem die Insel Sankt Helena).

GROSSE
Ungefähr 11 cm.

GESCHLECHTSUNTERSCHIEDE
Die Geschlechter sind bei dieser Vogelart mit bloßem Auge nur schwer zu unterscheiden. Oft ist das Männchen kontrastreicher als das Weibchen gezeichnet (das Rot des Bauchgefieders zeigt eine etwas tiefere Tönung), doch ist dies kein absolut sicheres Indiz. Mit Gewissheit erkennt man das Männchen nur an seinem Balzverhalten.

VERTRÄGLICHKEIT
Diese Vögel sind ausgezeichnet für Volieren mit einer gemischten Besetzung geeignet. Auch untereinander vertragen sie sich gut, wenn genug Platz vorhanden ist. Auf zu engem Raum stellen sie einander nach.

UNTERBRINGUNG
Wellenastrilde gedeihen in üppig bepflanzten Zimmer- und Außenvolieren prächtig. Man kann sie auch in Brutkäfigen pflegen, doch

erzielt man in diesem Fall keine besonders guten Zuchtergebnisse. Die Tiere wissen eine Bepflanzung – vor allem dichte Sträucher und Hecken – sehr zu schätzen.

HALTUNGSTEMPERATUR
In „normalen" Wintern reicht es, wenn die Vögel ihre Schlafnester in einem zug- und frostfreien Schlag aufsuchen können. Falls es sehr kalt wird, sollte man entweder den Schlag beheizen oder die Tiere im Haus unterbringen.

FÜTTERUNG
Das Grundfutter (eine Körnermischung für kleine tropische Vögel) wird mit Kolbenhirse und Grassamen angereichert. Vor allem zur Brutzeit dürfen Kleininsekten und etwas Weichfutter nicht fehlen. Scharfkantige Magenkiesel und Grit müssen stets vorhanden sein, damit sich die Vögel notfalls bedienen können.

VERHALTEN
Wellenastrilde sind sehr lebhafte Vögelchen, die sich in allen Winkeln der Voliere aufhalten. Sie suchen gern den Schutz der Bepflanzung auf und verhalten sich oft etwas scheu beziehungsweise schreckhaft. Vor allem während der Brutzeit muss jede Störung vermieden wer-

Wellenastrild

Wellenastrild

Wellenastrild

den. Die Vögel baden gern. Eine glasierte Keramikschale, die man auf ein Podest oder direkt auf den Boden der Voliere stellt, dient als Badegelegenheit. Entfernen Sie die Schale nach ein paar Stunden, damit die Vögel nicht von dem inzwischen verschmutzten Wasser trinken. Die Nacht verbringen sie in einem Schlafnest, das in mehrfacher Ausführung vorhanden sein muss, vor allem im Schlag.

ZUCHT

Das Nest wird mit Vorliebe in der Vegetation gebaut, doch machen die Vögel auch von Nistkästen (beispielsweise Draht- oder halb offenen Modellen) Gebrauch. Zum Bau verwenden sie unter anderem Kokosfasern; ausgepolstert wird das Nest mit weichen Materialien. Ein Gelege umfasst 4 bis 6 weiße Eier, die 11 bis 13 Tage lang abwechselnd vom Männchen und vom Weibchen bebrütet werden. Die frisch geschlüpften Jungvögel erhalten zunächst eine Auswahl verschiedener Kleininsekten; Weichfutter und kleine Mengen von Keimlingen dürfen ebenfalls nicht fehlen. All dies muss man mehrmals täglich anbieten, damit die Vögel niemals Mangel leiden. Wenn es an geeignetem Futter fehlt, stellen die Elternvögel meist die Brutpflege ein. Gut zwei bis knapp drei Wochen nach dem Schlupf sind die Jungen flügge. Sie werden dann häufig noch einige

Wochen lang (in abnehmendem Maße) von beiden Elternteilen gefüttert und bewacht. Sobald die Jungvögel selbständig sind, sollte man sie besser von den Eltern trennen.

MUTATIONEN

Zu den bekanntesten Farbmutationen dieser Art gehört der „Gelbschnabel".

Estrilda rhodopyga

ZÜGELASTRILD

VERBREITUNGSGEBIET

Nordöstliches Afrika.

GRÖSSE

Ungefähr 10 cm.

GESCHLECHTSUNTERSCHIEDE

Die Geschlechter lassen sich nur mit Mühe unterscheiden. Oft sind die Weibchen dieser Art etwas blasser gefärbt, doch trifft dies nicht immer zu. Die Männchen sind o.w. am Gesang zu erkennen, aber da ihre Rufe sehr leise sind, kann man in der Regel nur das Vibrieren der Kehlfedern wahrnehmen.

VERTRÄGLICHKEIT

Zügelastrilde sind sehr friedfertige und verträgliche Vögelchen. Sie fügen sich perfekt in eine Gesellschaftsvoliere. Am besten hält man aber eine kleine Gruppe für sich.

UNTERBRINGUNG

Diese Art kann man in geräumigen Brutkäfigen pflegen, doch sind üppig bepflanzte Zimmer- und Außenvolieren weitaus artgerechter.

HALTUNGSTEMPERATUR

Mit Ausnahme frisch importierter Exemplare, die häufig stark geschwächt sind und Eingewöhnungsprobleme haben, sind diese Vögel

Zügelastrild

dieser Art in der Regel sehr robust. Wenn sie die Möglichkeit haben, sich nachts in einen gut isolierten Schlag zurückzuziehen, ist an kühlen Tagen keine weitere Beheizung erforderlich.

FÜTTERUNG

Man gibt diesen Tieren als Grundnahrung eine Körnermischung für kleine tropische Vögel, die mit etwas Kolbenhirse sowie reifen und gekeimten Wildkräutersamen angereichert wird. Kleine Insekten werden ebenfalls gern gefressen. Grit und Magenkiesel müssen stets vorhanden sein, damit sich die Vögel nach Bedarf bedienen können.

VERHALTEN

Zügelastrilde sind sehr lebhafte Vögel, die gern fliegen und sämtliche Winkel der Voliere durchstöbern. Sie sind überhaupt nicht scheu oder schreckhaft.

ZUCHT

Manche Zügelastrilde bauen ein „freies" Nest im Gesträuch, während andere auch halb offene Nistkästen annehmen. Beim Nestbau kommen Kokosfasern, kurze, aufgedröselte Sisalschnüre, Grashalme und Heu zur Verwendung. Zum Auspolstern des Nestinneren benutzen die Vögel weiche Materialien wie Flaumfedern etc. Zügelastrilde legen etwa 2 bis 4 Eier, die von beiden Elternteilen bebrütet

werden. Die Jungvögel schlüpfen nach ungefähr 12 Tagen.

Sie werden von ihren Eltern mit abwechslungsreicher Nahrung versorgt, wobei Keimlinge und kleine Insekten (Fruchtfliegen, Spinnen und Blattläuse) keinesfalls fehlen dürfen. Mit ungefähr 16 Tagen werden sie flügge. Da sie noch nicht gut selbst für sich sorgen können, bewachen und füttern die Eltern sie noch ein bis zwei Wochen.

Estrilda caerulescens

SCHÖNBÜRZEL

VERBREITUNGSGEBIET
Nordwestliches Afrika.

GRÖSSE
Ungefähr 11 cm.

GESCHLECHTSUNTERSCHIEDE
Beide Geschlechter gleichen einander förmlich aufs Haar. Die Männchen kann man nur während der Fortpflanzungsperiode an ihrem „Gesang" erkennen.

VERTRÄGLICHKEIT
Schönbürzel sind verträgliche und friedliebende Kandidaten für eine Voliere mit gemischter Besetzung. Sowohl unter sich als

Schönbürzel mit schillernder Strichzeichnung

auch gegenüber anderen Vogelarten ist bei dieser Spezies nicht mit Problemen zu rechnen.

UNTERBRINGUNG

Man kann Schönbürzel gleichermaßen in Außen- und Zimmervolieren pflegen; auch ihre vorübergehende Unterbringung in einem Brutkäfig ist durchaus möglich. Eine Bepflanzung ist dabei sehr von Vorteil.

HALTUNGSTEMPERATUR

Bei normaler Winterwitterung reicht es völlig aus, wenn ein gut isolierter Schlag vorhanden ist, in den sich die Vögel nachts zurückziehen können. Bei extremen Witterungsverhältnissen – wenn die Tiere beispielsweise ihr Gefieder aufplustern und damit anzeigen, dass ihnen kalt ist – empfiehlt es sich sehr, den Schlag zu beheizen.

FÜTTERUNG

Man füttert diese Prachtfinken mit einer Körnermischung für tropische Vögel, welche mit Kolbenhirse und Wildkräutersamen angereichert wird. Außerdem fressen sie sehr gern etwas Weichfutter, Insektenpastete, Universal- und ein wenig Lebendfutter (beispielsweise klein gehackte Mehlwürmer). Grünfutter – vor allem kleine Mengen von Wildkräutern – wird ebenfalls überaus hoch geschätzt. Scharfkantige Magenkiesel und Grit gehören immer zur Grundausstattung der Voliere, damit sich die Vögel jederzeit nach Bedarf bedienen können.

VERHALTEN

Schönbürzel sind lebhafte und wendige Vögelchen. Wenn man bedächtig mit ihnen umgeht, fassen sie sehr schnell Vertrauen zu ihrem Pfleger.

ZUCHT

Schönbürzel pflanzen sich sowohl in Außenvolieren als auch in geräumigen Stuben- beziehungsweise Brutkäfigen fort. Das kugelförmige Nest wird unter anderem aus langen Grashalmen gebaut, wobei auffällt, dass das Einflugloch häufig nach unten gerichtet ist. Ein Gelege umfasst in der Regel 3 bis 5 weiße Eier, die abwechselnd von beiden Elternteilen bebrütet werden.

Die Jungen schlüpfen nach ungefähr 12 bis 14 Tagen. Sie werden zunächst überwiegend mit kleinen Insekten (klein gehackten Mehlwürmern, Blattläusen, Fruchtfliegen und Spinnen) gefüttert und verlassen etwa im Alter von zwei Wochen das Nest.

Bis zum Erreichen der Selbständigkeit – d.h., bis sie etwa fünf Wochen alt sind – verbringen sie die Nächte im elterlichen Nest. Mit etwa vier Monaten haben sie die gleiche Farbe wie die Eltern.

Wenn ausreichend Platz vorhanden ist, können die Jungen ohne weiteres bei den Alten bleiben, die oft schon eifrig mit der nächsten Brut beschäftigt sind. Schönbürzel können bei guter Gesundheit in einer Saison mehrere Bruten aufziehen.

BESONDERHEITEN

Es gibt auch Schönbürzel mit schwarzen Schwänzen. Diese nah verwandte Art stellt die gleichen Ansprüche an die Pflege.

Schönbürzel

Uraeginthus bengalus

SCHMETTERLINGSASTRILD

VERBREITUNGSGEBIET

Afrika.

GRÖSSE

Ungefähr 11 cm.

GESCHLECHTSUNTERSCHIEDE

Die Männchen dieser Art haben rote Wangenflecke, und das Blau ihres Gefieders ist insgesamt heller.

VERTRÄGLICHKEIT

Schmetterlingsastrilde sind anderen Vögeln gegenüber durchweg friedlich. Während der Brutzeit können Artgenossen untereinander unverträglich, ja aggressiv werden. Um Streitereien zu vermeiden, sollte man dann pro Voliere beziehungsweise Käfig nur ein Pärchen halten.

UNTERBRINGUNG

Schmetterlingsastrilde lassen sich sowohl in üppig bepflanzten Außen- als auch in Zimmervolieren pflegen. Vorübergehend kann man sie auch in Brutkäfigen halten.

HALTUNGSTEMPERATUR

Schmetterlingsastrilde sind nicht gerade empfindlich, doch sollte ihr Schlag während der Wintermonate unbedingt frostsicher sein.

FÜTTERUNG

Als Grundnahrung kann man eine Körnermischung für kleine tropische Vögel reichen, die mit Wildkräutersamen und Kolbenhirse angereichert wird. Auch kleine Mengen Grünfutter werden gern angenommen. Außerhalb der Fortpflanzungsperiode reicht das normalerweise aus, aber während der ganzen Brutzeit brauchen die Vögel verstärkt tierisches Eiweiß in Form von Insektenpastete. Sobald die Jungen da sind, muss man regelmäßig etwas Lebendfutter (etwa Fruchtfliegen) geben. Wie alle

Schmetterlingsastrild, „Orangebäckchen"

überwiegend Körner fressenden Vögel brauchen auch Schmetterlingsastrilde Grit und Magenkiesel.

VERHALTEN

Schmetterlingsastrilde sind lebhafte Vögelchen, die ständig alle Winkel der Voliere durchstöbern. Auf der Suche nach Futter graben sie regelmäßig den Boden um. An warmen Tagen nehmen sie gern ein Bad. Stellen Sie dazu eine Keramikschale auf ein Podest oder direkt auf den Boden der Voliere. Entfernen Sie die Schale nach ein paar Stunden, damit die Vögel nicht von dem mittlerweile verschmutzten Wasser trinken. Die Männchen singen – vor allem während der Paarungszeit, wenn sie um Partnerinnen balzen.

ZUCHT

Das Nest kann in irgendeinem Winkel gebaut werden, oft legen es die Vögel jedoch auch „frei stehend" in einem Busch an. Allerdings werden künstliche Nistgelegenheiten wie (Draht-)Nistkästen oder -körbe ebenfalls angenommen. Dabei verwenden die Tiere allerhand verschiedene Materialien. Pro Gelege kann man mit etwa 4 bis 6 rein weißen Eiern rechnen. Das Ausbrüten der Eier ist hauptsächlich Sache des Weibchens, doch wird dieses dabei regelmäßig vom Männchen abgelöst. Nach 11 bis 13 Tagen schlüpfen die Jungen aus den Eiern. Sie brauchen in den ersten Lebenswochen sehr viel kleines Lebendfutter (Blattläuse, kleine Spinnen und Fruchtfliegen). Bieten Sie diese tierischen Eiweißquellen mehrmals täglich an, damit es den Jungvögeln an nichts mangelt: eine Unterversorgung mit tierischem Eiweiß kann schnell sogar zum Tode der Jungen führen. Wenn sie etwa 17 bis 19 Tage alt sind, verlassen die Jungvögel das Nest. Nach dem Flüggewerden werden sie jedoch noch etwa 2 Wochen lang von den Altvögeln – hauptsächlich vom Männchen – gefüttert und bewacht. Im Alter von ungefähr fünf Wochen sind sie selbständig und können herausgefangen werden. Ihr Gefieder ist dann noch recht blass gefärbt und erinnert stark an das der Mutter. Die Erwachsenenfärbung entwickelt sich, sobald die Jungen etwa drei Monate alt sind, während der rote Wangenfleck des Männchens noch 5–6 Monate auf sich warten lässt. Bei guter Pflege, einem ruhigen Standort der Voliere und abwechslungsreichem Futter können die Vögel nicht selten mehrere Bruten in einer Saison aufziehen.

MUTATIONEN

Gelegentlich sind Farbmutationen aufgetreten, darunter rein weiße Schmetterlingsastrilde (mit roten Wangenflecken bei den Männchen); außerdem kennt man Tiere mit gelben Wangenflecken, doch hat man diese Mutationen bislang noch nicht stabilisiert.

Schmetterlingsastrild, „Braunköpfchen"

Angola-Schmetterlingsastrild

BESONDERHEITEN

Der weniger bekannte Braunkopf- und der Angola-Schmetterlingsastrild sind (Unter-)Arten mit den gleichen Pflegeansprüchen wie der Schmetterlingsastrild.

Uraeginthus cyanocephala

BLAUKOPFASTRILD

VERBREITUNGSGEBIET

Ostafrika.

GRÖSSE

Ungefähr 13 cm.

GESCHLECHTSUNTERSCHIEDE

Die Männchen dieser Art haben eine blaue „Scheitelkappe", während die Weibchen allenfalls leichte Blauakzente an der Stirn aufweisen. Die blauen Partien sind bei den Männchen etwas heller.

VERTRÄGLICHKEIT

Blaukopfastrilde kann man gut in Volieren mit einer gemischten Besetzung pflegen. Andere Vogelspezies und Artgenossen lassen sie durchweg in Ruhe. Nur während der Brutzeit

Schmetterlingsastrild, isabellfarben

Blaukopfastrild, Weibchen

Blaukopfastrild, Männchen

Blaukopfastrilde, Pärchen

sind diese Vögel untereinander weniger verträglich. Vorsorglich sollte man dann nur ein Paar pro Käfig pflegen.

UNTERBRINGUNG

Diese Vögel mit dem attraktiven strahlend blauen Gefieder eignen sich hervorragend für bepflanzte Außenvolieren, lassen sich aber ebenso gut in Zimmervolieren halten. Vorübergehend kann man sie auch in einem geräumigen Brutkäfig unterbringen.

HALTUNGSTEMPERATUR

Blaukopfastrilde sind von Natur aus recht kälteempfindlich. Man sollte sie daher besser im Haus überwintern lassen oder ihren Schlag während der kalten Jahreszeit beheizen.

FÜTTERUNG

Man gibt diesen Tieren als Grundfutter eine Körnermischung für kleine tropische Vögel, die mit Kolbenhirse und Wildkräutersamen angereichert wird. Die Vögel fressen auch gerne unreife Grassamen und Keimlinge. Während der Fortpflanzungszeit – am besten jedoch schon vorher – gibt man ihnen wenigstens ein-

mal pro Woche ein wenig kleines Lebendfutter, Insektenpastete und Weichfutter (aber bitte sparsam!). Grit und scharfkantige Magenkiesel müssen stets vorhanden sein, damit sich die Vögel nach Bedarf bedienen können.

VERHALTEN

Blaukopfastrilde sind sehr ruhige Vögel. Während der Fortpflanzungsperiode können sie sehr schreckhaft reagieren und sollten dann so weit wie möglich in Ruhe gelassen werden. An warmen Tagen nehmen sie gern ein Bad.

ZUCHT

Das Nest wird von beiden Altvögeln unter anderem aus Grashalmen und Kokosfasern gebaut. Manchmal legen sie es auch in einem Strauch oder in einem Nistkasten an. Blaukopfastrilde legen im Durchschnitt 4–6 weiße Eier, die abwechselnd von beiden Elternteilen bebrütet werden. Nach ungefähr 12 Tagen schlüpfen die Jungen. In der ersten Lebenswoche benötigen die jungen Blaukopfastrilde möglichst viel Lebendfutter, das mehrmals täglich verfügbar sein muss. Abwechslung ist dabei oberstes Gebot! Geeignet sind unter anderem Blattläuse, Obstfliegen und kleine Spinnen. Ein Mangel an tierischem Eiweiß oder einseitige Fütterung führen zum vorzeitigen Tode der Jungvögel. Im Alter von ungefähr 18 Tagen werden die Jungen flügge. Die Altvögel versorgen sie dann noch etwa zwei Wochen (in abnehmendem Maße). Mit ungefähr fünf Wochen sind sie durchweg imstande, selbst für sich zu sorgen. Ihr Gefieder ist zu diesem Zeitpunkt noch deutlich blasser als das der Altvögel. Der hellblaue Farbton lässt noch ungefähr 1–3 Monate auf sich warten.

MUTATIONEN

Man hat mittlerweile auch Blaukopfastrilde gezüchtet, die insgesamt etwas heller gefärbt sind.

Uraeginthus granatina

GRANATASTRILD

VERBREITUNGSGEBIET

Südliches Afrika.

GRÖSSE

Ungefähr 13–14 cm.

GESCHLECHTSUNTERSCHIEDE

Bei dieser Art sind die beiden Geschlechter gut zu unterscheiden: die Männchen sind viel heller gefärbt als die Weibchen.

VERTRÄGLICHKEIT

Der Granatastrilde geht in der Regel seine eigenen Wege und behelligt andere Voliereninsassen nicht, wenn es sich nicht gerade um Artgenossen oder eng verwandte Spezies handelt: im gegenteiligen Falle verhalten sich die Vögel jedoch sehr aggressiv. Deshalb empfiehlt es sich, grundsätzlich nur ein Paar pro Voliere bzw. pro Käfig zu halten.

UNTERBRINGUNG

Granatastrilde lassen sich gleichermaßen in Außen- und Zimmervolieren halten. Die Voliere sollte am besten an einem sonnigen Platz stehen, damit die Vögel den Sonnenschein ungehindert genießen können.

HALTUNGSTEMPERATUR

Granatastrilde sind sonnenliebende und wärmebedürftige Vögel. Wenn sie nicht ausreichend Sonne und Wärme bekommen, erkranken sie rasch und gehen schließlich ein. Gut akklimatisierte Tiere können im Freien überwintern, doch muss ihr Schlag in dieser Jahreszeit gut beheizt werden.

FÜTTERUNG

Im Gegensatz zu den meisten Prachtfinken benötigen diese Vögel in erster Linie viel tierisches Eiweiß. Geeignet ist etwa die handelübliche „Insektenpastete", welche mit kleinem Lebendfutter in Form von Blattläusen, Getreideschimmelkäferlarven und Spinnen angereichert wird. Daneben fressen sie auch Sämereien: reichen Sie ihnen eine Körnermischung für kleine tropische Vögel, die Sie gelegentlich mit Kolbenhirse, Gras- und Wildkräutersamen aufwerten. Magenkiesel und Grit müssen immer vorhanden sein, damit die Vögel sich nach Bedarf bedienen können.

VERHALTEN

Granatastrilde sind sehr ruhige Vögel. Sie durchstöbern alle Winkel der Voliere und suchen oft auch auf dem Boden nach Futter.

ZUCHT

Diese Vögel bilden auf Lebenszeit Paare, und Zuchterfolge hängen zum großen Teil davon ab, dass Männchen und Weibchen einander gut leiden können. Man kann die Tiere in geräumigen Brutkäfigen pflegen, die so aufgestellt sein müssen, dass sie täglich mehrere Stunden Morgen- oder Abendsonne erhalten. Die Nachzucht ist auch in Außenvolieren möglich, doch kann die Sterberate der Jungtiere dort sehr hoch ausfallen. Granatastrilde wärmen ihre Jungen nach dem fünften oder sechsten Lebenstag nicht mehr. In warmen Sommern ist das kein Problem, doch bei ungünstigeren Wetterbedingungen können die Jungvögel leicht an Unterkühlung sterben. Ideal sind Haltungstemperaturen um 25 °C. Granatastrilde legen im Durchschnitt circa 3–5 Eier, aus denen nach einer Brutzeit von 13 Tagen die Jungen schlüpfen. Die Jungvögel brauchen sehr viel tierisches Eiweiß, und es ist lebenswichtig, dass solches mehrmals täglich zur Verfügung steht. Nach gut zwei bis knapp drei Wochen werden sie flügge. Sie gleichen dann noch erwachsenen Weibchen, besitzen aber mit etwa drei Monaten ihre endgültige Färbung. Ein gesundes, harmonisierendes Zuchtpaar kann durchaus zwei oder drei Bruten in einer Saison aufziehen, wenn es außerdem möglichst abwechslungsreich gefüttert wird. In der Praxis sind diese Vögel allerdings nicht gerade einfach nachzuziehen, und die Züchter sind aus diesem Grunde häufig gezwungen, auf „Pflegeeltern" zurückzugreifen.

Pytilia melba

BUNTASTRILD

VERBREITUNGSGEBIET
Afrika.

GRÖSSE
Ungefähr 12 bis 13 cm.

GESCHLECHTSUNTERSCHIEDE
Das Männchen ist bei dieser Art auf den ersten Blick zu erkennen: Scheitel und Kehle sind hier rot gefärbt.

VERTRÄGLICHKEIT
Der Buntastrild verhält sich artfremden Vögeln gegenüber friedlich und ist deshalb für (Zimmer-) Volieren mit einer gemischten Besetzung äußerst gut geeignet. Mit Artgenossen oder verwandten Spezies kommt er hingegen ungewöhnlich schlecht zurecht. Vorsorglich sollte

Buntastrild, Männchen

Buntastrild, Weibchen

Buntastrild, „Gelbschnabel"

Der Buntastrild wird auch Melba-Astrild genannt

man deshalb immer nur ein Pärchen pro Voliere beziehungsweise Käfig halten – oder ausschließlich Weibchen. Im letztgenannten Falle gibt es nicht die geringsten Probleme – allerdings auch keinen Nachwuchs ...

UNTERBRINGUNG
Buntastrilde fühlen sich am wohlsten, wenn ihre Voliere an einer sonnigen Stelle steht. Man kann diese Vögel gleichermaßen in Zimmer- und Außenvolieren pflegen. Eine (teilweise) dichte Bepflanzung mit Sträuchern, Stauden und Schlingpflanzen ist dabei unerlässlich.

HALTUNGSTEMPERATUR
Diese Vögel sind wahre Sonnenanbeter und brauchen viel Wärme. In der kälteren Jahreszeit sollte man die Tiere besser ins Haus holen, doch ist es ebenso gut möglich, den Schlag zu beheizen.

FÜTTERUNG
Als Grundnahrung gibt man diesen Finken eine Körnermischung für kleine tropische Vögel, welche mit kleinen lebenden Insekten (und deren Larven), Insektenpastete und ein wenig Weichfutter angereichert wird. Außerdem fressen sie auch Grünfutter (Wildkräuter) sowie hin und wieder etwas Kolbenhirse. Ferner müssen auch hier stets Grit und scharf-

kantige Magenkiesel vorhanden sein, damit die Vögel sich nach Bedarf bedienen können.

VERHALTEN

Buntastrilde sind mäßig lebhafte Vögel, die sich gern an den sonnigsten Stellen der Voliere aufhalten.

ZUCHT

Diese Vögel bauen aus verschiedenen Materialien (beispielsweise Kokosfasern und dürren Grashalmen) ein recht kunstloses Nest. Es kann sowohl „frei stehend" mitten in einem Strauch oder in einem Nistkörbchen angelegt werden. Als Nistplätze wählen die Tiere indes mit Vorliebe geschützte Stellen. Buntastrilde legen 3–5 weiße Eier, die von beiden Elternteilen abwechselnd bebrütet werden. Nach etwa 12–13 Tagen schlüpfen die Jungen. Sie werden während der ersten Lebenstage überwiegend mit lebenden Insekten gefüttert und sterben ohne ausreichende tierische Nahrung rasch. Sobald die Jungvögel ungefähr eine Woche alt sind, nimmt der Anteil des Lebendfutters allmählich ab; sie werden nun in erhöhtem Maße mit Keimlingen gefüttert.

Im Alter von ungefähr drei Wochen sind die Jungen flügge. Sie können dann noch nicht selbst für sich sorgen und werden noch circa 2 Wochen von den Altvögeln bewacht und gefüttert. Sie ähneln zunächst blass gefärbten Weibchen und besitzen noch keine roten Schnäbel.

Erst mit etwa einem Jahr sind sie vollständig ausgefärbt.

MUTATIONEN

In freier Natur sind verschiedene Mutationen anzutreffen, darunter „Gelbschnäbel" und braune Tiere. Als Standard sind diese indes noch nicht festgelegt.

Pytilia hypogrammica

ROTMASKENASTRILD

VERBREITUNGSGEBIET

Zentral- und Westafrika.

Rotmaskenastrild, sehr schön gefärbtes Männchen

GRÖSSE

Ungefähr 12 cm.

GESCHLECHTSUNTERSCHIEDE

Die Männchen dieser Art machen ihrem Namen Ehre: sie tragen eine Gesichtsmaske von grellroter Farbe, welche den weiblichen Tieren fehlt.

VERTRÄGLICHKEIT

Rotmaskenastrilde sind äußerst gesellige Vögel, die sich sowohl mit Artgenossen als auch mit anderen Vogelarten ausgezeichnet vertragen. Wenn sie allerdings nisten, werden alle „Kiebitze", die sich in die Nähe des Nestes wagen, unverzüglich verjagt – ohne dass es jedoch in der Voliere zu Unruhe kommt.

UNTERBRINGUNG

Rotmaskenastrilde kann man sowohl in Außen- als auch in Zimmervolieren halten. Vorübergehend lassen sich diese Vögel sogar in einem geräumigen (Brut-)Käfig unterbringen.

HALTUNGSTEMPERATUR

Rotmaskenastrilde sind zwar wärmebedürftige und sonnenliebende Vögel, aber in dieser Hinsicht wcnigcr anspruchsvoll als Bunt- und Granatastrilde. Nichtsdestoweniger empfiehlt es sich sehr, sie im Winter entweder ins Haus zu holen oder ihren Schlag nachts ausreichend zu beheizen.

FÜTTERUNG

Als Grundnahrung kann man eine Körnermischung für kleine tropische Vögel reichen, welche mit Kolbenhirse und Wildkräutersamen angereichert wird. Auch Grassamen – namentlich frische – werden sehr gern angenommen. Außerhalb der Fortpflanzungszeit kann man den Vögeln regelmäßig kleines Lebendfutter (beispielsweise Getreideschimmelkäferlarven), ein paar Keimlinge und Weichfutter anbieten.

Während der Aufzucht ihrer Jungen benötigen die Vögel diese Futtersorten jedoch in erhöhtem Maße.

VERHALTEN

Rotmaskenastrilde sind recht aktiv und überhaupt nicht schreckhaft. Sie durchstöbern alle Winkel der Voliere und halten sich oft auf dem Boden auf, wo sie einen Teil ihrer Nahrung suchen.

ZUCHT

Manche Rotmaskenastrilde bauen ihr Nest lieber in einem halb offenen Nistkasten, doch ist dies keineswegs die Regel. Als Baumaterial finden unter anderem Grashalme und Kokosfasern Verwendung, während das Nestinnere mit weichen Daunenfedern gepolstert wird. Man kann mit etwa 4–5 Eiern rechnen, die 13 Tage lang von beiden Eltern bebrütet werden. Während der ersten Lebenswochen muss man unbedingt ausreichend Insekten anbieten, damit die Eltern den Hunger der Jungen stillen können.

Geeignet sind v.a. Obstfliegen und Blattläuse. Ohne abwechslungsreiches Lebendfutter lassen sich die Jungen nicht aufziehen. Mit knapp 3 Wochen sind sie flügge, aber noch nicht selbständig; vielmehr werden sie noch eine Weile von beiden Eltern gefüttert und bewacht.

Hypargos niveoguttatus

TROPFENASTRILD

VERBREITUNGSGEBIET

Tropisches Afrika.

GRÖSSE

Ungefähr 12 bis 13 cm.

Roter Tropfenastrild, Weibchen

Roter Tropfenastrild, Männchen

GESCHLECHTSUNTERSCHIEDE

Die Männchen kann man bei dieser Art am lebhafter gefärbten Gefieder erkennen (dies trifft vor allem auf den Kopf zu). Männliche Tropfenastrilde singen überdies.

VERTRÄGLICHKEIT

Tropfenastrilde gehören leider nicht zu den friedlichsten Vögeln. Artgenossen können sie nicht ausstehen, und auch mit nahe verwandten Spezies kann es während der Paarungszeit zu bisweilen tödlich verlaufenden Kämpfen kommen. Etwa gleich große Arten, die überdies ähnliche (rote) „Signalfarben" aufweisen (beispielsweise Senegal-Amaranten, Bunt- und Rotmasken-Astrilde) können während der Brutzeit nicht mit ihnen vergesellschaftet werden. Überdies verstehen sich auch Männchen und Weibchen nicht immer gut. Gehen Sie deshalb bei der Zusammenstellung von Zuchtpaaren immer sehr sorgfältig vor. Setzen Sie auf keinen Fall schwächere Jungvögel zu älteren und stärkeren Exemplaren.

UNTERBRINGUNG

Man kann Tropfenastrilde gleichermaßen in geräumigen Brutkäfigen, Innen- und Außenvolieren halten. Eine Bepflanzung in Form von Sträuchern und Büschen wissen die Vögel sehr zu schätzen.

Roter Tropfenastrild, Farbmutante

HALTUNGSTEMPERATUR

Tropfenastrilde sind wärmebedürftig. Nachzuchten lassen sich ohne weiteres in einer Außenvoliere pflegen, wenn der Schlag während der kalten Jahreszeit beheizt wird.

FÜTTERUNG

Reichen Sie als Grundfutter eine Körnermischung für kleine tropische Vögel, die mit etwas Grünfutter und Wildkräutersamen angereichert wird. Während der Brutzeit benötigen die Vögel in hohem Maße allerlei kleines Lebendfutter (etwa Blattläuse, Fruchtfliegen und kleine Spinnen). Magenkiesel und Grit müssen stets vorhanden sein, damit sich die Vögel nach Bedarf bedienen können.

VERHALTEN

Diese farbenprächtigen Vögelchen halten sich gern mitten im Gezweig der Büsche auf und sind regelmäßig auch auf dem Boden zu finden, wo sie nach einem Teil ihrer Nahrung scharren.

ZUCHT

Tropfenastrilde bauen ihr Nest oft einfach auf dem Volierenboden (unter einem Strauch) oder in geringer Höhe zwischen den Zweigen. Manchmal werden sogar Nistkästen angenommen. Das Nest wird hauptsächlich vom Männchen gebaut, das dazu unter anderem Kokosfasern, Heu und Grashalme verwendet.
Ein Gelege umfasst im Durchschnitt 3–4 Eier, die von beiden Eltern 13–14 Tage lang bebrütet werden. Die jungen Tropfenastrilde haben einen sehr hohen Bedarf an tierischem Eiweiß in Form von kleinen Insekten (und deren Larven) sowie gekeimten und unreifen Sämereien. Ohne diese Futtersorten gehen sie ein. Im Alter von 19–22 Tagen sind die Jungen flügge, werden aber – da sie noch nicht selbst für sich sorgen können – weiterhin ein bis zwei Wochen lang von beiden Elternteilen versorgt. Ein gesundes Zuchtpaar kann in cincr Saison mehrere Bruten aufziehen.

Mandingoa nitidula

GRÜNER TROPFENASTRILD

VERBREITUNGSGEBIET

Afrika Zaire bis Sierra Leone.

GRÖSSE

Ungefähr 10 bis 11 cm.

GESCHLECHTSUNTERSCHIEDE

Die Unterschiede zwischen den Geschlechtern sind nicht zu übersehen: die Männchen sind an Kopf, Kehle und Brust viel bunter befiedert und ihre weißen Flecken deutlicher ausgeprägt. Im Gegensatz zu den Weibchen singen sie auch.

Grüner Tropfenastrild, Männchen

VERTRÄGLICHKEIT

Grüne Tropfenastrilde sind friedliche Vögelchen, die man problemlos sowohl mit Artgenossen als auch mit anderen Spezies vergesellschaften kann. Ein harmonierendes Paar bleibt sein Leben lang zusammen.

UNTERBRINGUNG

Diese Vögel kann man gleichermaßen in Außen- und Innenvolieren pflegen. Auch die Haltung in einem geräumigen Brutkäfig kommt in Frage, wenn dieser den Vögeln genug Platz bietet und die Stangen so angeordnet sind, dass die Tiere zum Fliegen gezwungen werden. Auf diese Weise verhindert man, dass die Vögel Probleme durch Verfettung und Verdauungsbeschwerden bekommen. In einer „kahlen" Umgebung fühlen sich die Tiere nicht wohl. Vielmehr wissen sie eine dichte Randbepflanzung als Schutz sehr zu schätzen (Vergleichbares auch im Käfig).

FÜTTERUNG

Geben Sie den Tieren als Grundfutter eine hochwertige Körnermischung für kleine tropische Vögel, dazu etwas Kolbenhirse, Keimlinge und Wildkräutersamen. Außerdem brauchen sie tierisches Eiweiß in Form von Weichfutter bzw. lebenden oder getrockneten Insekten. Grit und Magenkiesel müssen stets vorhanden sein, damit sie ihren Bedarf decken können.

HALTUNGSTEMPERATUR

Der Grüne Tropfenastrild ist eine wärmeliebende Art. Der Gesundheit der Tiere zuliebe sollte ihre Voliere an einer gut vor Wind und Regen geschützten Stelle stehen. Im Winter muss man die Vögel entweder ins Haus holen oder ihren Schlag beheizen.

VERHALTEN

Diese Spezies ist sehr lebhaft und noch bis in die Dämmerung aktiv. Obwohl junge Vögel etwas schreckhaft sind, können sie bei bedäch-

Grüner „Schlegel"-Tropfenastrild, Weibchen

Grüner „Schlegel"-Tropfenastrild, Männchen

tigem Vorgehen des Pflegers sehr schnell zutraulich werden. Die Tiere durchstöbern alle Winkel der Voliere, halten sich dabei aber am liebsten in den unteren Strauchlagen und am Boden auf.

ZUCHT

Grüne Tropfenastrilde bilden auf Lebenszeit feste Paare und können bei der Wahl ihrer Lebenspartner überaus wählerisch vorgehen. Das Nest wird vom Männchen zumeist „frei stehend" im Schutz eines Strauches gebaut. Als Baumaterial finden dabei unter anderem Kokos- und Sisalfasern Verwendung, während zum Auspolstern weiche Stoffe wie Tierhaare und Daunenfedern benutzt werden. Manchmal machen diese Vögel sogar von Nistkästen Gebrauch. Pro Gelege kann man im Durchschnitt mit 4–5 Eiern rechnen, welche abwechselnd von beiden Elternteilen bebrütet werden. Die Jungen schlüpfen nach ungefähr 13 Tagen und werden dann hauptsächlich mit lebenden Insekten (beispielsweise Fruchtfliegen) gefüttert. Sie sind mit etwa drei Wochen flügge, werden jedoch – da sie noch nicht gut selbst für sich sorgen können – weitere zwei bis drei Wochen lang von beiden Elternteilen bewacht und gefüttert.

BESONDERHEITEN

Neben der bekannnten Grünen Tropfenastrilde (*Mandingoa nitidula*) stößt man regelmäßig auf deren Unterart, die Schlegel-Tropfenastrilde (*Mandingoa nitidula schlegeli*). Dieser Prachtfink benötigt die gleiche Pflege und Ernährung wie die Nominatform.

Amadina fasciata

BANDAMADINE

VERBREITUNGSGEBIET
Afrika.

GRÖSSE
Ungefähr 12 bis 13 cm.

Gelbe Bandamadine

Bandamadine, Männchen

Bandamadine, Weibchen

GESCHLECHTSUNTERSCHIEDE

An ausgewachsenen Tieren sind die Unterschiede zwischen den Geschlechtern einfach zu erkennen: Ihren Namen (Bandfinken) verdanken diese Vögel der roten Kehlzeichnung, die ausschließlich beim Männchen auftritt. Außerdem sind die Weibchen überwiegend etwas heller gefärbt.

VERTRÄGLICHKEIT

Bandfinken kommen hervorragend mit Artgenossen zurecht, und auch im Umgang mit gleich großen (oder sogar größeren) wehrhaften Vogelarten gibt es kaum jemals Probleme. Berüchtigt sind diese Vögel indes für ihre große Unverträglichkeit während der Brutzeit: dann verhalten sie sich gegenüber kleineren, zierlichen Spezies oft überaus aggressiv, weshalb man sie besser nicht mit derartigen Tieren vergesellschaften sollte.

UNTERBRINGUNG

Man kann Bandfinken gleichermaßen in geräumigen Außen- und Innenvolieren halten. Eine Bepflanzung wissen sie sehr zu schätzen.

Die vorübergehende Unterbringung in einem großen Brutkäfig ist ebenfalls möglich.

HALTUNGSTEMPERATUR

Bandfinken sind widerstandsfähige Vögel: wenn sie sich im Winter in einen vor Zugluft, Nässe und Nachtfrösten geschützten Schlag zurückziehen können, braucht man keine weiteren Vorkehrungen zu treffen.

FÜTTERUNG

Bandfinken sind in erster Linie Körnerfresser: man kann ihnen eine Körnermischung für tropische Vögel anbieten, die gelegentlich mit etwas Kolbenhirse angereichert wird. Außerdem fressen sie – vor allem während der Fortpflanzungsperiode – gern etwas Grün- und Weichfutter sowie Insektenpastete und Keimlinge. Kolbenhirse und Grassamen werden ebenfalls gern angenommen. Magenkiesel und Grit müssen stets in ausreichenden Mengen vorhanden sein, damit sich die Vögel nach Bedarf bedienen können.

VERHALTEN

Bandfinken sind lebhafte Vögel. Sie halten sich in allen Bereichen der Voliere auf und suchen gern auf dem Boden nach Futter. Im Übrigen sind sie überhaupt nicht scheu.

ZUCHT

Da Bandfinken einander während der Brutzeit empfindlich stören können, sollte man die einzelnen Paare in dieser Periode getrennt unterbringen. Ein geschlossener Nistkasten sollte etwa 10 x 12 x 15 cm (L x B x H) groß sein, doch werden auch halb offene Modelle und sogar Nistkörbchen akzeptiert. Das Nest wird u.a. aus Heu, Wurzeln und Grashalmen erbaut und mit weichen Daunenfedern ausgepolstert. Ein Gelege umfasst 4–6 Eier. Diese werden von beiden Eltern abwechselnd bebrütet. Nach 12–14 Tagen schlüpfen die Jungen, die mit knapp einem Monat flügge werden. Sie sind dann noch nicht selbständig und werden noch etwa 2 Wochen von den Eltern gefüttert und bewacht. Bald darauf beginnen die Eltern mit dem zweiten Gelege. Bis die Jungen voll ausgefärbt sind, können 3–4 Monate verstreichen.

MUTATIONEN

Mittlerweile wurden mehrere Farbmutationen festgelegt, etwa „Gelbband", „Ino" und „Isabell" bzw. „Pastell".

BESONDERHEITEN

Bandfinken erzeugen mit Rotkopfamadinen Bastarde. Deshalb sollte man diese Arten besser nicht vergesellschaften.

Amadina erythrocephala

ROTKOPFAMADINE

VERBREITUNGSGEBIET

Afrika.

GRÖSSE

Ungefähr 13 cm.

GESCHLECHTSUNTERSCHIEDE

Die erwachsenen Männchen haben einen roten Kopf. Überhaupt sind Färbung und Zeichnung bei ihnen lebhafter als bei den Weibchen.

VERTRÄGLICHKEIT

Die Rotkopfamadine ist ein sehr geselliger, friedliebender Vogel, der sich ausgezeichnet für Volieren mit einer gemischten Besetzung eignet. Man kann ohne weiteres mehrere Paare gemeinsam unterbringen, weil es sogar während der Brutzeit keinerlei Probleme gibt.

UNTERBRINGUNG

Diese Vogelart lässt sich in einer Außenvoliere (mit einem Schlag für die Nacht) pflegen, doch fühlt sie sich auch in einer geräumigen Zimmervoliere sehr wohl. Eine Bepflanzung wissen diese Tiere sehr zu schätzen.

Rotkopfamadine, Weibchen

Rotkopfamadine, Männchen

HALTUNGSTEMPERATUR

Rotkopfamadinen sind sehr widerstandsfähige Vögel; wenn diese Tiere im Winter über einen gut isolierten Schlag verfügen, braucht man während der Wintermonate nicht für eine zusätzliche Beheizung zu sorgen.

FÜTTERUNG

Man kann diesen Vögeln als Grundnahrung eine Körnermischung für tropische Arten geben, die gelegentlich mit Kolbenhirse, Wildkräuter- und (frischen) Grassamen angereichert wird. Auch Weichfutter und Insektenpastete werden gern gefressen; das Gleiche gilt für kleine Mengen lebender Insekten. Magenkiesel und Grit müssen stets in ausreichender Menge vorhanden sein, damit sich die Vögel nach Bedarf bedienen können.

VERHALTEN

Rotkopfamadinen sind durchweg ruhige, nicht besonders schreckhafte Vögel. Nur während der Brutzeit können Störungen dazu führen, dass die Eltern Gelege oder Brut im Stich lassen. Sie durchstöbern alle Ecken der Voliere und sind bei der Nahrungssuche oft auf dem Boden anzutreffen.

ZUCHT

Diese Prachtfinken bauen selten ein „freies" Nest, sondern bevorzugen Nistkästen oder alte Nester anderer Arten. Die circa 4–6 Eier werden abwechselnd von beiden Eltern bebrütet. Die Jungen schlüpfen nach 12 bis 13 Tagen und werden 22–24 Tage später flügge. Sie können noch nicht selbst für sich sorgen und werden noch etwa 2 Wochen lang von beiden Eltern bewacht und gefüttert. Ein gesundes Zuchtpaar kann in einer Saison mehrere Bruten aufziehen.

BESONDERHEITEN

In freier Natur bauen diese Vögel keine eigenen Nester, sondern nehmen verlassene in Beschlag. Dies geschieht bisweilen auch in der Voliere.
Rotkopfamadinen können mit Bandfinken Bastarde zeugen: deshalb sollte man diese beiden Arten besser nicht in der gleichen Voliere halten.

Padda oryzivora

REISFINK

VERBREITUNGSGEBIET

Indonesien, Südchina und die Philippinen.

GRÖSSE

Ungefähr 13 bis 14 cm.

Opal-Reisfink

Isabell-Reisfink

GESCHLECHTSUNTERSCHIEDE

Die Geschlechter lassen sich nur mit Mühe voneinander unterscheiden. Aufmerksame Beobachter können sie jedoch am Schnabel erkennen, der beim Männchen dicker ist und eine intensivere Rotfärbung zeigt. Manchmal ist bei männlichen Vögeln auch der Augenring etwas deutlicher ausgeprägt. Um letzte Gewissheit zu erlangen, muss man die Vögel freilich längere Zeit beobachten: im Gegensatz zu den

Reisfink: seltene Farbmutante mit abweichender Schnabelfarbe

Weibchen singen die Männchen dieser Vogelart nämlich.

VERTRÄGLICHKEIT

Diese Vögel eignen sich hervorragend für eine Gesellschaftsvoliere. Man kann sich auf ein Pärchen dieser Art beschränken, doch empfiehlt es sich, besser eine kleine Gruppe anzuschaffen. Wenn die Voliere groß genug ist und alle Vögel sich frei entfalten können, braucht man nicht mit Problemen zu rechnen. Andere Vogelarten werden durchweg in Ruhe gelassen.

UNTERBRINGUNG

Reisfinken lassen sich gleichermaßen in Außen- und Innenvolieren pflegen, eignen sich aber auch sehr gut als Stubenvögel. Um der Verfettung vorzubeugen, sollte man die Sitzstangen des Käfigs so anordnen, dass die Finken sich anstrengen müssen, um von einer Stange zur anderen zu springen. Eine Bepflanzung wird sehr geschätzt, ist aber nicht unbedingt erforderlich.

HALTUNGSTEMPERATUR

Diese beliebten Ziervögel sind kräftig und widerstandsfähig. Es genügt völlig, wenn sie sich bei Kälte in frostsichere Schläge zurückziehen können. Nur in sehr strengen Wintern kann eine Unterbringung im Haus erforderlich werden.

FÜTTERUNG

Als Grundfutter eignet sich eine Körnermischung für tropische Vögel, der man Paddy- und weißen Bruchreis beifügt. Auch Insekten, Weichfutter, Kolbenhirse, Keimlinge und frische Wildkräuter werden gelegentlich gern gefressen. Magenkiesel und Grit gehören immer in den Käfig, damit sich die Vögel nach Bedarf bedienen können.

VERHALTEN

Reisfinken sind überaus lebhafte Vögel, die ihre Voliere vollständig ausnutzen. An warmen Tagen baden sie gerne. Eine Keramikschale mit Wasser eignet sich dafür ideal. Entfernen Sie diese nach einigen Stunden, damit die Vögel nicht vom mittlerweile verschmutzten Wasser trinken.

ZUCHT

Reisfinken bauen selten „freie" Nester, sondern bevorzugen geschlossene bzw. halb offene Nistkästen. Eine Grundfläche von 15 x 15 cm (bei circa 20 cm Höhe) reicht dabei völlig aus. Das Nest wird – hauptsächlich vom Männchen – aus Heu, Grashalmen, Kokosfasern, Stroh u.Ä. gebaut.
Zum Auspolstern finden weiche Federn und Tierhaare Verwendung. Ein Gelege kann 4–6 weiße Eier umfassen. Männchen und Weibchen lösen sich beim Brüten ab. Nach etwa 13 Tagen schlüpfen die Jungen. Sie werden von beiden Eltern mit Sämereien, aber auch Insekten in verschiedenen Stadien und Weichfutter versorgt.
Mit 28 bis 32 Tagen sind die Jungvögel flügge; da sie noch nicht selbst für sich sorgen können, bewachen und füttern die Eltern sie noch ein bis zwei Wochen (mit abnehmender Intensität). Im Alter von drei Monaten zeigen sie die Erwachsenenfärbung. Gesunde Zuchtpaare können pro Saison mehrere Bruten aufziehen.

MUTATIONEN

Neben der bekannten und beliebten grauen Wildform gibt es u.a. rein weiße, bunte, pastell- und isabellfarbene Vögel.

BESONDERHEITEN

Bei Vogelliebhabern und solchen, die es werden wollen, erfreuen sich Reisfinken *(Padda oryzivora)* schon seit Jahren enormer Beliebtheit.

Lonchura cantans

AFRIKANISCHER SILBERSCHNABEL

VERBREITUNGSGEBIET

Afrika.

GRÖSSE

Ungefähr 11 cm.

Afrikanischer Silberschnabel

GESCHLECHTSUNTERSCHIEDE

Äußerlich sind die Geschlechter kaum zu unterscheiden. Allenfalls ist das Braun der Weibchen etwas dunkler. Die Männchen verraten sich mit Gewissheit durch ihren Gesang, während die Weibchen dieser Art nicht singen.

VERTRÄGLICHKEIT

Afrikanische Silberschnäbel sind sehr friedfertige Vögel, die sich sowohl miteinander als auch mit anderen Arten gut vertragen. Halten Sie am besten mehrere Paare.

UNTERBRINGUNG

Man kann Afrikanische Silberschnäbel gleich

Nestjunge Afrikanische Silberschnäbel, „Inos"

gut in Außen- und Zimmervolieren oder großen Brutkäfigen halten. Ein Bepflanzung wird geschätzt, ist aber nicht erforderlich.

HALTUNGSTEMPERATUR

Diese Vögelchen sind sehr robust und kommen mit unseren Wintern gut zurecht, wenn sie sich nachts in einen gut geschützten Schlag zurückziehen können. In strengen Wintern muss dieser u.U. zusätzlich beheizt werden.

FÜTTERUNG

Füttern Sie diese Tiere mit einer Körnermischung für tropische Vögel und reichen Sie dazu etwas Kolbenhirse, Wildkräuter- und Grassamen sowie Keimlinge. Wie alle Körnerfresser benötigen die Vögel scharfkantige Magenkiesel. Grünfutter wissen sie sehr zu schätzen, doch sollten Sie sparsam damit umgehen! Auch Weichfutter wird maßvoll dosiert, darf aber zur Brutzeit keineswegs fehlen.

VERHALTEN

Afrikanische Silberschnäbel sind lebhafte Volierenvögel, die alle Winkel des Geheges durchstöbern. Es handelt sich um eine unproblematische Art, die bei ruhigem Umgang schnell zutraulich wird. Die Vögel nehmen gern ein Bad; dazu kann man eine Keramikschale mit Wasser auf ein Podest oder

Afrikanischer Silberschnabel, brauner „Dunkelbauch"

Brauner Afrikanischer Silberschnabel

direct auf den Boden der Voliere stellen. Entfernen Sie die Schale nach einigen Stunden, damit die Vögel nicht vom mittlerweile verschmutzten Wasser trinken. Die Männchen dieser Art singen leise, wenn sich Weibchen in der Nähe aufhalten.

ZUCHT

Diese Vögelchen lassen sich leicht nachziehen und sind insofern auch für Anfänger geeignet. Bei der Auswahl des Nistplatzes sind sie nicht sonderlich wählerisch und brüten gleichermaßen bereitwillig in Zimmer- und Außenvolieren sowie Brutkäfigen.

Auch Nisthilfen werden ohne weiteres angenommen: geeignet sind alle Arten kleiner Nistkästen, aber auch Nistkörbchen und alte Nester anderer Vögel. Die Vögel bauen kunstreiche Nester, die vor allem aus Heu, Grashalmen und Kokosfasern bestehen. Ausgepolstert werden diese mit weichem Material (beispielsweise Tierhaaren und Flaumfedern). Pro Gelege kann man mit 4–6 weißen Eiern rechnen, die von Männchen und Weibchen abwechselnd ausgebrütet werden. Nach 12 bis 13 Tagen schlüpfen die Jungen. Sie werden von den Eltern vor allem mit Sämereien und Weichfutter versorgt. Im Alter von etwa drei Wochen verlassen sie das Nest, werden aber weitere zwei Wochen von den Altvögeln betreut. Letztere sind unterdessen oft schon mit dem nächsten Gelege beschäftigt. Wenn genügend Platz vorhanden ist, kann man die Jungen ohne weiteres bei den Eltern belassen. Mit zwei bis drei Monaten gleichen sie in der Färbung den Altvögeln.

MUTATIONEN

Es sind verschiedene Mutationen aufgetreten und festgelegt worden. Es handelt sich unter anderem um die Spielarten „Dunkelbauch“, braun, „Isabell-Dunkelbauch“, und rein weiß („Ino“).

BESONDERHEITEN

Silberschnäbel sind als „Pflegeeltern“ berühmt, die sich rührend um die Eier und/oder Jungen anderer Arten kümmern, wenn man diese in ihr Nest legt.

Lonchura malabarica

INDISCHER SILBERSCHNABEL

VERBREITUNGSGEBIET

Süd- und Südostasien (unter anderem Indien).

GRÖSSE

Ungefähr 11 cm.

Wildform des Indischen Silberschnabels

Brauner Indischer Silberschnabel

GESCHLECHTSUNTERSCHIEDE

Bei diesen Vögeln gibt es eigentlich keine äußeren Geschlechtsunterschiede. Mit Gewissheit kann man die Männchen nur an ihrem Gesang erkennen.

VERTRÄGLICHKEIT

Indische Silberschnäbel sind sehr soziale und friedfertige Vögelchen, die sich gut für Gemeinschaftsvolieren eignen. Sowohl untereinander als auch mit anderen Arten gibt es keine Probleme. Pflegen Sie am besten immer mehrere Paare.

Indischer Silberschnabel, „Opal“

Indischer Silberschnabel, „Dunkelbauch"

UNTERBRINGUNG

Indische Silberschnäbel sind überaus anpassungsfähig und können sowohl in Außen- als auch in Zimmervolieren und großen Brutkäfigen gepflegt werden. Eine Bepflanzung wissen die Vögel sehr zu schätzen, doch ist sie nicht unbedingt erforderlich.

HALTUNGSTEMPERATUR

Indische Silberschnäbel sind robuste und widerstandsfähige Vögel, die in normalen Wintern keine zusätzlichen Ansprüche stellen, sofern ein Schlag vorhanden ist. Bei starker Kälte sollte man diesen jedoch beheizen.

FÜTTERUNG

Geben Sie Indischen Silberschnäbeln als Grundfutter eine Körnermischung für kleine tropische Vögel. Außerdem fressen sie gerne etwas Grünfutter (Wildkräuter und Ähnliches) sowie Samen von Wildkräutern und naschen gelegentlich an Kolbenhirse. Zur Brutzeit verfüttert man zusätzlich Keimlinge, halbreife Samen und Weichfutter. Wie alle Körnerfresser brauchen diese Vögel jederzeit Magenkiesel.

VERHALTEN

Indische Silberschnäbel sind lebhafte Vögel, die alle Winkel der Voliere durchstöbern. Sie nehmen gern ein (Wasser-)Bad. Wenn man sich ihnen stets ruhig nähert, werden sie schnell mit ihrem Pfleger vertraut. Die Männchen lassen ihren leisen Gesang erschallen, wenn Weibchen in der Nähe sind.

ZUCHT

Indische Silberschnäbel bauen aus Grashalmen, Sisal, Heu und Kokosfasern ein kugelrundes Nest – manchmal im Schutz eines Strauches, meist jedoch in einem kleinen Nistkasten. Sie legen 4–5 Eier, die hauptsächlich vom Männchen ausgebrütet werden. Nachts brüten beide Elternteile. Die Jungen schlüpfen nach 12 Tagen und werden von den Eltern mit allerlei Samen und Weichfutter versorgt. Nach etwa drei Wochen werden sie flügge: Da sie dann noch nicht selbständig sind, betreuen die Eltern sie noch ein Weilchen. Ungefähr drei Wochen nach dem Flüggewerden lässt die elterliche Fürsorge nach, und die Jungen sind praktisch selbständig. Sie haben noch nicht die gleiche Färbung wie die Alten (diese stellt sich erst nach zwei bis drei Monaten ein). Man kann Eltern und Jungtiere – sofern genug Platz vorhanden ist – ohne weiteres zusammen halten. Erstere sind in der Regel schon mit der Aufzucht der nächsten Brut beschäftigt. Gesunde Zuchttiere können in einer Saison mehrere Gelege durchbringen.

Der Weißanteil am Kopf der Weißkopfnonne kann stark variieren

BESONDERHEITEN

Der Afrikanische und der Indische Silberschnabel ähneln einander sehr. Die Unterschiede bestehen darin, dass der Oberschnabel des Indischen Silberschnabels dunkler (bleifarben) und sein Steiß weiß ist, während der Afrikanische Silberschnabel einen schwarzen besitzt

Lonchura maja

WEISSKOPFNONNE

VERBREITUNGSGEBIET

Indonesien und Malaysia.

GRÖSSE

Ungefähr 11 cm.

GESCHLECHTSUNTERSCHIEDE

Die Unterschiede zwischen den Geschlechtern lassen sich nur mit Mühe erkennen. Oft besitzen die Männchen etwas hellere Köpfe als die Weibchen. Vergleichsweise sichere Auskunft kann jedoch nur das Verhalten der Vögel geben: während der Balzsaison singen die Männchen – allerdings tun sie dies so leise, dass man es nur an den vibrierenden Kehlfedern und an ihrer Körperhaltung bemerkt.

VERTRÄGLICHKEIT

Weißkopfnonnen sind wegen ihres friedlichen und geselligen Wesens gut für Volieren mit einer gemischten Besetzung geeignet. Halten Sie aber nach Möglichkeit immer mehr als ein Paar: Die Vögel vertragen sich auch untereinander ausgezeichnet.

UNTERBRINGUNG

Diese Vögel lassen sich sowohl in Zimmer- als auch in Außenvolieren pflegen. Auch die Unterbringung in einem (Brut-)Käfig ist möglich – allerdings nur vorübergehend, da die Tiere sehr rasch verfetten, wenn sie zu wenig Bewegung haben.

Ein Bepflanzung wird sehr geschätzt, ist aber nicht unbedingt erforderlich.

HALTUNGSTEMPERATUR

Weißkopfnonnen sind sehr widerstandsfähige Vögel, die während der Wintermonate keine Extraheizung benötigen. Ein gut geschützter, frostsicherer Schlag ist dazu allerdings lebenswichtig.

FÜTTERUNG

Als Grundfutter kann eine Körnermischung für tropische Vögel dienen, die man mit Kolbenhirse, Gras- und Wildkräutersamen, Keimlingen, frischen Wildkräutern und Reis anreichert. Während der Brutzeit zeigen sie einen erhöhten Bedarf an Weichfutter. Magenkiesel müssen stets in ausreichender Menge vorhanden sein, damit sich die Vögel nach Bedarf bedienen können.

VERHALTEN

Weißkopfnonnen sind sehr lebhafte Vögel, aber manchmal etwas scheu und schreckhaft. Sie nutzen den gesamten Raum der Voliere aus.

ZUCHT

Wenn man diese Tiere gern züchten will, empfiehlt es sich, eine größere Gruppe zu halten, damit die Vögel ihre Partner selbst auswählen können. An den Nistplatz stellen sie keine großen Ansprüche: Manche Weißkopfnonnen bauen „freie" Nester im Schutz eines Strauches, während mindestens ebenso viele lieber geschlossene oder halb offene Nistkästen beziehen. Zum Nestbau werden unter anderem Grashalme, Heu und Kokosfasern verwendet. Die Vögel legen 3–5 Eier, die ausschließlich vom Weibchen ausgebrütet werden; nach 12–14 Tagen schlüpfen die Jungen. Sie werden mit allerlei Sämereien und Weichfutter gefüttert. Reichen Sie zusätzlich mehrmals täglich kleine Portionen Insekten, zum Beispiel klein gehackte Mehlwürmer. Etwa im Alter von 21–23 Tagen werden die Jungen flügge. Da sie noch nicht selbst für sich sorgen können, werden sie noch ein oder zwei Wochen lang (in abnehmendem Maße) von den Altvögeln betreut. Man kann sie ohne weiteres bei den Eltern lassen, auch wenn diese mittlerweile schon mit dem nächsten Gelege beschäftigt sind. Ein gesundes Zuchtpaar kann pro Saison mehrere Bruten aufziehen. Die meisten Weißkopfnonnen sind im Alter von fünf bis sechs Monaten ausgefärbt.

Schwarzkopfnonne

Schwarzkopfnonne

Schwarzkopfnonnen

Lonchura (malacca) atricapilla

SCHWARZKOPFNONNE

VERBREITUNGSGEBIET

Von Sumatra bis Südchina.

GRÖSSE

Ungefähr 11 cm.

GESCHLECHTSUNTERSCHIEDE

Bei dieser Art sind keine äußerlichen Unterschiede zu erkennen. Aufschluss kann allein der Gesang des Männchens geben. Da diese Vögel sehr leise oder fast unhörbar singen, kann man ihn jedoch nur anhand der vibrierenden Kehlfedern wahrnehmen.

VERTRÄGLICHKEIT

Die Vögelchen sind außergewöhnlich gut für Volieren mit einer gemischten Besetzung geeignet. Nur selten kommt es zum Streit. Man kann sie paarweise halten, doch empfiehlt es sich sehr, lieber mehrere Paare bzw. eine Gruppe zu pflegen.

UNTERBRINGUNG

Schwarzkopfnonnen lassen sich sowohl in Zimmer- als auch in Außenvolieren pflegen,

fühlen sich aber auch in großen Brutkäfigen wohl (diese Möglichkeit kommt allerdings nur vorübergehend in Frage). Eine Bepflanzung in Form von Sträuchern wissen die Vögel zu schätzen.

HALTUNGSTEMPERATUR

Schwarzkopfnonnen sind recht widerstandsfähige Vögel. Eine Heizung ist im Normalfall nicht erforderlich. Allerdings benötigen sie unbedingt einen vor Frost und Zugluft sicheren Schlag, in den sie sich während der kalten Jahreszeit zurückziehen können.

FÜTTERUNG

Als Grundnahrung reicht eine Körnermischung für tropische Vögel, die mit Kolbenhirse, Keimlingen, etwas Weichfutter und Wildkräutern angereichert wird, völlig aus. Auch Reis wird immer gern gefressen. Magenkiesel müssen stets in ausreichender Menge vorhanden sein, damit sich die Vögel nach Bedarf bedienen können.

VERHALTEN

Schwarzkopfnonnen sind aktive und lebhafte Vögel, die den gesamten Raum der Voliere ausnutzen. Wenn man sie einzeln oder in zu engen Käfigen hält, werden sie apathisch.

ZUCHT

Diese Vögel gehen bei der Partnerwahl sehr wählerisch vor. Vorsorglich sollte man daher eine Gruppe junger Schwarzkopfnonnen erwerben, damit sich von selbst ein oder mehrere Paare bilden können. Kleine, geschlossene Nistkästen werden häufig angenommen. Pro Gelege kann man mit 3–5 Eiern rechnen, die 12–14 Tage lang hauptsächlich vom Weibchen bebrütet werden. Die Jungvögel brauchen neben Körnerkost tierische Nahrung in Form von kleinen, lebenden Insekten und Weichfutter. Auch Keimlinge und halbreife Samen werden gern an die Brut verfüttert. Im Alter von etwa drei Wochen verlassen die Jungen das Nest. Sie können dann noch nicht selbst für sich sorgen und werden weitere zwei bis drei Wochen (mit abnehmender Intensität) von den Altvögeln bewacht und gefüttert. Man braucht sie nicht herauszufangen, da die Eltern bzw. die Gruppe sie o.w. akzeptieren. Ein gesundes Zuchtpaar kann in einer Saison mehrere Bruten aufziehen.

Lonchura (malacca) malacca

DREIFARBENNONNE

VERBREITUNGSGEBIET

Südwestindien und Sri Lanka.

GRÖSSE

Ungefähr 11 bis 12 cm.

GESCHLECHTSUNTERSCHIEDE

Es ist praktisch unmöglich, die Geschlechter zu unterscheiden. Bei dieser Art singen nur die Männchen. Da sie dies sehr leise tun, äußert sich ihr Gesang lediglich im Vibrieren der Kehlfedern.

VERTRÄGLICHKEIT

Diese Vogelart gibt selten oder nie Anlass zu Problemen. Sowohl gegen andere Volierenbewohner und als auch gegenüber Artgenossen verhalten sich die Tiere friedlich. Am besten hält man eine Gruppe, damit die Vögel ihre Partner selbst auswählen können.

UNTERBRINGUNG

Man kann diese Vogelart sowohl in Außenvolieren mit gemischter Besetzung als auch in großen Zimmervolieren pflegen. Ein (Brut-)Käfig eignet sich eigentlich nur als Übergangslösung, weil die Vögel bei beengten Raumverhältnissen nicht zur Bewegung stimuliert werden und dann rasch verfetten. Eine schützende Bepflanzung wissen sie sehr zu schätzen.

HALTUNGSTEMPERATUR

Dreifarbennonnen sind sehr widerstandsfähige Vögel, die auch im Winter gut ohne zusätzliche Heizung auskommen. Ein gegen Zugluft und Frost schützender Schlag ist allerdings unbedingt erforderlich.

FÜTTERUNG

Diese Vögel sind in erster Linie Körnerfresser. Man gibt ihnen eine Körnermischung für kleine tropische Vögel, die mit Kolbenhirse, Wildkräutersamen und Keimlingen angereichert wird. Auch frische Kräuter, Weichfutter und Reis werden gern gefressen. Magenkiesel müssen stets in ausreichenden Mengen vorhanden sein, damit sich die Vögel nach Bedarf bedienen können.

VERHALTEN

Als sehr gesellige Prachtfinken fühlen sich diese Vögel am wohlsten, wenn man sie in klei-

Dreifarbennonne

Dreifarbennonne

Junge Dreifarbennonne

nen Gruppen in einer geräumigen Außenvoliere pflegt. Unter diesen Umständen erweisen sie sich als lebhafte und agile Vögelchen, welche den ganzen Raum der Voliere ausnutzen.

ZUCHT

Da es bei dieser Art sehr schwer fällt, die Geschlechter zu bestimmen und die Tiere überdies bei der Partnersuche äußerst wählerisch vorgehen, ist man gut beraten, wenn man eine kleine Gruppe von Jungtieren anschafft. Aus einer solchen Gruppe kristallisieren sich ein oder mehrere Paare heraus. Die Tiere brüten meist in kleinen geschlossenen Nistkästen. Man kann mit 3 bis 5 Eiern rechnen, die etwa 12–14 Tage lang hauptsächlich vom Weibchen bebrütet werden. Nach dem Schlüpfen gibt man den Jungen mehrmals täglich als Zusatzfutter kleine Portionen lebender Insekten, Weichfutter und Keimlinge. Mit etwa drei Wochen verlassen sie das Nest. Da sie dann noch nicht selbst für sich sorgen können, werden sie weitere 2–3 Wochen lang von den Alttieren bewacht und gefüttert.
Wenn genug Platz vorhanden ist, braucht man sie nicht herauszufangen. Ein gesundes Paar kann pro Saison mehrere Bruten aufziehen. Ehe die Jungen ausgefärbt sind, verstreichen bis zu sechs Monate; ihr Jugendkleid ist rein braun.

Lonchura punctulata

MUSKATAMADINE

VERBREITUNGSGEBIET
Südostasien.

GRÖSSE
Ungefähr 11 cm.

GESCHLECHTSUNTERSCHIEDE
Bei dieser Art sind keine äußeren Geschlechtsunterschiede zu sehen. Die Männchen erkennt man am Gesang sowie am Balzverhalten. Da der Gesang praktisch unhörbar ist, kann nur das Vibrieren der Kehlfedern Aufschluss geben.

VERTRÄGLICHKEIT
Muskatamadinen sind gesellige und friedfertige Vögel, die sich hervorragend für Volieren mit einer gemischten Besetzung eignen. Man kann zwar nur ein Pärchen anschaffen, doch wissen die Vögel bei der Partnerwahl eine größere Auswahl zu schätzen. Auch besteht bei Gruppenhaltung eine größere Chance auf Nachwuchs.

UNTERBRINGUNG
Diese Art lässt sich gut in Außenvolieren halten, ist aber auch für Zimmervolieren und geräumige Brutkäfige geeignet. Deckung in Form von Bepflanzung wissen die Vögel zu schätzen.

HALTUNGSTEMPERATUR
Muskatamadinen sind sehr widerstandsfähige Vögel. Wenn sie sich an kalten, rauen Tagen in einen gut isolierten Schlag zurückziehen können, ist eine zusätzliche Heizung nicht erforderlich.

FÜTTERUNG
Als Grundfutter reicht eine Körnermischung für kleine tropische Vögel völlig aus. Anreichern kann man diese mit Kolbenhirse sowie reifen und gekeimten Wildkräutersamen. Grünfutter wird ebenfalls gern gefressen, sollte aber nur in mundgerechten Portionen angeboten werden! Vor allem zur Brutzeit wird gern etwas tierisches Eiweiß verzehrt. Dieses kann man bspw. in Form von Weichfutter, Insektenpastete und Universalfutter darreichen, doch für Jungvögel kommen eher lebende Insekten (z.B. Blattläuse) in Frage. Wie für alle hauptsächlich Körner fressenden Arten müssen Grit oder scharfe Magenkiesel stets in ausreichenden Mengen vorhanden sein, damit die Vögel sich nach Bedarf bedienen können.

VERHALTEN
Muskatamadinen sind lebhafte, aber keineswegs neugierige Vögel. Sie durchstöbern alle Winkel der Voliere und kommen regelmäßig zur Futtersuche auf den Boden. Sie gehören zu den so genannten „Nestschläfern", verbringen die Nacht also nicht auf Sitzstangen oder Zweigen, sondern im Nest. Wenn man an verschiedenen Stellen der Voliere Nistkästen aufhängt, können die Tiere selbständig ihre Wahl treffen.

ZUCHT
Diese Vögel bauen in Freiheit ein kunstreiches, kugelrundes Nest mit einer langen Einschlupfröhre, nehmen in Volieren aber auch kleine, halb offene Nistkästen an, die sie mit Grashalmen, Wurzeln und Ähnlichem auspolstern. Manchmal bauen sie ihr Nest auch mitten in einem Strauch. Es werden ungefähr 4–6 Eier gelegt und abwechselnd von beiden Elternteilen bebrütet. Die Jungen schlüpfen nach etwa 13 Tagen. Sie brauchen in ihrer ersten Lebensphase reichlich Keimlinge, Weichfutter und kleines Lebendfutter. Im Alter von ungefähr drei Wochen verlassen sie das Nest. Da sie dann noch nicht selbst für sich sorgen können, bewachen und füttern die Eltern sie weitere ein bis zwei Wochen (in abnehmendem Maße). Junge Muskatamadinen

Muskatamadine, indische Form

Muskatamadine, chinesische Form

Weißbrust-Schilffink, Weibchen

GESCHLECHTSUNTERSCHIEDE

Die Männchen sind intensiver gefärbt und gezeichnet. Man erkennt sie auch an ihrem (leisen) Gesang.

VERTRÄGLICHKEIT

Weißbrust-Schilffinken sind friedfertige, verträgliche Vögelchen, die gut in eine sonnig gelegene Gesellschaftsvoliere passen. Man kann sie paarweise halten, doch ist auch die Pflege in kleinen Gruppen möglich.

UNTERBRINGUNG

Diese Vögel eignen sich gleichermaßen für sonnige Außen- und Zimmervolieren; ferner kann man sie gut in geräumigen Brutkäfigen halten. Eine dichte Bepflanzung in Form von Büschen und Sträuchern wissen sie überaus zu schätzen.

HALTUNGSTEMPERATUR

Weißbrust-Schilffinken sind wärmebedürftige Vögel. Wenn der Winter naht, sollte man sie entweder im Haus unterbringen oder ihren Schlag beheizen.

sind zeichnungslos braun. Ihre endgültige Färbung nehmen sie erst im Alter von etwa sechs Monaten an. Man darf sie ohne Bedenken bei den Altvögeln belassen, selbst wenn diese schon mit dem nächsten Gelege beschäftigt sind. Ein gesundes Brutpaar kann in einer Saison ohne weiteres mehrere Bruten großziehen.

Lonchura pectoralis

WEISSBRUST-SCHILFFINK

VERBREITUNGSGEBIET
Nordwest-Australien.

GRÖSSE
Ungefähr 12 cm.

FÜTTERUNG

Eine Körnermischung für kleine tropische Vögel, die mit Kolbenhirse, Keimlingen und Wildkräutern (Vogelmiere) angereichert wird, reicht völlig aus. Hin und wieder gibt man den Tieren auch Weichfutter und kleine lebende Insekten. Während der Brutzeit brauchen v.a. die jungen

Farbmutante des Weißbrust-Schilffinken

Vögel unbedingt tierisches Eiweiß. Grit und scharfkantige Magenkiesel müssen stets in ausreichenden Mengen vorhanden sein, damit sich die Vögel nach Bedarf bedienen können.

VERHALTEN

Weißbrust-Schilffinken sind ziemlich aktiv. Sie halten sich vor allem in der Bepflanzung und am Boden auf, wo sie eifrig nach einem Teil ihrer Nahrung scharren.

ZUCHT

Diese Vögel bauen ein „freies" Nest, wenn sie die Möglichkeit dazu haben. Dichte Sträucher an geschützten Stellen bieten ihnen ideale Nistplätze. Manchmal nehmen die Tiere auch Nistkästen an, am liebsten halb offene oder Drahtmodelle. Das Nest wird vor allem vom Weibchen aus Grashalmen, Zweigen und Kokosfasern erbaut. Man kann mit ungefähr 4–5 weißen Eiern rechnen, die sowohl vom Männchen als auch vom Weibchen bebrütet werden. Nachts übernimmt das Weibchen diese Aufgabe, während das Männchen in der unmittelbaren Nähe bleibt, um „Kiebitze" zu verscheuchen. Die Jungen schlüpfen nach etwa einer Brutzeit von etwa 14 Tagen. Sie werden von beiden Eltern mit kleinen Insekten, deren Larven und Keimlingen gefüttert. In dieser Phase brauchen die Jungen möglichst abwechslungsreiches Lebendfutter. Im Alter von gut drei bis knapp vier Wochen werden sie flügge. Sie hüpfen dann meist auf dem Boden umher und fliegen kaum. Nachts schlafen sie weiterhin im elterlichen Nest. Zwei Wochen, nachdem sie flügge geworden sind, können sie als selbständig gelten und werden nicht länger von den Eltern bewacht und gefüttert. Oft sind die Altvögel dann schon mit dem nächsten Gelege beschäftigt. Ihre endgültige Färbung nehmen die Jungen frühestens mit drei Monaten, manchmal sogar erst im Alter von einem Jahr an.

Lonchura domestica

JAPANISCHES MÖWCHEN

VERBREITUNGSGEBIET

Das Japanische Möwchen kommt in freier Natur nicht vor. Es handelt sich dabei um eine von chinesischen Vogelfreunden aus verschiedenen Lonchura-Arten gezüchtete Form.

GRÖSSE

Ungefähr 11 bis 12 cm.

Schwarzes Japanisches Möwchen

Geschecktes Japanisches Möwchen

Weißes Japanisches Möwchen

Es gibt keine äußeren Unterschiede zwischen den Geschlechtern. Die Männchen haben eine höhere Stimme als die Weibchen.

VERTRÄGLICHKEIT

Diese friedfertigen Vögel kann man sehr gut sowohl unter sich als auch gemeinsam mit anderen Arten halten. Es handelt sich um sehr friedliebende Tiere, die daher nicht zu dominanten oder streitsüchtigen Arten passen. Japanische Möwchen zeichnen sich durch ihr geselliges Wesen aus: man sollte sie besser in kleinen Gruppen statt paarweise oder gar einzeln halten.

Gezeichnetes Japanisches Möwchen

Schwarzbraunes und schwarzgraues Japanisches Möwchen

Japanisches Möwchen vom Farbschlag „rotbraun mit Pastell Bleichflügel"

Rotbraunes Japanisches Möwchen

Rotgraues Japanisches Möwchen

Japanisches Möwchen vom Farbschlag „rotbraun Pastell"

Japanisches Möwchen, „Creme-Ino"

147

UNTERBRINGUNG

Japanische Möwchen können dank ihres großen Anpassungsvermögens gleichermaßen in Außen- und Innenvolieren gehalten werden, gedeihen aber auch in geräumigen Brutkäfigen sehr gut. Eine Bepflanzung ist nicht erforderlich.

HALTUNGSTEMPERATUR

Japanische Möwchen sind sehr robuste Vögel. Sie können im Freien überwintern, wenn sie die Gelegenheit haben, ihre Schlafnester in vor Zugluft, Frost und Nässe sicheren Schlägen zu bauen.

FÜTTERUNG

Eine hochwertige Körnermischung für tropische Vögel, die man mit etwas Weich- und Grünfutter (Wildkräuter) anreichert, bildet ein ausgezeichnetes Menü für diese beliebten Prachtfinken. Grit und scharfkantige Magenkiesel müssen stets in ausreichenden Mengen vorhanden sein, damit sich die Vögel nach Bedarf bedienen können.

VERHALTEN

Japanische Möwchen sind mäßig aktiv und halten sich in allen Bereichen der Voliere auf. Sie nehmen gern ein Bad. Dazu können Sie eine Keramikschale auf ein Podest oder direkt auf den Boden der Voliere stellen. Entfernen Sie die Schale nach ein paar Stunden, damit die Vögel nicht vom mittlerweile verschmutzten Wasser trinken. Die Nacht verbringen sie in einem Schlafnest, das mehrfach vorhanden sein muss, unter anderem im Schlag.

ZUCHT

Im Gegensatz zu vielen anderen Prachtfinken kann man diese Art problemlos in Zuchtkäfigen nachziehen. Halten Sie am besten nur ein Paar pro Käfig, da diese Vögel sehr gern in fremde Nester schlüpfen – von normal verlaufender Zucht kann dann nicht mehr die Rede sein. Das Nest wird in einem geschlossenen oder halb offenen Nistkasten gebaut, wobei Heu, Kokosfasern und ähnliche Materialien zur Verwendung kommen. Japanische Möwchen legen 5 bis 7 weiße Eier, die von beiden Elternteilen bebrütet werden. Nach ungefähr 14 Tagen schlüpfen die Jungen. Im Alter von etwa vier Wochen verlassen sie das Nest, werden aber zwei Wochen lang von den Altvögeln gefüttert und bewacht. Sobald die Jungvögel sechs Wochen alt sind, kann man sie separat unterbringen. Dies empfiehlt sich deshalb, weil das Weibchen zu diesem Zeitpunkt meist schon wieder brütet und die Jungen dazu neigen, das elterliche Nest immer wieder aufzusuchen. Ein gesundes Zuchtpaar kann ohne weiteres mehrere Bruten pro Saison aufziehen.

Sehr selten sind „frisierte" Japanische Möwchen

Glanzelsterchen, „Braunrücken"

MUTATIONEN

Von dieser Vogelart sind viele verschiedene Farbmutationen bekannt. Diese lassen sich grob in drei Gruppen einteilen: Tiere mit und ohne Bauchzeichnung sowie gezeichnete Exemplare. Die Vögel „mit Bauchzeichnung" können u.a. kaffeebraun, dunkelbraun, grau oder rotbraun sein. Tiere „ohne Bauchzeichnung" kommen unter anderem in den Farbschlägen rotbraun-pastell, mokka-pastell, „Cremeflügel" sowie „cremefarben und weiß" vor. Es gibt auch Albinos (also weiße Vögel mit roten Augen). Auch unter den gezeichneten Tieren gibt es verschiedene Zeichnungstypen, beispielsweise solche mit oder ohne Scheitelkappe und solche mit einer Augenzeichnung. Sie alle kommen in verschiedenen Farben vor. Man hat außerdem Mutationen festgelegt, die sich nicht auf die Farbe, sondern auf die Größe der Federn beziehen, zum Beispiel „frisierte" (krausfedrige) Vögel und „Schopfmöwchen". „Gewöhnliche" Japanische Möwchen erhält man in fast allen Zoohandlungen, aber wegen besonders schön gezeichneter, frisierter oder „Schopftieren" sollte man besser Kontakt mit dem örtlichen Züchterverband aufnehmen.

BESONDERHEITEN

Japanische Möwchen sind für ihre Eignung als Pflegeeltern berühmt: Sie kümmern sich rührend um die Eier bzw. Jungen anderer Arten, wenn man diese in ihr Nest legt.

Lonchura bicolor

GLANZELSTERCHEN

VERBREITUNGSGEBIET
Tropisches Afrika.

GRÖSSE
Ungefähr 10 cm.

GESCHLECHTSUNTERSCHIEDE
Äußerlich sind die Geschlechter nicht zu unterscheiden. Das Männchen erkennt man nur an seinem Gesang.

VERTRÄGLICHKEIT
Glanzelsterchen sind äußerst gesellige und friedfertige Vögel, die man am besten gruppenweise hält. Als Einzeltiere fühlen sie sich kaum wohl.
Die Männchen streiten während der Paarungszeit bisweilen ein wenig, doch ist dies keineswegs die Regel. Wenn genug Platz vorhanden ist, gestaltet sich ihr Zusammenleben zumeist

Das Schwarzrücken-Glanzelsterchen ist eine Unterart des Glanzelsterchens

harmonisch. Bei „Überbevölkerung" kommt es hingegen oft zu Streitereien.

UNTERBRINGUNG

Man kann diese Vogelart sowohl in Außen- als auch in Zimmervolieren halten. Außerdem ist es möglich, sie vorübergehend (!) in einem Brutkäfig unterzubringen. Eine Bepflanzung wissen sie zu schätzen.

HALTUNGSTEMPERATUR

Glanzelsterchen sind sehr widerstandsfähige Vögel, brauchen aber, wenn sie in einer Außenvoliere gehalten werden, ein gut isolierten Schlag. In den Wintermonaten sollte dieser ausreichend beheizt werden.

FÜTTERUNG

Man gibt diesen Tieren als Grundfutter eine Körnermischung für tropische Vögel, die mit Kolbenhirse und Keimlingen angereichert wird. Außerdem fressen sie gern etwas Grünfutter (Wildkräuter), zur Brutzeit auch kleine Portionen Weichfutter und lebende Insekten bzw. deren Larven.
Scharfkantige Magenkiesel und Grit müssen jederzeit vorhanden sein, damit sich die Vögel nach Bedarf bedienen können.

VERHALTEN

Die Männchen singen (wenn auch sehr leise). Glanzelsterchen gehören zu den so genannten „Nestschläfern", bringen die Nacht also nicht auf Sitzstangen oder Zweigen, sondern im Nest zu. Wenn man dazu an verschiedenen Stellen der Voliere Nistkästen aufhängt, können die Vögel selbst ihre Wahl treffen.
Glanzelsterchen nehmen gern ein Bad. Stellen Sie also eine Keramikschale auf ein Podest oder direkt auf den Boden der Voliere. Entfernen Sie die Schale nach ein paar Stunden, damit die Vögel nicht vom mittlerweile verschmutzten Wasser trinken.

ZUCHT

Glanzelsterchen lassen sich nicht allzu schwer nachziehen, sofern die Tiere die Gelegenheit erhalten, ihren Partner aus einer größeren Gruppe auszuwählen – denn zwischen „künstlich" vom Züchter verkuppelten Paaren „funkt" es nicht immer.
Die Vögel pflanzen sich sowohl in geräumigen Brutkäfigen als auch in (Zimmer-)Volieren fort. Auch was den Nistplatz angeht, stellen sie keine allzu hohen Ansprüche: sie nehmen oft Nistkästen an, bauen das Nest aber häufig auch „frei stehend" mitten in dicht belaubten Sträuchern. Ein geeigneter Nistkasten sollte 15 x 15 x 15 cm groß und am besten halb offen sein. Das kugelförmige Nest wird unter ande-

rem aus Hanf- und Sisalfasern erbaut. Ein Gelege umfasst 4–6 weiße Eier, die von beiden Elternteilen 12–13 Tage lang bebrütet werden. Die Jungvögel brauchen in der ersten Zeit reichlich Insekten in verschieden Stadien und fressen auch etwas Insektenpastete. Ihre Eltern füttern sie außerdem mit Keimlingen und Wildkräutern. Etwa mit drei Wochen sind die Jungvögel flügge. Sie werden dann noch einige Wochen von den Alten gefüttert und bewacht, bis sie selbst für sich sorgen können. Ihre Färbung gleicht noch nicht jener der Erwachsenen: bis dahin können 4 bis 8 Monaten verstreichen.

Lonchura cucullatus

KLEINELSTERCHEN

VERBREITUNGSGEBIET

Afrika.

GRÖSSE

Ungefähr 9 bis 10 cm.

GESCHLECHTSUNTERSCHIEDE

Äußerlich sind praktisch keine Unterschiede zwischen den Geschlechtern zu erkennen. Die Männchen verraten sich lediglich durch ihren

Kleinelsterchen in Jugendfärbung

Kleinelsterchen, seltene Farbmutation

(ziemlich leisen) Gesang. Die Weibchen singen bei dieser Art nicht.

VERTRÄGLICHKEIT

Man kann diese Vögel paarweise, besser jedoch in kleinen Gruppen halten. Wenn man sie problemlos zusammen mit anderen kleinen Prachtfinken pflegen will, muss unbedingt genug Platz vorhanden sein. Wenn sie nämlich mit anderen Vögeln auf zu engem Raum gehalten werden, verhalten sie sich ausgesprochen unverträglich. Dies ist vornehmlich während der Brutzeit der Fall: dann verteidigen sie die Grenzen ihrer Reviere auch gegen Artgenossen.

UNTERBRINGUNG

Eine geräumige Außenvoliere ist für diese Vögel sehr gut geeignet, doch gedeihen sie auch in einer Zimmervoliere vorzüglich. Es ist auch möglich, sie vorübergehend in einem Zuchtkäfig unterzubringen.

HALTUNGSTEMPERATUR

Kleinelsterchen sind keineswegs empfindliche Vögel, doch brauchen sie unbedingt einen beheizten Schlag, in den sie sich bei rauer Winterwitterung zurückziehen können.

FÜTTERUNG

Kleinelsterchen kann man mit einer Körnermischung für tropische Vögel, die mit Gras- und Wildkräutersamen, Keimlingen und Kolbenhirse angereichert wird, bei guter Gesundheit halten. Eine möglichst abwechslungsreiche Futtermischung, in der alle eben erwähnten Komponenten vorkommen, ist Grundvoraussetzung für die erfolgreiche Zucht. Grit und scharfkantige Magenkiesel müssen immer in ausreichender Menge vorhanden sein, damit sich die Vögel nach Bedarf bedienen können.

VERHALTEN

Kleinelsterchen sind mäßig aktiv und nutzen die ganze Voliere aus. Tiere, die dauerhaft in viel zu kleinen Käfigen leben, verfallen in Apathie und verfetten rasch. Sie gehören zu den so genannten „Nestschläfern", verbringen die Nacht also im Nistkasten. Sorgen Sie dafür, dass genügend Kästen für alle Vögel vorhanden sind. Elsterchen nehmen gern ein Bad. Stellen Sie dazu eine Keramikschale auf ein Podest oder auf den Boden der Voliere. Entfernen Sie die Schale nach einigen Stunden, damit die Vögel nicht vom inzwischen verunreinigten Wasser trinken.

ZUCHT

Wenn genug Platz vorhanden ist, können Kleinelsterchen sogar in Gesellschaftsvolieren zur Nachzucht schreiten. Sie machen häufig Gebrauch von halb offenen Nistkästen, bauen ihr Nest aber manchmal auch in einem Strauch. Sie verwenden dazu verschiedene

Materialien, beispielsweise Kokosfasern, Sisal und Grashalme. Beide Elternteile beteiligen sich am Bau des Nestes, am Ausbrüten der Eier und an der Aufzucht der Jungen. Ein Gelege umfasst durchschnittlich 4–5 Eier. Die Eltern wechseln einander beim Ausbrüten der Eier ab, und nach 12–13 Tagen schlüpfen die Jungen. Die Jungvögel haben einen sehr hohen Bedarf an kleinen Insekten, Larven und Puppen, brauchen aber auch etwas Grünfutter und Keimlinge. Im Alter von ungefähr 3 Wochen fliegen sie aus, werden aber durchweg noch etwa zwei Wochen von ihren Eltern bewacht und gefüttert, bis sie völlig selbständig nach Futter suchen können. Die Jungvögel weisen dann noch keine weißen Zeichnungselemente auf. Erst wenn sie ungefähr zwei Monate alt sind, beginnt ihr braunes Jugendkleid dem Erwachsenengefieder zu weichen.

Lonchura fringilloides

RIESENELSTERCHEN

VERBREITUNGSGEBIET

Afrika.

GRÖSSE

Ungefähr 11 bis 12 cm.

GESCHLECHTSUNTERSCHIEDE

Äußerlich sind die Unterschiede zwischen den Geschlechtern kaum oder gar nicht auszumachen. Nur die Männchen singen, doch ist ihr Gesang – wie jener der anderen Elsterchenarten – kaum wahrnehmbar. Man muss schon genau auf das Vibrieren der Kehlfedern achten.

VERTRÄGLICHKEIT

Außerhalb der Brutzeit gibt es mit diesen Vögeln weder untereinander noch mit anderen Vogelarten Probleme, doch muss unbedingt immer genug Platz vorhanden sein. Während der Fortpflanzungsperiode können sie

Riesenelsterchen

Riesenelsterchen, Detail

sowohl auf Artgenossen als auch auf andere Vögel ausgesprochen feindselig reagieren. Wenn die Voliere so groß ist, dass die Tiere eigene Reviere abstecken können, lassen sie sich problemlos halten, sowohl paarweise als auch in kleinen Gruppen.

UNTERBRINGUNG

Riesenelsterchen passen hervorragend in eine Außenvoliere, lassen sich aber auch problemlos in einer Zimmervoliere pflegen. Außerdem ist es durchaus möglich, sie – allerdings nur vorübergehend – in einem Brutkäfig unterzubringen.

HALTUNGSTEMPERATUR

Diese Vögelchen sind recht empfindlich gegen kühle Witterung. Vorsorglich sollte man ihnen deshalb für die kalte Jahreszeit einen beheizten Schlag einrichten.

FÜTTERUNG

Riesenelsterchen fressen vorwiegend Körner. Ihre Grundnahrung – eine Körnermischung für kleine tropische Vögel – lässt sich gut mit Wildkräutersamen, Grassamen und Kolbenhirse anreichern.
Außerdem fressen die Tiere gern ein paar Keimlinge. Vor, während und nach der Brutzeit brauchen sie vor allem Weichfutter, Universalfutter und kleine lebende Insekten. Grit und scharfkantige Magenkiesel müssen allzeit vorhanden sein, damit sich die Vögel nach Bedarf bedienen können.

VERHALTEN

Riesenelsterchen nehmen gern ein Bad. Stellen Sie dazu eine Keramikschale auf ein Podest oder direkt auf den Boden der Voliere. Entfernen Sie die Schale nach ein paar Stunden, damit die Vögel nicht vom inzwischen verschmutzten Wasser trinken. Sie gehören zu den sog. „Nestschläfern", das heißt, dass sie nicht auf einer Sitzstange oder einem Zweig schlafen, sondern im Nest. Wenn man an verschiedenen Stellen Nistkästen aufhängt, können die Vögel selbst ihre Wahl treffen.

ZUCHT

Das Paar sorgt gemeinsam für den Nestbau, brütet die Eier aus und zieht die Jungen auf. Die Vögel schreiten gleichermaßen in Volieren und Zuchtkäfigen zur Fortpflanzung. Wichtig ist, dass sie einander mögen. Riesenelsterchen bauen ihr Nest manchmal in einem halb offenen Nistkasten; wenn eine ausreichend dichte Bepflanzung vorhanden ist, entscheiden sie sich häufig dafür, es „im Grünen" zu bauen. Das kugelförmige Nest wird aus Grashalmen sowie Kokos- und Sisalfasern erbaut, während sein Inneres mit weichem Material ausgepolstert wird. Die Anzahl der Eier schwankt zwischen 4 und 5. Nach etwa 13–16 Tagen schlüpfen die Jungen. In dieser Phase kommt es darauf an, dass man den Tieren mehrmals täglich kleine Portionen lebender Insekten (beispielsweise Getreideschimmelkäferlarven) anbieten kann. Drei Wochen später fliegen die Jungvögel aus, doch werden sie weiterhin täglich von ihren Eltern gefüttert. Erst im Alter von etwa fünf Wochen sind sie alt genug, um selbständig nach Nahrung suchen. Zu diesem Zeitpunkt sind die Jungvögel noch ziemlich dunkel gefärbt. Bis sie ihr endgültiges Farbkleid angelegt haben, können vier oder mehr Monate verstreichen. Ein gesundes Zuchtpaar ist in der Lage, in einer Saison mehrere Bruten aufzuziehen.

Lepidopygia nana

ZWERGELSTERCHEN

VERBREITUNGSGEBIET
Kontinental-Afrika und Madagaskar.

GRÖSSE
Ungefähr 9 cm.

GESCHLECHTSUNTERSCHIEDE
Zwischen den Geschlechtern sind praktisch

Zwergelsterchen

Zwergelsterchen

keine äußerlichen Unterschiede auszumachen. Manchmal ist der schwarze Kehlfleck bei (jungen) Männchen größer als bei den Weibchen. Die Männchen singen, die Weibchen nicht.

VERTRÄGLICHKEIT
Zwergelsterchen sind nicht aggressiv, bilden aber Reviere, die sie ungern mit anderen Vögeln teilen. Vor allem während der Brutzeit können sie unverträglich werden. Wenn die Voliere so groß ist, das sie allen Tieren genug Platz bietet, gibt es weder untereinander noch mit anderen Arten Probleme.

UNTERBRINGUNG
Wenn man eine Gruppe halten will, sollte dies am besten in einer gut bepflanzten Außenvoliere geschehen. Ein Zuchtpaar kann man zeitweilig auch in einem Brutkäfig unterbringen.

HALTUNGSTEMPERATUR
Wie alle Elsterchen sind auch Zwergelsterchen keine besonders robusten Vögel. In den Wintermonaten sollte man den Schlag deshalb grundsätzlich beheizen.

FÜTTERUNG
Verfüttern Sie eine Körnermischung für kleine tropische Vögel, die mit etwas Kolbenhirse und Wildkräutersamen angereichert wird. Vor allem zur Brutzeit brauchen die Vögel Lebendfutter (diverse kleine Insekten). Grit und Magenkiesel müssen stets vorhanden sein, damit die Vögel ihren Bedarf decken können.

VERHALTEN
Zwergelsterchen sind lebhafte Vögelchen, welche die ganze Voliere ausnutzen. In kleinen Käfigen können sie – vor allem bei mehrmonatigem Aufenthalt – schnell apathisch werden und verfetten. Sie nehmen gern ein Bad. Dazu können Sie eine Keramikschale auf den Boden der Voliere stellen. Entfernen Sie die Schale beizeiten, damit die Vögel nicht von dem inzwischen verschmutzten Wasser trinken.

ZUCHT

Wenn ausreichend Platz für alle Vögel vorhanden ist, kann man sie durchaus auch in einer Außenvoliere zur Nachzucht bringen. Andernfalls sollte man die Zuchtpaare während der Brutzeit separat in Zuchtkäfigen unterbringen. Zwergelsterchen akzeptieren manchmal vorhandene (halb offene) Nistkästen, bauen ihr Nest jedoch auch in Sträuchern, falls solche in der Voliere vorhanden sind. Als Nistmaterial finden unter anderem Kokos- und Sisalfasern sowie Grashalme Verwendung. Man kann im Durchschnitt mit etwa 5 Eiern rechnen, die von beiden Elternteilen bebrütet werden. Nach ungefähr 11 bis 12 Tagen schlüpfen die Jungen. Sie brauchen dann hauptsächlich allerlei kleines Lebendfutter, fressen aber sehr gern auch Keimlinge. Im Alter von etwa drei Wochen fliegen sie aus. Da sie zu diesem Zeitpunkt noch nicht selbst für sich sorgen können, werden sie noch ein Weilchen von ihren Eltern bewacht und gefüttert. Ein gesundes Zuchtpaar kann in einer Saison mehrere Bruten aufziehen. Wenn nicht gerade zu wenig Platz zur Verfügung steht, braucht man die Jungen nicht herauszufangen.

Erythrura prasina

LAUCHGRÜNE PAPAGEIAMADINE

VERBREITUNGSGEBIET

Südostasien, hauptsächlich Indonesien.

GRÖSSE

Etwa 14 bis 15 cm.

GESCHLECHTSUNTERSCHIEDE

Erwachsene Weibchen sind deutlich dunkler als die Männchen gefärbt. Das Blau des Kopf- und Halsgefieders ist bei ihnen viel blasser. Den Weibchen fehlen auch die roten Brustfedern. Es kann durchaus drei Jahre dauern, bevor die Tiere vollständig ausgefärbt sind; vor diesem Zeitpunkt kann man die Geschlechter nur schwer bestimmen.

VERTRÄGLICHKEIT

Lauchgrüne Papageiamadinen bilden in freier Natur kleine Schwärme und wissen auch in der Voliere die Gesellschaft von Artgenossen

Lauchgrüne Papageiamadine, Männchen

zu schätzen. Gegenüber anderen Vogelarten verhalten sie sich friedlich. Nur während der Brutzeit können sich die Männchen anderen Vögeln gegenüber weniger freundlich gebärden. Man sollte sie deshalb am besten nur zusammen mit anderen lebhaften kleinen Prachtfinken halten.

UNTERBRINGUNG

Trotz ihrer geringen Größe brauchen diese Vögel reichlich viel Platz. Wenn man sie in zu kleinen Käfigen hält, verfetten sie schnell und sterben dann vorzeitig. Ihr idealer „Lebensraum" sind geräumige, üppig bepflanzte Außen- oder Zimmervolieren. Diese Vögel sind Sonnenanbeter und schätzen es sehr, wenn sie täglich mehrere Stunden lang Gelegenheit zu einem Sonnenbad haben.

HALTUNGSTEMPERATUR

Man hält Lauchgrüne Papageiamadinen am besten bei 16–20 °C, während der Brutzeit sogar noch wärmer.
Wie auf alle tropischen Vogelarten trifft auch auf Lauchgrüne Papageiamadinen die Beobachtung zu, dass frisch importierte Tiere häufig stark geschwächt sind, so dass sie sich nur mit Mühe an niedrigere Temperaturen gewöhnen.
In Volieren gezogene Tiere sind hingegen an das europäische Klima angepasst und bereiten weniger Probleme. Schon deshalb sollte man ausschließlich solche Vögel erwerben. Die Tiere müssen stets die Gelegenheit haben, sich in einen vor Zugluft, Frost und Nässe sicheren Schlag zurückzuziehen.

FÜTTERUNG

Als Futter dieser Vögel eignet sich eine Körnermischung für tropische Arten (u.a. verschiedene Hirsesorten sowie ungeschälter Reis). Außerdem fressen sie – vor allem während sie Junge aufziehen – gern Insekten (Blattläuse, Fruchtfliegen), Keimlinge und Weichfutter.

Lauchgrüne Papageiamadine, Männchen ohne rote Zeichnung

Lauchgrüne Papageiamadine, Weibchen ohne rote Zeichnung   +1

VERHALTEN

In Käfigen oder zu kleinen Volieren werden diese Vögel sehr leicht apathisch und bewegen sich wenig – was sich nachteilig auf ihre Gesundheit auswirkt. In einer geräumigen bepflanzten Voliere entfalten sie hingegen ihr ganzes Verhaltensrepertoire und bleiben gesund. Manchmal sind sie etwas scheu.

ZUCHT

Lauchgrüne Papageiamadinen gehören nicht gerade zu den leicht vermehrbaren Vogelarten, vor allem, weil sich die Altvögel nicht immer tadellos um ihre Jungen kümmern. Manchmal werden Japanische Mövchen als Pflegeeltern herangezogen, und zwar durchweg mit sehr guten Ergebnissen. Man kann die Vögel in der Voliere belassen; zur besseren Kontrolle empfiehlt sich jedoch ihre Unterbringung in einem großen Brutkäfig. Die Zucht in einer Außenvoliere hat nämlich den Nachteil, dass man sich nicht auf das Wetter verlassen kann: folglich sind die Jungvögel von Unterkühlung bedroht.
Die Tiere bauen ihr Nest (vor allem aus Kokos- und Sisalfasern) in Nistkästen. Diese sollten etwa 10 x 10 x 10 cm groß sein. Es spielt keine große Rolle, ob dies geschlossene, halb offene oder so genannte „Gittermodelle" sind. Manchmal bauen die Vögel das Nest auch in einem dichten Strauch. Die 2–6 Eier werden hauptsächlich vom Weibchen ausgebrütet. Nach etwa 12–14 Tagen schlüpfen die Jungen. Sie brauchen dann reichlich Keimlinge. Ungefähr 2 Wochen später fliegen sie aus und können schon kleine Mengen Weichfutter fressen.

BESONDERHEITEN

Von dieser Art gibt es auch eine „Gelbbauch"-Variante, bei der die roten Pigmente durch gelbe ersetzt wurden. Dieser Farbschlag stammt von Wildfängen ab und ist züchterisch noch nicht festgelegt worden.

Erythrura trichroa

DREIFARBEN-PAPAGEIAMADINE

VERBREITUNGSGEBIET

Indonesien und Nordaustralien.

GRÖSSE

Ungefähr 13 cm.

GESCHLECHTSUNTERSCHIEDE

Die Männchen sind durchweg bunter als die Weibchen und außerdem an den längeren mittleren Schwanzfedern zu erkennen. Es gibt allerdings Ausnahmen, weshalb man zur Sicherheit lieber auf den Gesang achten sollte: die Männchen singen tiefer als die Weibchen, Letztere hingegen durchweg schneller.

VERTRÄGLICHKEIT

In Freiheit leben diese Vögel außerhalb der Brutzeit in großen Schwärmen. In der genannten Phase trennen sich die einzelnen Brutpaare von der Gruppe.

Volierenvögel gehen außerhalb der Brutzeit ihre eigenen Wege und behelligen andere Arten nicht. Wenn genug Platz und eine ausreichend dichte Bepflanzung vorhanden sind, gibt es auch während der Brutzeit weder mit

Dreifarben-Papageiamadine, Männchen

Dreifarben-Papageiamadine, Weibchen

Dreifarben-Papageiamadine, „Lutino"

Artgenossen noch mit anderen Spezies irgendwelche Probleme.

UNTERBRINGUNG

Dreifarben-Papageiamadinen fühlen sich in geräumigen, gut bepflanzten Außenvolieren am wohlsten. Eine Bepflanzung in Form von Sträuchern wissen sie sehr zu schätzen. Da diese Vögel Sonnenanbeter sind, sollte die Voliere an einer sonnigen, geschützten Stelle stehen.

HALTUNGSTEMPERATUR

Diese Vögelchen sind wärmebedürftig und brauchen daher im Winter unbedingt einen beheizten Schlag.

FÜTTERUNG

Man gibt dieser Art als Grundfutter eine Körnermischung für kleine tropische Vögel, die mit etwas Weichfutter und Grünfutter angereichert wird.

Außerdem fressen die Tiere gern Obst und kleines Lebend- sowie Universalfutter. Magenkiesel und Grit müssen stets vorhanden sein, damit sich die Vögel nach Bedarf bedienen können.

VERHALTEN

Dreifarben-Papageiamadinen sind flinke, leb-

Auffällig gefärbte Papillen am Schnabelrand einer jungen Dreifarben-Papageiamadine

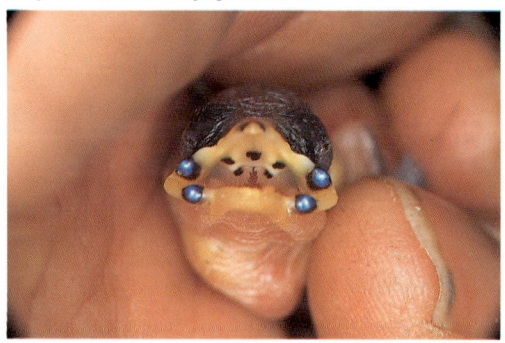

hafte und bisweilen sogar hektische Vögel. Sie sind überhaupt nicht scheu oder schreckhaft. Beide Geschlechter singen, doch wird der leisere und tiefere Gesang des Männchens im Allgemeinen als angenehmer empfunden.

ZUCHT

Dreifarben-Papageiamadinen können sowohl in Volieren als auch in geräumigen Brutkäfigen zur Nachzucht schreiten. Die Jungvögel sind überaus wärmebedürftig, werden aber von den Eltern nicht immer ausreichend „temperiert". Da man die Temperaturen im Hausinneren viel besser regulieren kann, erzielt man dort meist bessere Zuchtergebnisse.

Dreifarben-Papageiamadinen bauen aus aufgedröselten Sisal- und Kokosfasern ein kunstreiches, kugelförmiges Nest, das innen mit Flaumfedern ausgepolstert wird. Dabei fällt auf, welch große Mengen an Nistmaterial diese Vögel benötigen. Man kann im Durchschnitt mit 3–6 Eiern rechnen, die binnen ungefähr 13–14 Tagen ausgebrütet werden.

Nach weiteren drei Wochen fliegen die Jungen aus; sie werden dann noch ein Weilchen von den Altvögeln bewacht und gefüttert, bis sie etwa sechs Wochen alt sind. Es verstreichen vier bis fünf Monate, bevor die Jungvögel vollständig ausgefärbt sind. Die Fütterung der Jungen gestaltet sich nicht immer problemlos, da die Eltern die Brutpflege sehr häufig verfrüht einstellen; aus diesem Grunde überlassen manche Züchter das Ausbrüten der Eier und die Aufzucht der Jungvögel lieber Pflegeeltern (bei dieser Art namentlich Japanischen Möwchen).

MUTATIONEN

Es gibt auch gelbe Dreifarben-Papageiamadinen, die so genannten Lutinos. Diese Vögel sind überwiegend gelb mit einer weißen Maske und leichten roten Akzenten an Bürzel und Schwanzfedern. Die Augen sind rot.

Erythrura psittacea

ROTKOPF-PAPAGEIAMADINE

VERBREITUNGSGEBIET

Australien, Karolinen, Molukken und Teile von Neuguinea.

GRÖSSE

Ungefähr 12 bis 13 cm.

GESCHLECHTSUNTERSCHIEDE

Die Weibchen sind insgesamt blasser gefärbt und besitzen keine roten Schwanzfedern. Oft ist ihre „Maske" etwas kleiner als die der Männchen.

VERTRÄGLICHKEIT

Die Tiere sind durchweg friedlich und sorgen

Rotkopf-Papageiamadine, Männchen

Rotkopf-Papageiamadine, „meergrün"

Rotkopf-Papageiamadine, „gescheckt"

in Volieren mit einer gemischten Besetzung nicht für Unruhe. Wenn genügend Platz zur Verfügung steht, kann man auch mehrere Paare zusammen halten.

UNTERBRINGUNG

Eine gut bepflanzte Außenvoliere mit Schlag oder eine geräumige Zimmervoliere mit ausreichender Deckung eignet sich ideal zur Haltung dieser bunten Prachtfinken.
Man kann sie vorübergehend auch in einem Käfig unterbringen, doch ist dies ihrer Lebensfreude und Gesundheit langfristig abträglich.

HALTUNGSTEMPERATUR

Rotkopf-Papageiamadinen sind wärmebedürftige Vögel, die empfindlich auf Frost oder Kälte reagieren. Ihre Voliere sollte daher an einem sonnigen Platz stehen, damit sie optimal von den Sonnenstrahlen profitieren können. Im Winter sollte der Schlag beheizt werden.

FÜTTERUNG

Die tropischen Vögel sind hauptsächlich Körnerfresser. Verfüttern Sie eine Körnermischung für kleine tropische Vögel sowie gelegentlich etwas Kolbenhirse, Keimlinge, halbreife Samen und Grünzeug. Vor allem zur Brutzeit brauchen die Vögel tierisches Eiweiß in Form

von kleinen Insekten (etwa Getreideschimmelkäferlarven). Grit und scharfkantige Magenkiesel müssen stets vorhanden sein, damit sich die Vögel nach Bedarf bedienen können.

VERHALTEN

Rotkopf-Papageiamadinen verfetten schnell, wenn ihre Umgebung sie nicht zur Aktivität anspornt. Dies ist vor allem in (Brut-)Käfigen und kleinen Zimmervolieren der Fall. Sorgen sie für genügend Platz und Abwechslung, aber arrangieren Sie die Sitzstangen auch so, dass sich die Vögel beim Hin- und Herspringen anstrengen müssen. Sie nehmen auch gern ein Bad.
Stellen Sie dazu als „Badewanne" eine Keramikschale auf, aber entfernen Sie diese nach einigen Stunden, damit die Vögel nicht vom inzwischen verschmutzten Wasser trinken. Wenn die Haltungsbedingungen nichts zu wünschen übrig lassen, ist diese Art alles andere als scheu.

ZUCHT

In einer Außenvoliere schreiten die Tiere schnell zur Zucht, doch gibt es einen Nachteil: Die Jungen sind nämlich sehr wärmebedürftig und können sich an kalten Tagen im Freien leicht unterkühlen.
Rotkopf-Papageiamadinen nisten mit Vorliebe in kleinen Nistkästen, bauen ihr Nest aber

Rotkopf-Papageiamadine, „meergrün-gescheckt"

Junge Rotkopf-Papageiamadine

manchmal auch „frei stehend" in dichten Sträuchern. Man hängt die Nistkästen am besten in der Vegetation oder an anderen möglichst gut geschützten Plätzen auf. Als Nistmaterial eignen sich unter anderem Kokosfasern, Grashalme und Wurzeln. Gepolstert wird das Nest mit weichen Materialien wie Daunenfedern und Tierhaaren.

Man kann mit etwa 3–6 Eiern rechnen, aus denen nach 13–14 Tagen die Jungen schlüpfen. Sie müssen mehrmals täglich tierisches Eiweiß zu sich nehmen können, etwa Getreideschimmelkäferlarven und Spinnen. Auch Weichfutter und Keimlinge werden gern gefressen. Nach etwa drei Wochen fliegen die Jungvögel aus, doch werden sie noch etwa zwei Wochen von den Eltern gefüttert. Man fängt sie nun besser heraus, da sie sonst ohnehin meist vom Männchen vertrieben werden. Ein gesundes Paar kann in einer Saison mehrere Bruten aufziehen.

MUTATIONEN

Es sind verschiedene Farbmutationen bekannt, etwa eine meergrüne (mit roten Federn statt der orangefarbenen der Wildform) und eine bunte, bei der Anzahl und Größe der gelben Flecken variieren können. Bei „bunten" Tieren kann auch die Farbe des Schnabels variieren.

Tigerfink, Weibchen

Amandava amandava

TIGERFINK

VERBREITUNGSGEBIET

Südostasien, u.a. Thailand und Indonesien.

GRÖSSE

Etwa 10 cm.

GESCHLECHTSUNTERSCHIEDE

Zur Paarungszeit legen die Männchen ein so genanntes Prachtgefieder an. Sie sind dann überwiegend rot gefärbt. Ansonsten gleichen die Geschlechter einander.

VERTRÄGLICHKEIT

Tigerfinken vertragen sich außerhalb der Paarungszeit ausgezeichnet; sobald diese jedoch einsetzt, bilden sich Paare, die in der Umgebung ihrer Nester keine Artgenossen dulden. Hält man hingegen nur ein einzelnes Paar in einer Gesellschaftsvoliere, braucht man nicht mit Problemen zu rechnen: die Vögel lassen andere Arten dann durchweg in Frieden.

UNTERBRINGUNG

Tigerfinken kann man sowohl in geräumigen Stubenkäfigen als auch in Zimmer- oder Außenvolieren pflegen. Da sich die Tiere in kahlen Räumen nicht wohl fühlen, muss man etwas Grün in den Käfig einbringen. Die Vögel lieben Wärme und Sonne; deshalb muss die Voliere so aufgestellt sein, dass die Tiere optimal von der Sonneneinstrahlung profitieren können. Ganz allgemein verläuft die Zucht erfolgreicher, wenn man die Vögel in einer Außenvoliere hält.

HALTUNGSTEMPERATUR

Tigerfinken sind wärmeliebende Vögel. Die Voliere muss daher an einer geschützten Stelle stehen, und ein gut isolierter Schlag darf keinesfalls fehlen. Die meisten Tiere vertragen Kälte nur sehr schlecht und sollten deshalb besser im Hause überwintert werden.

FÜTTERUNG

Geben Sie diesen Prachtfinken eine Körnermischung für tropische Vögel, die mit Weichfutter, Insektenpastete und Universalfutter angereichert wird. Verfüttern Sie außerdem regelmäßig – vor allem während der Brutzeit – Lebendfutter sowie frische Wildkräuter- und Grassamen. Grit und Magenkiesel müssen stets vorhanden sein, damit sich die Tiere nach Bedarf bedienen können.

VERHALTEN

Diese Vögel halten sich bevorzugt im Schutz der Sträucher auf und sind häufig am Boden der Voliere zu finden, wo sie nach einem Teil ihres Futters scharren. Die Männchen singen auch außerhalb der Brutzeit.

ZUCHT

Die Zucht von Tigerfinken gestaltet sich nicht besonders schwierig. Wenn die Vögel das richtige Futter erhalten und in guter Verfassung sind, können sie in einer Saison mehrere Bruten aufziehen. Sie akzeptieren manchmal auch Nistkästen oder Drahtkörbe, bauen jedoch ebenso häufig „frei stehende" kugelrunde Nester in einem dichten Strauch. Als Nistmaterialien eignen sich unter anderem dürre Grashalme, Kokosfasern und Federn. Ein Gelege umfasst im Durchschnitt ungefähr 4–6 Eier, die von beiden Partnern abwechselnd bebrütet werden. Die Jungen schlüpfen nach etwa 11–12 Tagen und brauchen sehr viel Lebendfutter (beispielsweise Fruchtfliegen, Getreideschimmelkäferlarven und klein gehackte Mehlwürmer). Außerdem fressen sie bereitwillig Körner, vor allem frische Wildkräuter- und Grassamen. Mit etwa drei Wochen fliegen sie aus, werden aber noch 1–2 Wochen von beiden Elternteilen gefüttert und bewacht.

MUTATIONEN

Man kennt eine Mutation: den Gelbschnabelastrild.

Amandava formosa

OLIVASTRILD

VERBREITUNGSGEBIET

Indischer Subkontinent.

GRÖSSE

Ungefähr 10 bis 11 cm.

GESCHLECHTSUNTERSCHIEDE

Die Männchen sind bunter als die Weibchen gefärbt.

Olivastrild, Männchen

Olivastrild, Weibchen

VERTRÄGLICHKEIT

Man hält diese Vögel am besten paarweise, da vor allem die Männchen untereinander sehr aggressiv werden können. Im Umgang mit anderen Arten gibt es hingegen überhaupt keine Probleme.

UNTERBRINGUNG

Grüne Tigerfinken kann man sowohl in geräumigen Stubenkäfigen als auch in Zimmer- oder Außenvolieren halten. Die Vögel sind wahre Sonnenanbeter; der Käfig oder die Voliere sollte deshalb an einer Stelle stehen, wo die Tiere am größten Teil des Tages die Sonne genießen können. In kahlen Räumen fühlen sie sich überhaupt nicht wohl. Eine Randbepflanzung aus dichten Sträuchern wissen sie sehr zu schätzen.

HALTUNGSTEMPERATUR

Wenn es sich um in der Voliere geschlüpfte und aufgezogene Tiere handelt, reicht ein frostsicherer Schlag für die Nacht in der Regel völlig aus. Frisch importierte Vögel müssen hingegen erst behutsam und allmählich an unser Klima gewöhnt werden.

FÜTTERUNG

Man kann diese Prachtfinken mit einer Körnermischung für tropische Vögel füttern, die mit Insektenpastete, Universalfutter und Weichfutter ergänzt wird. Auch halbreife Körner und frische Grassamen werden gern gefressen. Lebendfutter ist vor allem während der Brutzeit unerlässlich

VERHALTEN

Grüne Tigerfinken sind durchweg ruhige Vögel. Sie scharren gern im Grünen oder auf dem Boden der Voliere nach Nahrung.

ZUCHT

Das Nest wird in einem Winkel gebaut; manchmal akzeptieren die Vögel (halb offene) Nistkästen, doch bauen sie ihr kugelrundes Nest häufig auch im Schutz eines Strauches. Ein Gelege umfasst im Durchschnitt 4–6 Eier, die abwechselnd von beiden Elternteilen bebrütet werden. Nach etwa 11–12 Tagen schlüpfen die Jungen aus dem Ei: vor allem in der folgenden Periode besteht ein erhöhter Bedarf an kleinem Lebendfutter (Fruchtfliegen, klein gehackte Mehlwürmer und Fliegenmaden). Die Jungvögel fliegen aus, sobald sie etwa drei Wochen alt sind und werden – in abnehmendem Maße – noch 1–2 Wochen von beiden Eltern gefüttert und bewacht. Sie haben dann noch schwarze Schnäbel. Bis sie farblich den Altvögeln gleichen, können gut und gern acht Monate verstreichen.

Amandava subflava

GOLDBRÜSTCHEN

VERBREITUNGSGEBIET

Afrika.

GRÖSSE

Ungefähr 9 bis 10 cm.

GESCHLECHTSUNTERSCHIEDE

Die Unterschiede zwischen den Geschlechtern

Goldbrüstchen, „Gelbschnabel-Goldbauch"

Pärchen von Amandava clarkei; *einer nah mit dem Goldbrüstchen verwandten Art*

sind gut zu erkennen: die Weibchen sind blasser als die Männchen und besitzen keinen roten Brauenstrich. Die Männchen erkennt man auch an ihrem Gesang.

VERTRÄGLICHKEIT

Goldbrüstchen sind sehr gesellige und friedliche Vögel, die sich hervorragend für Volieren mit einer gemischten Besetzung eignen (am besten zusammen mit anderen kleinen tropischen Arten). Nur zur Brutzeit sollen diese Vögelchen ihre Reviere erbittert gegen Artgenossen verteidigen. Man hält deshalb besser nur zwei Tiere oder bringt die einzelnen Paare vorübergehend separat unter.

UNTERBRINGUNG

Man kann Goldbrüstchen gleich gut in Außen- und Zimmervolieren halten. Eine Bepflanzung wissen die Tiere sehr zu schätzen. Ein Pärchen lässt sich übrigens auch in einem geräumigen (Brut-) Käfig pflegen.

HALTUNGSTEMPERATUR

Im Winter ist ein beheizter Schlag erforderlich. Natürlich kann man sich auch dafür entscheiden, die Tiere zu dieser Jahreszeit ins Haus zu holen.

FÜTTERUNG

Goldbrüstchen ernähren sich vornehmlich von einer speziellen Körnermischung für tropische Vögel. Außerdem fressen sie gern bei Gelegenheit etwas Kolbenhirse, Weichfutter, Keimlinge und Grünfutter. Das Gleiche gilt (v.a. bei Jungvögeln) für Insekten. Scharfkantige Magenkiesel und Grit müssen stets vorhanden sein, damit sich die Vögel nach Bedarf bedienen können.

VERHALTEN

Diese kleinen, farbenprächtigen und beliebten Vögelchen sind lebhaft und gewandt. Bei ruhiger Annäherung werden sie rasch mit dem Pfleger vertraut. Die Männchen singen.

ZUCHT

Goldbäuchlein brauchen zur erfolgreichen

Ein Pärchen Goldbrüstchen

Goldbrüstchen, Männchen

Zucht nicht in einen separaten Zuchtkäfig beziehungsweise in eine entsprechende Voliere gesetzt zu werden. Sie brüten sogar in Gesellschaftsvolieren – vorausgesetzt, es ist genug Platz für alle da und es gibt keine aggressiven Störenfriede. Diese Vögel machen gern Gebrauch von Nistkästen. Wenn es jedoch eine schützende Bepflanzung gibt, bauen sie ihr Nest auch „im Grünen". Es ist dann kugelförmig und hat einen kleinen Eingang. Die Tiere legen durchweg 3–6 Eier, die 11 Tage lang abwechselnd von beiden Elternteilen bebrütet werden (hauptsächlich jedoch vom Weibchen). Die Jungen bekommen in den ersten Lebenstagen hauptsächlich Insekten und deren Larven (am liebsten fressen sie Blattläuse). Füttern Sie die Tiere während der gesamten Brutzeit sowohl mit Insekten (möglichst lebenden) als auch mit Weichfutter und Universalfutter. Auch Keimlinge und Körnermischungen für tropische Vögel sollten an die Jungen verfüttert werden. Nach ungefähr 21 Tagen fliegen diese aus, doch werden sie noch einige Wochen lang von beiden Elternteilen bewacht und gefüttert. Nachts schlafen sie im elterlichen Nest. Sobald sie etwa sechs Wochen alt sind, können sie selbständig für sich sorgen. Die Altvögel sind dann meist schon mit der nächsten Brut beschäftigt: Gesunde Goldbrüstchen können in einer Saison deren drei aufziehen. In einer geräumigen Voliere kann man die Jungen ruhig bei den Eltern lassen; bei eher begrenzten Raumverhältnissen sollten sie jedoch besser herausgefangen werden, da ihnen das Männchen manchmal nachstellt, sobald sie selbständig geworden sind. Das Nest und seine unmittelbare Umgebung werden während der Brutzeit erbittert verteidigt, wobei es jedoch meist nicht zu Verletzungen kommt. Im Alter von etwa drei Monaten haben die Jungen die Färbung der Altvögel angenommen.

Chloebia gouldiae

GOULDAMADINE

VERBREITUNGSGEBIET
Nördliches Australien.

GRÖSSE
Ungefähr 13 bis 14 cm.

GESCHLECHTSUNTERSCHIEDE
Die Weibchen erkennt man an der matteren Farbe ihres Gefieders; während der Brutzeit ist ihr Schnabel überdies dunkelgrau gefärbt. Manchmal fehlt den Weibchen auch das blaue Kopfband, oder es wirkt am Hinterkopf etwas blasser.

Gouldamadine, „Rotkopf"

Gouldamadine, „Schwarzkopf"

Gouldamadine, „Orangekopf"

VERTRÄGLICHKEIT
Gouldamadinen sind gesellige und friedliche Vögel, die gern Kontakt mit Artgenossen pflegen. In freier Natur bilden sie große Schwärme. Die Männchen bekämpfen einander niemals, und selbst während der Brutzeit herrscht in der Gruppe tiefster Frieden. Man hält diese Vögel besser gruppen- als paarweise (oder gar einzeln). Wenn man diese Art züchten will, sollte man tunlichst mehr Männchen als Weibchen halten, damit die Weibchen ihre Partner selbst auswählen können.

Gelbe Gouldamadine

Rotköpfige Gouldamadine, „Weißbrust"

UNTERBRINGUNG

Gouldamadinen fühlen sich in einer Zimmer- oder Außenvoliere am wohlsten. Sie lassen sich nichtsdestoweniger auch in (Brut-)Käfigen halten, werden aber durch die beengten Raumverhältnisse nicht ausreichend zur Bewegung stimuliert und verfetten infolgedessen rasch. Diese australischen Prachtfinken sind wahre Sonnenanbeter.

Beim Aufstellen einer Zimmervoliere muss das unbedingt berücksichtigt werden. Eine Bepflanzung wird geschätzt, ist aber nicht unbedingt erforderlich.

HALTUNGSTEMPERATUR

Diese Vögel galten (und gelten vielen immer noch) als wärmebedürftig und wurden (oder werden) deshalb oft in beheizten Räumen gehalten. Mittlerweile haben sich viele von ihnen an das gemäßigte Klima angepasst. Viele Liebhaber halten die Tiere ganzjährig in einer Außenvoliere, wo sie sich während der Wintermonate in einen gut isolierten Schlag zurückziehen können. Wenn Sie Gouldamadinen für die Außenvoliere suchen, müssen Sie sich natürlich an einen Züchter wenden, der seine Vögel unter diesen Bedingungen hält beziehungsweise züchtet. Als ideal gilt bei dieser Vogelart eine Haltungstemperatur zwischen 15 °C und 25 °C.

FÜTTERUNG

Gouldamadinen fressen eine Körnermischung für tropische Vögel, die unter anderem verschiedene Hirsesorten enthält. Auch kleine Insekten werden gelegentlich gern gefressen. Dann und wann kann man auch etwas Weichfutter anbieten. Außerdem lieben die Vögel gelegentlich Wildkräutersamen, frisches Grünzeug (Vogelmiere) und Kolbenhirse. Magen-

Gouldamadine, „Pastell"

Gouldamadine, „Blauer Schwarzkopf"

Gouldamadine, „Schwarzkopf-Lilabrust"

Es kann sehr lange dauern, bis eine Gouldamadine voll ausgefärbt ist

kiesel und Grit müssen immer vorhanden sein, damit sich die Vögel nach Bedarf bedienen können.

VERHALTEN

Gouldamadinen sind überaus ruhige Vögel und können sehr gut mit ihrem Pfleger vertraut werden, wenn dieser behutsam genug vorgeht.

ZUCHT

Diese Vögel stehen traditionell im Ruf, schlechte Brüter zu sein – unter anderem deshalb, weil sie ihre Gelege häufig frühzeitig im Stich lassen. Da zahlreiche Züchter nichtsdestoweniger großen Wert auf Nachzuchten legen, setzen sie Japanische Möwchen zum Ausbrüten der Eier und zum Aufziehen der Jungvögel ein. Zwar erzielt man dabei gute Ergebnisse, doch sollten die Eltern das besser selbst tun. Von ihren eigenen Eltern aufgezogene Gouldamadinen werden als „Naturbruten" bezeichnet. Um solche Tiere mit Erfolg zu züchten, kommt es darauf an, dass die Weibchen ihre Partner frei auswählen können. Wenn man die Partnerwahl den Weibchen überlässt, ist auch die Wahrscheinlichkeit viel größer, dass sie ihre Eier und Jungen gut versorgen. Das Nest wird in einem halb offenen Nistkasten aus verschiedenen Materialien gebaut. Geeignet sind unter anderem ausgekochte und aufgedröselte Hanfseile, aber auch Moos, Heu, Sisal- und Kokosfasern. Ein Gelege umfasst 4–8 Eier, aus denen nach etwa 14 Tagen die Jungen schlüpfen. Sie werden mit ungefähr drei Wochen flügge, können jedoch ohne weiteres bis zu acht Wochen bei den Eltern bleiben. Unter normalen Bedingungen sind diese Vögel im Alter von ungefähr 3–4 Monaten ausgefärbt, oft dauert es jedoch länger. Ein gesundes Zuchtpaar kann eine sehr enge Partnerbindung entwickeln, und deshalb sollte man solche Vögel besser nicht trennen.

MUTATIONEN

Mittlerweile hat man verschiedene Varianten gezüchtet, unter denen die lilafarbene (mit lila Brust) die bekannteste sein dürfte. Weniger vertraut sind zurzeit noch mäßig bis stark pastellfarbene Tiere, der Farbschlag „braun", die überwiegend gelben und die rein weißen Gouldamadinen.

BESONDERHEITEN

Es gibt einige nicht auf züchterische Bemühungen zurückgehende Farbvarianten der Gouldamadine, die auch in der freien Natur vorkommen. In Liebhaberkreisen besonders bekannt ist der „Rotkopf", doch trifft man in den Heimatgebieten viel öfter Tiere mit schwarzen Köpfen an. Weitaus seltener trifft man in freier Natur orangeköpfige Gouldamadinen.

Emblema guttata

DIAMANTASTRILD

VERBREITUNGSGEBIET
Australien.

GRÖSSE
Ungefähr 12 cm.

GESCHLECHTSUNTERSCHIEDE
Bei dieser Art sind die Unterschiede zwischen den Geschlechtern kaum oder gar nicht erkennbar. Die Farbe des Schnabels – der beim Weibchen während der Brutzeit röter als der des Männchens ist – kann normalerweise als verlässliches Indiz gelten ... aber leider nicht ausnahmslos.

VERTRÄGLICHKEIT
Männliche Diamantastrilde vertragen sich während der Paarungszeit nur selten gut mit Artgenossen, und auch gegen andere australische Prachtfinken können sie recht ausfällig werden. Außerhalb der Brutzeit gibt es hingegen weder im Umgang mit Artgenossen noch mit anderen Spezies Probleme. Pflegen Sie diese Vögel am besten gemeinsam mit anderen afrikanischen Prachtfinken.

Diamantastrilde

Diamantastrild, „Orangeschnabel"

UNTERBRINGUNG
Diamantastrilde kann man paar- oder gruppenweise in einer überdachten Voliere mit gemischter Besetzung halten, aber auch in einem geräumigen Stubenkäfig. Dieser muss allerdings unbedingt groß genug sein, da sich die Vögel sonst zu wenig bewegen und schnell verfetten. Am besten ordnet man die Sitzstangen so an, dass die Tiere fliegen müssen, um von einer zur anderen zu gelangen.

HALTUNGSTEMPERATUR
Diamantastrilde sind wärmebedürftige Vögel. Man kann sie in einer Außenvoliere halten, doch benötigen sie dann unbedingt einen frostsicheren Schlag, um in guter Verfassung zu bleiben.

FÜTTERUNG
Als Grundnahrung dient dieser Art eine Körnermischung für tropische Vögel. Außerdem fressen die Tiere gern hin und wieder etwas Kolbenhirse, Weichfutter und Grünfutter. Ab und zu kann man ihnen auch kleine Insekten beziehungsweise deren Eier, Larven und Puppen anbieten. Wie alle anderen Körnerfresser brauchen diese Vögelchen jederzeit Magenkiesel, um sich nach Bedarf bedienen zu können. Für den Kalkhaushalt muss man ihnen auch kleine Mengen Grit anbieten.

VERHALTEN
Diamantfinken nehmen gern ein Bad. Sie gehören zu den sog. „Nestschläfern", verbringen die Nacht also nicht auf Sitzstangen oder Zweigen, sondern in einem Nest. Wenn man an verschiedenen Stellen der Voliere Nistkästen aufhängt, können die Vögel selbst ihre Wahl treffen. Es sind recht lebhafte Tiere, die den ganzen Raum der Voliere ausnutzen. Sie halten sich auch häufig auf dem Boden auf.

ZUCHT
Wie für alle australischen Prachtfinken gilt auch für den Diamantastrild, dass Zuchterfolge

Diamantastrild, isabellfarben

Diamantastrild, braun oder isabellfarben

Diamantastrild, isabellfarbener Orangeschnabel

Diamantastrild, „Pastell"

weitgehendst davon abhängen, dass die Partner einander leiden können. Wer diese reizenden Vögel nachzüchten will, hält deshalb am besten eine Gruppe junger Tiere gemeinsam in einer Voliere: die Paare bilden sich dann von selbst. Ein halb offener Nistkasten wird von den Vögeln sehr gern in Gebrauch genommen, doch bauen die Vögel auch „frei stehende" Nester im Schutz der Bepflanzung, wenn diese reichlich vorhanden ist. Die meisterhafte Konstruktion fällt dann zumeist größer aus und besitzt einen tunnelförmigen Eingang. Als Nistmaterial kommen unter anderem Grashalme und Kokosfasern in Frage. Ein Gelege umfasst ungefähr 4–7 Eier, die abwechselnd von beiden Elternteilen bebrütet werden. Nachts sind normalerweise beide Tiere im Nest zu fin-

den. Die Jungen schlüpfen nach etwa 12–14 Tagen aus dem Ei und brauchen dann sehr viel tierisches Kleinfutter (beispielsweise Spinnen und Fruchtfliegen). Im Alter von gut drei bis knapp vier Wochen verlassen sie das Nest, werden aber (in abnehmendem Maße) noch ein Weilchen, hauptsächlich vom Männchen, bewacht und gefüttert. Sobald sie fünf bis sechs Wochen alt sind, können sie selbst für sich sorgen. Nach weiteren sechs Wochen sind sie meist gut ausgefärbt. Ein Zuchtpaar, das sich in optimaler Verfassung befindet, kann in einer Saison durchaus mehrere Bruten aufziehen.

MUTATIONEN

Es sind verschieden Farbmutationen bekannt. Wir kennen beispielsweise braune Tiere (bei denen die normalerweise schwarzen Partien grau-braun gefärbt sind), „Braunflügel" (mit wärmer wirkenden Brauntönen) sowie die wohl populärste Variante, den „Orangeschnabel" (mit gelborange Schnabel und ebensolchem Stoß). Es gibt auch pastellfarbene Diamantfinken.

Binsenastrild, Männchen

Männlicher Binsenastrild, „Orangeschnabel"

Neochmia ruficauda

BINSENASTRILD

VERBREITUNGSGEBIET

Nördliches Australien.

GRÖSSE

Ungefähr 11 bis 12 cm.

GESCHLECHTSUNTERSCHIEDE

Die Männchen dieser Art besitzen eine größere „Maske", und ihr Bauch ist dunkler als jener der Weibchen.

VERTRÄGLICHKEIT

Diese Vögel zeigen ein äußerst geselliges Verhalten, sowohl gegenüber Artgenossen als auch anderen Volierenbewohnern. Deshalb eignen sie sich hervorragend für Gesellschaftsvolieren. Man kann sie als Paar ebenso gut wie gruppenweise halten.

UNTERBRINGUNG

Binsenastrilde lassen sich gleichermaßen in Außenvolieren mit gemischter Besetzung, Zimmervolieren und großen (Zucht-)Käfigen pflegen. Eine Bepflanzung in Form von Sträuchern wird sehr geschätzt.

HALTUNGSTEMPERATUR

Wenn der Schlag gegen Zugluft, Frost und Nässe gesichert ist und die Voliere an einem geschützten Platz steht, brauchen die Vögel keine zusätzliche Heizung.

FÜTTERUNG

Man gibt dieser Art eine Körnermischung für tropische Vögel, welche mit etwas Grünfutter (Wildkräutern), Weichfutter und etwas Lebendfutter angereichert wird. Auch Kolbenhirse wird gern gefressen. Magenkiesel und Grit müssen stets ausreichend vorhanden sein, damit die Vögel ihren Bedarf decken können.

VERHALTEN

Binsenastrilde sind aktive und lebhafte Vögelchen, die den ganzen Raum der Voliere ausnutzen. Am liebsten halten sie sich im Gesträuch und auf dem Boden auf. Auch nehmen sie gern ein Bad: Stellen Sie dazu eine glasierte Keramikschale auf den Boden der Voliere. Entfernen Sie diese nach ein paar Stunden,

Weiblicher Binsenastrild, „Orangeschnabel"

Binsenastrild, „Pastell"

Binsenastrilde, isabellfarben

Binsenastrild, isabellfarbener Orangeschnabel

rem Heu und Sisalfasern. Man kann im Durchschnitt mit 4–5 Eiern rechnen. Beim Ausbrüten lösen Weibchen und Männchen einander ab. Bis zum Schlupf der Jungen verstreichen ungefähr 12–13 Tage. Sie werden von beiden Elternteilen gefüttert. Im Alter von etwa drei Wochen fliegen sie aus, werden aber noch weitere 2–3 Wochen von den Altvögeln bewacht und versorgt. Wenn sie ein halbes Jahr alt sind, lassen sich die Geschlechter bereits unterscheiden. Während der Brutzeit gibt man den Tieren täglich kleine Portionen Weichfutter und Insekten (Fruchtfliegen, Blattläuse). Eine abwechslungsreiche Kost, die zu einem Teil aus tierischen Eiweißen bestehen sollte, ist für das ungestörte Wachstum der Jungen von größter Bedeutung. Ein gut miteinander harmonierendes Paar kann in einer Saison 2–3 Bruten großziehen.

MUTATIONEN

Zu den bekanntesten Farbmutationen dieser Vogelart gehören die „Gelbmasken"- oder „Gelbschnabel"-Binsenastrilde; dies sind Vögel mit gelborange Wangen, fleischfarbenen Füßen und einer ockergelben „Maske". Es gibt auch – wenngleich bislang noch recht selten – bunt gefleckte und gelbe Binsenastrilde. Zu den allerneuesten Farbmutationen zählen Vögel mit pastellfarbenem Gefieder.

Poephila personata

MASKENASTRILD

VERBREITUNGSGEBIET
Australien.

GRÖSSE
Ungefähr 14 cm.

GESCHLECHTSUNTERSCHIEDE
Die Geschlechter lassen sich nur schwer unter-

damit die Vögel nicht vom mittlerweile verunreinigten Wasser trinken. Bei guter Fürsorge, ausreichender Deckung und genügend Platz können diese Tiere sehr rasch Zutrauen zu ihrem Pfleger fassen. Andernfalls bleiben sie eher schreckhaft. Die Männchen singen, doch hört sich ihr Gesang ziemlich eintönig an. Diese Vögel gehören zu den so genannten „Nestschläfern"; sie verbringen die Nacht also nicht auf Sitzstangen oder Zweigen, sondern in einem Nest. Wenn man an verschiedenen Stellen der Voliere Nistkästen aufhängt, können die Tiere selbst ihre Wahl treffen.

ZUCHT

Binsenastrilde gehören nicht gerade zu den am einfachsten vermehrbaren Vögeln, zumal die Eltern ihre Gelege oder Jungen oft im Stich lassen. Dies ist meist darauf zurückzuführen, dass viel zu junge Tiere zur Zucht verwendet werden: diese legen zwar Eier, kümmern sich aber nicht weiter darum. Erst mit wenigstens einem Jahr – eher noch später – sind Binsenastrilde innerlich „reif" genug, um die Verantwortung für Eier und Junge übernehmen zu können. Ein kleiner halb offener oder geschlossener Nistkasten ist für diese Vögel ideal, doch bauen sie ihr Nest auch in Sträuchern, sofern diese ausreichend Deckung bieten. Beide Eltern wirken am Bau mit und verwenden dabei unter ande-

Der Weißwangen-Maskenastrild (Poephila personata leucotis) *ist eine weniger bekannte Unterart des Maskenastrilds*

Maskenastrild

scheiden. Oft haben die Weibchen eine etwas kleinere „Maske". Die Männchen „singen", die Weibchen nicht.

VERTRÄGLICHKEIT

Normalerweise bereiten diese Vögel im Umgang mit anderen Vogelarten oder Artgenossen nur wenig Probleme. Wer seine Vögel gern zur Nachzucht bringen will, sollte der Empfehlung folgen, mit einer kleinen Gruppe junger Tiere anzufangen: auf diese Weise können die Vögel ihre Partner selbst auswählen, womit die Chancen auf eine erfolgreiche Nachzucht steigen.

UNTERBRINGUNG

Am wohlsten fühlen sich Maskenastrilde in einer geräumigen Außen- oder Zimmervoliere. Eine Bepflanzung wissen diese Vögel sehr zu schätzen. Die zeitweilige Unterbringung in einem (Brut-)Käfig muss zwar nicht unbedingt schädlich sein, doch wenn die Vögel allzu lange unter beengten Raumverhältnissen gepflegt werden, kann es langfristig zu Gesundheitsproblemen kommen.

HALTUNGSTEMPERATUR

Obwohl der Maskenastrild an sich eine wärmebedürftige Art ist, kann man ihn – wenn ein gut isolierter Schlag vorhanden ist – durchaus auch draußen überwintern lassen. Stellt man

Bindenastrild

indes fest, dass die Vögel empfindlich auf niedrige Temperaturen reagieren, muss unverzüglich eingegriffen werden.

FÜTTERUNG

Als Grundnahrung kann man Maskenastrilden eine Körnermischung für tropische Vögel geben. Außerdem fressen sie gern Keimlinge und halbreife Samen, die vor allem während der Brutzeit täglich auf dem Speiseplan stehen müssen. Dasselbe gilt für Weichfutter und Lebendfutter, beispielsweise Getreideschimmelkäferlarven. Auch scharfkantige Magenkiesel müssen immer in ausreichenden Mengen vorhanden sein, damit sich die Tiere nach Bedarf bedienen können.

VERHALTEN

Maskenastrilde sind lebhafte Vögel, die alle Bereiche der Voliere ausnutzen und sich auch viel auf dem Boden aufhalten. Manchmal wirken sie etwas scheu und zurückhaltend, doch können eine dichte Randbepflanzung und ein ruhiges Verhalten des Pflegers hier oft für Abhilfe sorgen. Der „Gesang" der Männchen verdient seinen Namen eigentlich nicht: es handelt sich eher um eine Art Zwitschern. Die Nacht verbringen die Vögel in einem Schlafnest, das mehrfach vorhanden sein muss (vor allem auch im Schlag, für Kälteperioden).

ZUCHT

Das Nest wird am liebsten im Schutz eines dicht belaubten Strauches gebaut (etwa in einer Konifere). In großen Brutkäfigen nehmen die Vögel auch kleine Nistkästen an. Als Nistmaterial eignen sich unter anderem aufgedröselte Sisalschnüre, Grashalme und Federn. Die 4–5 Eier werden abwechselnd von beiden Eltern bebrütet. Nach 11–12 Tagen schlüpfen die Jungen. Sie bekommen außer Keimlingen reichlich kleine lebende Insekten. Drei Wochen später fliegen sie aus, können aber noch nicht selbst für sich sorgen. Oft unterstützen die Eltern sie noch einige Wochen. Mit etwa fünf Wochen sind sie selbständig, manchmal erst ein wenig später. Sie gleichen weitgehend den Altvögeln, haben aber schwarze Schnäbel und ein insgesamt matter gefärbtes Gefieder.
Ein gesundes Zuchtpaar kann in einer Brutsaison mehrere Gelege aufziehen. Es wird jedes Mal ein neues Nest gebaut.

Poephila cincta

BINDENASTRILD

VERBREITUNGSGEBIET

Nordöstliches Australien (überwiegend im Grasland).

Bindenastrilde

Brauner Bindenastrild

Bindenastrild, isabellfarben

GRÖSSE

Ungefähr 11 cm.

GESCHLECHTSUNTERSCHIEDE

Es ist sehr schwer, die Unterschiede zwischen den Geschlechtern zu erkennen. Geübte Beobachter unterscheiden sie anhand des Kehlflecks: dieser ist bei den Männchen birnenförmig, bei den Weibchen hingegen länglich. Verlässlichere Auskunft gibt der Gesang: die Männchen singen, die Weibchen nicht.

VERTRÄGLICHKEIT

Am besten hält man von dieser Art nur ein Paar pro Voliere. Pflegen Sie die Tiere besser nicht mit verwandten Spezies wie Spitzschwanzamadinen oder Maskenastrilden. Vergesellschaften Sie die Vögel vorsorglich nur mit etwas größeren Arten.

UNTERBRINGUNG

Diese Art lässt sich ausgezeichnet paarweise in einer Außen- oder Zimmervoliere mit gemischter Besetzung halten, gedeiht aber ebenso gut in einem Stubenkäfig. Die Außenvoliere sollte tunlichst überdacht und üppig bepflanzt sein.

HALTUNGSTEMPERATUR

Nachzuchten sind heute nicht mehr so empfindlich wie noch vor einigen Jahrzehnten. Viele Leute halten ihre Bindenastrilde deshalb auch in Außenvolieren mit gut isolierten Schlägen, und dies sogar im Winter.
Wenn Sie befürchten, dass die Kälte Ihren Vögeln schlecht bekommt, können Sie die Tiere auch ins Haus holen oder ihren Schlag beheizen.

Bastard von Spitzschwanzamadine und Bindenastrild

Bindenastrild, „Creme-Ino"

FÜTTERUNG

Diese australischen Prachtfinken sind in erster Linie Körnerfresser. Eine hochwertige Futtermischung für tropische Vögel bietet sich als Grundnahrung an. Außerdem kann man den Tieren hin und wieder etwas Kolbenhirse, Keimlinge und Grünfutter (zum Beispiel Hirtentäschel und Vogelmiere) geben. Während der gesamten Brutzeit haben die Vögel überdies einen hohen Bedarf an tierischem Eiweiß in Form von kleinen Insekten(-Larven) und Weichfutter. Grit und Magenkiesel müssen immer vorhanden sein, damit sich die Vögel nach Bedarf bedienen können.

VERHALTEN

Bindenastrilde sind recht lebendige Vögelchen, die den ganzen Raum der Voliere ausnutzen und regelmäßig am Boden zu finden sind. Sie gehören zu den so genannten „Nestschläfern", verbringen die Nacht also nicht auf Sitzstangen oder Zweigen, sondern im Nest. Wenn man an verschiedenen Stellen der Voliere Nistkästen aufhängt, können die Vögel selbst ihre Auswahl treffen.

ZUCHT

Bindenastrilde können zur Zucht verwendet werden, sobald sie ein Alter von ein bis zwei Jahren erreicht haben. Man kann diese Vögel in der Voliere sich selbst überlassen, sie aber auch in einem separaten Brutkäfig unterbringen. Bei der Wahl des Nistplatzes sind sie alles andere als wählerisch: Neben anderen Nistgelegenheiten werden von ihnen auch Körbchen angenommen. Das Nest besteht aus gröberen Materialien, beispielsweise Kokosfasern und Heu; sein Inneres wird mit weicheren Stoffen gepolstert. Man kann mit ungefähr 5–7 Eiern rechnen, und die Jungen schlüpfen nach 11–12 Tagen. Die frisch geschlüpften Jungvögel brauchen tierisches Eiweiß (zum Beispiel Getreideschimmelkäferlarven). Daneben müssen auch Keimlinge auf der Speisekarte stehen.

Etwa mit drei Wochen verlassen die Jungen das Nest. Sie können dann noch nicht selbst für sich sorgen und werden noch ein Weilchen gefüttert und bewacht. Ungefähr zwei Wochen nach dem Flüggewerden können die Jungvögel als selbständig gelten. Ein gesundes, gut miteinander harmonierendes Zuchtpaar ist dann oft schon mit dem nächsten Gelege beschäftigt. Zu diesem Zeitpunkt sollte man die Jungen besser herausfangen, da das Männchen sie nun nicht länger in der Umgebung des Nestes duldet. Im Alter von 3–4 Monaten sind die Jungvögel ausgefärbt, manchmal kann jedoch gut ein Jahr verstreichen, bis es so weit ist. Der Zuchterfolg hängt davon ab, dass die Partner einander gut leiden können.

MUTATIONEN

Von dieser Art gibt es verschiedene Mutationen, unter anderem fast weiße Vögel, bei denen die schwarzen Partien karamellbraun, Augen und Schnabel aber rot sind. Man nennt sie (Creme-)„Inos". Außerdem kennt man braune und isabellfarbene Tiere.

BESONDERHEITEN

Wenn Artgenossen fehlen, paaren sich Bindenastrilde mit Spitzschwanzamadinen. Da solche Kreuzungen keinen Zweck erfüllen, sollte man nie derartige „Zuchtpaare" zusammenstellen.

Spitzschwanzamadine

Spitzschwanzamadinen, „Rot"- und „Orangeschnabel"

Braune Spitzschwanzamadine

Poephila acuticauda

SPITZSCHWANZAMADINE

VERBREITUNGSGEBIET

Australien.

GRÖSSE

Ungefähr 15–17 cm.

GESCHLECHTSUNTERSCHIEDE

Im Allgemeinen wird angenommen, dass der schwarze Kehlfleck der Männchen größer als jener der Weibchen ist und die Weibchen kürzere Schwänze besitzen, doch trifft dies keineswegs immer zu. Mit absoluter Sicherheit erkennt man das Männchen am Balzverhalten und Gesang.

VERTRÄGLICHKEIT

Spitzschwanzamadinen eignen sich – obwohl sie in ihrer Heimat sehr große Schwärme bilden – allenfalls für eine paarweise Haltung. Untereinander können diese Vögel ausgesprochen aggressiv werden. Mit anderen Arten kommen sie ohne Probleme zurecht, wenn es sich nicht gerade um eng verwandte Spezies wie den Binden- oder den Maskenastrild handelt.

Auch kleinere und zartere Vogelarten können leicht ins Hintertreffen geraten, wenn das Männchen sein Revier allzu heftig verteidigt. Pflegen Sie diese Spezies also besser nur zusammen mit etwas größeren Vögeln.

Spitzschwanzamadinen, isabellfarben

Man kann diese Art sowohl in einer (überdachten) Außen- als auch in einer Zimmervoliere halten. Selbst in geräumigen (Brut-)Käfigen gedeihen die Vögel durchweg sehr gut. Eine Bepflanzung wissen sie sehr zu schätzen.

HALTUNGSTEMPERATUR

Wenn der Schlag der Außenvoliere gut isoliert ist, erübrigt sich in normalen Wintern eine zusätzliche Heizung. Wenn Sie merken, dass die Vögel unter den niedrigen Temperaturen leiden, gehören sie besser ins Haus.

FÜTTERUNG

Als Grundnahrung gibt man Spitzschwanzamadinen eine Körnermischung für kleine tropische Vögel. Während der Brutzeit benötigen die Tiere viel Weichfutter, Keimlinge, Wildkräuter- und halbreife Samen sowie kleines Lebendfutter. Verfüttern Sie Obst und Grünzeug nur in kleinen Mengen, da die Vögel schnell unter Verdauungsstörungen leiden können. Grit und scharfkantige Magenkiesel müssen stets vorhanden sein, damit sich die Tiere nach Bedarf bedienen können.

VERHALTEN

Spitzschwanzamadinen sind recht lebhafte und keineswegs scheue Vögel. Sie durchstö-

Verschiedene Farbmutationen der Spitzschwanzamadine

Spitzschwanzamadine, „Bleichschnabel"

Spitzschwanzamadine, „Creme-Ino"

Spitzschwanzamadine, Albino

Graue Spitzschwanzamadinen

bern alle Winkel der Voliere und sind oft am Boden zu sehen, wo sie einen Teil ihrer Nahrung suchen. Sie gehören zu den so genannten „Nestschläfern", verbringen die Nacht also nicht auf Sitzstangen oder Zweigen, sondern in einem Nest. Wenn man an verschiedenen Stellen der Voliere Nistkästen aufhängt, können die Vögel selbst ihre Wahl treffen.

ZUCHT

Spitzschwanzamadinen vermehren sich sowohl in geräumigen Brutkäfigen als auch in Volieren. Ein geschlossener Nistkasten mit einer Kantenlänge zwischen 10 und 15 cm und einer etwa 3 cm weiten Einflugöffnung ist

ideal. Als Nistmaterial kommen unter anderem Heu, aufgedröselte Sisalschnüre, Federchen und Grashalme in Frage. Ein Gelege umfasst ungefähr 4–6 Eier, die abwechselnd von beiden Elternteilen bebrütet werden. Nach etwa 11–12 Tagen schlüpfen die Jungen. Wenigstens in der ersten Lebenswoche (häufig auch länger) haben sie einen hohen Bedarf an lebenden Insekten, die stets in reichlichen Mengen vorhanden sein müssen (beispielsweise Getreideschimmelkäferlarven). Im Alter von ungefähr drei Wochen fliegen die Jungvögel aus. Sie können dann noch nicht gut selbst für sich sorgen und werden noch ein Weilchen von den Eltern gefüttert und bewacht. Sobald sie selbständig geworden sind (was meist mit etwa 5 Wochen der Fall ist), sollte man die Jungvögel besser herausfangen, denn das Männchen duldet sie dann häufig nicht länger im Umfeld des Nestes. Ein gesundes Zuchtpaar in guter Verfassung kann pro Saison mehrere Bruten aufziehen.

MUTATIONEN

Neben den „gewöhnlichen" Rotschnäbeln gibt es eine recht häufige gelbschnäblige Form der Spitzschwanzamadine: sie besitzt außer dem gelben Schnabel ein insgesamt helleres Gefieder.
In jüngster Zeit wurden die Farbmutationen isabellfarben, „Creme-Ino", „Bleichschnabel" und grau festgelegt.

BESONDERHEITEN

Spitzschwanzamadinen kreuzen sich – wenn Artgenossen fehlen – in der Voliere mit Gürtelgrasfinken. Solche Bastarde erfüllen keinen Zweck und tragen nicht zum Bestand der Arten bei. Vom Zustandekommen derartiger „Zuchtpaare" ist daher abzuraten.

Poephila bichenovii

RINGELASTRILD

VERBREITUNGSGEBIET
Australien.

GRÖSSE
Ungefähr 10 cm.

GESCHLECHTSUNTERSCHIEDE

Die äußerlichen Unterschiede zwischen den Geschlechtern sind bei dieser Art recht undeutlich ausgeprägt. Oft weisen die Männchen eine etwas deutlichere, schärfer begrenzte Kopfzeichnung auf. Im Gegensatz zu den Weibchen singen die Männchen auch.

VERTRÄGLICHKEIT

Ringelastrilde verhalten sich untereinander sehr gesellig. Man kann sie sowohl paarweise als auch in kleinen Gruppen pflegen.
Allein während der Brutzeit duldet das Männ-

Ringelastrild, „Schwarzschwanz"

chen keine „Kiebitze" in der Umgebung des Nests.

UNTERBRINGUNG

Diese kleinen, auffällig gezeichneten Vögelchen lassen sich sowohl in Außen- als auch in Zimmervolieren halten, während der Brutzeit sogar in einem Brutkäfig. Man sollte die Außenvoliere nach Möglichkeit üppig mit Sträuchern und Stauden bepflanzen.

HALTUNGSTEMPERATUR

Bindenastrilde sind an sich recht unempfindliche Vögelchen, doch vertragen sie Kälte und Nässe nur schlecht. Ein gut isolierter Schlag ist daher unerlässlich, wenn man diese Vögel außen halten will. Man kann den Schlag während der kalten Jahreszeit beheizen oder die Vögel im Hausinneren überwintern lassen.

FÜTTERUNG

Als Grundnahrung dient eine Körnermischung für kleine tropische Vögel, die mit Kolbenhirse, Keimlingen und etwas Grünfutter angereichert wird. Vor, während und nach der Brutzeit haben die Tiere einen erhöhten Bedarf an tierischem Eiweiß in Form von Weichfutter und lebenden Insekten. Grit und Magenkiesel müssen stets in ausreichenden Mengen vorhanden sein, damit sich die Vögel nach Bedarf bedienen können.

VERHALTEN

Der Bindenastrild ist ein sehr beweglicher, lebhafter Vogel. Die Männchen dieser Art singen, doch kann man ihre „Künste" nicht mit denen von Kanarienvögeln oder anderen Finken vergleichen. Bindenastrilde nutzen den gesamten Raum der Voliere aus und suchen oft am Boden nach Futter. Die Nacht verbringen sie in Schlafnestern; dazu müssen mehrere Gelegenheiten vorhanden sein, vor allem im Schlag.

ZUCHT

Vor der Fortpflanzung „beziehen" die Vögel oft einen geschlossenen Nistkasten. Dieser Kasten sollte eine Kantenlänge von wenigstens 10 cm aufweisen. Manchmal bauen die Vögel auch ein „frei stehendes" kugelförmiges Nest im Schutz eines belaubten Strauches. Zum Bau werden unter anderem kurze Kokosfasern, Grashalme, Federn und aufgedröselte Sisalschnüre verwendet. Ein Gelege umfasst ungefähr 4–5 Eier, die 12–13 Tage lang von beiden Eltern abwechselnd bebrütet werden. Das Futter der Jungvögel besteht zunächst vornehmlich aus lebenden Tieren, zum Beispiel Blattläusen und Fruchtfliegen. Diese müssen daher mehrmals täglich in ausreichenden Mengen verfügbar sein. Nach etwa drei Wochen fliegen die Jungen aus, ohne dann schon selbst für sich sorgen zu können; deshalb füttern die Eltern sie noch ein paar Wochen, und die Jungvögel schlafen weiterhin im Nest, bis sie wirklich selbständig sind. Ein gesundes Zuchtpaar kann pro Saison mehrere Bruten aufziehen. Mit etwa drei Monaten nehmen die Jungen die Farben der Erwachsenen an.

Poephila guttata

ZEBRAFINK

VERBREITUNGSGEBIET

Die Wildform des Zebrafinken stammt ursprünglich aus Australien.

GRÖSSE

Ungefähr 10 bis 12 cm.

GESCHLECHTSUNTERSCHIEDE

Die Männchen der Wildform erkannt man an den orangebraunen Wangenflecken. Diese fehlen den Weibchen. Bei weißen Zebrafinken äußert sich der Unterschied an den Schnäbeln: jene des Weibchens ist viel blasser gefärbt.

Wildfarbenes Zebrafink-Männchen

Gezeichnete Zebrafinken aus der „grauen Serie"

Zebrafink, „pastell-grau"

VERTRÄGLICHKEIT

Zebrafinken sind äußerst gesellige und friedfertige Vögelchen, die sich sowohl untereinander als auch mit anderen Vogelarten sehr gut vertragen.
Statt als Einzeltiere oder Paare sollte man diese Vögel lieber in kleinen Gruppen halten.

UNTERBRINGUNG

Man kann Zebrafinken problemlos sowohl in Außen- als auch in Zimmervolieren oder (Brut-)Käfigen pflegen. Eine Bepflanzung wird überaus geschätzt, ist aber nicht unbedingt erforderlich.

HALTUNGSTEMPERATUR

Diese äußerst beliebten australischen Vögelchen sind sehr robust und können ohne weiteres in einer Außenvoliere überwintern, sofern sie sich in ihr Schlafnest in einem gut isolierten, frostsicheren Schlag zurückziehen können.

FÜTTERUNG

Als Grundnahrung dient eine hochwertige Körnermischung für tropische Vögel, die mit Kolbenhirse und Grassamen angereichert wird. Außerdem fressen die Vögel gern etwas Vogelmiere oder ähnliches Grünfutter, während der Brutzeit auch Weichfutter und kleine Insekten. Grit und Magenkiesel gehören eben-

Wildfarbenes Weibchen des Zebrafinken

Zebrafinken, braun

falls in den Käfig, damit sich die Vögel jederzeit nach Bedarf bedienen können.

VERHALTEN

Zebrafinken sind sehr aktive und keineswegs scheue Vögelchen. Sie nutzen alle Bereiche der Voliere und sind häufig am Boden zu finden, wo sie eifrig nach Futter scharren. Außerdem baden sie gern in einer Schale, die man auf ein Podest oder direkt auf den Boden der Voliere stellen kann. Sie gehören zu den so genannten „Nestschläfern", verbringen die Nacht also nicht auf Sitzstangen oder Zweigen, sondern in einem Nest. Wenn man an verschiedenen Stellen der Voliere Nistkästen aufhängt, können die Vögel selbst ihre Wahl treffen.

ZUCHT

Zebrafinken sind für ihre große Fruchtbarkeit bekannt. Sie vermehren sich in Zuchtkäfigen und Außen- oder Zimmervolieren gleich gut. Wenn man – was prinzipiell nur zu empfehlen ist – mehrere Paare hält, muss man dafür sorgen, dass genügend Nistkästen vorhanden sind: es kommt nämlich zwischen diesen Vögeln gelegentlich zum Streit, wenn mehrere Paare den gleichen Kasten auswählen. Geeignete Kästen sollten eine Kantenlänge von gut 10 cm aufweisen. Geschlossene, halb offene und Gittermodelle werden gleich gern angenommen. Beim

Zebrafink, „Weißbrust braun"

Zebrafink, „Schwarzbrust grau"

Bau des Nests finden verschiedene Materialien wie Sisal- und Kokosfasern Verwendung. Man kann mit 4–6 hellgrünen Eiern rechnen. Die Jungvögel schlüpfen nach 12–13 Tagen aus dem Ei. Sie werden mit allerlei Samen und Weichfutter versorgt. Auch kleine tierische Nahrung wird gern angenommen. Die Jungvögel fliegen etwa mit drei Wochen aus, werden aber noch 1–2 Wochen von den Alten gefüttert und bewacht. Mit 2–3 Monaten zeigen sie die Farben Erwachsener. Sie werden rasch fortpflanzungsfähig, doch sollte man die Geschlechter getrennt halten, bis die Tiere wenigstens neun Monate alt sind. Wenn man mit zu jungen Vögeln züchtet, gibt es oft Probleme. Gesunde Zuchtpaare können in einer Saison ohne weiteres drei bis vier Bruten aufziehen; da dies die Eltern

aber sehr stark mitnimmt, sollte man nach dem dritten Gelege alle Nistkästen entfernen.

MUTATIONEN

Von dieser Art gibt es zahllose Farbschläge. Die Wildform des Zebrafinken ist grau. Von ihr stammt etwa die braune Variante ab. Zu den übrigen Mutationen zählen graue und braune „Bleichrücken", Braun-, Schwarz- und Grauwangen, Schwarz- und Braunmasken, Grau-/Braunpastell, Weiß-, Schwarz- und Orangebrüstchen sowie Kombinationen dieser Typen (etwa Schwarzbrust-Braunpastell, Orangebrust-Bleichrücken, graue Pastell-Bleichrücken usw.). Ferner sieht man auf Ausstellungen oft die Farbschläge „Phaeo", rein weiß, isabellfarben, „bunt" und „gezeichnet". Sie alle sind als Standards

Zebrafink, „Schwarzwange grau"

Zebrafink, „Orangebrust grau"

festgelegt, anhand derer die Vögel auf Ausstellungen bewertet werden. Es gibt auch Hauben-Zebrafinken. Man sollte diese Tiere allerdings nicht miteinander verpaaren, da das für dieses Merkmal verantwortliche Gen in homozygoter Form tödlich wirkt: Ein Teil der Jungen stirbt bei dieser Konstellation bereits im Ei ab. Der „Hauben-Faktor" ist gegenüber der normalen Kopfbefiederung dominant: aus der Verpaarung von Hauben-Zebrafinken und „normalen" Tieren gehen zu ungefähr 50% Nachkommen mit Schöpfen hervor.

BESONDERHEITEN

Zebrafinken eignen sich als Art sehr gut für Neulinge in der Vogelhaltung, da sie nur sehr geringe Ansprüche stellen. Von dieser Spezies gibt es derart viele unterschiedliche Farb- und Zeichnungsmuster, dass jeder sicher eine ihm zusagende Variante findet. Wer sich für einen der ausgefalleneren Farbschläge interessiert, sollte am besten Kontakt mit dem nächstgelegenen Züchterverband aufnehmen. Wirklich ausstellungstaugliche Vögel bekommt man in Zoohandlungen nur selten zu sehen.

Zebrafinken sind sehr gesellige und beliebte Vögel

Der „Blackface" ist eine neue Farbmutation

Junge Zebrafinken im Nest

179

6 Webervögel – Ploceidae

Euplectus afer

TAHAWEBER

VERBREITUNGSGEBIET

Afrika (vor allem im westlichen Teil des Kontinents).

GRÖSSE

Ungefähr 13 cm.

GESCHLECHTSUNTERSCHIEDE

In der Brutzeit legt das Männchen sein Prachtkleid an. Sein Gefieder prangt dann in Schwefelgelb und Schwarz. Ansonsten ähnelt es stark dem Weibchen, dessen hellbraunes Gefieder eine dunkelbraune Zeichnung und einen langen gelbweißen Brauenstrich aufweist.

VERTRÄGLICHKEIT

Tahaweber passen hervorragend in Gemeinschaftsvolieren und lassen andere Vögel in Ruhe (falls diese nicht allzu klein oder zart sind). Nur während der Brutzeit kann das Männchen sein Nest recht erbittert verteidigen. In zu kleinen, überbevölkerten oder zu sparsam bepflanzten Volieren kann es dann zu Problemen kommen. Von dieser Art hält man am besten nur ein Männchen mit mehreren Weibchen, vor allem, wenn man großen Wert auf Zuchterfolge legt. Um jegliches Problem zu vermeiden, sollte man sie besser nicht gemeinsam mit anderen Webervögeln oder mehreren männlichen Artgenossen pflegen.

UNTERBRINGUNG

Man hält diese Vögel am besten in geräumigen, überdachten Außen- bzw. Zimmervolieren. Eine Bepflanzung wissen diese Tiere sehr zu schätzen. In Frage kommen v.a. Bambus, Mais und Riedgras.

HALTUNGSTEMPERATUR

Tahaweber sind robuste Vögel, die gut mit unseren Wintern zurechtkommen, wenn sie sich in einen gut geschützten, frostsicheren Schlag zurückziehen können.

FÜTTERUNG

Als Basisfutter kann man diesen Vögeln eine Körnermischung für tropische Vögel geben, außerdem regelmäßig kleine Mengen Insekten-

Links: Madagaskarweber

Euplectus afer, *westafrikanische Form*

pastete, Universalfutter Obst (Apfel), Weichfutter, Wildkräuter und lebende Insekten (unter anderem Mehlwürmer). In freier Natur bilden halbreife Grassamen die Hauptnahrung, weshalb man sie immer anbieten sollte. Grit und Magenkiesel müssen stets reichlich vorhanden sein, damit sich die Vögel nach Bedarf bedienen können.

VERHALTEN

Tahaweber sind aktive und lebhafte Vögel, die man an allen Stellen der Voliere antreffen kann. Grelle Sonne lieben sie nicht besonders. Gern nehmen sie auch ein Bad: eine glasierte Keramikschale mit frischem Wasser auf dem Volierenboden bietet dazu eine gute Gelegenheit. Entfernen Sie die Schale zeitig, damit die Vögel nicht vom mittlerweile verschmutzten Wasser trinken. Sie werden nicht wirklich zutraulich, gewöhnen sich aber an ihren Betreuer.

ZUCHT

Typisch für alle Weber ist, dass die Männchen in freier Natur einen „Harem" bilden. Wenn ein Paar in der Voliere nicht zur Nachzucht schreitet, sollten einige zusätzliche Weibchen Abhilfe schaffen. Alles in allem gehören sie nicht zu den am leichtesten vermehrbaren Vögeln: oft werden zwar Nester gebaut, doch dabei bleibt es dann. Die Zucht von Webern gilt als Herausforderung für erfahrene Liebhaber. Das überaus kunstreiche Nest wird vom Männchen aus allerlei Materialien gebaut. Das Weibchen sorgt für den „Innenausbau". Als Nistplätze werden häufig Sträucher gewählt, doch wenn man ein Bündel Schilfrohre, Maisstängel oder Bambusröhren stabil verankert, ziehen die Vögel diese meist vor. Ein Gelege umfasst ungefähr 2–3 hell-

blaue Eier, die vom Weibchen etwa 12–14 Tage lang bebrütet werden. Die Mutter übernimmt auch die Fütterung ihrer Brut. Die Jungvögel erhalten sowohl Sämereien als auch kleine Insekten, die auf dem Speiseplan keinesfalls fehlen dürfen. In Frage kommen unter anderem Spinnen, Fruchtfliegen und Mehlwurmstücke. Das Männchen kümmert sich nicht um die Jungen, verteidigt aber das Revier, in dem die Nester liegen, gegen alle Störenfriede. Im Alter von ungefähr zwei Wochen verlassen die Jungen das Nest. Sie werden noch etwa zwei Wochen länger von der Mutter gefüttert und bewacht, bis sie selbständig sind. Man kann sie durchweg ohne weiteres bei den Altvögeln lassen. Solange die jungen Männchen noch kein Prachtkleid tragen, bleiben sie in der Regel völlig unbehelligt.

Euplectus orix

ORYXWEBER

VERBREITUNGSGEBIET

Tropisches Afrika (vor allem in Schilfdickichten).

GRÖSSE

Ungefähr 13,5–14 cm.

GESCHLECHTSUNTERSCHIEDE

Das Männchen ist während der Brutzeit einfach vom Weibchen zu unterscheiden, da es nun ein völlig anderes Federkleid anlegt: es ist jetzt schwarz-rot gefärbt. Es können gut und gern drei Jahre verstreichen, bevor die Männchen diesen Farbwechsel zum ersten Mal durchmachen. Außerhalb der Brutzeit gleichen sie den Weibchen, so dass sich die Geschlechter dann praktisch nicht voneinander unterscheiden.

VERTRÄGLICHKEIT

Der Oryxweber steht im Ruf, sehr aggressiv zu sein, vor allem während der Brutzeit und kleineren Vögeln gegenüber. Obwohl es solche

Euplectus orix, *Männchen*

Exemplare gibt, gilt dies nicht für alle Artgenossen. In einer geräumigen, üppig bepflanzten Voliere ohne Anzeichen von „Überbevölkerung" gibt es meist keine Probleme. Man pflegt diese Art vorzugsweise in kleinen Gruppen aus einem Männchen und mehreren Weibchen. Mehrere Männchen darf man keineswegs vergesellschaften, da sie ihre Reviere erbittert gegen Artgenossen verteidigen.

Auch Männchen fremder Weberarten – besonders ähnlich gefärbte – bringt man besser in anderen Volieren unter.

UNTERBRINGUNG

Diese Vögel hält man am besten in geräumigen, überdachten Volieren, die gut bepflanzt sein sollten. Die Voliere muss an einer geschützten Stelle stehen. Als Bepflanzung kommen vor allem Bambus, Schilf und Mais, aber auch Tannen und Fichten in Frage.

HALTUNGSTEMPERATUR

Diese Vögel sind recht abgehärtet. Wenn sie die Gelegenheit haben, sich in einen geschützten, gut isolierten Schlag zurückzuziehen, in dem sie vor Nachtfrösten sicher sind, erübrigt sich eine Heizung während der Wintermonate.

FÜTTERUNG

Die Tiere fressen eine Körnermischung für tropische Vögel und nehmen auch sehr gern ein wenig Grünfutter, vor allem halbreife Grassamen. Vor allem vor, während und nach der Brutzeit muss man ihnen unbedingt täglich etwas kleines Lebendfutter (Insekten sowie deren Eier, Larven und Puppen), eventuell auch ein wenig Universalfutter und Insektenpastete anbieten. Außerdem muss immer eine kleine Menge Grit und Magenkiesel vorhanden sein, damit sich die Vögel nach Bedarf bedienen können.

VERHALTEN

Oryxweber sind lebhafte Vögel, die ständig aktiv

bleiben. Im Allgemeinen sind sie nicht scheu, doch werden sie nicht wirklich zutraulich.

ZUCHT

Obwohl die Männchen dieser Art in freier Natur einen „Harem" aus mehreren Weibchen bilden, kann man auch mit einem Pärchen Erfolg haben. Allerdings gehören sie nicht gerade zu den leicht vermehrbaren Arten. Wie alle Weber bauen auch diese Vögel ein kunstfertig gewobenes Nest. Es ist eiförmig und hat eine lange, trichterförmige Zugangsröhre. In freier Natur hängen die Vögel ihr Nest zwischen Schilfhalmen auf, und auch in der Voliere bevorzugen sie solche Pflanzen, um es „hineinzuweben". Das Männchen übernimmt den eigentlichen Nestbau, während das Weibchen das Innere mit weichem Material verkleidet. Man kann im Schnitt mit 2–3 hellblauen Eiern rechnen. Das Weibchen brütet ungefähr 13 Tage lang. Die Jungvögel werden von der Mutter vor allem mit Lebendfutter (etwa kleinen Spinnen und Getreideschimmelkäferlarven) versorgt. Etwa zwei Wochen später verlassen sie das Nest, und auch danach werden sie ausschließlich vom Weibchen gefüttert. Die Jungen halten sich zunächst vornehmlich am Boden der Voliere auf. Aufgabe des Männchens ist neben dem Nestbau das Verscheuchen aller Vögel, die dem Nest zu nahe kommen. Die Jungvögel können ruhig bei den Eltern bleiben: solange die jungen Männchen kein Prachtgefieder tragen, werden sie vom Vater nicht behelligt.

BESONDERHEITEN

Obwohl die Vögel für ihre kunstreichen Nester bekannt sind, gibt es auch Nachzuchten, die in Nistkästen kunstlose Gebilde erbauen und ihre Jungen dort problemlos aufziehen.

Foudia madasgascariensis

MADAGASKARWEBER

VERBREITUNGSGEBIET

Madagaskar und andere Inseln des Indischen Ozeans.

GRÖSSE

Ungefähr 14 cm.

GESCHLECHTSUNTERSCHIEDE

Außerhalb der Brutzeit gleichen Männchen und Weibchen einander aufs Haar. Während der Brutzeit tragen die Männchen ein rotes Prachtgefieder.

VERTRÄGLICHKEIT

Außerhalb der Brutzeit machen diese Vögel in

Volieren mit gemischter Besetzung keinerlei Probleme. Während der Brutzeit kann das Männchen jedoch sehr aggressiv werden. Den anderen Vögeln zuliebe sollte man die Weber dann in einer eigenen Voliere unterbringen.

UNTERBRINGUNG

Man kann diese Vögel ausgezeichnet in einer Außenvoliere mit Schlag halten, doch fühlen sie sich in Zimmervolieren ebenfalls wohl. Die Außenvoliere sollte tunlichst überdacht sein und an einem geschützten Platz stehen.

HALTUNGSTEMPERATUR

Einmal akklimatisiert, sind diese Vögel recht widerstandsfähig. Wenn ihre Voliere an einem geschützten Platz steht und der Schlag gut isoliert und frostsicher ist, braucht man im Winter nicht zu heizen.

FÜTTERUNG

Man gibt diesen Vögeln als Grundnahrung eine Körnermischung für kleine tropische Vögelarten, die mit Wildkräutersamen angereichert wird. Außerdem haben die Tiere Bedarf an frischem Grünfutter (Wildkräuter, halbreife Grassamen); auch etwas Obst sowie ein wenig (!) Weichfutter wird gern gefressen. Grit und Magenkiesel müssen stets in ausreichenden Mengen vorhanden sein, damit sich die Vögel nach Bedarf bedienen können.

VERHALTEN

Madagaskarweber sind lebhafte, schnelle und fluglustige Vögel. Sie halten sich in allen Bereichen der Voliere auf und nehmen gern ein Wasserbad.

ZUCHT

Das kunstvolle Nest besitzt einen langen Eingangstrichter. Ein Gelege umfasst im Durchschnitt 4 grünblaue Eier. Nachdem diese ungefähr 14 Tage lang vom Weibchen bebrütet wurden, schlüpfen die Jungen. Sie werden mit Sämereien, Weichfutter und kleinen Insekten gefüttert. Etwa zwei Wochen nach dem Schlupf verlassen sie das Nest und werden noch weitere 1–2 Wochen von den Eltern gefüttert und bewacht, bis sie selbst für sich sorgen können. Junge Madagaskarweber sind blasser als die Altvögel. Man kann sie bei den Eltern lassen, solange die Männchen noch kein Prachtgefieder tragen. Das kann erst nach 1–2 Jahren der Fall sein.

Quelea erythrops

ROTKOPFWEBER

VERBREITUNGSGEBIET

Afrika.

GRÖSSE

Ungefähr 12 cm.

GESCHLECHTSUNTERSCHIEDE

Außerhalb der Brutzeit sind Männchen und Weibchen fast gleich gefärbt; allerdings tragen Erstere am Kopf stärkere Rotakzente. Zur Brutzeit ist der Kopf des Männchens leuchtend rot.

VERTRÄGLICHKEIT

Der Rotkopfweber ist eine verträgliche und in sozialer Hinsicht unproblematische Art, die ausgezeichnet in eine Gesellschaftsvoliere passt. Am besten hält man eine kleine Gruppe dieser Vögel.

UNTERBRINGUNG

Diese Vögel kann man sowohl in großen, üppig bepflanzten Außen- als auch in Innenvolieren pflegen. Als Bepflanzung eignet sich am besten Bambus, aber auch Mais und Riedgras. Hält man die Tiere in einer Außenvoliere, sollte diese überdacht sein. Platzieren Sie die Voliere am besten an einer windgeschützten Stelle.

HALTUNGSTEMPERATUR

Rotkopfweber sind recht robuste Vögel. Hat

Rotkopfweber

die Außenvoliere einen geschützten Standort, und ist der Schlag gut isoliert und frostsicher, erübrigt sich zumeist eine zusätzliche Heizung.

FÜTTERUNG

Man gibt diesen Vögeln als Grundnahrung eine Körnermischung für kleine tropische Arten, die mit etwas Grünfutter, halbreifen Grassamen und kleinen Insekten angereichert wird. Vor allem vor, während und nach der Brutperiode brauchen die Tiere verstärkt Insekten. Grit und Magenkiesel müssen immer in ausreichenden Mengen vorhanden sein, damit sich die Vögel nach Bedarf bedienen können.

VERHALTEN

Rotkopfweber sind recht ruhige Vögel. Sie sind nicht so lebhaft und flink wie die meisten anderen Weber. Da sie gern ein Wasserbad nehmen, muss man ihnen immer eine Gelegenheit dazu bieten.

ZUCHT

Diese Vögel sind nicht einfach zu züchten. Es ist durchaus möglich, dass sie trotz optimaler Versorgung nicht in Brutstimmung kommen. Das Nest wird vom Männchen gebaut. Ein Gelege umfasst im Durchschnitt 2 hellblaue Eier, die ungefähr 14 Tage lang vom Weibchen bebrütet werden. Die Jungen werden zunächst mit allerlei Insekten gefüttert, in einem späteren Stadium auch mit Sämereien. Sie verlassen

nach ungefähr 14 Tagen das Nest. Man kann die Jungvögel für ein oder zwei Saisons bei den Eltern lassen. Sie werden erst verjagt (und müssen dann unbedingt herausgefangen werden!), wenn die Männchen ihr Prachtgefieder anlegen.

Sitagra luteola

ZWERGWEBER

VERBREITUNGSGEBIET

Afrika.

GRÖSSE

Ungefähr 10–12 cm.

GESCHLECHTSUNTERSCHIEDE

Die Männchen tragen während der Paarungszeit ein gelb-schwarzes Prachtgefieder. Ansonsten gleichen die Geschlechter einander sehr stark.

VERTRÄGLICHKEIT

Außerhalb der Brutzeit kann man diese Vögel problemlos mit anderen zusammen halten, aber während der Fortpflanzungsperiode wird das Männchen sehr aggressiv, vor allem gleichfarbigen Vögeln gegenüber.

UNTERBRINGUNG

Man pflegt diese Vögel am besten in einer

überdachten, windgeschützten Außenvoliere mit einem Schlag für die Nacht. Eine Randbepflanzung (vor allem aus Bambus) kommt diesen Tieren sehr zugute.

HALTUNGSTEMPERATUR

Nach der Eingewöhnungsperiode sind diese Vögel recht robust, so dass ihr Schlag während der Wintermonate nicht beheizt zu werden braucht. Er muss jedoch an einer geschützten Stelle stehen und gut isoliert sowie frostsicher sein.

FÜTTERUNG

Man gibt diesen Tieren als Grundfutter eine Körnermischung für tropische Arten, die mit etwas Grünzeug, halbreifen Grassamen, Insektenpastete und Weichfutter angereichert wird. Vor, während und nach der Brutzeit brauchen sie in erhöhtem Maße tierisches Eiweiß (auch Lebendfutter). Grit und Magenkiesel müssen stets ausreichend vorhanden sein, damit sich die Tiere nach Bedarf bedienen können.

VERHALTEN

Zwergweber sind lebhafte und flinke Vögel, die den gesamten Raum der Voliere ausnutzen. Sie nehmen gern ein Wasserbad.

ZUCHT

Die Zucht von Webervögeln sollte im Allgemeinen fortgeschrittenen Liebhabern vorbehalten bleiben; das gilt uneingeschränkt auch für den Zwergweber. Die Männchen scharen in Freiheit mehrere Weibchen um sich; in der Voliere ist dies nicht immer notwendig. Die Tiere müssen ihre Partner selbst auswählen können. Wenn man eine Gruppe erwirbt, wird man nach einiger Zeit feststellen, welches der Weibchen vom Männchen bevorzugt wird; nun kann man das Paar – wenn erwünscht – separat unterbringen. Das Männchen baut aus Grashalmen und Kokosfasern ein kugelförmiges Nest, das innen mit weichem Material wie Moos und Daunenfedern ausgepolstert wird. Man kann im Durchschnitt mit 2–3 Eiern rechnen, die ungefähr 12 Tage lang hauptsächlich vom Weibchen bebrütet werden. Nach knapp drei Wochen fliegen die Jungen aus, können aber noch nicht selbst für sich sorgen. Bis dahin (also etwa 2 Wochen später) werden sie von beiden Eltern gefüttert und bewacht. Man kann die Jungen nun herausfangen, doch ist das nicht unbedingt nötig. Sie werden von den Eltern erst dann nicht mehr geduldet, wenn die Männchen ihr Prachtgefieder anlegen. Das ist manchmal erst nach mehreren Jahren der Fall.

(Auri)Passer luteus

BRAUNRÜCKEN-GOLDSPERLING

VERBREITUNGSGEBIET

Afrika (von Äthiopien bis Nigeria).

GRÖSSE

Ungefähr 13 bis 14 cm.

Braunrücken-Goldsperling, Männchen

GESCHLECHTSUNTERSCHIEDE

Die Männchen sind gelb, Flügel, Rücken und Schwanz graubraun. Den Weibchen fehlen die gelben Farbtöne, und Rücken, Flügel und Schwanz sind hier etwas heller gefärbt als bei den Männchen.

VERTRÄGLICHKEIT

Diese Vögel vertragen sich sowohl miteinander als auch mit anderen Volierenbewohnern sehr gut. Man sollte die geselligen Tiere nicht als Einzeltiere, sondern paarweise oder in kleinen Schwärmen halten.

UNTERBRINGUNG

Braunrücken-Goldsperlinge lassen sich sowohl in Außen- und als auch in Zimmervolieren pflegen, doch kann man ein Pärchen vorübergehend auch in einem großen Brutkäfig unterbringen. Die Tiere brauchen unbedingt Deckung in Form von Büschen oder belaubten Zweigen. In „kahlen" Käfigen oder Volieren fühlen sie sich kaum wohl. Die Außenvoliere sollte tunlichst überdacht sein und an einem Platz stehen, wo es nicht hineinregnen kann.

HALTUNGSTEMPERATUR

Man kann diese Vögel gut in einer Außenvoliere halten. Wenn sie die Möglichkeit haben, sich notfalls in einen gut isolierten, frostsicheren Schlag zurückzuziehen, braucht man im Winter nicht zu heizen.

FÜTTERUNG

Als Futter eignet sich eine Körnermischung für tropische Vögel, die mit etwas Grünfutter – vor allem halbreifen Grassamen – sowie Universalfutter und Insektenpastete angereichert wird. Hinzu kommen zur Brutzeit lebende Insekten und Weichfutter. Grit und Magenkiesel müssen immer reichlich vorhanden sein.

VERHALTEN

Braunrücken-Goldsperlinge sind lebhafte und scheue Vögel. Sie können vor allem in kahlen Räumen und kleinen Käfigen sehr schreckhaft reagieren. Bei dieser Art singen die Männchen.

ZUCHT

Braunrücken-Goldsperlinge nisten in kleinen Nistgelegenheiten (beispielsweise in Gittermodellen sowie halb offenen und geschlossenen Nistkästen).

Das Weibchen legt im Schnitt 3–4 grüne, schwarz gesprenkelte Eier, die etwa 11–13 Tage lang bebrütet werden. Die Jungen erhalten als Futter hauptsächlich Insekten in verschiedenen Stadien (etwa Mehlwurmstückchen und Getreideschimmelkäferlarven) sowie etwas Universal- und Weichfutter. Im Alter von etwa zwei Wochen fliegen sie aus. Sie werden noch weitere zwei Wochen von den Altvögeln bewacht und gefüttert. Ein gesundes Zuchtpaar kann in einer Saison mehrere Bruten aufziehen.

Goldammer, Weibchen

Safranammer, Männchen

7 Ammern – Emberizidae

Emberiza citrinella

GOLDAMMER

VERBREITUNGSGEBIET
Westasien und Europa.

GRÖSSE
Ungefähr 16,5 cm.

GESCHLECHTSUNTERSCHIEDE
Die Männchen dieser Art besitzen mehr gelbe Pigmente und sind außerdem deutlicher gezeichnet als die Weibchen. Außerdem erkennt man die Männchen an ihrem Gesang.

VERTRÄGLICHKEIT
Außerhalb der Brutzeit sind diese Tiere friedliche und unproblematische Volierenbewohner, doch während der Fortpflanzungszeit werden namentlich die Männchen gegenüber Artgenossen und anderen Vogelarten (vor allem gelb gefiederten) unverträglich, ja ausgesprochen aggressiv.

UNTERBRINGUNG
Goldammern hält man am besten in einer geräumigen, bepflanzten und teilweise überdachten Außenvoliere.

HALTUNGSTEMPERATUR
Goldammern sind an das Leben in einem gemäßigten Klima gewöhnt. Wenn die Voliere an einem geschützten Platz steht und überdacht ist und die Bepflanzung ausreichend Deckung bietet, ist ein Schlag im Grunde überflüssig.

FÜTTERUNG
Als Grundnahrung kann man den Vögeln eine Mischung aus Wildfangsaat und Wildkräutersamen geben, dazu Weichfutter, Universalfutter und lebende Insekten. Letztere sind vor allem während der Brutzeit für die Aufzucht der Jungen unerlässlich. Natürlich dürfen auch Magenkiesel nicht fehlen.

VERHALTEN
Goldammern sind durchweg sehr ruhige Vögel. Sie nehmen gern ein Bad und müssen (vor allem an warmen Tagen) immer eine Gelegenheit dazu haben. Die Männchen singen, allerdings auf eine recht eintönige Art.

ZUCHT
Wenn man diese Vögel nachzüchten will, hält man sie am besten in einer eigenen, überdachten Voliere. Beobachten Sie in der ersten Zeit, ob sich das Männchen seiner Partnerin gegenüber aggressiv verhält (das kommt gelegentlich vor). Das Nest wird hauptsächlich vom Weibchen gebaut, unter anderem aus Heu und Sisal. Es wird dicht über dem Boden platziert, manchmal sogar direkt darauf. Um den Vögeln ein wenig behilflich zu sein, kann man an mehreren Stellen Nestmulden aufhängen. Diese dürfen keineswegs zu klein ausfallen: die Nester von Goldammern sind nämlich recht stattlich. Ihr Inneres wird mit allerlei verschiedenen Tierhaaren (etwa von Pferden) verkleidet. Weibliche Goldammern legen im Durchschnitt 3–5 schmutzig weiße Eier. Diese werden hauptsächlich vom Weibchen ausgebrütet; das Männchen löst dieses jeden Tag für ein paar Stunden ab. Die Jungen schlüpfen nach 11–14 Tagen aus dem Ei und werden von den Eltern fast ausschließlich mit Insekten (Fliegenmaden, Raupen und Getreideschimmelkäferlarven) gefüttert, die in ausreichenden Mengen

Goldammer, Männchen

Goldammern am Nest

Nest der Goldammer

verfügbar sein müssen. Nach knapp drei Wochen fliegen die Jungen aus. Da sie dann noch nicht gut selbst für sich sorgen können, werden sie weiterhin ein Weilchen von beiden Elternteilen bewacht und gefüttert. Ein gesundes Zuchtpaar kann in einem Jahr ohne weiteres mehrere Bruten aufziehen. Bis die Männchen vollständig ausgefärbt sind, können durchaus zwei Jahre verstreichen.

MUTATIONEN

Bislang ist erst eine Mutation bekannt, nämlich braune Tiere.

BESONDERHEITEN

Die Haltung und Weitergabe von Goldammern unterliegen strengen gesetzlichen Beschränkungen.

Sicalis flaveola

SAFRANAMMER

VERBREITUNGSGEBIET

Peru und Ecuador; auf Jamaika eingeführt.

GRÖSSE

Ungefähr 14 bis 15 cm.

GESCHLECHTSUNTERSCHIEDE

Die Männchen unterscheiden sich von den Weibchen unter anderem durch ihre intensiveren Farben. Außerdem singen die Männchen.

VERTRÄGLICHKEIT

Außerhalb der Brutzeit machen diese Vögel nicht die geringsten Probleme, sofern ihre Mitbewohner etwa ebenso groß wie oder etwas größer als Safranammern sind. Während der Brutzeit sorgen sie allerdings für Unruhe: man bringt sie besser in einer eigenen Voliere unter, solange die Fortpflanzungsperiode andauert. Viel hängt allerdings auch vom jeweils verfügbaren Raum ab: in cincr gcräumigen Voliere

ohne allzu kleine oder zarte Mitbewohner muss ein nistendes Safranfinkenpaar nicht unbedingt für Probleme sorgen. Man hält von diesen Vögeln am besten nur ein Pärchen: zwischen mehreren Paaren kann es zum Streit kommen.

UNTERBRINGUNG

Am wohlsten fühlen sich Safranammern in geräumigen Volieren, die am Rand dicht bepflanzt sind.

HALTUNGSTEMPERATUR

Safranammern sind recht robuste Vögel. Im Winter brauchen sie nichtsdestoweniger besser einen wärmenden Schlag.

FÜTTERUNG

Geben Sie diesen Vögel eine Körnermischung für tropische Arten, dazu Wildkräutersamen, Weichfutter und Universalfutter. Auch Kolbenhirse wird gern gefressen. Vor und während der Brutzeit benötigen die Tiere verstärkt tierisches Eiweiß in Form von lebenden Insekten und Weichfutter. Ein Gritgemisch darf ebenfalls nicht fehlen.

VERHALTEN

Safranfinken bauen ihr großes, kunstloses Nest in einem Strauch, akzeptieren jedoch manchmal auch Nistkästen. Dabei werden u.a. Gras, Sisal und Tierhaare verwendet. Ein Gelege umfasst etwa 4 weiße, dunkel gefleckte Eier. Sie werden 11–14 Tage lang ausschließlich vom Weibchen bebrütet. Das Männchen löst es hin und wieder ab. Die geschlüpften Jungen werden ebenfalls hauptsächlich von der Mutter gefüttert. Sie brauchen unbedingt sehr viel kleines Lebendfutter. Im Alter von gut und gern zwei Wochen fliegen die Jungen aus. Farblich gleichen sie dann noch sehr stark ihrer Mutter. Wenn sie etwa sechs Monate alt sind, kommen sie erstmals in die Mauser, doch bis die Jungvögel voll ausgefärbt sind, können zwei oder mehr Jahre verstreichen.

Safranammer, Weibchen

Tiaris canora

KUBAFINK

VERBREITUNGSGEBIET
Hauptsächlich Kuba.

GRÖSSE
Ungefähr 9–10 cm.

GESCHLECHTSUNTERSCHIEDE
Das Männchen besitzt eine schwarze „Maske", jene des Weibchens ist eher bräunlich. Die gelbe Umfassungslinie dieser „Maske" ist bei den Männchen viel auffälliger und intensiver gefärbt als bei den Weibchen. Die Männchen singen außerdem.

VERTRÄGLICHKEIT
Kubafinken vertragen sich ausgezeichnet mit anderen Arten und sind deshalb hervorragend als Bewohner von Gemeinschaftsvolieren geeignet. Vor allem die Männchen finden untereinander immer Anlass zu Streitereien, hauptsächlich während der Paarungszeit. Man hält diese Vögel dann am besten paarweise (beziehungsweise bringt die Paare separat unter). Einzeltiere verkümmern garantiert.

UNTERBRINGUNG
Man kann diese Vogelart sowohl in Außen- oder Zimmervolieren als auch in geräumigen Brutkäfigen pflegen. Die Voliere beziehungsweise der Käfig muss üppig bepflanzt sein oder auf andere Weise Deckung bieten.

HALTUNGSTEMPERATUR
Kubafinken sind recht robuste Vögel, die unter normalen Umständen keinen beheizten Schlag brauchen. Letzterer sollte jedoch gut vor Frost und Zugluft geschützt sein.

FÜTTERUNG
Als Grundnahrung eignet sich eine Körnermischung für kleine tropische Vögel; außerdem brauchen die Tiere unbedingt kleine Portionen Universalfutter, Keimlinge, kleine Insekten (lebend oder getrocknet) und Wild-

Kubafink, Weibchen

Kubafink, Männchen

kräuter. Schließlich darf eine Gritmischung keineswegs fehlen.

VERHALTEN

Diese lebhaften Vögel durchstöbern alle Winkel der Voliere. Die Männchen singen, doch ist ihr Gesang sehr leise.

ZUCHT

Je nach vorhandener Gelegenheit bauen die Tiere ihr Nest im Schutz eines Strauches oder in einem (halb offenen) Nistkasten. Beide Partner wirken am Bau des Nestes mit. Es ist durchweg kugelrund und besteht aus unterschiedlichsten Materialien wie Sisalschnur, Heu und Daunenfedern. Kubafinken legen im Durchschnitt 2–3 hellblau gefärbte Eier, die am stumpfen Ende dunkle Flecken aufweisen. Sie werden von beiden Partnern bebrütet, und die Jungen schlüpfen nach ungefähr 12–13 Tagen. Auch die Fütterung der Jungen besorgen beide Elternteile. Die Jungvögel fliegen im Alter von 2–3 Wochen aus und werden dann noch wenigstens drei weitere Wochen – in abnehmendem Maße – von den Eltern bewacht und gefüttert. Wenn das Weibchen bereits mit dem nächsten Gelege beschäftigt ist, widmet sich das Männchen allein diesen Aufgaben. Sobald man merkt, dass die Jungen selbständig sind, empfiehlt es sich, sie herauszufangen, weil nun die Gefahr besteht, dass sie ansonsten vom Männchen verjagt werden. Wenn das Zuchtpaar gesund ist und abwechslungsreich gefüttert wird, kann es in einem Jahr durchaus zwei oder drei Gelege großziehen.

Tiaris olivacea

GOLDBRAUE

VERBREITUNGSGEBIET

Nördliches Südamerika, vorgelagerte Inseln und Mexiko.

GRÖSSE

Ungefähr 11 bis 12 cm.

GESCHLECHTSUNTERSCHIEDE

Die Männchen besitzen orange Kehlflecke und Brauenstriche sowie einen schmalen gelben Streifen unterhalb des Auges.

VERTRÄGLICHKEIT

Goldbrauen gehen in Volieren mit gemischter Besetzung ihre eigenen Wege, sind aber gegenüber Artgenossen nicht immer gleich freundlich.
Vor allem während der Brutzeit reagieren die Männchen auf Geschlechtsgenossen der eige-

Goldbraue, Weibchen

Goldbraue, Männchen

nen Art sehr unverträglich. Man hält sie dann am besten nur paarweise. Pflegen Sie diese Vögel nicht gemeinsam mit Kubafinken!

UNTERBRINGUNG

In einer bepflanzten Zimmer- oder Außenvoliere fühlen sich diese Vögel am wohlsten. Man kann sie außerdem vorübergehend in einem geräumigen Zuchtkäfig unterbringen. Auf jeden Fall gilt aber, dass sie eine ausgeprägte Vorliebe für eine bepflanzte Umgebung haben und dort auch eher zur Brut schreiten.

HALTUNGSTEMPERATUR

Goldbrauen sind ziemlich abgehärtete Vögel, die im Winter keinen beheizten Schlag brauchen. Ein gewisser Schutz – etwa in Form eines frostsicheren Schlages – ist jedoch unbedingt erforderlich.

FÜTTERUNG

Als Grundnahrung kann man diesen Vögeln eine Körnermischung für kleine tropische Vögel geben. Außerdem fressen sie auch gern ein paar Wildkräutersamen. Während der Brutzeit dürfen auch Grünfutter und kleine Portionen Weichfutter nicht fehlen.
Am liebsten sind den Vögeln Wildkräuter

(Hirtentäschel, Vogelmiere) und Keimlinge; die meisten von ihnen naschen gern hin und wieder an Honig: eine frische, in der Voliere aufgehängte Bienenwabe wissen sie sehr zu schätzen. Schließlich empfiehlt es sich, ihnen regelmäßig Insekten anzubieten. Blattläuse, Spinnen, Getreideschimmelkäferlarven und Fliegen werden gleich gern und häufig gefressen.

VERHALTEN

Goldbrauen sind lebhafte Vögel, die sich am liebsten mitten in der Bepflanzung oder in deren Nähe aufhalten. Auf der Futtersuche scharren sie oft am Boden. Es hat sich sehr bewährt, ihnen öfters (ungespritzte!) Gartenabfälle auf den Boden der Voliere zu legen. Diese beherbergen sehr häufig kleine Insekten beziehungsweise deren Larven, welche von den Vögeln gern verzehrt werden. Die Tiere nehmen auch sehr gern ein Bad: dazu können Sie eine glasierte Keramikschale mit Wasser auf den Boden der Voliere stellen. Wenn man sich ihnen ruhig nähert, werden diese Vögel rasch zutraulich.

ZUCHT

In bepflanzten Volieren bauen Goldbrauen ihre Nester dem Vernehmen nach mit Vorliebe „frei stehend" in einem dichten Strauch. Manchmal begnügen sie sich mit Gitter- oder halb offenen Nistkästen, die als Grundlage für ihre Eigenkonstruktionen dienen.
Das Nest ist auffallend klein und besteht unter anderem aus Heu und Kokosfasern. Die Zahl der Eier schwankt zwischen 3 und 4. Sie sind hellblau mit braunen Flecken und werden vom Weibchen 13–14 Tage lang bebrütet. Beide Eltern füttern die Jungen; wenn diese etwa 2 Wochen alt sind, verlassen sie das Nest und werden noch einige Wochen vom Männchen gefüttert und bewacht.

Tiaris olivacea bryanti, *eine Unterart der Goldbraue*

Ein gesundes Zuchtpaar kann in einer Saison 2 oder 3 Bruten aufziehen.

Tiaris bicolor

SCHWARZGESICHTCHEN

VERBREITUNGSGEBIET

Nördliches Südamerika und vorgelagerte Inseln.

GRÖSSE

Etwa 11 bis 12 cm.

GESCHLECHTSUNTERSCHIEDE

Die Weibchen lassen sich leicht von den Männchen unterscheiden: sie sind hauptsächlich grüngrau mit schwarzer Zeichnung.

VERTRÄGLICHKEIT

Man pflegt diese Vögel am besten paarweise. Die Männchen dieser Art verhalten sich männlichen Artgenossen gegenüber oft sehr unverträglich. Vor allem während der Brutzeit kann dies zu Kämpfen führen. Andere Volierenbe-

Schwarzbrüstchen

Schwarzbrüstchen, Männchen

Schwarzbrüstchen, Weibchen

wohner werden in Frieden gelassen, und die Vögel gehen ansonsten ihre eigenen Wege.

UNTERBRINGUNG

Man kann diese Vögel sowohl in Außen- als auch in Zimmervolieren halten; ein Pärchen lässt sich auch in einem geräumigen Stubenkäfig unterbringen. Die Tiere brauchen unbedingt reichlich Deckung (etwa in Form von Pflanzen).

HALTUNGSTEMPERATUR

Diese Art ist ziemlich abgehärtet und braucht normalerweise keine Heizung. Der Schlag muss jedoch unbedingt allzeit frostsicher sein.

FÜTTERUNG

Man kann diesen Vögeln als Grundnahrung eine Körnermischung für tropische Vögel geben, die hin und wieder mit ein paar Wildkräutersamen, Wildkräutern und Keimlingen der genannten Samen angereichert wird.
Auch tierische Nahrung – etwa Blattläuse, kleine Spinnen, Käfer, Würmer und Fliegen – wird sehr gern gefressen. Während der Brutzeit kann man ihnen dazu ein wenig Weichfutter geben. Außerdem darf eine Gritmischung nicht fehlen, und auch Kolbenhirse wird gern angenommen.

VERHALTEN

Diese lebhaften, temperamentvollen Vögel halten sich am liebsten in Sträuchern oder deren Nähe auf. Häufig findet man sie auch am Boden der Voliere, wo sie nach Insekten und Sämereien suchen. An warmen Tagen nehmen sie gern ein Bad. Dazu bietet sich eine mit Wasser gefüllte Keramikschale auf dem Volie-

renboden an. Die Vögel sind meist wenig scheu und werden rasch mit ihrem Besitzer vertraut.

ZUCHT

Schwarzbrüstchen bauen ihr Nest am liebsten in einem dicht belaubten Busch, wenn ein solcher nicht vorhanden ist, nehmen sie aber auch mit Gitter- oder halb offenen Nistkästen an geschützten Stellen vorlieb. Ein Gelege umfasst durchschnittlich 2–3 Eier, die etwa 13 Tage lang vom Weibchen bebrütet werden. Beide Eltern kümmern sich um die Fütterung der Jungvögel, die ungefähr im Alter von 2 Wochen ausfliegen. Anschließend werden sie – in abnehmendem Maße – noch etwa 2 Wochen lang vom Männchen gefüttert und bewacht.

Volantinia jacarina

JACARINI-AMMER

VERBREITUNGSGEBIET

Mittel- und nördliches Südamerika (unter anderem Mexiko, Chile und Argentinien).

GRÖSSE

Ungefähr 9 cm.

GESCHLECHTSUNTERSCHIEDE

Die Unterschiede zwischen den Geschlechtern sind recht einfach auszumachen: die erwachsenen Männchen sind dunkelblau bis schwarz gefärbt und außerdem an den weißen Federn unter den Flügeln zu erkennen. Überdies singen sie.

VERTRÄGLICHKEIT

Jacarini-Ammern vertragen sich ausgezeichnet

Halb ausgefärbte Jacarini-Ammer

mit anderen Vögeln – Astrilde eignen sich beispielsweise hervorragend als Mitbewohner – und passen sich deshalb hervorragend in Gesellschaftsvolieren. Während der Brutzeit bilden sie rund um ihre Nester Reviere, in denen keine anderen Vögel geduldet werden.

UNTERBRINGUNG

Diese Ammernart fühlt sich in einer geräumigen, üppig bepflanzten Voliere mit frostsicherem Schlag am wohlsten. In manchen Ländern werden diese Vögel – vor allem die Männchen – wegen ihrer Sangeskünste als Käfigvögel gehalten.

HALTUNGSTEMPERATUR

Wenn die Vögel über einen absolut frostsicheren Schlag verfügen, ist eine Beheizung während der Wintermonate nicht erforderlich.

FÜTTERUNG

Als Grundnahrung kann man den Tieren eine Körnermischung für tropische Vögel sowie dann und wann etwas Weichfutter und Lebendfutter geben. Was das Lebendfutter angeht, bevorzugen die Vögel vor allem Fluginsekten. Außerdem fressen die Tiere sehr gern Kolbenhirse; um die Körner verdauen zu können, brauchen diese Vögel natürlich immer eine Gritmischung.

VERHALTEN

Jacarini-Ammern durchstöbern alle Ecken der Voliere. Die Männchen singen viel – nicht nur während der Fortpflanzungszeit, sondern auch im übrigen Jahr.

ZUCHT

Das Nest wird am liebsten an einer geschützten Stelle in der Bepflanzung oder in einem halb offenen Nistkasten. Oft befindet es sich dicht über dem Boden.
Es ist schalenförmig, ziemlich klein und besteht unter anderem aus aufgedröseltem Sisal und Kokosfasern. Ein Gelege umfasst 2–3 hellblaue, dunkler gemusterte Eier, die ausschließlich vom Weibchen bebrütet werden. Nach etwa 12–14 Tagen schlüpfen die Jungen aus dem Ei. Beide Eltern füttern sie hauptsächlich mit Sämereien.
Im Alter von etwa 2 Wochen verlassen die Jungvögel das Nest. Sie bleiben noch gut 2 Wochen in der Nähe und werden in dieser Periode vom Männchen bewacht und gefüttert. Das Weibchen ist dann oft schon mit dem nächsten Gelege beschäftigt. Bis junge Jacarini-Ammern voll ausgefärbt sind, kann ein volles Jahr verstreichen.

8 Kardinäle – Cardinalidae

Gubernatrix cristata

GRÜNKARDINAL

VERBREITUNGSGEBIET

Nordöstliches Argentinien, Brasilien und Uruguay.

GRÖSSE

Ungefähr 18 bis 20 cm.

GESCHLECHTSUNTERSCHIEDE

Die Weibchen sind nicht so bunt wie die Männchen und besitzen eine weniger deutlich ausgeprägte Kopfzeichnung. Im weißen Fleck unter dem Schnabel fehlen bei den Weibchen überdies die Gelbtöne.

VERTRÄGLICHKEIT

Grünkardinäle lassen sich sehr gut gemeinsam mit anderen Arten in Gesellschaftsvolieren halten, wenn diese nur groß genug sind. Während der Brutzeit werden die Vögel etwas aggressiv. Deshalb sollte man sie möglichst nur mit gleich großen, wehrhaften Arten vergesellschaften oder vorübergehend in einer eigenen Voliere unterbringen. Schaffen Sie am besten ein Pärchen an.

UNTERBRINGUNG

Am wohlsten fühlen sich diese Vögel in einer geräumigen, üppig bepflanzten Außenvoliere.

HALTUNGSTEMPERATUR

Der Schlag braucht im Winter normalerweise nicht beheizt zu werden, wenn er gut isoliert und absolut frostsicher ist. Manche Grünkardinäle sind etwas empfindlicher: solche Vögel

Grünkardinal

Links: Ein Pärchen Grünkardinäle

müssen sich in einen beheizten Innenraum zurückziehen können.

FÜTTERUNG

Es gibt keine speziellen Körnermischungen für Kardinäle zu kaufen. Sie können selbst eine geeignete Mischung zubereiten, indem Sie 2 Teile Agaporniden- und 1 Teil Kanarien- oder Singvogelfutter vermengen. Reichern Sie diese Mischung außerdem mit etwas Universalfutter, Kolbenhirse, Obst und Insekten an.

VERHALTEN

Der Grünkardinal ist ein sehr ruhiger Vogel, der sich gut an seinen Besitzer gewöhnen kann. Der Gesang des Männchens ist nicht außergewöhnlich, klingt aber angenehm im Ohr.

ZUCHT

Diese Vögel können bei der Partnerwahl sehr eigensinnig sein. Der Zuchterfolg hängt vor allem davon ab, dass die beiden Tiere einander leiden können. Das Nest kann in einem Strauch gebaut werden, in dem man zuvor ein Nistkörbchen fest verankert hat. Außerdem werden zu diesem Zweck auch so genannte Wellensittich-Nistkästen verwendet. Beim Nestbau kommen unter anderem Kokosfasern und dünne Zweige zum Einsatz. Man kann im Durchschnitt mit 3–5 blaugrünen, dunkel gefleckten Eiern rechnen. Sie werden vom Weibchen ungefähr 12 Tage lang bebrütet. Die Jungen brauchen viele lebende Insekten und werden sehr schnell flügge: schon nach 8 Tagen kann man sie außerhalb des Nestes antreffen. Sie werden dann noch ein Weilchen – freilich in abnehmendem Maße – hauptsächlich vom Männchen gefüttert und bewacht.

Cardinalis cardinalis

ROTKARDINAL

VERBREITUNGSGEBIET

Alle geeigneten Biotope vom nördlichen Mittelamerika bis nach Südkanada. Diese Art kommt auch in Wohngebieten häufig vor.

GRÖSSE

Ungefähr 18 bis 20 cm.

GESCHLECHTSUNTERSCHIEDE

Bei dieser Art lassen sich die Geschlechter

Rotkardinal, Männchen

recht einfach unterscheiden: die Männchen sind nämlich leuchtend rot, die Weibchen hingegen eher rot-bräunlich.

VERTRÄGLICHKEIT

Rotkardinäle vertragen sich sehr gut mit Artgenossen und anderen Volierenbewohnern. Man kann sie sogar mit kleineren Arten vergesellschaften.

UNTERBRINGUNG

Der Rotkardinal eignet sich vor allem für große, üppig bepflanzte Außenvolieren. In Zimmervolieren sollte man diese Vögel besser nicht halten.

HALTUNGSTEMPERATUR

Rotkardinäle sind winterhart. Wenn sie über einen frostsicheren und gut isolierten Schlag verfügen, kommen sie gut durch den Winter.

FÜTTERUNG

Es gibt leider noch kein Spezialfutter für Kardinäle zu kaufen. Sie können aber selbst 2 Teile Agaporniden- und 1 Teil Kanarien- oder Singvogelfutter mischen. Außerdem gibt man diesen Vögeln regelmäßig etwas Grünfutter, Obst und Insekten.

Mehlwürmer und Universalfutter werden ebenfalls gern gefressen. Es empfiehlt sich, hin und wieder ein wenig ungespritzten (!) Kompost in der Voliere zu verstreuen. Die Vögel picken sich gern verschiedene Futtertiere heraus.

VERHALTEN

Bei dieser Art singen Männchen und Weibchen, Erstere tun dies indes weit eindrucksvoller. Männliche Rotkardinäle gelten im Allgemeinen als die besten Sänger unter den Kardinälen. Sie halten sich zur Futtersuche gern auf dem Boden auf, zeichnen sich durch ein lebhaftes Wesen aus und werden bei bedächtigem Vorgehen mit ihrem Pfleger derart vertraut, dass sie sogar Futter aus der Hand fressen.

ZUCHT

Wer diese Art züchten will, sollte am besten ein Pärchen in einer eigenen Voliere unterbringen. Das schalenförmige Nest wird vom Weibchen gebaut, das dazu unter anderem dünne Zweige, Kokosfasern, Sisal, Grashalme und Moos verwendet.

Manchmal geschieht dies in einem vorhandenen Nistkasten, bei ausreichend dichter Bepflanzung jedoch in einem Strauch oder einer Konifere. Wenn man beobachtet, dass das Weibchen Nistmaterial zu einer bestimmten Stelle trägt, sollte man dort ein Nistkörbchen anbringen.

Ein Gelege umfasst im Schnitt 2–4 hellblaue, braun gesprenkelte Eier, die vom Weibchen in etwa 14 Tagen ausgebrütet werden. Beide Eltern füttern die Jungen, vornehmlich mit Insekten. Bei reichlicher und abwechslungsreicher Ernährung wachsen die Jungen schnell: sie verlassen das Nest im Alter von 8–9 Tagen. Bis sie im Alter von etwa 5 Wochen selbständig sind, werden sie von beiden Elternteilen (in abnehmendem Maße) bewacht und gefüttert. Zu Beginn der Saison geschlüpfte Jungvögel können schon im Herbst des selben Jahres ausgefärbt sein.

Mit etwa einem Jahr kann man sie als Zucht-

Rotkardinal, Weibchen

Rotkardinal, Männchen

Rotkardinal, Männchen

tiere einsetzen. Ein gesundes Paar kann in einer Saison mehrere Bruten großziehen.

Paroaria dominicana

DOMINIKANERKARDINAL

VERBREITUNGSGEBIET
Nordostbrasilien.

GRÖSSE
Ungefähr 16 bis 18 cm.

GESCHLECHTSUNTERSCHIEDE
Es gibt keine sichtbaren Unterschiede zwischen den Geschlechtern.

VERTRÄGLICHKEIT
Außerhalb der Brutzeit gibt es keine Probleme mit anderen Vögeln. In dieser Phase können jedoch vor allem die Männchen sehr territorial werden, weshalb man sie besser in einer eigenen Voliere unterbringt. Halten Sie am besten ein Pärchen.

UNTERBRINGUNG
Dominikanerkardinäle fühlen sich in großen, üppig bepflanzten Volieren am wohlsten.

HALTUNGSTEMPERATUR
Die farbenprächtigen Vögel sind sehr abgehärtet und brauchen im Winter keine Heizung, wenn ein gut isolierter, frostsicherer Schlag vorhanden ist.

FÜTTERUNG
Leider gibt es noch kein Spezialfutter für Kardinäle. Sie können aber 2 Teile Agaporniden- und 1 Teil Kanarien- oder Singvogelfutter vermischen. Reichern Sie dies mit etwas Obst und Grünfutter an. Außerdem brauchen die Vögel – vor allem vor und während der Brutzeit – mehr tierische Eiweiße (lebende Insekten und Weichfutter).

VERHALTEN
Diese Kardinäle sind lebhaft und nutzen alle Winkel der Voliere aus. Man findet sie auch oft am Boden, wo sie nach Nahrung scharren. Die Männchen singen sehr schön.

ZUCHT
Das größte Problem bei der Zucht bildet die Partnerwahl: Wichtig ist, dass es zwischen den beiden Partnern „funkt". Hinsichtlich des Nistplatzes sind sie nicht wählerisch: sie bauen „freie" Nester, nehmen aber auch vorhandene Nistkästen in Beschlag. Das Nest liegt fast immer gut geschützt im Laubwerk. Man kann mit etwa 2–3 Eiern rechnen, die vom Weibchen 12–14 Tage bebrütet werden.

Die Jungen brauchen viele lebende Insekten, die man mehrmals täglich reichen muss. Mit etwa zwei Wochen fliegen sie aus und werden noch eine Weile (in abnehmendem Maße) hauptsächlich vom Männchen gefüttert und bewacht.

Graukardinal

Paroaria coronata

GRAUKARDINAL

VERBREITUNGSGEBIET

Südliches Südamerika, vor allem Bolivien, Uruguay, Paraguay und Argentinien.

GRÖSSE

Ungefähr 17 bis 18 cm.

GESCHLECHTSUNTERSCHIEDE

Es gibt keine verlässliche Methode zur äußeren Unterscheidung der Geschlechter. Sicheren Aufschluss kann nur die endoskopische Untersuchung durch einen Tierarzt geben.

VERTRÄGLICHKEIT

Diese Vögel eignen sich hervorragend für eine Voliere mit gemischter Besetzung, sofern deren Mitbewohner ungefähr gleich groß sind. Nur während der Brutzeit sind sie manchmal anderen Vogelarten gegenüber unverträglich, immer aber gegen Artgenossen! Nun kann man sie ausschließlich paarweise halten.

UNTERBRINGUNG

Diese Vögel fühlen sich in einer Außenvoliere mit einer Bepflanzung aus immergrünen Sträuchern und Bäumchen am wohlsten.

Dominikanerkardinal

Junger, noch nicht ausgefärbter Dominikanerkardinal

HALTUNGSTEMPERATUR

Graukardinäle sind sehr widerstandsfähige Vögel. Sie brauchen allerdings einen gut isolierten Schlag. Eine zusätzliche Heizung ist nicht erforderlich.

FÜTTERUNG

Da es kein Spezialfutter für Kardinäle gibt, muss man es selbst mischen. Vermengen Sie dazu 2 Teile Agaporniden- und 1 Teil Kanarien- oder Singvogelfutter. Außerdem brauchen diese Vögel kleine Mengen von Universalfutter, Insektenpastete und Grünfutter. Schließlich werden auch allerlei lebende Insekten sehr gern gefressen.

VERHALTEN

Bei dieser attraktiven Art singen beide Geschlechter. Normalerweise klingt der Gesang des Männchens schöner, doch gibt es auch Ausnahmen. In ihren Heimatländern werden die männlichen Vögel als Sänger in Käfigen gehalten. Badewasser wissen sie sehr zu schätzen: die Tiere nehmen selbst bei niedrigen Temperaturen ein Bad.

ZUCHT

Wer diese Vögel züchten will, sollte am besten nur jeweils ein Pärchen in einer großen, üppig bepflanzten Außenvoliere pflegen. Die Anwesenheit anderer Vogelarten sorgt kaum für Probleme, sofern nur genügend Platz für alle Tiere vorhanden ist. Das schalenförmige Nest wird unter anderem aus aufgedröselter Sisalschnur, Kokosfasern und Heu gebaut, während seine Innenseite mit weichem Material (Flaumfedern, Tierhaare) ausgepolstert wird. Oft platzieren die Vögel das Nest in einem dichten Strauch, doch akzeptieren sie durchaus auch Nistkästen. Sie legen ungefähr 3–4 weiße, graubraun gesprenkelte Eier, die etwa 12–13 Tage lang hauptsächlich vom Weibchen bebrütet. werden. Dabei wird dieses oft vom

Dominikanerkardinal

Männchen abgelöst. Die Jungen werden zunächst praktisch ausschließlich mit vielerlei verschiedenen Insekten (unter anderem Mehlwürmern, Getreideschimmelkäferlarven, Heuschrecken, Käfern, Grillen und Asseln) gefüttert. Nach ungefähr zwei Wochen fliegen sie aus, werden aber noch etwa drei Wochen von beiden Eltern (hauptsächlich vom Vater) gefüttert und bewacht. Im Alter von ungefähr sechs Wochen können sie als selbständig gelten. Die Jungvögel besitzen dann allerdings noch nicht die hübsche rote Kopfbefiederung der Alten, die sich erst mit drei bis vier Monaten braunrot andeutet. Ihre endgültige Färbung zeigen die meisten Vögel erst im Alter von etwa zwei Jahren.

Passerina cyanea

INDIGOFINK

VERBREITUNGSGEBIET

Von Mittel- bis ins östliche Nordamerika.

GRÖSSE

Ungefähr 12 bis 13 cm.

GESCHLECHTSUNTERSCHIEDE

Die Männchen sind zur Brutzeit leuchtend blau gefärbt, die Weibchen tragen hingegen – genau wie Männchen außerhalb dieser Phase – ein eher braungraues Federkleid. Einige Weibchen (vor allem etwas ältere Tiere) können blaue Flecken aufweisen.

VERTRÄGLICHKEIT

Indigofinken geben in Gemeinschaftsvolieren nur selten Anlass zu Problemen. Nur zwischen den Männchen kommt es – vor allem während der Brutzeit – hin und wieder zu Streitereien.

Indigofink

Deshalb sollte man besser jeweils nur ein Paar pro Voliere pflegen.

UNTERBRINGUNG

Halten Sie diese Vögel am besten in einer üppig bepflanzten Außenvoliere. Diese Vögel gedeihen auch in einer ausreichend bemessenen Zimmervoliere sehr gut, während sie sich in „leer geräumten" Zimmern nicht wohl fühlen und als Käfigvögel prinzipiell ungeeignet sind.

HALTUNGSTEMPERATUR

Indigofinken sind äußerst widerstandsfähige Vögel. Wenn sie sich in einen vor Zugluft und Frost sicheren Schlag zurückziehen können, brauchen sie keine zusätzliche Heizung.

FÜTTERUNG

Als Grundnahrung eignet sich eine Körnermischung für europäische Ziervögel (Singvogelfutter), die mit Wildkräutersamen, Universalfutter, frisch gepflückten Wildkräutern, etwas Lebendfutter (Mehlwürmern) und Obst angereichert wird.

VERHALTEN

Indigofinken scharren gern auf dem Boden der Voliere umher, wo sie einen Teil ihres Futters suchen. Außerdem halten sie sich gern in den dichter bepflanzen Bereichen ihrer Voliere auf. Diese Vögel nehmen gern ein Bad. Eine stets mit frischem Wasser gefüllte glasierte Keramikschale auf dem Boden der Voliere wird denn auch gern in Anspruch genommen.

ZUCHT

Das schalenförmige Nest wird zumeist in einem dichten Strauch gebaut, meist sehr dicht über dem Boden. Ein Gelege umfasst im Durchschnitt 2–4 hellblaue, braun gefleckte Eier. Das Weibchen bebrütet diese etwa 13 Tage lang und übernimmt auch die Fütterung der Jungen. Deren Futter besteht hauptsächlich aus einer möglichst abwechslungsreichen Mischung von Insekten in verschiedenen Entwicklungsstadien. Indigofinken entwickeln sich rasend schnell und fliegen normalerweise schon mit anderthalb Wochen aus. Dem Männchen obliegt es, andere Vögel auf Abstand zu halten.

Mit ungefähr zwei oder drei Wochen können die Jungvögel selbständig nach Futter scharren; man trennt sie nun am besten von den Eltern. Die Männchen sind bei dieser Art erst mit zwei Jahren voll ausgefärbt. Ein gesundes Zuchtpaar kann in einer Saison mehrere Bruten aufziehen, doch lassen sich Indigofinken in der Praxis nicht leicht zur Fortpflanzung bringen.

9 Papageien, Kakadus, Sittiche und Loris – Psittacidae

Amazona aestiva

BLAUSTIRNAMAZONE

VERBREITUNGSGEBIET
Brasilien und Argentinien.

GRÖSSE
Ungefähr 37 cm.

GESCHLECHTSUNTERSCHIEDE
Bei dieser Art sind die Geschlechter nicht anhand äußerer Merkmale zu unterscheiden. Es gibt zwar Tiere mit einem höheren beziehungsweise niedrigeren Gelb- oder Blauanteil, aber das sagt nichts über deren Geschlecht aus. Manchmal kann die Größe einen Hinweis geben (Weibchen haben oft kleinere Köpfe und Schnäbel als die Männchen), aber auch das ist kein absolut sicheres Indiz. Nur mittels endoskopischer Untersuchungen lässt sich das Geschlecht der Vögel eindeutig bestimmen: solche Eingriffe sollte man aber besser einem darauf spezialisierten Tierarzt uberlassen.

VERTRÄGLICHKEIT
Papageien sind gesellige Tiere. Wenn man sie züchten will, schafft man am besten ein „bewährtes" Zuchtpaar an oder zieht mehrere Jungvögel gemeinsam auf. Innerhalb solcher Gruppen bilden sich oft harmonische Paare heraus, die man anschließend in eigenen Zuchtvolieren unterbringen kann. Einzeln aufgezogene Tiere entwickeln hingegen eine enge Beziehung zu ihrem Pfleger. Sie werden unter Umständen sehr zahm und lernen menschliche Stimmen und andere Geräusche zu imitieren. Häufig sympathisieren sie besonders stark mit einem bestimmten Familienmitglied. Junge Vögel erkennt man an der Farbe ihrer Iris: sie ist dunkel statt orange. Pflegen Sie Papageien niemals in Gesellschaftsvolieren!

UNTERBRINGUNG
Papageien haben kräftige Schnäbel. Die Stärke der Käfigstäbe beziehungsweise der Verglasung sollte daher auf ihre Kraft abgestimmt sein. Auch hölzerne Einbauten (Schläge und Ähnliches) müssen entsprechend solide sein. Es empfiehlt sich, die Voliere zu überdachen. Für diese Vogelart sollte sie eine Mindestgrundfläche von 4 x 1 m aufweisen. Zimmerkäfige können nicht groß genug sein und eignen sich allenfalls, wenn die Tiere sie täglich verlassen können. Papageien langweilen sich

Blaustirnamazone

Links: *Gelbbrustara oder Ararauna*

Blaustirnamazonen

überaus schnell und beschäftigen sich in ihrem Käfig gern mit irgendetwas. Es gibt im Tierfachhandel speziell für Papageien konzipiertes Spielzeug, aber die Vögel wissen auch geeignete Zweige oder dünne Baumstämme zu schätzen, an denen sie umherklettern können, um so der Langeweile zu entkommen.

HALTUNGSTEMPERATUR

Blaustirnamazonen sind an sich recht widerstandsfähige Vögel, doch reagieren sie auf Kälte, Zugluft und Nässe empfindlich. Ihr Schlag muss deshalb sehr gut isoliert sein und an einer geschützten Stelle stehen. Während der Wintermonate kann es erforderlich werden, ihn zu beheizen oder die Vögel ins Hausinnere zu holen.

FÜTTERUNG

Man füttert Blaustirnamazonen mit einer hochwertigen Körnermischung für Papageien und reicht ihnen zusätzlich täglich wechselnde Obstsorten (Kiwi, Apfel, Papaya, halbierte Apfelsinen) sowie Gemüse (beispielsweise Möhren). Reichern Sie das Futter regelmäßig mit Vitaminen und Mineralstoffen an, die es speziell für Papageien gibt, und stellen Sie sicher, das Grit, Holzkohle und Magenkiesel immer in ausreichenden Mengen vorhanden

Blaustirnamazone

sind. Das Futter muss möglichst abwechslungsreich sein und darf auf keinen Fall zu viel Fett enthalten. Papageien fressen sehr gern fettreiche Samen (Sonnenblumen- oder Pinienkerne und ähnliche), die im Übermaß sehr gesundheitsschädlich sein können. Verfüttern Sie niemals Avocados: sie sind Gift für alle Papageienvögel!

VERHALTEN

Blaustirnamazonen klettern sehr gern umher. Außerdem müssen sie immer etwas zu knabbern haben: daher empfiehlt es sich, ihnen regelmäßig ausgefaserte Tauenden oder frische Weidenzweige anzubieten. Die meisten Vertreter dieser Papageienart sind sehr gut in der Lage, menschliche Stimmen und Geräusche zu imitieren. Leider können diese Vögel auch recht laut werden (was man von vornherein berücksichtigen sollte, falls man in einer dicht besiedelten Wohngegend lebt). Wenn sie erst einmal daran gewöhnt sind, wissen Papageien eine nasse Dusche sehr zu schätzen, vor allem im Sommer. Verwenden Sie dazu ein Zimmerpflanzensprühgerät, das mit lauwarmem Wasser gefüllt wird.

ZUCHT

Bei der Zucht von Blaustirnamazonen kommt es vor allem darauf an, dass es zwischen den beiden Partnern „funkt". Als Nistkasten eignet sich ein ausgehöhlter Baumstamm oder ein entsprechender Kasten, dessen Boden man mit einer Schicht leicht feuchten Torfmulls bedeckt. Man kann auch ein paar Weidenzweige in den Kasten legen, die von den Vögeln gern als Nistmaterial „aufbereitet" werden. Die Grundfläche des Nistkastens sollte bei einer Höhe von 50–60 cm etwa 30 x 30 cm betragen, der Durchmesser des Fluglochs ungefähr 10–12 cm.

In den meisten Fällen werden 2–3 Eier gelegt, manchmal auch mehr. Sie werden nicht an ein und demselben Tag gelegt, sondern in mehrtägigen Intervallen. Das Brutgeschäft ist allein Sache des Weibchens, dessen Fütterung während der gesamten Brutzeit das Männchen übernimmt, so dass es das Gelege nie allein zu lassen braucht. Die Jungvögel schlüpfen nach etwa vier Wochen und werden 6–8 Wochen später flügge.

Bis zu ihrer Selbständigkeit – die durchweg im Alter von etwa 3–4 Monaten eintritt – werden sie von beiden Altvögeln (zu)gefüttert und bewacht. Bis sie die Geschlechtsreife erlangen, verstreichen wenigstens 4–5 Jahre. Während der Brutzeit dürfen die Tiere so wenig wie möglich gestört werden, da es sonst oft vorkommt, dass sie ihre Jungen unter Stress im Stich lassen.

Grünflügelara

Grünflügelara

Ara chloroptera

GRÜNFLÜGELARA

VERBREITUNGSGEBIET
Nördliches Südamerika.

GRÖSSE
Ungefähr 85 cm.

GESCHLECHTSUNTERSCHIEDE
Die Geschlechter lassen sich nur schwer unterscheiden; ein geschultes Auge kann sie jedoch manchmal am Schnabel erkennen: er ist beim Männchen länger und deutlich schmaler. Außerdem gibt es Paare, bei denen das Männchen deutlich größer ist, aber darauf kann man sich nicht absolut verlassen. Gewissheit kann nur eine endoskopische Untersuchung bringen, die man von einem darauf spezialisierten Tierarzt vornehmen lassen sollte.

VERTRÄGLICHKEIT
Wer sich einen Ara als Hausgenossen wünscht, sollte ein Tier kaufen, das wenigstens zum Teil von Hand aufgezogen worden ist. Solche Aras entwickeln eine enge Beziehung zu ihrem Besitzer und lernen auch Stimmen zu imitieren – vorausgesetzt, sie kommen als Jungvögel ins Haus und werden aufmerksam betreut. Bei Vernachlässigung kommt es schnell zu Verhaltensstörungen: ein Ara als Haustier ist immer eine Wahl fürs Leben! Wer diese Vögel züchten will, sollte ein kleine Gruppe oder ein „bewährtes" Paar anschaffen, damit die Tiere ihre künftigen Partner selbst auswählen können. Pflegen Sie diese Aras nie zusammen mit

kleineren Vögeln, sondern nur mit Artgenossen oder anderen Aras.

UNTERBRINGUNG

Aras brauchen unbedingt sehr viel Platz. In allzu kleinen Käfigen oder Volieren beschädigen sie schnell ihre Schwung- und Schwanzfedern. Der Käfig muss so breit sein, dass der Vogel seine Flügel vollständig ausbreiten kann und der Schwanz nicht den Boden berührt. In Anbetracht der Größe dieser Vögel sind Zimmerkäfige eigentlich immer zu klein: sie müssen daher täglich die Gelegenheit bekommen, ihre Flügel zu entfalten. Da Aras überaus standorttreue Vögel sind und nicht gern fliegen, haben viele Menschen die Angewohnheit, sie auf „Papageienständern" oder Kletterbäumen zu halten. Die meisten Aras verspüren offenbar keinen ausgeprägten Bewegungsdrang. Zum Bau einer (überdachten) Außenvoliere eignet sich geschweißtes, verzinktes Metallgitter mit einem Stababstand von 5 cm. Achten Sie auf das eventuell verwendete Holzmaterial: mit ihren kräftigen Schnäbeln können sich die Vögel früher oder später hindurchnagen! Aras sind ausgesprochen kletterfreudig. Ein oder mehrere Baumstämme mit kräftigen Seitenästen werden gern angenommen und dürfen keinesfalls fehlen. Eine Bepflanzung ist ansonsten wenig sinnvoll, da sie binnen kurzem „in Kleinholz verwandelt" wird.

HALTUNGSTEMPERATUR

Obgleich diese Araart alles andere als empfindlich ist, muss sie frostsicher überwintern können: Beheizen Sie deshalb erforderlichenfalls den Schlag.

FÜTTERUNG

Es gibt spezielle Futtermischungen für Aras. Reichern Sie diese notfalls mit einem Vitamin- oder Mineralpräparat an. Außerdem fressen die Vögel gern Obst, Beeren und Ähnliches. Verfüttern Sie niemals Avocados: sie sind Gift für diese Tiere! Sorgen Sie dafür, dass immer ausreichend Grit, Holzkohle und Magenkiesel vorhanden sind. Um das Knabberbedürfnis der Aras zu decken, bietet man ihnen frische Weiden- oder ungespritzte (!) Obstbaumzweige an.

VERHALTEN

Aras können hervorragend fliegen, klettern aber im Allgemeinen lieber. Sie nutzen alle Winkel ihrer Voliere aus. Diese Vögel können empfindlich laut kreischen: bedenken Sie das, wenn Sie in einer normalen Wohngegend leben! Außerdem sind diese Papageien hochbegabte Stimmenimitatoren – allerdings nur dann, wenn sie nicht paarweise oder in Gruppen gehalten werden. Die meisten von ihnen nehmen gern ein Wasserbad oder lassen sich an heißen Tagen mit einem Sprühgerät „duschen".

ZUCHT

Aras lassen sich nicht gerade leicht züchten. Viel hängt davon ab, dass die Partner einander leiden können, wie sie gefüttert werden etc. Bis zum Erlangen der Geschlechtsreife können vier oder mehr Jahre verstreichen. Zur Zucht brauchen diese Vögel unbedingt eine geräumige, überdachte Voliere. Sie brüten am liebsten in natürlichen Bruthöhlen (etwa in hohlen Bäumen) oder in kleinen Bierfässern. Das Weibchen legt im Schnitt 2–4 Eier, die es anschließend 24–28 Tage lang bebrütet. Die Jungen werden mit gut drei bis knapp vier Monaten flügge. Sie können dann noch nicht selbst für sich sorgen und werden daher noch eine Weile von den Eltern betreut.

BESONDERHEITEN

Aras können steinalt werden.

Ara ararauna

GELBBRUSTARA ODER ARARAUNA

Gelbbrustaras

VERBREITUNGSGEBIET

Mittel- und nördliches Südamerika.

GRÖSSE

Ungefähr 85 cm.

GESCHLECHTSUNTERSCHIEDE

Die Männchen dieser Art haben manchmal größere Köpfe und Schnäbel, doch sind die äußeren Unterschiede zwischen den Geschlechtern nicht immer deutlich ausgeprägt. Sicherheit kann nur eine endoskopische Untersuchung durch einen spezialisierten Tierarzt geben.

VERTRÄGLICHKEIT

Gelbbrustaras sind gesellige Vögel, die sehr anhänglich werden können, wenn man sie schon als Jungvögel an die Gesellschaft von Menschen gewöhnt. Dabei machen sie keinen Unterschied zwischen verschiedenen Personen. Beachten Sie jedoch: Ein Ara braucht mindestens so viel Zuwendung wie ein Hund, wird aber viel älter. Die Anschaffung eines solchen Vogels will deshalb gründlichst überlegt sein. Diese Vögel brauchen viel Zuwendung – wenn sie die nicht erhalten, kommt es zu Selbstrupfen, Kreischanfällen und anderen Verhaltensstörungen. Halten Sie diese Vögel in einer Voliere nur mit Artgenossen, aber nie mit kleineren Vögeln! Als Einzeltier kommt diese Art für eine Voliere nicht in Frage.

UNTERBRINGUNG

Der Käfig kann für diese stattlichen Vögel nicht groß genug sein. Deshalb sollte man ihnen täglich die Gelegenheit bieten, ihre Glieder außerhalb des Käfigs auszustrecken. Bei Zimmerhaltung muss der Käfig wenigstens so breit sein, dass der Vogel seine Flügel entfalten kann, während die Höhe nicht nur auf seine Größe, sondern auch auf die Länge der Schwanzfedern abgestimmt sein sollte. Spezielle Ara- und Papageienkäfige nehmen Rücksicht auf die kräftigen Schnäbel dieser Vögel. Wenn sie erst eingewöhnt sind, lassen sich die meisten Aras ohne weiteres auf einem Kletterbaum oder einem „Papageienständer" halten. Sie zeigen im Allgemeinen keinen ausgeprägten Bewegungsdrang. Wer selbst eine Voliere bauen will, sollte geschweißte, verzinkte Metallgitter verwenden. Achten Sie auf Schwachstellen wie Holzteile etc.! Auch bei Außenhaltung brauchen die Vögel unbedingt Klettergelegenheiten: Verankern Sie am besten einen Baumstamm mit einigen Seitenästen fest im Boden. Eine Bepflanzung ist wenig sinnvoll.

HALTUNGSTEMPERATUR

Gelbbrustaras können während der warmen Sommermonate ohne weiteres im Freien gehalten werden; ansonsten muss der Schlag unter Umständen etwas beheizt werden.

FÜTTERUNG

Man gibt diesen Vögeln ein Spezialfutter für Aras und andere Papageien, das notfalls mit Vitaminen oder Mineralstoffen angereichert wird. Reichen Sie regelmäßig Obst und Beeren, aber niemals Avocados: Diese Früchte sind für Papageien absolut giftig! Selbstverständlich brauchen die Vögel auch immer eine Gritmischung für Papageien, in der unter anderem Holzkohle und Magenkiesel enthalten sind. Damit die Tiere ihrem Knabberbedürfnis nachkommen können, gibt man ihnen am besten täglich frische Weiden- und/oder ungespritzte (!) Obstbaumzweige. Weidenzweige bekommt man in den meisten Zoofachgeschäften.

VERHALTEN

Aras gehören nicht gerade zu den besten Stimmenimitatoren (das gilt eher für Graupapageien). Nichtsdestoweniger können sie lernen, menschliche Stimmen recht gut nachzuahmen. Dazu müssen sie allerdings von frühester Jugend an Umgang mit Menschen haben. In Gruppen

Große Gelbhaubenkakadus

oder paarweise gehaltene Aras neigen kaum zum Imitieren. Obwohl Aras ausgezeichnet fliegen können, bewegen sie sich weit lieber kletternd oder klimmend von der Stelle. Manche Exemplare sind derart stimmgewaltig, dass es zu Problemen mit den Nachbarn kommen kann. Während der Sommermonate lassen sich die meisten Aras gern eine Dusche aus der Pflanzenspritze verpassen. Verwenden Sie tunlichst nur lauwarmes Wasser! Im Zimmer gehaltene Vögel müssen täglich eine „Dusche" bekommen.

ZUCHT

Die Zucht von Aras ist keine einfache Angelegenheit. In erster Linie kommt es darauf an, dass das Zuchtpaar gut miteinander harmoniert, aber Fütterung, Unterbringung und Ruhe während der Brutzeit spielen eine mindestens ebenso wichtige Rolle. Der Nistkasten muss sehr geräumig sein: seine Grundfläche sollte ungefähr 55 x 55 cm betragen, die Höhe wenigstens 80 cm. Sehr gut geeignet sind ausgehöhlte Baumstämme, aber auch kleine Bierfässchen wirken überaus dekorativ. Im Hinblick auf das wechselhafte Wetter kann man den Nistkasten auch im Innenschlag aufstellen. Den Boden des Kastens können Sie mit mulmigen Holzstückchen bedecken, welche die Vögel dann als Bodenstreu zerkleinern. Auch Weidenzweige werden dazu sehr gern verwendet. Gelbbrustaras legen 2–4 Eier, die vom Weibchen etwa 24–28 Tage lang bebrütet werden. Die Jungvögel werden von beiden Elternteilen versorgt und fliegen im Alter von zweieinhalb bis drei Monaten aus.

Cacatua galerita

GELBHAUBENKAKADU

VERBREITUNGSGEBIET

Australien, Tasmanien, Neuguinea und benachbarte Inseln.

Kleiner Gelbhaubenkakadu

GRÖSSE

Ungefähr 50 cm.

GESCHLECHTSUNTERSCHIEDE

Die Geschlechter lassen sich anhand ihrer Irisfärbung unterscheiden: beim Männchen ist sie schwarz, beim Weibchen hingegen rotbraun.

VERTRÄGLICHKEIT

Gelbhaubenkakadus sind überaus gesellig veranlagte Vögel. Wenn Sie ein solches Exemplar als Haustier pflegen (beziehungsweise erst noch anschaffen wollen), sollten Sie bedenken, dass es mindestens so viel Zuwendung braucht wie ein Hund. Ein vernachlässigter Kakadu, mit dem man sich zu wenig beschäftigt, zeigt schon nach kurzer Zeit verschiedene Verhaltensstörungen: er kreischt häufig lange und durchdringend, rupft sich die Federn aus und benagt alles Mögliche. Überlegen Sie es sich also reiflich, bevor Sie einen Vogel dieser Art erwerben! Wenn man diese Tiere paarweise oder als kleine Gruppe in einer geräumigen Außenvoliere pflegt, können sie sich ausreichend miteinander beschäftigen.

UNTERBRINGUNG

Kakadus sind die eifrigsten „Zerstörer" unter allen papageiartigen Vögeln: Sie besitzen sehr kräftige Schnäbel. Von Neugier getrieben, testen sie unablässig, ob sie das Schloss ihres Käfigs knacken und durch die Tür oder durch die Gitterstäbe ins Freie entweichen können. Volieren für Kakadus müssen deshalb vor allem sehr solide konstruiert sein. Ein Kletterbaum und diverse Spielgeräte dürfen keinesfalls fehlen, damit die Tiere immer etwas zu tun haben. Wenn man einen Vogel im Zimmer halten will, muss sein Käfig so groß sein, dass seine Schwung- und Schwanzfedern oder die Haube nicht beschädigt werden können.

HALTUNGSTEMPERATUR

Während der Sommermonate kann man die Vögel ohne weiteres an einer geschützten Stelle im Freien halten. Obwohl Gelbhaubenkakadus nicht gerade empfindlich sind, sollte man während der kalten Wintermonate besser für einen beheizbaren Schlag sorgen.

FÜTTERUNG

Man füttert Gelbhaubenkakadus mit einer Spezialkörnermischung, die eigens für Kakadus und andere Papageien konzipiert ist. Je nach Sorte oder Hersteller kann es unter Umständen erforderlich sein, diese mit Vitaminen und Mineralstoffen anzureichern. Obst, Grünfutter und Beeren können Sie täglich reichen – auf keinen Fall jedoch Avocados: diese sind für Vögel Gift! Ein Gritgemisch muss ebenfalls stets vorhanden sein, damit sich die Vögel jederzeit nach Bedarf bedienen können. Damit sie ihr Knabberbedürfnis stillen können, gibt man ihnen regelmäßig frische Weiden- und ungespritzte (!) Obstbaumzweige.

Obwohl Kakadus im Allgemeinen nicht gerade als Sprachkünstler gelten, dürfen Gelbhaubenkakadus doch als Meister in dieser Gruppe gelten. Sie sind von Natur aus stimmgewaltig und zeigen das auch in menschlichen Wohnungen. Der Große Gelbhaubenkakadu kann sehr zahm werden und – wenn man geduldig ist – Kunststückchen erlernen. Kakadus machen gern Gebrauch von ihrem Schnabel und benötigen entsprechende Gelegenheiten: bieten Sie den Vögeln deshalb täglich frische Weiden- und ungespritzte (!) Obstbaumzweige an. Auch Spielzeug wird gern angenommen – und im Nu zerlegt ... An warmen Tagen wissen die Tiere eine lauwarme Dusche aus der Blumenspritze zu schätzen; Stubenvögel kann man ruhig jeden Tag überbrausen.

ZUCHT

Die Zucht von Großen Gelbhaubenkakadus ist nicht einfach. Bis zur Geschlechtsreife können vier oder fünf Jahre vergehen. Das Weibchen legt 2–3 Eier, die es abwechselnd mit dem Männchen bebrütet. Nach ungefähr 26 Tagen schlüpfen die Jungen, die etwa zwei Monate später flügge sind. Sie können dann noch nicht gut selbst für sich sorgen und werden eine Weile von den Eltern gefüttert und bewacht. Während der Brutzeit dürfen die Tiere nicht gestört werden. Auch sonst zahme Vögel verhalten sich dann ihrem Pfleger gegenüber sehr unfreundlich.

BESONDERHEITEN

Kakadus können steinalt werden. Ihre mittlere Lebenserwartung beträgt 40 Jahre, doch kennt man auch Tiere, die ein wesentlich höheres Alter erreicht haben. Der Kleine Gelbhaubenkakadu gleicht in vieler Hinsicht seinem größeren Verwandten, bleibt jedoch viel kleiner. Diese Art wird durchschnittlich 35 cm groß und stammt aus Indonesien. Ihre Sprachbegabung ist auch deutlich geringer als die ihres großen Verwandten.

Nymphicus hollandicus

NYMPHENSITTICH

VERBREITUNGSGEBIET

Australisches Binnenland.

GRÖSSE

Ungefähr 30–32 cm.

GESCHLECHTSUNTERSCHIEDE

Bei Wildfängen sind die Geschlechter an ihrer unterschiedlich intensiven Färbung zu erken-

Nymphensittich, „geperlt"

nen: Bei den Männchen sind Kopf und Wangen überwiegend gelb, während solche Pigmente bei den Weibchen nahezu fehlen.

VERTRÄGLICHKEIT

Nymphensittiche sind sehr gesellige Vögel, die sich meist gut miteinander vertragen. Auch mit anderen Arten kommen sie in der Regel gut zurecht, selbst mit kleineren und schwächeren. Vergesellschaften Sie sie aber niemals mit anderen Sittichen, die unter Umständen aggressiv werden können. Wenn Artgenossen fehlen, kann ein Jungvogel enge Bindungen zu seinem

Nymphensittich

Pfleger entwickeln. Wenn Sie diesen Sittich als Stubenvogel pflegen wollen, sollten Sie ein Jungtier erwerben und intensiv betreuen.

UNTERBRINGUNG

Nymphensittiche lassen sich sowohl in großen Außen- oder Zimmervolieren als auch in Stubenkäfigen halten. Der Käfig muss so groß und die Sitzstangen derart angeordnet sein, dass der Schopf nicht an die Käfigdecke stoßen kann. Bedenken Sie, das diese Vögel eifrige Knabberer sind, die sich schnell einen Weg ins Freie bahnen, wenn die Gitterstäbe nicht fest genug sind! Deshalb erübrigt sich eine Bepflanzung der Voliere. Die Tiere brauchen unbedingt genug Platz, damit sie ihren hohen Schopf oder die langen Schwanzfedern nicht beschädigen.

HALTUNGSTEMPERATUR

Nymphensittiche sind recht robuste Vögel. Man kann sie in Außenvolieren überwintern lassen, wenn sie die Gelegenheit haben, sich in einen entsprechend konstruierten Schlag zurückzuziehen, wo sie vor Nässe, Zugluft und Frost geschützt sind.

FÜTTERUNG

Grobes Papageienfutter – also eine Mischung, die unter anderem aus verschiedenen Hirse-

Nymphensittich, „Gelbwange"

Nymphensittich, „Weißmaske"

Sorten, geschältem Hafer, Sonnenblumenkernen und Hanfsamen besteht – bildet eine gute Grundnahrung für diese attraktiven Vögel. Außerdem fressen sie sehr gern Grünfutter und Obst. Auch Kolbenhirse wird willig angenommen. Weichfutter reicht man in kleinen Mengen, vor allem während der Brutzeit. Die Tiere knabbern gern, und man kann dieses Bedürfnis stillen, indem man ihnen hin und wieder dünne Zweige von Weiden- oder Obstbäumen gibt. Magenkiesel müssen stets verfügbar sein, damit sich die Tiere nach Bedarf bedienen können.

VERHALTEN

Nymphensittiche sind gesellige, lebhafte Vögel, die gern klettern, knabbern und den Umgang mit Artgenossen sehr schätzen. Sie lernen es, menschliche Stimmen zu imitieren, doch sind sie darin keine Meister. Wenn man sie auf die richtige Weise behandelt, können sie äußerst zahm werden. Nymphensittiche lassen sich gern mit lauwarmem Wasser überbrausen. Dazu kann man eine Pflanzenspritze oder ein Nebelgerät verwenden.

ZUCHT

Die Zucht von Nymphensittichen ist im Grunde recht einfach. Die Vögel bauen ihre Nester in geschlossenen Kästen, welche bei einer Grund-

fläche von 25 x 25 cm ungefähr 35–38 cm hoch
sein sollten (Durchmesser des Fluglochs: 7–8
cm). Je nach Alter und Kondition des Weibchens kann ein Gelege zwischen 3 und 9 (im
Durchschnitt aber 4–6) weiße Eier umfassen.
Diese werden vom Weibchen mit tatkräftiger
Unterstützung des Männchens binnen 18–21
Tagen ausgebrütet. Die Jungen werden von beiden Eltern, hauptsächlich aber von der Mutter
gefüttert. Nach ungefähr 4–6 Wochen fliegen
die ersten aus, werden aber durchweg noch ein
Weilchen von den Eltern versorgt, bis sie nach
etwa 7–8 Wochen völlig selbständig sind.
Während der ganzen Brutzeit sollte man den
Tieren außer Körnerfutter auch jeden Tag etwas
Weich- und Grünfutter vorsetzen. Wenn Nymphensittiche ein Alter von sechs Monaten
erreicht haben, sind sie im Prinzip geschlechtsreif. Man sollte allerdings noch ein halbes Jahr
warten, bevor man die Vögel zur Zucht verwendet. Vor diesem Zeitpunkt sind die Männchen
noch nicht vollständig ausgefärbt.

MUTATIONEN

Aus der grauen Wildform hat man mittlerweile
viele attraktive Farbvarianten gezüchtet, unter
anderem weiß-gelbe (mit roten oder dunklen
Augen), pastellfarbene, bunte und „gesper-
berte" Tiere.

BESONDERHEITEN

Nymphensittiche können bei guter Pflege zehn
Jahre und älter werden.

Psittacus erithacus

GRAUPAPAGEI

VERBREITUNGSGEBIET

Äquatorialzone Afrikas.

GRÖSSE

Ungefähr 35–40 cm.

Graupapagei

GESCHLECHTSUNTERSCHIEDE

Die Unterschiede zwischen den Geschlechtern sind äußerlich nicht zu erkennen. Sicherheit kann nur die endoskopische Untersuchung durch einen darauf spezialisierten Tierarzt geben.

VERTRÄGLICHKEIT

Graupapageien sind untereinander sehr gesellige Vögel, die gegenüber anderen (vor allem kleineren und minder wehrhaften) Arten jedoch äußerst unverträglich werden können. Man sollte sie deshalb lieber nicht in einer Gesellschaftsvoliere, sondern nur paarweise pflegen. Wenn ein Vogel (teilweise) von Hand aufgezogen wird und so von früh auf an menschliche Gesellschaft gewöhnt ist, kann er sehr zahm werden: Typisch für Graupapageien ist, dass sie ihre ganze Zuwendung auf ein bestimmtes Mitglied des Haushalts konzentrieren: dieser „Auserkorene" muss nicht unbedingt der Pfleger sein. Umgekehrt können manche Familienmitglieder den Vögeln ausgesprochen unsympathisch sein: sie werden absolut nicht mit jedermann warm.

UNTERBRINGUNG

Man kann Graupapageien in einer großen Außenvoliere mit einem frostsicheren Schlag halten. Es hat wenig Sinn, eine Papageienvoliere mit einer Bepflanzung zu versehen, da diese von den

Graupapagei

Graupapagei

Vögeln in kürzester Frist völlig zerfleddert wird. Man kann die Vögel jedoch auch in geräumigen Papageienkäfigen mit horizontalen Gitterstäben pflegen, wenn sie die Möglichkeit erhalten, jeden Tag einen Ausflug in Freie zu unternehmen.

HALTUNGSTEMPERATUR

Diese Vögel lässt man am besten in einem schwach beheizten Schlag überwintern.

FÜTTERUNG

Als Basisfutter reicht eine ausgewogene Papageienfuttermischung, die man eventuell mit Vitamin- und Mineralstoffpräparaten anreichert. Ergänzen kann man den Speisezettel ferner durch Obst und Früchte. Auch Maiskolben (aus Zoofachgeschäften) werden gern abgenagt. Geben Sie den Vögeln außerdem regelmäßig frische Weiden- oder Obstbaumzweige zum Knabbern. Magenkiesel und Grit müssen stets ausreichend verfügbar sein.

VERHALTEN

Graupapageien sind die besten Stimmenimitatoren. Sie können nicht nur zahlreiche Worte und Sätze lernen, sondern sogar Liedchen singen (zumindest einige Strophen). Außerdem ahmen sie Geräusche aller Art nach, vom

Graupapagei

Miauen einer Katze bis zu Fußtritten auf einem knarrenden Holzboden. Auch aus diesem Grund gehören Graupapageien zu den beliebtesten und meistgehaltenen Haustieren unter den Papageien. Sie klettern sehr gern und benötigen immer entsprechende Gelegenheiten. Außerdem muss man sie ständig beschäftigen: Spielzeuge sind hier immer eine lohnende Investition. Besprühen Sie im Zimmer gehaltene Vögel täglich mit lauwarmem Wasser.

ZUCHT

Die Zucht dieser Papageien ist nicht gerade einfach: Sehr wichtig ist Ruhe, doch hängt auch viel davon ab, dass zwischen den Zuchtpartnern eine perfekte Harmonie herrscht. Als Nistkästen eignen sich hohle Stammstücke von ungefähr 70 cm Höhe mit einem Durchmesser von 30–40 cm. Das Einflugloch sollte etwa 12 cm weit sein. Den Boden kann man mit einer ausreichend dicken Schicht Holzmulm oder Sägespäne bedecken, doch werden auch dünne Weidenzweige oder morsche Holzstücke als Nistmaterial angenommen. Ein Gelege umfasst im Durchschnitt 3 bis 5 weiße Eier, die vom Weibchen ungefähr 30 Tage lang bebrütet werden. Die Jungen sind etwa im Alter von zwei bis drei Monaten flügge, werden aber noch wenigstens einen Monat lang von den Eltern versorgt. Die helle Iris bildet sich bei den Jungvögeln etwa im Alter von 10 Monaten aus. Geschlechtsreif werden diese Vögel erst mit 4–5 Jahren. Zur Brutzeit können sie (vorübergehend) selbst ihrem Pfleger gegenüber sehr aggressiv werden.

BESONDERHEITEN

Graupapageien können steinalt werden, doch hängt dies von ihrem Allgemeinzustand, der Fütterung, der Umgebung und anderen Faktoren ab. Im Schnitt müssen Sie damit rechnen, dass Ihr Vogel es auf 70 Jahre bringt. Es gibt zwei Unterarten des Graupapageis, die regelmäßig als Haustiere gehalten werden: zum einen den eben beschriebenen „gewöhnlichen" Graupapagei, zum anderen den so genannten Timneh-Graupapagei (*Psittacus erithacus timneh*). Dieser ist etwas kleiner und dunkler gefärbt. Außerdem ist sein Schwanz dunkelbraun statt rot und sein Oberschnabel heller als der seines „großen Bruders".

Psittacula cyanocephala

PFLAUMENKOPFSITTICH

VERBREITUNGSGEBIET

Indien und Sri Lanka.

GRÖSSE

Etwa 35–36 cm.

GESCHLECHTSUNTERSCHIEDE

An erwachsenen Tieren sind die Unterschiede zwischen den Geschlechtern eindeutig zu er-

Pflaumenkopfsittich, Männchen

214

Pflaumenkopfsittich, Weibchen

kennen: Die Männchen haben einen violetten Kopf mit schwarzem Randsaum, die Weibchen hingegen einen grauen mit gelblichem Rand. Überdies tragen die erwachsenen Männchen einen roten Schulterfleck.

VERTRÄGLICHKEIT

Außerhalb der Brutzeit vertragen sich die Tiere ausgezeichnet mit Artgenossen, und sie können dann in kleinen Gruppen gehalten werden. Während der Brutzeit pflegt man sie hingegen besser paarweise.

UNTERBRINGUNG

Man kann Pflaumenkopfsittiche in Außenvolieren, aber auch in Zimmervolieren und geräumigen Stubenkäfigen halten.

HALTUNGSTEMPERATUR

Pflaumenkopfsittiche sind recht widerstandsfähig, brauchen aber unbedingt einen gegen Frost, Zugluft und Feuchtigkeit gesicherten Schlag; notfalls muss sich dieser auch heizen lassen.

FÜTTERUNG

Geben Sie den Vögeln als Grundnahrung eine Körnermischung für Großsittiche. Anreichern kann man diese mit allerhand Grünfutter und Obst (nicht im Übermaß!), Keimlingen und Kolbenhirse. Auch tierisches Eiweiß wird von Zeit zu Zeit gern angenommen (wählen Sie dazu unter anderem Weichfutter). Außerdem brauchen diese Tiere unbedingt immer eine Gritmischung.

VERHALTEN

Diese Vögel nehmen ihr Futter niemals vom Boden auf. Sie knabbern gern an frischen, dünnen Weidenzweigen, sind aber keine ausgesprochenen „Zerstörer". Sie zwitschern gern, und ihre Lautäußerungen können – vor allem bei den Männchen – überaus melodiös klingen.

ZUCHT

Wer mit diesen Vögeln züchten will, sollte das Zuchtpaar am besten in einer eigenen Voliere oder einem geräumigen Brutkäfig unterbringen. Während der Brutzeit können sogar Pflaumenkopfsittiche, die ansonsten harmonisch zusammenleben, sehr aggressiv aufeinander reagieren. Aufmerksamkeit ist dann oberstes Gebot! Die Vögel akzeptieren sowohl künstliche Nistkästen als auch natürliche ausgehöhlte Baumstämme mit einem Durchmesser von wenigstens 25 cm und einer Höhe von 40–50 cm. Das Einflugloch sollte etwa 7 cm weit sein. Hängen Sie den Nistkasten am besten im Schlag auf. Ein eigentliches Nest wird nicht gebaut. Als Unterlage dienen morsche Holzstückchen und leicht feuchter Torfmull. Pflaumenkopfsittiche legen 4–5 weiße Eier, die ausschließlich vom Weibchen bebrütet werden. Nach ungefähr 22–24 Tagen schlüpfen die Jungen, welche etwa im Alter von 6 Wochen flügge sind, aber dann noch ein Weilchen (hauptsächlich vom Männchen) betreut werden. Voll ausgefärbt sind die Tiere erst, wenn sie ein Alter von 1,5–2 Jahren erreicht haben, manchmal sogar noch später. Vorher gleichen sie durchweg erwachsenen Weibchen. Erst wenn sie drei Jahren alt sind, zeigen sie die Farben ausgewachsener Tiere; früher sollte man sie besser nicht zur Zucht verwenden.
Während der Brutzeit dürfen die Vögel auf gar keinen Fall gestört werden. Wenn dies doch der Fall sein sollte, lassen sie unter Umständen ihre Jungen im Stich.

MUTATIONEN

Es sind verschiedene Farbschläge entstanden, unter anderem blau-gelbe Pflaumenkopfsittiche. Eigentliche Farbmutationen sind bei dieser Art eher selten.

Psittacula krameri

HALSBANDSITTICH

VERBREITUNGSGEBIET

Nord- und Zentralafrika, Indien, Birma und südliches China.

Weiblichen Halsbandsittichen fehlt das charakteristische „Halsband"

Halsbandsittich, „Lutino"

Halsbandsittich, isabellfarbener „Gelbkopf"

Halsbandsittich, Albino

Halsbandsittich, braun oder isabellfarben

GRÖSSE

Ungefähr 40–41 cm.

GESCHLECHTSUNTERSCHIEDE

Man kann die Geschlechter daran unterscheiden, dass das Männchen ein Halsband trägt. Dieses fehlt bei den Weibchen. Bevor dieses Merkmal deutlich ausgeprägt ist, können durchaus zwei Jahre verstreichen; bis dahin gleichen alle Jungvögel den Weibchen.

VERTRÄGLICHKEIT

Halsbandsittiche pflegt man am besten paarweise in großen Volieren. Von jung auf unter Menschen aufgezogene und optimal versorgte Halsbandsittiche können überaus zahm und zutraulich werden und sogar – wenn auch nicht sehr gut – sprechen lernen.

UNTERBRINGUNG

In einer geräumigen Außenvoliere mit einem zugluft- und frostsicheren Schlag fühlen sich diese farbenprächtigen Vögel am wohlsten. Die Gaze muss sehr robust sein, da zu lockeres oder dünnes Material leicht zernagt wird. Deshalb erübrigt sich auch jede Bepflanzung.

HALTUNGSTEMPERATUR

Halsbandsittiche sind robuste Vögel, reagieren

aber äußerst empfindlich auf Frost und raue Witterung. Um bei guter Gesundheit zu bleiben, brauchen die Tiere daher einen Schlag, der Schutz vor Frost und Zugluft bietet.

FÜTTERUNG

Man kann den Vögeln eine Körnermischung für Großsittiche anbieten, die mit Grünfutter und Obst sowie etwas Weichfutter angereichert wird. Sie knabbern sehr gerne. Um diesem Bedürfnis Rechnung zu tragen, sollte man regelmäßig frische Weidenzweige vorlegen.

VERHALTEN

Diese Vögel sitzen gern an erhöhten Stellen und sind selten auf dem Boden anzutreffen. Sie knabbern überaus gern. Folglich werden Nistkästen und Sitzstangen schnell ihrem Geschmack „angepasst", so dass regelmäßig frischer Ersatz her muss. Die Nacht verbringen sie am liebsten – auch außerhalb der Brutzeit – in Nistkästen. Auf Störungen wie ungewohnte Anblicke oder Geräusche können sie sehr lautstark reagieren. Für Liebhaber in dicht bevölkerten Wohngegenden kommen diese Vögel daher kaum in Frage.

ZUCHT

Wer Halsbandsittiche zur Nachzucht bringen will, muss das Zuchtpaar in einer gegen jede Störung abgeschirmten Voliere unterbringen. Störfaktoren aller Art bringen viele diese Tiere

„aus dem Takt". Wenn sie völlig unbehelligt bleiben, erweisen sich die Vögel als vorbildliche Eltern, die ihre Jungen problemlos aufziehen. Verwenden Sie zur Zucht keine Tiere, die jünger als zweieinhalb bis drei Jahre alt sind: Die Aussicht auf Erfolg ist größer, wenn sie ein Alter von wenigstens drei Jahren erreicht haben. Der Nistkasten, den man etwa in anderthalb Meter Höhe an einer geschützten Stelle (etwa im Schlag) aufhängt, muss aus robustem Material bestehen. Bewährt haben sich eine Grundfläche von 25 x 25 cm und eine Höhe von mindestens 60 cm; der Durchmesser des Fluglochs sollte etwa 7 cm betragen. Diese Vögel legen im Durchschnitt 3–6 Eier, die manchmal nur vom Weibchen, bisweilen aber von beiden Eltern ausgebrütet werden. Nach 22–24 Tagen schlüpfen die Jungen. Sie werden von beiden Eltern versorgt und sind mit etwa 8 Wochen flügge. Auch wenn es nach kurzer Pause zu einem zweiten Gelege kommt (was durchaus nicht selten der Fall ist), braucht man die Jungen aus der ersten Brut nicht herauszufangen.

MUTATIONEN

Von dieser Vogelart kennt man zahlreiche sehr hübsche Farbmutationen, die fast ausnahmslos in großer Zahl nachgezüchtet werden. Die ursprüngliche Wildform ist grün. Daraus sind im Laufe der Zeit verschiedene Mutationen hervorgegangen, beispielsweise gelbe, elfenbeinweiße

Junger „blauer" Halsbandsittich

(halsbandlose), blaue, pastellblaue, isabell-blaue, graue, isabell-graue, isabell-grüne, graugrüne, gold-olivfarbene, und „Creme-Inos". Besonders beliebt sind die gelben und blauen Mutanten.

BESONDERHEITEN

Asiatische Halsbandsittiche haben rote Schnäbel, während die afrikanischen Tiere schwarze Schnäbel besitzen.

Psittacula eupatria

GROSSER ALEXANDERSITTICH

VERBREITUNGSGEBIET

Unter anderem Afghanistan, Pakistan, Indien und Sri Lanka.

GRÖSSE

Ungefähr 57–58 cm.

GESCHLECHTSUNTERSCHIEDE

Das Weibchen hat kein Halsband, und überdies sind seine mittleren Schwanzfedern kürzer.

VERTRÄGLICHKEIT

Große Alexandersittiche verhalten sich gegenüber anderen Vogelarten nicht übermäßig

freundlich. Man hält sie deshalb am besten paarweise in einer geräumigen Voliere.

UNTERBRINGUNG

Große Alexandersittiche fliegen gerne. Wenn man sie in einer lang gestreckten Voliere pflegt (mit einer Mindestlänge von 5 m), können die Tiere auch von ihren Flügeln Gebrauch machen. Das fördert ihr allgemeines Wohlbefinden. Die Tiefe der Voliere ist hingegen weniger wichtig: sie braucht lediglich 1 m zu betragen. Sorgen Sie für eine stabile Konstruktion (unter anderem aus robuster Gaze): Diese Vögel besitzen kräftige Schnäbel, mit denen sie in kürzes-

Großer Alexandersittich

ter Zeit zu schlaffe beziehungsweise dünne Gaze durchnagen können. Da sie allgemein stark dazu neigen, an allem herumzuknabbern, hat eine Bepflanzung wenig Sinn.

HALTUNGSTEMPERATUR

Wenn die Tiere über einen frostsicheren, gut isolierten Schlag verfügen, ist eine Beheizung im Winter nicht erforderlich.

FÜTTERUNG

Als Grundfutter kann eine gute Körnermischung für Großsittiche dienen, aber geben Sie den Vögeln außerdem täglich etwas frisches Grünfutter und Obst (Wildkräuter, Äpfel, Birnen). Ein wenig Weichfutter ist vor allem während der Brutzeit erwünscht. Um dem Knabberbedürfnis der Vögel Rechnung zu tragen, kann man den Tieren regelmäßig frische Weiden- und ungespritzte (!) Obstbaumzweige anbieten. Sorgen Sie außerdem dafür, dass die Vögel immer über eine Gritmischung verfügen.

VERHALTEN

Große Alexandersittiche knabbern gern und oft. Einmal eingewöhnt, kann man diese intelligenten Vögel mit viel Geduld zu vertrauten Hausgenossen machen. Eine Regendusche wissen sie sehr zu schätzen. Falls dies nicht

Großer Alexandersittich

möglich ist, kann man ihnen regelmäßig eine Dusche aus einer Pflanzenspritze gönnen.

ZUCHT

Große Alexandersittiche sollten erst im Alter von fünf Jahren zur Zucht verwendet werden. Ein großer hohler Weichholzstamm eignet sich hervorragend als Nistkasten, doch werden auch künstliche Behälter ohne weiteres angenommen. In diesem Fall muss man den Boden mit einer Lage feuchten Torfmulls oder Holzmulm bedecken. Der Durchmesser des Stammes oder Kastens sollte wenigstens 30 cm betragen, seine Höhe ungefähr 60 cm. Ein Gelege umfasst im Durchschnitt 2–4 weiße Eier, die etwa 26–30 Tage lang bebrütet werden. Wenn sie etwa 2 Monate alt sind, fliegen die Jungen aus; da sie noch nicht selbst für sich sorgen können, werden sie noch ein Weilchen von den Eltern bewacht und gefüttert. Die Jungvögel sehen zunächst alle wie Weibchen aus, und es können mehr als zwei Jahre verstreichen, bevor die Männchen als solche zu erkennen sind.

MUTATIONEN

Es sind verschiedene Mutationen aufgetreten, unter anderem Lutinos, blaue und isabellfarbene Tiere.

Polytelis alexandrae

ALEXANDRASITTICH

VERBREITUNGSGEBIET

Trockene Landschaften im Binnenland von Australien.

GRÖSSE

Ungefähr 45 cm.

GESCHLECHTSUNTERSCHIEDE

Die Männchen sind etwas intensiver gefärbt und haben längere Schwanzfedern als die Weibchen.

VERTRÄGLICHKEIT

Man pflegt Alexandrasittiche am besten paarweise, allenfalls zusammen mit 1–2 Paaren gleich großer friedlicher Sittiche. Obwohl diese Vögel in der freien Natur durchweg Schwärme bilden, pflegt die Vergesellschaftung mehrerer Exemplare (vor allem von Männchen) in einer Voliere bisweilen problematisch zu verlaufen.

UNTERBRINGUNG

Wenn er regelmäßig fliegen kann, bleibt dieser Sittich gut in Form. Die Haltungsbedingungen sollten daher darauf angelegt sein, die Tiere zum Fliegen anregen. Am besten pflegt man sie deshalb in einer wenigstens 4 m langen Voliere mit weit voneinander entfernten Sitzstangen. Sie braucht nicht sehr breit zu sein: 1 m ist völlig ausreichend.

HALTUNGSTEMPERATUR

Obwohl der Alexandrasittich in seiner angestammten Heimat Gebiete mit einem warmtrockenen Klima bewohnt, haben sich die Nachzuchttiere gut an unsere abweichenden Wetterverhältnisse angepasst. Sie wissen zwar Wärme sehr zu schätzen, doch braucht man keine zusätzlichen Maßnahmen zu treffen, wenn die Tiere im Winter über einen gut isolierten Schlag verfügen, der an einer geschützten Stelle steht.

FÜTTERUNG

Reichen Sie diesen Vögeln eine Körnermischung für Großsittiche, die bei Bedarf mit kleinen Portionen Grünfutter, Wildkräuter und Obst angereichert wird. Tierisches Eiweiß (beispielsweise Weichfutter) wissen sie ebenfalls zu schätzen. Natürlich darf auch eine Gritmischung auf dem Speiseplan nicht fehlen.

VERHALTEN

Obwohl diese Vögel nicht gerade zu den stimm-

Alexandrasittich

Alexandrasittich

gewaltigsten Sittichen zählen, können vor allem die Männchen einen ohrenbetäubenden Lärm entfalten – insbesondere, wenn sie während der Brutzeit gestört werden. Diese im Allgemeinen ruhigen Vögel können bisweilen sehr zahm werden und fressen dann sogar aus der Hand. Sie baden selten oder gar nicht, lassen sich aber gelegentlich gern vom Regen durchnässen oder mit einer Pflanzenspritze besprühen. Sie scharren auch gern am Boden der Voliere umher.

ZUCHT

Dieser Vogel lässt sich nicht gerade leicht züchten. Für Probleme sorgt vor allem seine wenig ausgeprägte Neigung zu elterlicher Fürsorge. Sorgen Sie für einen wenigstens 50–60 cm hohen Nistkasten mit einer Grundfläche von 25 x 25 cm. Das Flugloch sollte etwa 10 cm weit sein. Hängen Sie den Kasten an einer geschützten Stelle auf, möglichst im Schlag. Die 4–6 weißen Eier werden etwa 20 Tage lang ausschließlich vom Weibchen bebrütet. Da es vom Männchen gefüttert wird, braucht es das Gelege nie zu verlassen. Die Jungen werden von beiden Eltern versorgt; wenn sie mit etwa fünf Wochen ausfliegen, können sie noch nicht selbst für sich sorgen und werden daher – in abnehmendem Maße – noch weitere 4–5 Wochen von den Altvögeln betreut. Bis sie voll

Alexandrasittich, Farbmutation

ausgefärbt sind, können 7–18 Monate verstreichen. Man sollte sie erst im Alter von wenigstens zwei Jahren zur Zucht verwenden.

MUTATIONEN

Es gibt auch blaue, gelbe (Lutinos) und weiße Farbvarianten (Albinos).

Polytelis anthopeplus

BERGSITTICH

VERBREITUNGSGEBIET
Australien.

GRÖSSE
Ungefähr 37–42 cm.

GESCHLECHTSUNTERSCHIEDE
Die Geschlechter lassen sich sehr gut anhand ihrer Färbung unterscheiden: die Männchen sind überwiegend gelb, die Weibchen hingegen eher grün gefärbt. Die roten Flecken auf den Flügeln sind bei den männlichen Vögeln viel deutlicher ausgeprägt; außerdem besitzen die Männchen blaue Schwanzdeckfedern.

VERTRÄGLICHKEIT
Im Allgemeinen kommen diese Vögel mit anderen Vogelarten gut zurecht. Man kann sogar kleinere und schwächere Spezies in der

Bergsittich

Bergsittich

Bergsittich

Bergsittich, „Pastell"

gleichen Voliere unterbringen. Untereinander sind diese Sittiche indes nicht immer gleich friedlich. Deshalb empfiehlt es sich, von dieser Art besser nur ein Paar pro Voliere pflegen.

UNTERBRINGUNG

Bergsittiche fliegen gern von Stange zu Stange; ihre Voliere sollte schon deshalb länger als hoch und möglichst geräumig sein. In Käfigen fühlen sich diese Vögel nicht wohl, und das Gleiche gilt für zu kleine Zimmervolieren oder Volieren, die höher als lang sind. Die Tiefe spielt hingegen keine große Rolle: 1 m reicht völlig aus, wenn die Tiere die Möglichkeit haben, in Längsrichtung ausgiebig hin- und herzufliegen. Die Gaze muss sehr stabil sein.

HALTUNGSTEMPERATUR

Bergsittiche sind sehr robuste Vögel, die im Winter keinen beheizten Innenschlag brauchen. Ihr Schlag muss allerdings Schutz vor Zugluft, Feuchtigkeit und Nachtfrösten bieten.

FÜTTERUNG

Als Grundnahrung gibt man diesen Vögeln eine Körnermischung für Großsittiche. Außerdem fressen diese Vögel sehr gern hin und wieder etwas Obst und Weichfutter, ferner Honig, Keimlinge und kleine Mengen von Insekten.

Daneben müssen sie jederzeit Magenkiesel oder Grit aufnehmen können. Um ihrem Knabberbedürfnis Rechnung zu tragen, gibt man ihnen regelmäßig frische Zweige von Weiden und/oder ungespritzten (!) Obstbäumen.

VERHALTEN

Bergsittiche sind sehr ruhige Vögel, die sich in allen Winkeln der Voliere umhertreiben. Sehr häufig findet man sie auch am Boden, wo sie eifrig nach Futter scharren. Sie nagen überdies gern.

ZUCHT

Man kann diese Vögel, am besten paarweise in einer speziell für sie eingerichteten Voliere zur Nachzucht bringen. Wenn man mehrere Jungvögel anschafft, können die Tiere ihre Partner selbst auswählen (wodurch die Aussicht auf Zuchterfolge steigt). Der Nistkasten muss bei einem Durchmesser von 35 cm wenigstens 60 cm hoch sein, doch werden häufig auch größere Behälter angenommen. Der Durchmesser des Einfluglochs sollte 7–8 cm betragen. Die Vögel bauen kein richtiges Nest: als Unterlage kann man leicht feuchten Torf auf den Boden des Nistkastens streuen. Das Weibchen legt etwa 3–6 Eier, die es anschließend ungefähr 21 Tage lang bebrütet. Dabei verlässt es das Nest selten oder gar nicht. Während dieser Periode wird es vom Männchen gefüttert. Sobald die Jungvögel geschlüpft sind, werden sie von beiden Eltern versorgt. In dieser Phase kann man den Altvögeln neben dem normalen Futter mehrmals täglich etwas Weichfutter geben, das sie bereitwillig an die Jungen weiterreichen. Diese werden flügge, wenn sie etwa fünf Wochen alt sind. Sie haben zunächst die gleichen Farben wie die Mutter und gleichen ihr auch sonst. Erst im Alter von etwa anderthalb Jahren sind sie voll ausgefärbt, aber man sollte noch ein halbes Jahr verstreichen lassen, bevor man sie erstmals zur Zucht verwendet.

Polytelis swainsonii

SCHILDSITTICH

VERBREITUNGSGEBIET
(Süd-)Östliches Australien.

GRÖSSE
Ungefähr 40–41 cm.

GESCHLECHTSUNTERSCHIEDE
Die gelbe Gesichtsmaske und das rote Kehlband der Männchen fehlen den Weibchen vollständig. Außerdem sind die weiblichen Tiere insgesamt weniger intensiv gefärbt als die Männchen.

VERTRÄGLICHKEIT
Schildsittiche sind verträgliche Vögel, die auch mit anderen wehrhaften Sitticharten gut zurechtkommen.
Wenn genug Platz vorhanden ist, braucht man

Schildsittich

auch unter Artgenossen nicht mit Problemen zu rechnen.

UNTERBRINGUNG
Da diese Vögel gern fliegen, sollte ihre Voliere möglichst geräumig sein. Als Käfigvögel sind diese farbenprächtigen Sittiche ungeeignet. Die Voliere sollte wenigstens 4 m breit und aus solidem Material erbaut sein. Mehrere Paare benötigen natürlich viel größere Volieren. Jede Bepflanzung wird in kürzester Zeit zerknabbert.

HALTUNGSTEMPERATUR
Schildsittiche sind recht robust. Wenn sie sich in einen geschützten Schlag zurückziehen können, braucht ihr Schlag im Winter nicht beheizt zu werden.

FÜTTERUNG
Geben Sie diesen Vögeln als Grundnahrung eine Körnermischung für Großsittiche. Diese kann regelmäßig mit kleinen Obststückchen, Gemüse und Grünfutter angereichert werden. Während der Brutzeit benötigen sie in erhöhtem Maße Weichfutter. Um ihr Knabberbedürfnis zu befriedigen, kann man ihnen regelmäßig frische ungespritzte (!) Obstbaumzweige anbieten. Auch eine Gritmischung muss allzeit ver-

Schildsittich

Schildsittich, Weibchen

Ein Pärchen Schildsittiche

fügbar sein, damit sich die Vögel nach Bedarf
bedienen können.

VERHALTEN

Schildsittiche können sich laut und vernehmlich bemerkbar machen, doch klingen ihre Rufe
durchweg sehr melodiös. Einige Tiere knabbern
sehr gern, andere hingegen kaum jemals. Sie
nehmen auch gern (Wasser-) Bäder, die zur
Pflege ihres Gefieders unerlässlich sind. Die
Vögel halten sich in allen Winkeln der Voliere
auf – auch auf dem Boden, wo sie gern nach
Futter scharren. Es sind neugierige und kontakt-
freudige Tiere, die sehr zahm werden können,
selbst wenn man sie in einer Voliere hält.

ZUCHT

Schildsittiche haben eine große Vorliebe für
natürliche Nisthöhlen, beispielsweise ausgehöhlte Baumstämme. Deren Durchmesser
sollte bei einer Höhe von 60 cm etwa 30 cm
betragen (mit einem etwa 9–10 cm weiten Einflugloch). Auf den Boden des Nistkastens
streut man etwas feuchten Torfmull oder Holzmulm. Ein Gelege umfasst 3–5 weiße Eier, die
vom Weibchen ungefähr 21 Tage lang bebrütet
werden. Das Nest wird erbittert verteidigt –
manchmal sogar gegen den eigenen Partner.
Ungefähr 4–5 Wochen nachdem sie geschlüpft
sind, fliegen die Jungen aus. Sie werden aber
noch ein Weilchen von den Eltern bewacht und
gefüttert. Bevor sich die typischen Farben der
Männchen abzuzeichnen beginnen, kann
durchaus mehr als ein Jahr verstreichen. Bis
zu diesem Zeitpunkt gleichen alle Jungvögel
durchweg der Mutter. Schildsittiche reagieren
während der gesamten Brutzeit sehr empfindlich auf Störungen. Absolute Ruhe ist in dieser
kritischen Periode eine unabdingbare Voraussetzung für jede erfolgreiche Zucht.

Barnardius barnardi

BARNARDSITTICH

VERBREITUNGSGEBIET

Südost-Australien.

GRÖSSE

Ungefähr 32–34 cm.

GESCHLECHTSUNTERSCHIEDE

Die Weibchen dieser Art sind unauffälliger gefärbt und manchmal auch etwas kleiner als die
Männchen.

VERTRÄGLICHKEIT

Man pflegt diese Art am besten paarweise in
einer eigenen Voliere, eventuell in Gesellschaft

Barnardsittich, Männchen

Barnardsittich, Weibchen

Barnardsittich

von 1 oder 2 Paaren friedlicher Großsittiche. Während der Brutzeit kann sich das Pärchen unter Umständen weniger friedlich gebärden. Wenn man mehrere Barnardsittich-Paare hält, kann es unter ihnen zum Streit kommen.

UNTERBRINGUNG

Diese Sittiche pflegt man am besten in einer möglichst langen Voliere (Mindeslänge: 4 m) aus sehr solidem Material. Die Tiefe der Voliere ist weniger wichtig: 80 cm reichen normalerweise völlig aus.

HALTUNGSTEMPERATUR

Barnardsittiche sind recht robuste Vögel. Wenn sich ihre Voliere an einer geschützten Stelle befindet und der Schlag gut isoliert ist, brauchen sie im Winter unter normalen Witterungsverhältnissen keine zusätzliche Heizung.

FÜTTERUNG

Geben Sie diesen Vögeln eine Körnermischung für Großsittiche, die während der Brutzeit mit etwas Weichfutter angereichert wird. Seien Sie sparsam mit der Verabreichung von Grünfutter! Da diese Vögel sehr gern an etwas knabbern, sollte man ihnen regelmäßig ein paar frische dünne Weidenzweige geben. Eine Gritmischung muss ebenfalls immer verfügbar sein. Ihrem ausgeprägten Drang zum Knab-bern kann man Rechnung tragen, indem man ihnen regelmäßig dünne Weiden- oder ungespritzte (!) Obstbaumzweige anbietet.

VERHALTEN

Barnardsittiche fliegen gern und oft: darauf muss man bei der Haltung Rücksicht nehmen. Sie nehmen auch oft (Wasser-)Bäder. Diese Vögel können recht laut werden und haben kräftige Schnäbel, von denen sie häufig und gern Gebrauch machen.

ZUCHT

Wer bei Barnardsittichen Wert auf Nachwuchs legt, sollte möglichst ein „bewährtes" Zuchtpaar anschaffen. Diese Vögel können gerade bei der Partnersuche äußerst wählerisch sein. Einmal gebildete Paare bleiben einander ihr Leben lang treu. Der Nistkasten sollte bei einem Durchmesser von mindestens 25 cm etwa 40 cm hoch sein. Die 4–6 weißen Eier werden vom Weibchen bebrütet. Nach etwa 20–21 Tagen schlüpfen die Jungen, welche ungefähr 5 Wochen später flügge sind, aber noch ein Weilchen (in abnehmendem Maße) von den Eltern bewacht und gefüttert werden. Sobald sie ein Jahr alt sind, können die Tiere als erwachsen gelten; ihre volle Farbenpracht zeigen die Männchen jedoch erst wesentlich später. Mehrere Gelege in einer Brutperiode sind bei dieser Art große Seltenheiten.

BESONDERHEITEN

Vergesellschaften Sie diese Sittiche nie mit Rosellas oder *Psephotus*-Arten, da sie mit einigen dieser Spezies unter Umständen Bastarde zeugen können.

Bolborhynchus lineola

KATHARINASITTICH

VERBREITUNGSGEBIET

Mittel- und Südamerika.

Junger grüner Katharinasittich

Katharinasittich, Lutino

Katharinasittich, „Cinnamon"

Katharinasittich, „mauve (grau)"

GRÖSSE

Ungefähr 16–17 cm.

GESCHLECHTSUNTERSCHIEDE

Im Allgemeinen zeigen die Weibchen ein etwas helleres Grün, und ihre Flügel sind weniger deutlich gezeichnet. Der Schwarzanteil ihrer Schwanzfedern ist ebenfalls geringer.

VERTRÄGLICHKEIT

Katharinasittiche sind friedliche und gesellige Vögel, die selbst in Gesellschaft von viel kleineren tropischen Vögeln nie für Unruhe sorgen. Auch gegen Artgenossen gebärden sie sich sehr friedlich. Wenn genug Platz vorhanden ist, gibt es nicht einmal Probleme, wenn man mehrere Paare in einer Voliere pflegt.

UNTERBRINGUNG

Man kann diese Art sowohl in Außen- oder Zimmervolieren als auch in geräumigen Stubenkäfigen halten.

HALTUNGSTEMPERATUR

Katharinasittiche sind widerstandsfähige Vögel, die im Winter auf eine Heizung verzichten können. Dennoch sollte man ihnen einen vor Zugluft, Nässe und Frost schützenden Schlag anbieten.

FÜTTERUNG

Als Grundnahrung kann man den Vögeln eine Körnermischung für Großsittiche geben, die hin und wieder mit kleinen Obststückchen und Weichfutter angereichert wird.

Katharinasittich, Wildform

Katharinasittich, „(dunkel-)grün"

VERHALTEN

Katharinasittiche sind ruhige Vögel, die nur leise vor sich hin zwitschern. Sie klettern und klimmen auch gern umher. Im Gegensatz zu vielen anderen Sittichen neigen diese Vögel überhaupt nicht zum Knabbern, und sie sind alles andere als lautstark. Zu Menschen fassen sie sehr schnell Zutrauen, und sie können recht zahm werden.

ZUCHT

Sie können Katharinasittiche sowohl in Volieren als auch in Brutkäfigen züchten. Geeignet sind dafür Nistkästen, die bei einer Grundfläche von 25 x 25 cm etwa 30 cm hoch sind und ein ungefähr 6,5 cm weites Flugloch aufweisen. Bedecken Sie den Boden des Nistkastens mit etwas feuchtem Torfmull oder Holzmulm. Die Elternvögel bauen kein eigentliches Nest, sondern legen die Eier direkt auf den nackten Boden. Ein Gelege umfasst im Durchschnitt 3–6 Eier, die vom Weibchen etwa 21–23 Tage lang bebrütet werden.

Das Männchen füttert seine Partnerin, so dass diese das Nest niemals zu verlassen braucht. Die Jungen fliegen aus, wenn sie etwa vier Wochen alt sind und werden noch ein Weilchen (in abnehmendem Maße) von den Altvögeln bewacht und gefüttert. Ein Zuchtpaar, das in guter Verfassung ist und abwechslungsreich

gefüttert wird, kann sofort an eine zweite Brut gehen. Zu Problemen kann es führen, dass Katharinasittiche ihre Eier häufig in großen Zeitabständen ablegen: infolgedessen liegen oft schon mehrere Junge im Nest, bevor endlich das letzte aus dem Ei schlüpft.

MUTATIONEN

Von dieser Vogelart sind unter anderem blaue, meergrüne, gelbe („Lutinos") und graue Farbvarianten bekannt.

Psephotus haematonotus

SINGSITTICH

VERBREITUNGSGEBIET

Südliches und östliches Australien.

GRÖSSE

Ungefähr 26–28 cm.

GESCHLECHTSUNTERSCHIEDE

Die Männchen sind viel intensiver gefärbt. Den Weibchen fehlen überdies meist die roten Federn an der Schwanzwurzel (oder diese sind lediglich angedeutet).

Rotrückensittich, Lutino

Rotrückensittich, „hellgrün Pastell"

Rotrückensittich, Weibchen

Rotrückensittich, Männchen

Rotrückensittich, Männchen

Rotrückensittich, Männchen „hellgrün Pastell"

Rotrückensittich, „gescheckt"

VERTRÄGLICHKEIT

Man pflegt diese Vögel am besten paarweise. Eine Gruppenhaltung ist meist zum Scheitern verdammt, weil die Tiere überaus aggressiv sind.

UNTERBRINGUNG

Singsittiche fliegen gern und viel; deshalb gehören sie auf gar keinen Fall in enge Käfige. Ihre Voliere sollte eine Mindestbreite von 3 m aufweisen (die Tiefe ist hingegen weniger wichtig). Dennoch ist es möglich, sie vorübergehend in einem geräumigen Stubenkäfig zu halten.

HALTUNGSTEMPERATUR

Wenn die Tiere eine geschützt gelegene Außenvoliere mit einem gut isolierten Schlag bewohnen, braucht man während der Wintermonate keine weiteren Vorkehrungen zu treffen.

FÜTTERUNG

Geben Sie diesen Vögeln eine hochwertige Körnermischung für Großsittiche und reichern Sie diese gelegentlich mit kleinen Mengen Grünfutter und Kolbenhirse an. Während der Brutzeit fressen die Tiere auch gern etwas Weichfutter. Eine Gritmischung muss ebenfalls immer vorhanden sein, damit sich die Vögel nach Bedarf bedienen können.

Rotrückensittich, „olivgrün gescheckt"

Außer pastellfarbenen und gelben Tieren gibt es verschiedene andere Farbmutationen: grün, blau, zimtbraun, „Lutino" und gescheckt (einige davon existieren auch als Pastell-Variante).

BESONDERHEITEN

Singsittiche sind als gute Pflegeeltern bekannt: sie sollen die Eier und Jungen von anderen australischen Sittichen durchweg ohne weiteres ausbrüten beziehungsweise großziehen.

Psephotus varius

VIELFARBENSITTICH

VERBREITUNGSGEBIET

Australisches Binnenland.

GRÖSSE

Ungefähr 26–29 cm.

GESCHLECHTSUNTERSCHIEDE

Das Geschlecht ist bei erwachsenen Vögeln auf den ersten Blick zu erkennen: das Männchen zeigt nämlich eine viel prächtigere Färbung als das Weibchen.

Vielfarbensittich, Männchen

VERHALTEN

Diese beliebten Sittiche sind sehr ruhig und verfügen über eine wohlklingende Stimme, weshalb sie in Deutschland unter dem Trivialnamen „Singsittiche" bekannt sind. Man findet sie häufig am Boden der Voliere, wo sie nach einem Teil ihrer Nahrung scharren.

ZUCHT

Diese Vögel gehören zu den allerfruchtbarsten Sitticharten: oft ziehen sie in einer Saison mehr als eine Brut groß. Die Nachzucht stößt in der Regel nicht auf unüberwindliche Schwierigkeiten.

Ein geeigneter Nistkasten sollte bei einem Durchmesser von wenigstens 20 cm ungefähr 35 cm hoch sein. Die Vögel bauen kein echtes Nest; allenfalls kann man den Boden des Kastens mit einer Schicht feuchter Sägespäne bedecken. Ein Gelege umfasst im Durchschnitt 4–6 weiße Eier, die vom Weibchen etwa 18–20 Tage lang bebrütet werden. Die Jungvögel sind mit vier Wochen flügge und werden dann noch ein Weilchen von den Eltern bewacht und gefüttert, bis sie selbst für sich sorgen können. Sobald die Jungvögel selbständig sind, duldet sie das Männchen meist nicht mehr in seiner Nähe: jetzt ist die Zeit gekommen, sie herauszufangen.

VERTRÄGLICHKEIT

Man hält diese Sittiche am besten paarweise, da sie – vor allem während der Brutzeit – untereinander sehr unverträglich werden können. Mit anderen Großsittichen hingegen leben sie friedlich zusammen.

UNTERBRINGUNG

Da diese Vögel gern und viel fliegen, pflegt man sie am besten in einer lang gestreckten Voliere. Wenn man die Sitzstangen weit voneinander entfernt anbringt, reizt man die Tiere zum Fliegen an, so dass sie gut in Form bleiben.

HALTUNGSTEMPERATUR

Diese Vogelart ist sehr abgehärtet und kann deshalb im Winter ohne weiteres im Freien gehalten werden. Ein schützender (und nach Möglichkeit frostsicherer) Schlag ist deshalb bei „normaler" Winterwitterung nicht erforderlich.

FÜTTERUNG

Als Grundfutter kann man den Tieren eine Körnermischung für Großsittiche anbieten, die unter anderem mit etwas Weichfutter angereichert wird. Außerdem fressen sie sehr gern Obststückchen, Grünfutter und Gemüse. Auch

eine Gritmischung muss immer vorhanden sein, damit sich die Vögel nach Bedarf bedienen können.

VERHALTEN

Vielfarbensittiche sind flugfreudige und sehr bewegliche Vögel. Vor allem zur Brutzeit brauchen sie unbedingt eine ruhige Umgebung. Sie scharren gern auf dem Boden der Voliere nach Futter.

ZUCHT

Wer ein Paar Vielfarbensittiche zur Nachzucht bringen will, sollte das Zuchtpaar in einer eigenen Voliere unterbringen. Der Vielfarbensittich ist eine überaus fruchtbare Art: Ein Gelege umfasst im Durchschnitt 5–7 Eier. Diese werden vom Weibchen ungefähr 20 Tage lang bebrütet. Beide Elternteile übernehmen die Fütterung der Jungen. Wenn diese etwa 28–35 Tage alt sind, fliegen sie aus; einige Wochen später können sie als selbständig gelten. Sobald das der Fall ist, sollten Sie die Jungvögel besser herausfangen: sie werden nämlich von den Eltern häufig nicht länger im gleichen Revier geduldet.

Aprosmictus erythropterus

ROTFLÜGELSITTICH

VERBREITUNGSGEBIET

Australien.

GRÖSSE

Ungefähr 32–35 cm.

GESCHLECHTSUNTERSCHIEDE

Die Männchen sind bei dieser Art leicht an ihrer leuchtenden Färbung und der deutlicheren Zeichnung zu erkennen. Vor allem zeigt der Kopf ein intensiveres Grün, und die Flügel tragen mehr leuchtend rote Federn.

VERTRÄGLICHKEIT

Rotflügelsittiche gehören nicht gerade zu den verträglichsten Vögeln. Man hält sie am besten paarweise in einer eigenen Voliere. Vor allem während der Brutzeit gebärden sich die Männchen anderen Vögeln gegenüber aggressiv.

UNTERBRINGUNG

Diese Art pflegt man am besten in großen Volieren, die nicht tief, aber möglichst breit sein müssen. Die Vögel fliegen gern und müssen auch Gelegenheit dazu haben. Da sie nicht besonders zum Knabbern neigen, kann man die Voliere sogar bepflanzen.

HALTUNGSTEMPERATUR

Rotflügelsittiche sind zähe Vögel, die sich ausgezeichnet an das Leben in unserem gemäßigten Klima angepasst haben. Wenn ein vor Frost, Zugluft und Nässe geschützter Schlag vorhanden ist, braucht man für die kalte Jahreszeit keine weiteren Vorkehrungen zu treffen.

FÜTTERUNG

Als Grundnahrung kann eine gute Körnermischung für Großsittiche dienen, die mit ein wenig Obst, Beeren und Kraftfutter angereichert wird. Wie alle Körnerfresser müssen diese Tiere jederzeit Magenkiesel und Grit zu sich nehmen können.

VERHALTEN

Diese Vögel kommen selten oder nie auf den Boden der Voliere. Sie fliegen gern. Rotflügelsittiche neigen nicht zum Knabbern.

ZUCHT

Wenn Sie Wert darauf legen, diese Vögel zur Nachzucht zu bringen, sollten sie unbedingt ein Paar anschaffen, bei dem es „gefunkt" hat. Rotflügelsittiche verfahren bei der Suche nach einem Lebenspartner sehr wählerisch. Die

Rotflügelsittich, Männchen

Rotflügelsittich, Weibchen

Männchen erlangen mit etwa zweieinhalb bis drei Jahren die Geschlechtsreife, während Weibchen schon etwas früher für Nachwuchs sorgen können. Bei der Wahl des Nistplatzes zeigen sie eine ausgeprägte Vorliebe für hohle Baumstämme. Deren Durchmesser sollte wenigstens 20 cm betragen. Diese Vögel bevorzugen tiefe Höhlen: ein wenigstens 1 m hoher Stamm sagt ihnen am meisten zu. Das Einflugloch sollte etwa 10 cm weit sein. Rotflügelsittiche bauen kein Nest. Wenn Sie den Boden des Kastens mit Holzmulm bedecken, werden die Vögel diesen in kleine Stücke zernagen und als Unterlage für ihre Eier verwenden. Ein Gelege umfasst 2–4 Eier, die ausschließlich vom Weibchen in etwa 18 Tagen ausgebrütet werden. Nachdem die Jungen geschlüpft sind, werden sie 5–6 Wochen lang – ebenfalls ausschließlich vom Weibchen – gefüttert, bis sie flügge sind. Anschließend beteiligt sich das Männchen an dieser Aufgabe. Ungefähr einen Monat nach dem Flüggewerden können die Jungen durchweg selbst für sich sorgen. Was ihre Farbe angeht, gleichen die Jungvögel zunächst stark der Mutter. Bis sie voll ausgefärbt sind, können wenigstens anderthalb Jahre verstreichen.

BESONDERHEITEN

Diese Vögel können bei guter Pflege sehr alt

Rotflügelsittich, Männchen

werden: ein Alter von über dreißig Jahre ist keine Ausnahme.

Neophema bourkii

BOURKESITTICH

VERBREITUNGSGEBIET

Zentral- und Südaustralien.

GRÖSSE

Ungefähr 23 cm.

GESCHLECHTSUNTERSCHIEDE

Das Weibchen ist immer etwas kleiner als das Männchen und hat einen etwas schmaleren Kopf. Bei der Wildform erkennt man dieses Geschlecht überdies daran, dass die blauen Stirnfedern fehlen (oder zumindest weniger zahlreich sind).

VERTRÄGLICHKEIT

Der Bourkesittich ist ein sehr geselliger und friedfertiger Vogel, der sich selbst während der Brutzeit auch mit sehr kleinen, zarten Vogelarten ausgezeichnet verträgt. Man pflegt Bourkesittiche am besten nur paarweise, da mehrere Pärchen in einer Voliere meist die Zuchterfolge erheblich schmälern. Man kann diese Art auch als Einzeltier halten, wenn man ihr nur genug Aufmerksamkeit schenkt.

UNTERBRINGUNG

Bourkesittiche lassen sich sowohl in Außen- oder Zimmervolieren als auch in geräumigen Stubenkäfigen pflegen, am besten jedoch in möglichst breiten Volieren. Die Vögel knabbern kaum, so dass die (Zimmer-)Volieren ruhig bepflanzt werden können. Auch die Zimmerhaltung in einem großen Stubenkäfig ist möglich, doch muss man den Tieren angesichts der beengten Raumverhältnisse dann gelegentlich einen Ausflug ins Zimmer gönnen.

HALTUNGSTEMPERATUR

Borkesittiche sind widerstandsfähig und können im Freien überwintern, wenn sie sich in einen frostsicheren Schlag zurückziehen können. Eine Heizung ist in der Regel nicht erforderlich.

FÜTTERUNG

Als Grundfutter kann eine Spezialkörnermischung reichen; daneben fressen die Vögel – vor allem während der Brutzeit – gern etwas Sittich-Weichfutter. Hin und wieder gibt man ihnen auch ein wenig Grünzeug, beispielsweise Vogelmiere. Seien Sie aber sparsam damit, da ein Übermaß an Grünfutter bei diesen

Bourkesittich, gelb

Bourkesittich, „Pastell"

Bourkesittich, „rosa"

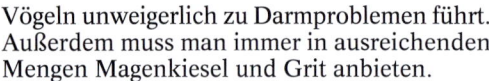

Vögeln unweigerlich zu Darmproblemen führt. Außerdem muss man immer in ausreichenden Mengen Magenkiesel und Grit anbieten.

Bourkesittich, „Fallow"

VERHALTEN

Bourkesittiche sind recht ruhige Tiere, die sich sehr eng an ihre Besitzer anschließen können, wenn man sie als Jungvögel erwirbt. Sie durchstreifen die ganze Voliere und suchen oft am Boden nach Futter. Anders als die meisten übrigen Sitticharten lassen Bourkesittiche wenig von sich hören: ihre Lautäußerungen klingen leise, melodiös und durchaus angenehm. Überdies neigen sie nicht dazu, alles Mögliche zu zernagen. Diese Vögel sind auch in der Dämmerung und sogar in mondhellen Nächten aktiv. Man kann sie gelegentlich mit einer Blumenspritze besprühen; echte Bäder nehmen sie aber selten oder nie.

ZUCHT

Bourkesittiche sind durchweg gut vermehrbare Vögel, die sich ihrer Aufgabe mit unbeirrbarem Eifer widmen. Ein geeigneter Nistkasten sollte bei einer Grundfläche von 20 x 20 cm etwa 30–35 cm hoch, das Flugloch etwa 7 cm weit sein.
Bourkesittiche bauen keine Nester, sondern legen ihre Eier gern auf eine weiche, einiger-

Bourkesittich, isabellfarben

Ihr angenehmes, geselliges Wesen, die elterlichen Qualitäten und ihre Widerstandsfähigkeit machen diese wenig anspruchsvollen Sittiche zu idealen „Anfängervögeln".

Neophema pulchella

TÜRKISSITTICH

VERBREITUNGSGEBIET

Südost-Australien.

GRÖSSE

Ungefähr 21–23 cm.

GESCHLECHTSUNTERSCHIEDE

Die Unterschiede zwischen den Geschlechtern sind bei dieser Art leicht zu erkennen: bei den Weibchen fehlt der rote Schulterfleck; außerdem trägt ihr Kopf weniger blaue Federn, und ihr Gefieder ist insgesamt blasser gefärbt.

VERTRÄGLICHKEIT

Diese farbenprächtigen Sittiche vertragen sich normalerweise gut mit anderen Vögeln; dies gilt auch für Arten, die wesentlich kleiner als sie selbst sind. Es gibt allerdings Ausnahmen.

Schönsittich, Weibchen

maßen feuchte Unterlage. Dazu kann man den Boden des Kastens mit etwas Torfmull oder Holzmulm bestreuen. Ein Gelege umfasst 3–6 Eier, die vom Weibchen etwa 18–20 Tage lang bebrütet werden. Die Jungen fliegen im Alter von etwa 4 Wochen aus, werden aber noch ungefähr zwei Wochen lang (hauptsächlich vom Vater) betreut. Oft ist das Weibchen unterdessen schon eifrig mit dem nächsten Gelege beschäftigt. Bourkesittiche sind recht fruchtbare Vögel: Wenn sie in guter Verfassung sind und abwechslungsreich gefüttert werden, können sie in einer Saison erfolgreich zwei oder sogar drei Bruten aufziehen. Die Jungvögel zeigen nach etwa acht Monaten die Erwachsenenfärbung. Elterntiere, die sich gut verstehen, sollte man besser nicht trennen: Bei dieser Vogelart bleiben die Partner oft ein Leben lang zusammen.

MUTATIONEN

Mittlerweile hat man bei diesen Vögeln verschiedene Farbmutationen festgelegt: dazu gehören etwa gelbe, beige („Fallow"), isabell- und pastellfarbene Tiere. Zu den jüngsten Varianten zählt der rosa Bourkesitttich („Opaline"), ein hübscher, rosenroter Vogel mit blau-schwarzen Schwungfedern.

Ein Pärchen Schönsittiche

Schönsittich, „hellgrün Pastell"

Männlicher Schönsittich, „Rotbauch"

Schönsittich, „hellgrün Pastell Rotbauch"

240

Schönsittich, „Opaline"

Schönsittich, „olivgrün"

Weiblicher Schönsittich, „Opaline"

Schönsittich, „gelb gescheckt"

Man pflegt diese Vögel am besten paarweise, da mehrere Schönsittichpaare in derselben Voliere für Unruhe sorgen können. Die Einzelhaltung im Käfig ist ebenfalls möglich, doch brauchen solche Tiere in Ermangelung von Artgenossen sehr viel Zuwendung seitens ihres Halters.

UNTERBRINGUNG

Man kann diese Sittiche in einer Außenvoliere (die möglichst lang gestreckt sein sollte), einer Zimmervoliere oder einem geräumigen Stubenkäfig halten. Da die Vögel gern hin und wieder fliegen (sie sind keine Kletterer), sollte ihre Voliere breiter als hoch sein. Man kann sie auch bepflanzen, doch ist dies für das Wohlbefinden der Vögel nicht erforderlich.

HALTUNGSTEMPERATUR

Schönsittiche sind gut an das europäische Klima angepasst. Man kann sie ohne weiteres in Außenvolieren pflegen, doch muss diese natürlich mit einem frostsicheren Schlag versehen sein. Eine Heizung ist nicht erforderlich.

FÜTTERUNG

Als Grundnahrung kann man diesen Sittichen eine Spezialkörnermischung für Neophema-Arten reichen, die gelegentlich mit Kolbenhirse und etwas Grünfutter und Obst angereichert wird. Auch Körnermischungen für Großsittiche nehmen die Vögel gern an. Während der Brutzeit kann man ihnen – jedoch in Maßen – etwas Sittich-Weichfutter anbieten; außerdem brauchen die Tiere natürlich jederzeit eine Gritmischung.

VERHALTEN

Diese Vögel sind durchweg sehr ruhig und geben leise, wohlklingende Laute von sich. Es liegt nicht in ihrer Art, alles Mögliche zu zernagen. Schönsittiche können bei behutsamem Vorgehen überaus zutraulich werden.

ZUCHT

Ein geeigneter Nistkasten sollte bei einer Grundfläche von 18 x 18 cm etwa 30–35 cm hoch sein. Diese Sittiche bauen keine Nester, sondern legen ihre Eier auf eine weiche, einigermaßen feuchte Unterlage; dazu kann man den Kastenboden mit etwas Torfmull und/oder Holzmulm bestreuen. Ein Gelege umfasst 4–5 weiße Eier, die vom Weibchen etwa 18–21 Tage bebrütet werden. Die Jungen werden mit Sämereien und Weichfutter aufgezogen. Sie fliegen nach ungefähr vier Wochen aus, werden aber noch ein Weilchen (in abnehmendem Maße) bewacht und gefüttert. Wenn sie etwa 7–10 Monate alt sind, kann man die Geschlechter unterscheiden, doch bis zur vollständigen Ausfärbung verstreichen unter Umständen gut und gern anderthalb Jahre. Elternpaare, die sich gut verstehen, sollte man besser nicht trennen. Oft bleiben diese Vögel ihr Leben lang zusammen und ziehen in einem Jahr mehrere Bruten groß.

MUTATIONEN

Zu den bekanntesten Farbmutationen zählen unter anderem gelbe und hellgrüne Schönsittiche. Außerdem gibt es auch Schönsittiche, bei denen die Männchen rote Bäuche und Brüste haben, während die Weibchen zwischen den Beinen rote Federn tragen. Diesen Farbschlag gibt es auch in Gelb.

Neophema chrysostoma

FEINSITTICH

VERBREITUNGSGEBIET
Südost-Australien, Tasmanien und benachbarte Inseln.

GRÖSSE
Ungefähr 22–24 cm.

GESCHLECHTSUNTERSCHIEDE
Bei dieser Art kann man die Geschlechter nur

Feinsittich, Männchen

Feinsittich, Weibchen

Feinsittiche fressen Körnermischungen für Neophema-Arten oder Großsittiche, außerdem gern ein wenig Grünfutter und Obst. Sogar tierisches Eiweiß (beispielsweise lebende Insekten, Insektenpastete oder Weichfutter) wird überaus gern angenommen (vor allem während der Brutzeit). Wie alle überwiegend Körner fressenden Arten brauchen diese Vögel unbedingt Grit oder scharfkantige Magenkiesel. Diese müssen im Käfig immer in ausreichenden Mengen vorhanden sein, damit sich die Vögel nach Bedarf bedienen können.

VERHALTEN

Blauflügelsittiche sind überwiegend ruhige Vögel. Sie neigen nicht zum Lärmen, und es liegt nicht in ihrer Art, die Gitterstäbe kaputtzunagen. Die meisten sind wenig scheu und werden bei bedächtigem Vorgehen sogar zahm und zutraulich. Wie alle Neophema-Arten sind diese Tiere keine großen Kletterer. Man findet sie sehr häufig am Boden der Voliere, wo sie nach einem Teil ihres Futters scharren.

ZUCHT

In freier Wildbahn brüten Feinsittiche in hohlen Bäumen, doch machen sie in der Voliere auch Gebrauch von geräumigen Nistkästen. Letztere sollten bei einer Grundfläche von 20 x 20 cm ungefähr 30–35 cm hoch sein. Diese Sittiche bauen keine Nester, sondern legen ihre Eier gern auf eine weiche, einigermaßen feuchte Unterlage (beispielsweise Torfmull oder Sägespäne). Ein Gelege umfasst 4–6 Eier, aus denen nach etwa 18 Tagen die Jungvögel schlüpfen. Das Weibchen brütet allein und wird von seinem Partner gefüttert. Nach etwa 4 Wochen verlassen die Jungen das Nest, werden aber noch einige Wochen lang von den Eltern bewacht und gefüttert. Feinsittichpaare sollte man besser nicht trennen: sie hängen auch außerhalb der Brutzeit sehr eng aneinander und schließen lebenslange „Ehen". Wenn sie in guter Verfassung sind, können sie pro Saison durchaus zwei Bruten großziehen.

mit Mühe unterscheiden, solange sie noch keine sechs Monate sind: das „Stirnband" ist bei erwachsenen Weibchen schmaler.

VERTRÄGLICHKEIT

Feinsittiche verhalten sich Artgenossen gegenüber sehr friedlich, stellen aber selbst viel kleineren Vogelarten nicht nach. Nur während der Brutzeit können sich die Männchen bisweilen gegenüber männlichen Artgenossen oder anderen Neophema-Arten ziemlich unverträglich gebärden.

UNTERBRINGUNG

Man pflegt diese Vögel am besten in einer Außen- oder Zimmervoliere. Feinsittiche fliegen gern. Die Volieren, in denen sie untergebracht sind, sollten deshalb immer lang genug sein. Wenn man diese Vögel in einem Stubenkäfig halten will (was durchaus möglich ist), kommt es sehr darauf an, dass sie gelegentlich einen Ausflug ins Zimmer machen können.

HALTUNGSTEMPERATUR

Blauflügelsittiche sind überaus robuste Vögel; wenn sie sich in einen geschützt gelegenen, frostsicheren Schlag zurückziehen können, braucht man für den Winter keine weiteren Vorkehrungen mehr zu treffen.

Neophema splendida

GLANZSITTICH

VERBREITUNGSGEBIET

Südliches Australien.

GRÖSSE

Ungefähr 24 cm.

GESCHLECHTSUNTERSCHIEDE

Die Unterschiede zwischen den Geschlechtern

Feinsittich, Männchen

Weiblicher Feinsittich, „Rotbauch"

Feinsittich, „Rotbauch"

Feinsittich, „meergrün"

244

Weiblicher Feinsittich, „Weißbauch"

Feinsittich, „blauer Cinnamon"

sind leicht zu erkennen: die Männchen haben eine rote Brust. Die Weibchen sind alles in allem unauffälliger gefärbt als die Männchen.

VERTRÄGLICHKEIT

Diese Vögel sind Mitbewohnern gegenüber äußerst gesellig veranlagt, selbst wenn die betreffenden Vögel wesentlich kleiner als sie selbst sind. Deshalb eignen sich diese Sittiche hervorragend für Gemeinschaftsvolieren. Man hält am besten ein Pärchen.

UNTERBRINGUNG

Glanzsittiche kann man sowohl in Zimmer- als auch in Außenvolieren oder geräumigen Stubenkäfigen pflegen. Da diese Vögel gern ihre Flügel gebrauchen, sollten ihre Volieren breiter als hoch sein.

HALTUNGSTEMPERATUR

In freier Wildbahn bewohnen Glanzsittiche wüstenhafte Gegenden, doch haben sie sich mittlerweile hervorragend an unser europäisches Klima angepasst. Ihre Voliere sollte allerdings an einer windgeschützten Stelle stehen und tunlichst über einen frostsicheren Schlag verfügen.

FÜTTERUNG

Glanzsittiche fressen Saatmischungen für Neophema-Arten oder Großsittiche, die man mit kleinen Mengen Weichfutter anreichert. Außerdem mögen sie hin und wieder etwas Lebendfutter oder ein wenig Obst und Grünzeug. Selbstverständlich brauchen auch diese Vögel jederzeit Magenkiesel und Grit.

VERHALTEN

Glanzsittiche neigen weder zum Kreischen noch zum Knabbern. Sie sind überwiegend ruhige Vögel, die alle Winkel der Voliere durchstreifen und dabei häufig auf dem Boden nach Futter scharren. Auf übermäßige Störungen oder Tumult in der Nähe ihrer Voliere reagieren sie ziemlich empfindlich; vielmehr wissen sie Ruhe sehr zu schätzen. Bei guter Pflege werden sie recht schnell zahm.

ZUCHT

Wer diese prächtigen Vögel züchten will, wird am besten ein Paar in einer eigenen Voliere unterbringen. Ein geeigneter Nistkasten sollte bei einer Grundfläche von 20 x 20 cm etwa 30–35 cm hoch sein. Es werden keine Nester gebaut. Als Unterlage für die Eier kann man ein wenig feuchten Torfmull beziehungsweise Sägespäne auf den Boden des Nistkastens streuen. Ein Gelege umfasst durchschnittlich 3–6 Eier. Sie werden ausschließlich vom Weibchen bebrütet. Dieses verlässt das Nest praktisch niemals, sondern wird derweil vom Männchen

gefüttert. Die Jungen schlüpfen nach ungefähr drei Wochen. Das Männchen muss von nun an das Weibchen und die Brut versorgen. Die Jungvögel fliegen aus, wenn sie etwa vier Wochen alt sind. Bis sie ihre endgültige Färbung angenommen haben, können durchaus zwei Jahre (und mehr) verstreichen. Der erste Ansatz des roten Brustgefieders zeigt sich schon bei drei Monate alten Männchen. Harmonierende Elternpaare sollte man besser nicht trennen: sie bleiben oft ein Leben lang zusammen. Sie können mehrere Bruten pro Saison aufziehen.

MUTATIONEN

Es sind verschiedene Mutationen bekannt, unter anderem hellgrüne „Cinnamons", gelbe, hell-meergrüne „Cinnamons", und ebensolche „Bleichbrust-Cinnamons". Es gibt auch eine hübsche hellblaue Mutation mit weißer Brust.

Neophema elegans

SCHMUCKSITTICH

VERBREITUNGSGEBIET
Australien.

Schmucksittich, Männchen

Schmucksittich, Weibchen

Schmucksittich, „Fallow"

Schmucksittich, isabellfarben

GRÖSSE

Ungefähr 26 cm.

GESCHLECHTSUNTERSCHIEDE

Die Männchen besitzen schwarze Schwungfedern; bei den Weibchen sind diese gräulich. Im Allgemeinen wirken die Männchen auffälliger. Die Binde zwischen den Augen zieht sich bei den Männchen weiter nach hinten als bei den Weibchen.

VERTRÄGLICHKEIT

Schmucksittiche sind für ihr geselliges Verhalten gegenüber anderen Vögeln bekannt. Man kann sie deshalb auch gut zusammen mit viel kleineren Arten in Gesellschaftsvolieren pflegen. Am besten hält man sie paarweise.

UNTERBRINGUNG

Schmucksittiche pflegt man am besten in einer lang gestreckten Voliere. Sie fliegen gern von Stange zu Stange und brauchen deshalb viel Platz. Man kann die Vögel auch in großen Stubenkäfigen halten, wenn sie regelmäßig Gelegenheit zu Ausflügen haben. Die Voliere kann bepflanzt werden, doch ist dies für das Wohlbefinden der Sittiche nicht unbedingt erforderlich. Jedenfalls wird die Bepflanzung nicht in Stücke genagt.

HALTUNGSTEMPERATUR

Man kann diese Sittiche in einer Außenvoliere überwintern lassen, doch muss diese dann an einer geschützten Stelle stehen und über einen frostsicheren Schlag verfügen.

FÜTTERUNG

Diese Vögel fressen speziell für Neophema-Arten zusammengestellte Körnermischungen, aber auch solche für andere Großsittiche. Außerdem naschen sie sehr gern etwas Kolbenhirse. Während der Brutzeit kann man ihnen ein wenig Weichfutter anbieten, und auch kleine Mengen Grünfutter (Vogelmiere) werden gern gefressen. Natürlich dürfen scharfkantige Magenkiesel oder Grit auf dem Speiseplan nicht fehlen.

VERHALTEN

Schmucksittiche sind ruhige Vögel, die angenehm leise Laute von sich geben. Sie knabbern kaum oder gar nicht. Gern halten sie sich am Boden der Voliere auf, um dort nach einem Teil ihres Futters zu scharren. Sie sind keine großen Kletterer, sondern fliegen viel lieber.

ZUCHT

Diese Sittichart ist nicht besonders schwer zu züchten. Schon im Alter von einem Jahr können beide Geschlechter erfolgreich zur Zucht verwendet werden. Ein geeigneter Nistkasten sollte bei einer Grundfläche von etwa 20 x 20 cm etwa 30–35 cm hoch sein. Wie alle Neophema-Arten bauen auch Schmucksittiche keine Nester. Man kann als Unterlage für die Eier ein wenig feuchten Torfmull oder Sägespäne auf den Kastenboden streuen. Ein Gelege umfasst 4–6 Eier, die vom Weibchen 18–20 Tage lang bebrütet werden. Beide Elternteile füttern die Jungvögel. Diese fliegen nach circa vier Wochen aus; manchmal dauert es auch länger. Bis man das Geschlecht der Jungen an der Farbe ihres Gefieders ablesen kann, vergeht mindestens ein halbes Jahr. Ein harmonisierendes Paar bleibt lebenslang zusammen und sollte möglichst nie getrennt werden. Wenn es in guter Verfassung ist, können Sie pro Saison mit mehreren Gelegen rechnen.

MUTATIONEN

Mittlerweile sind mehrere Farbmutationen aufgetreten, etwa Lutinos, beige, isabellfarbene und gescheckte Tiere.

Aratinga solstitialis

SONNENSITTICH

VERBREITUNGSGEBIET
Venezuela, Guyana, Brasilien.

GRÖSSE
Ungefähr 29–31 cm.

GESCHLECHTSUNTERSCHIEDE
Es gibt kaum Unterschiede zwischen den Geschlechtern. Oft sind die Männchen dieser Art etwas größer, doch ist dies kein verlässliches Geschlechtsmerkmal. Wirkliche Sicherheit kann nur eine endoskopische Untersuchung liefern.

VERTRÄGLICHKEIT
Sonnensittiche sollte man am besten paarweise halten. Auf andere Vogelarten können sie sehr unfreundlich reagieren (selbst wenn diese größer als sie selbst sind), doch beschränkt sich das meist auf die Brutzeit.

UNTERBRINGUNG
Man pflegt diese Vögel am besten in einer Außenvoliere mit einem gut isolierten Schlag. Sorgen Sie für eine robuste Gaze: Diese Tiere haben kräftige Schnäbel, mit denen sie sich im Handumdrehen einen Weg ins Freie bahnen können! Auch Pflanzen werden im Nu zernagt.

HALTUNGSTEMPERATUR
Nachzuchten benötigen frostsichere Schläge, damit die Tiere gesund durch den Winter kommen. Bei extrem niedrigen Temperaturen – oder wenn man merkt, dass die Vögel unter der Kälte leiden – muss der Schlag beheizt werden.

FÜTTERUNG
Als Grundnahrung kann man den Tieren eine Körnermischung für Großsittiche geben, die während der Brutzeit mit kleinen Mengen Weichfutter angereichert wird. Auch Obst und frische Wildkräuter werden gern angenommen. Außerdem müssen stets scharfkantige Magenkiesel oder Grit vorhanden sein, damit sich die Vögel nach Bedarf bedienen können.

VERHALTEN
Sonnensittiche knabbern sehr gern. Bieten Sie ihnen regelmäßig frische Weidenzweige an, aber sorgen Sie auch dafür, das alle Inventarbestandteile der Voliere, die eventuell beschädigt werden könnten, entsprechend „angepasst" werden. Auf Ereignisse, welche die tägliche Routine sprengen (etwa Nestkontrollen oder unbekannte Personen), können die Sittiche sehr lautstark reagieren, doch lassen sie ihre Stimme bisweilen auch aus anderen Gründen erschallen. Für dicht besiedelte Wohngegenden und als Stubenvögel sind diese Tiere daher nur sehr bedingt geeignet. Sonnen-

Sonnensittiche

sittiche verbringen die Nacht gern in einem Schlafnest. Dazu kann man im Schlag einen Nistkasten aufhängen. Außerdem baden Sonnensittiche sehr gern. Stellen Sie dazu eine Keramikschale mit Wasser auf den Boden der Voliere und erneuern sie deren Inhalt jeden Tag.

ZUCHT

Der Hartholz-Nistkasten sollte bei einer Grundfläche von 25 x 25 cm eine Höhe von ungefähr 50–60 cm aufweisen. Es empfiehlt sich sehr, seinen Boden extra zu verstärken, denn sonst besteht Gefahr, dass die Vögel ein Loch hineinnagen. Dass die Tiere in Paarungsstimmung kommen, erkennt man daran, dass sie den Nistkasten nach ihrem Geschmack „umgestalten". Legen Sie ein paar frische Weiden- oder ungespritzte (!) Obstbaumzweige auf den Boden des Kastens, damit die Vögel sie selbst zerkleinern können. Auf dieser Unterlage werden die Eier abgelegt, meist vier an der Zahl. Das Weibchen übernimmt den Löwenanteil des Brutgeschäfts, und die Jungen schlüpfen nach etwa 25–29 Tagen; sie werden von beiden Eltern gefüttert und fliegen nach anderthalb bis zwei Monaten aus.

Sonnensittiche

Poicephalus senegalus

MOHRENKOPF-PAPAGEI

VERBREITUNGSGEBIET

Westafrika.

GRÖSSE

Ungefähr 23–24 cm.

GESCHLECHTSUNTERSCHIEDE

Bei dieser Art kann nur eine endoskopische Untersuchung – die man von einem erfahrenen Tierarzt vornehmen lassen sollte – sichere Auskunft über das Geschlecht der Tiere geben.

VERTRÄGLICHKEIT

Man hält diese Vögel am besten als Pärchen. Zahme Tiere können auch einzeln in Stubenkäfigen gepflegt werden, wenn sie genug Zuwendung erhalten.

UNTERBRINGUNG

Mohrenköpfe lassen sich sowohl in großen Zimmer- als auch in Außenvolieren pflegen. Letztere müssen allerdings einen Schlag besitzen. Das Baumaterial der Voliere sollte sehr widerstandsfähig sein, und eine Bepflanzung hat bei diesen Vögeln nur wenig Sinn.

HALTUNGSTEMPERATUR

Wenn die Vögel die Möglichkeit haben, sich in einen gut isolierten, frostsicheren Schlag zurückzuziehen, ist im Winter keine Heizung erforderlich.

FÜTTERUNG

Geben Sie den Tieren als Grundfutter eine Körnermischung für Großsittiche. Man kann sie mit kleinen Mengen Obst anreichern. Während der Brutzeit ist zusätzliche Kraftnahrung in Form von Weichfutter angebracht. Eine Gritmischung muss ebenfalls jederzeit zur Verfügung stehen.

Mohrenkopfpapagei

Mohrenkopfpapagei

VERHALTEN

Wenn man diesen Papagei von Hand aufzieht oder von Jugend an in der Wohnung hält, kann er überaus zahm werden. Wie die meisten Großsittiche neigen auch diese Tiere sehr stark zum Lärmen. In den Sommermonaten lassen sie sich gern nass regnen oder mit einer Pflanzenspritze besprühen. Im Haus gehaltenen Vögeln sollte man am besten täglich eine Dusche gönnen. Vor den starken Schnäbeln der Mohrenköpfe ist kaum ein Material sicher.

ZUCHT

Zur Zucht empfiehlt es sich, ein Paar ohne weitere Mitbewohner zu halten. Eine hohe Luftfeuchtigkeit und Wärme sind wünschenswert, aber nicht immer erforderlich. Die Vögel nisten am liebsten in geschlossenen Nistkästen (zum Beispiel in hohlen Stämmen) mit einer Grundfläche von 25 x 30 cm und einer Höhe von circa 50 cm. Man kann den Boden zusätzlich mit Hartholz verstärken, um so zu verhindern, dass sich die Vögel hindurchnagen. Auch die Weite des Einfluglochs wird von den Vögeln gern ihren besonderen Wünschen „angepasst". Als Nistmaterial kann man ein paar Weiden- oder ungespritzte (!) Obstbaumzweige in den Kasten legen. Diese werden zerkleinert und als Unterlage für die Eier verwendet. Ein Gelege umfasst im Durchschnitt 3–4 weiße Eier, und die Ablage zieht sich – wie bei fast allen Sittichen – über mehrere Tage hin. Das Weibchen bebrütet sie etwa 28 Tage lang. Die Jungen fliegen aus, wenn sie ungefähr zwei bis zweieinhalb Monate alt sind. Zwei Wochen später sind sie meist ziemlich selbständig und können nun von den Eltern getrennt werden.

Eclectus roratus

EDELPAPAGEI

VERBREITUNGSGEBIET

Neuguinea, Salomonen, Molukken und Nachbarinseln.

GRÖSSE

Ungefähr 38–43 cm.

GESCHLECHTSUNTERSCHIEDE

Es gibt nur wenige Vogelarten, wo sich die Geschlechter so leicht unterscheiden lassen: Das überwiegend grüne Männchen und das rotblaue Weibchen scheinen zu zwei verschiedenen Arten zu gehören.

VERTRÄGLICHKEIT

Man hält diese Art am besten paarweise ohne fremde Mitbewohner.

UNTERBRINGUNG

Diese prächtigen Tiere haben einen starken Bewegungsdrang, dem man unbedingt Rechnung tragen muss. In zu kleinen Volieren beziehungsweise Käfigen verfetten sie sehr schnell. Ideal wäre eine Außenvoliere, die

Edelpapagei, Männchen

Edelpapagei, Weibchen

ungefähr 5 m breit und 1 m tief ist. Es versteht sich von selbst, dass das Baumaterial wegen der starken Schnäbel sehr robust sein muss.

HALTUNGSTEMPERATUR

Nachzuchttiere sind sehr widerstandsfähig und kälteresistent. Für die kühleren Tage brauchen sie dennoch einen frostsicheren, gut isolierten Schlag.

FÜTTERUNG

Man reicht diesen Vögeln eine Körnermischung für Großsittiche, daneben auch Grünfutter, Obst, Beeren, gekochte Maiskolben (aus dem Fachhandel) und Hagebutten.

VERHALTEN

Edelpapageien sind sehr ruhige Vögel, die gern fliegen. Ihre Stimme ist laut und durchdringend, doch sind sie keine echten „Schreihälse" (das hängt unter anderem von den konkreten Haltungsbedingungen ab). Sie lassen sich gern nass regnen oder mit einer Pflanzenspritze überbrausen. Edelpapageien neigen zwar nicht übermäßig zum Knabbern, doch bleiben Pflanzen in der Voliere nicht lange unbeschädigt. Diese sehr intelligenten Vögel können bei bedächtigem Vorgehen recht zahm werden. Sie lernen unter Umständen sogar, menschliche Stimmen zu imitieren, doch erfordert dies mehr Zeit und Einsatz als zum Beispiel bei Graupapageien.

Angesichts des großes Unterschieds zwischen den Geschlechtern nimmt es nicht wunder, dass sie lange Zeit für zwei verschiedene Arten gehalten wurden

Edelpapageienpaare bleiben einander ein Leben lang treu. Daher empfiehlt es sich, ein Pärchen niemals zu trennen. Um Paare zu bilden, setzt man am besten das Weibchen in die Voliere des Männchens; im gegenteiligen Fall kann es nämlich zu Reibereien kommen. Wenn sie ein Alter von 3–4 Jahren erreicht haben, sind die Vögel alt genug, um zur Zucht verwendet zu werden. Sorgen Sie für einen geeigneten Nistkasten aus Hartholz oder für einen Natur-Baumstamm mit einem Durchmesser von ungefähr 30 cm und einer Höhe von etwa 60 cm. Die Weibchen legen 1–3 Eier; die Ablage erfolgt in Intervallen von bis zu sechs Tagen. Das Weibchen brütet im Schnitt 26–29 Tage lang. Die Jungen werden im Nest hauptsächlich von der Mutter gefüttert. Sobald sie im Alter von etwa 11–12 Wochen das Nest verlassen, übernimmt großenteils das Männchen diese Aufgabe. Die Jungen bleiben nach dem Flüggewerden noch eine Weile von den Eltern abhängig. Diese Vögel sind während der Brutzeit sehr empfindlich gegen Störungen. Ruhe und Regelmaß sind das Fundament jeder erfolgreichen Zucht.

Edelpapagei, Weibchen

Pennantsittich

Platycercus elegans

PENNANTSITTICH

VERBREITUNGSGEBIET

Süd- und Ostaustralien

GRÖSSE

Ungefähr 33–36 cm.

GESCHLECHTSUNTERSCHIEDE

Die Unterschiede zwischen den Geschlechtern lassen sich bei dieser Art nur mit erheblicher Mühe erkennen. Im Allgemeinen sind die Weibchen etwas kleiner, und sie haben schmalere Köpfe und Schnäbel.

VERTRÄGLICHKEIT

In freier Wildbahn sind Pennantsittiche sehr gesellige Vögel. Außerhalb der Brutzeit bilden sie große Schwärme. In der Voliere sollte man allerdings besser immer nur ein Paar halten (eventuell zusammen mit nicht verwandten Arten).

UNTERBRINGUNG

Pennantsittiche lassen sich hervorragend in Außenvolieren halten, gedeihen aber auch in

Gelber Pennantsittich

Pennantsittich

Blauer Pennantsittich

geräumigen Zimmervolieren durchweg gut. Diese müssen solide gebaut sein, um den kräftigen Schnäbeln auf Dauer widerstehen zu können.

HALTUNGSTEMPERATUR

Diese farbenprächtigen Vögel sind widerstandsfähig und können die Wintermonate ohne weiteres im Freien überstehen, wenn ihnen dann ein frostsicherer Schlag zur Verfügung steht.

FÜTTERUNG

Pennantsittiche fressen eine Körnermischung für Großsittiche und naschen außerdem gern an Obst, Beeren und frischem Grünzeug. Eine Gritmischung darf keineswegs fehlen.

VERHALTEN

Pennantsittiche sind lebhafte und wendige Vögel, die gleich gern klettern und fliegen. Sie nehmen gern ein Bad, besonders an warmen Sommertagen. Im Zimmer gehaltenen Vögeln sollte man täglich eine Dusche aus der Pflanzenspritze gönnen. Wenn man behutsam mit ihnen umgeht, können sie recht zahm werden. Ihre Lautäußerungen sind sehr modulationsreich und

254

Pennantsittich, Jungvogel mit der charakteristischen grünen Zeichnung

Von dieser Vogelart sind verschiedene Mutationen bekannt. Eine besonders hübsche und beliebte Variante ist der blaue Pennantsittich. Weniger bekannt sind die gelben und zimtfarbenen Vögel.

Platycercus eximius

ROSELLA

VERBREITUNGSGEBIET
Südöstliches Australien.

GRÖSSE
Ungefähr 29–33 cm.

GESCHLECHTSUNTERSCHIEDE
Es ist nicht leicht, die Geschlechter voneinander zu unterscheiden: die Weibchen sind bei dieser Art etwas matter gefärbt und haben häufig auch kleinere Schnäbel. Außerdem bilden helle Federchen einen Ring um die Augen.

VERTRÄGLICHKEIT
Man hält von diesen Vögeln am besten nur ein Pärchen. Vor allem die Männchen können

Rote Rosella

ziemlich wohlklingend. Diese Vögel sind keine „Zerstörer", knabbern aber doch sehr gern.

ZUCHT
Pennantsittiche lassen sich recht einfach zur Nachzucht bringen. Am besten hält man nur ein Paar in einer eigenen Voliere und bietet ihm einen geschlossenen Nistkasten an (Durchmesser 30 cm, Höhe etwa 40–50 cm). Das Männchen macht dem Weibchen den Hof, indem es vor ihm balzt. Sobald Sie das bemerken, müssen Sie genau darauf achten, ob das Weibchen auf sein Werben eingeht. Andernfalls sollte man das Paar eine Weile trennen: Es besteht nämlich die Gefahr, dass das Männchen sehr aggressiv auf das Weibchen reagiert – mir allen nur denkbaren Folgen ... Ein Gelege umfasst im Schnitt 4–6 weiße Eier, die vom Weibchen etwa 21 Tage lang bebrütet werden. Die Fütterung der Brut übernehmen beide Altvögel. Wenn die Jungen ein Alter von etwa 5 Wochen erreicht haben, verlassen sie das Nest. Die Eltern bleiben bei den Jungvögeln, füttern und bewachen sie weiterhin, bis sie ungefähr acht Wochen alt sind. Die Jungen zeigen noch nicht die Farbe der Eltern, sondern sind überwiegend grün. Ihr endgültiges Federkleid lässt noch etwa anderthalb Jahre auf sich warten.

untereinander ziemlich unverträglich sein: sie verletzen einander sogar durch die Gaze hindurch, wenn das möglich ist. Genau wie die zuvor beschriebene Art sollte man sie besser nicht zusammen mit anderen Sittichen pflegen. Mit den übrigen Vogelarten vertragen sie sich in großen Volieren gut (wenn diese Vögel nicht gerade allzu scheu oder klein sind).

UNTERBRINGUNG

Diese Sittiche pflegt man am besten in einer wenigstens 2 m breiten Voliere, deren Tiefe mindestens 80 cm betragen sollte. Manchmal werden auch Einzeltiere in Stubenkäfigen gehalten; dagegen ist nichts einzuwenden, wenn die Vögel regelmäßig die Möglichkeit erhalten, Ausflüge ins Zimmer zu unternehmen. Die Tiere nagen gern; eine Bepflanzung hat aus diesem Grund keinen Sinn.

HALTUNGSTEMPERATUR

Rosellas sind gegen Kälte recht unempfindlich. Wenn sie die Möglichkeit haben, sich in einen frostsicheren Schlag zurückzuziehen, erübrigt sich eine Heizung im Winter.

FÜTTERUNG

Geben Sie diesen Vögeln eine Körnermischung für Großsittiche, die mit ein wenig Obst und

Rosella, „Weißflügel"

Rosella, Lutino

Rosella, „Pastell"

Rosella, „Rubino"

etwas Grünfutter angereichert wird. Außerdem muss jederzeit eine Gritmischung verfügbar sein.

VERHALTEN

Diese Sittiche – eine der schönsten Arten, die wir kennen – können sehr lautstark reagieren, wenn sie erschreckt werden. Daneben sind sie allerdings auch in der Lage, eine Reihe ausgesprochen wohlklingender Laute hervorzubringen. Es sind lebhafte Vögel, die an warmen Tagen gern ein Bad nehmen. Im Zimmer gehaltenen Tieren sollte man jeden Tag eine Dusche aus der Pflanzenspritze gönnen. Jungvögel können bei bedächtigem Vorgehen überaus zahm werden. Sie halten sich in allen Bereichen der Voliere auf und sind häufig am Boden zu finden, wo sie nach einem Teil ihres Futters scharren.

ZUCHT

Die Zucht dieser Vögel bereitet durchweg keine Probleme, wenn das Paar sich gut leiden kann und beim ersten Gelege wenigstens anderthalb Jahre alt ist. Ein geeigneter Nistkasten sollte bei einem Durchmesser von ungefähr 25 cm etwa 45 cm hoch sein. Die Weibchen legen im Durchschnitt 5 weiße Eier, welche sie 19–21 Tage lang bebrüten. Während ihrer ersten Lebenstage werden die Jungen von der

Mutter gefüttert; später wird diese häufig vom Männchen unterstützt. Wenn sie etwa 4–5 Wochen alt sind, fliegen die Jungen aus. Sie werden dann noch einige Wochen lang von den Eltern bewacht und gefüttert, bis sie selbst für sich sorgen können. Bis die Jungvögel ausgefärbt sind, kann mehr als ein Jahr verstreichen.

MUTATIONEN

Es sind einige Mutationen bekannt, unter anderem „Lutinos", pastellfarbene, rote, weiß geflügelte und zimtfarbene Tiere.

Platycercus icterotis

GELBWANGENROSELLA

VERBREITUNGSGEBIET

Südwestliches Australien.

GRÖSSE

Ungefähr 26–28 cm.

GESCHLECHTSUNTERSCHIEDE

Die Unterschiede zwischen den Geschlechtern sind bei Gelbwangenrosellas einfach zu erkennen: Das Männchen ist leuchtender gefärbt als das Weibchen, das wiederum häufig etwas kleiner ist. Auffällig sind die hellgelben Wangenflecken der Männchen (weibliche Tiere haben blassere Flecken).

VERTRÄGLICHKEIT

Obwohl diese kleinste Rosella-Art in Freiheit oft kleine Schwärme bildet, kommt diese Lebensform in der Voliere nicht ohne weiteres zustande. Vorsorglich sollte man daher besser nur ein Paar pflegen (vor allem während der Brutzeit).

UNTERBRINGUNG

Eine mindestens 2 m breite und 80 cm tiefe Voliere reicht für ein Paar dieser Sittiche aus. Hält man einen zahmen Vogel in einem Stubenkäfig, muss er täglich die Gelegenheit haben, einen Ausflug ins Zimmer zu unternehmen.

HALTUNGSTEMPERATUR

Diese Australier sind widerstandsfähige Vögel, die ohne weiteres im Freien überwintern können. Die Tiere brauchen dann allerdings einen frostsicheren Schlag.

FÜTTERUNG

Stanleysittiche fressen eine Körnermischung für Großsittiche. Man kann diese mit Wildkräutern und Obst anreichern. Zur Paarungs-

Gelbwangenrosella

Gelbwangenrosella

zeit verzehren die Jungen gern auch einige kleine, weiche Insekten.

VERHALTEN

Diese Vögel sind lebhaft, neugierig und gar nicht scheu. Die Rufe, die sie ausstoßen, klingen sehr angenehm: sie sind keine „Schreihälse". Wie alle Großsittiche und Papageien können sie als Jungvögel sehr zahm gemacht werden. Falls keine Artgenossen vorhanden sind, brauchen sie sehr viel Zuwendung seitens ihres Pflegers.

ZUCHT

Die Zucht hat am ehesten Aussicht auf Erfolg, wenn man ein wenigstens anderthalb Jahre altes Pärchen ohne fremde Mitbewohner in einer eigenen Voliere unterbringt. Das Weibchen kann bei der Suche nach einem Nistplatz sehr wählerisch vorgehen; deshalb hängt man am besten an mehreren Stellen Nistkästen auf. Ein geeignetes Modell sollte eine Grundfläche von ungefähr 25 x 25 cm aufweisen. Streuen Sie eine dicke Schicht vermodertes Holz oder Torfmull auf den Boden des Nistkastens. Es werden 4–5 weiße Eier abgelegt, die das Weibchen etwa 18–20 Tage lang bebrütet. Junge Gelbwangenrosellas fressen gern kleine Mengen weiches Lebend-, Universal- oder Weich-

futter. Nach drei bis vier Wochen fliegen die Jungen aus. Sie werden dann noch ein paar Wochen lang – in abnehmendem Maße – hauptsächlich vom Männchen bewacht und gefüttert.

Platycercus flaveolus

STROHSITTICH

VERBREITUNGSGEBIET

Südöstliches Australien (vor allem im Binnenland).

GRÖSSE

Ungefähr 31–34 cm.

GESCHLECHTSUNTERSCHIEDE

Männchen sind insgesamt etwas kräftiger gebaut als ihre weiblichen Artgenossen.

VERTRÄGLICHKEIT

Diese Vögel sollte man am besten paarweise pflegen. Im Umgang mit Artgenossen und anderen gleich großen Sittichen gibt es bei den Männchen oft Probleme. Hingegen kann man sie, sofern nur genug Platz vorhanden ist, recht gut mit anderen Vogelarten vergesellschaften.

Gelbwangenrosella, Weibchen

Strohsittich

Strohsittich

UNTERBRINGUNG

Am besten pflegt man diese Sittiche in einer Außenvoliere: ihre Breite sollte wenigstens 2 m betragen, die Tiefe hingegen mindestens 80 cm.

HALTUNGSTEMPERATUR

Strohsittiche sind ziemlich widerstandsfähige Vögel, die mit unserem gemäßigten Klima gut zurechtkommen. In den kalten Wintermonaten müssen sich die Tiere aber in einen frostsicheren Schlag zurückziehen können.

FÜTTERUNG

Als Grundfutter eignet sich eine hochwertige Körnermischung für Großsittiche, das Sie mit kleinen Mengen Obst, Beeren und Wildkräutern anreichern können. Auch eine Gritmischung muss jederzeit vorhanden sein, damit sich die Vögel nach Belieben bedienen können.

VERHALTEN

Strohsittiche sind lebhafte, kluge Vögel, die gleichermaßen gern fliegen und klettern. Man findet sie häufig am Boden der Voliere, wo sie gemeinsam nach einem Teil ihrer Nahrung scharren. Während der warmen Sommertage muss man ihnen einmal täglich frisches Badewasser anbieten. Ihre Rufe klingen recht angenehm.

ZUCHT

Wer Strohsittiche gern züchten möchte, sollte am besten nur ein Paar in einer eigenen Voliere halten. Der Nistkasten sollte einen Durchmesser von wenigstens 25 cm (ruhig etwas mehr) aufweisen und mindestens 45 cm hoch sein. Es werden 4–6 Eier gelegt, die vom Weibchen ungefähr drei Wochen lang bebrütet werden. Während dieses Zeitraums verlässt die Mutter niemals das Nest. Wenn die Jungvögel etwa fünf Wochen alt sind, verlassen sie das Nest, und ungefähr 16 Monate später nehmen sie ihre endgültige Färbung an.

Agapornis roseicollis

ROSENKÖPFCHEN / PFIRSICHKOPF-ZWERGPAPAGEI

VERBREITUNGSGEBIET

Südwestliches Afrika.

GRÖSSE

Ungefähr 16–17 cm.

GESCHLECHTSUNTERSCHIEDE

Die Unterschiede zwischen den Geschlechtern sind mit bloßem Auge nicht erkennbar. Ein

Bei jungen Rosenköpfchen ist der Schnabel teilweise noch schwarz gefärbt

Rosenköpfchen, Wildform

Rosenköpfchen, „Bleichmaske violett"

Rosenköpfchen, „hellgrün"

Rosenköpfchen, „gescheckt"

Rosenköpfchen, „Fallow"

erfahrener Züchter kann das Geschlecht indes anhand des Abstands zwischen den Beckenknochen erfühlen: sie stehen bei den Männchen weiter auseinander.

VERTRÄGLICHKEIT

Diese Vögel vertragen sich meist gut miteinander. Zwar kommt es gelegentlich zu Balgereien, doch bleiben diese immer recht harmlos. Als Mitbewohner kommen etwa andere wehrhafte Sittiche in Frage. Zarte oder kleinere Vogelarten gehören jedoch nicht in die Voliere oder den Käfig dieser Art. Auch Einzeltiere gedeihen durchweg gut, wenn sie genug Zuwendung erhalten. Im Übrigen kann man zwei Tiere unabhängig vom Geschlecht zusammen in einem Stubenkäfig halten – setzen Sie aber ein neu erworbenes Tier nie unvermittelt zu einem „Alteingesessenen": Es wird häufig als Eindringling angesehen und entsprechend behandelt. Bringen Sie lieber beide Vögel erst längere Zeit in eigenen, benachbarten Käfigen unter, bis sie sich aneinander gewöhnt haben.

UNTERBRINGUNG

Diese Vögel – eine der beliebtesten Ziervogelarten der letzten Jahre – eignen sich sowohl für Stubenkäfige als auch für Außen- oder Zimmervolieren. Dabei spielt es keine große Rolle,

ob der Käfig höher als breit ist oder umgekehrt. Allerdings muss er solide konstruiert und den kräftigen Schnäbeln gewachsen sein. Eine Bepflanzung hat wenig Sinn, da sie von den Tieren im Handumdrehen zerfleddert würde.

HALTUNGSTEMPERATUR

Rosenköpfchen sind widerstandsfähige Vögel, die keine Heizung brauchen, wenn sie in einer Außenvoliere überwintern. Allerdings müssen sie sich in einen frostsicheren Schlag zurückziehen können. Bieten Sie ihnen dafür einen Nistkasten an: Dort werden sie bei Kälte gern die Nacht verbringen.

FÜTTERUNG

Man gibt den Vögeln eine Körnermischung für Agaporniden, die mit ein wenig Obst, Beeren, Grünfutter und Kolbenhirse angereichert wird. Zur Brutzeit fressen sie gern Kraft- und Weichfutter – aber seien Sie sparsam! Eine Gritmischung darf auf dem Speiseplan natürlich nicht fehlen.

VERHALTEN

Diese stämmigen, farbenprächtigen Vögelchen mit ihren kurzen Schwänzen wirken immer irgendwie tatendurstig. Sie sind allzeit lebhaft, energiegeladen und durchstreifen alle Winkel der Voliere. Käfigvögel brauchen ständig Ablenkung – vor allem, wenn sie als Einzeltiere gehalten werden. Man findet in Zoofachgeschäften allerlei Spielzeug, das wegen ihrer kräftigen Schnäbel allerdings sehr stabil sein sollte. Rosenköpfchen sind geräuschvolle Tiere, und ihr Ruf klingt äußerst durchdringend. Sie nehmen gern ein Bad. Stubenvögeln sollte man täglich ein Bad oder eine Dusche aus der Pflanzenspritze gönnen. Rosenköpfchen sind gute Flieger, können aber auch sehr gut klettern.

ZUCHT

Die Zucht von Rosenköpfchen ist nicht schwer, umso mehr jedoch die Zusammenstellung eines Paares, da die Geschlechter einander stark ähneln. Man sollte Vögel dieser Art erst zur Zucht einsetzen, wenn sie wenigstens ein Jahr alt sind. Es reicht aus, wenn der Nistkasten einen Durchmesser von 25 cm aufweist. Anders als die meisten anderen Sittiche bauen diese Vögel richtige Nester, meist aus groben Ästchen, die sie in Stücke brechen. Das Gelege umfasst 3–5 Eier, die vom Weibchen etwa 18–22 Tage lang bebrütet werden. Einen bis anderthalb Monate nach dem Schlüpfen fliegen die Jungen aus. Sehr junge Vögel dieser Spezies erkennt man an den teilweise schwarz gefärbten Schnäbeln. Rosenköpfchen können in einem Jahr ohne weiteres mehrere Bruten großziehen.

Von dieser Art kennt man sehr viele verschiedene Mutationen: Mittlerweile sind diese derart beliebt geworden, dass man große Mühe hat, noch einen reinrassigen Wildvogel zu finden. Zu den jüngsten, gleichermaßen farbenprächtigen wie attraktiven Farbschlägen gehört das „Orangeköpfchen". Außerdem kennt man unter anderem hell-, dunkel, oliv- und seegrüne Vögel (sämtlich in hell und dunkel), durchweg in Kombination mit den Faktoren „Bleichmaske", „Zimt" (Cinnamon) und „Isabell". Ferner gibt es (hell-)gelbe Tiere mit dunklen Augen, Lutinos (gelb mit roten Augen) und gescheckte Exemplare.

Agapornis personata

SCHWARZKÖPFCHEN

VERBREITUNGSGEBIET
Tansania.

GRÖSSE
Ungefähr 15–16 cm.

GESCHLECHTSUNTERSCHIEDE
Es gibt keine äußeren Merkmale, anhand deren man die Geschlechter unterscheiden kann; erfahrene Liebhaber können jedoch am Abstand zwischen den Beckenknochen „erfühlen", zu welchem Geschlecht der betreffende Vogel gehört: sie stehen bei den Weibchen weiter auseinander als bei den Männchen. Häufig sind die Weibchen auch etwas größer als die Männchen.

VERTRÄGLICHKEIT
Schwarzköpfchen sind überaus gesellige Vögel, die sich auch gut in kleinen Gruppen halten lassen. Wenn man ein Pärchen anschafft, kann man es ohne weiteres in einem geräumigen Stubenkäfig pflegen. Vorsicht ist allerdings immer geboten, wenn man die Tiere nicht gleichzeitig erwirbt: Einzeltiere behandeln „Neue" immer als Eindringlinge in ihre Revier.

UNTERBRINGUNG
Als Behausung kommen neben Außen- oder Zimmervolieren auch geräumige Stubenkäfige in Frage. Obwohl die Tiere ausgezeichnet fliegen können, klettern und klimmen sie auch gern. Der Käfig kann daher ruhig höher als breit sein. Die Gaze muss sehr stabil sein. Eine Bepflanzung hat wenig Sinn, da sie im Handumdrehen zerfleddert würde.

HALTUNGSTEMPERATUR
Wenn außer Hauses gehaltene Vögel über

Schwarzköpfchen

Schwarzköpfchen, „violett"

Schwarzköpfchen, „Pastell"

Schwarzköpfchen, „halbseitig"

Schwarzköpfchen, Albino

Schwarzköpfchen, „blau"

siv auf die Jungen reagieren, so dass man diese besser herausfängt. Mehrere Gelege in einer Saison sind bei dieser Art durchaus keine Seltenheit, doch sollte man den Nistkasten nach dem ersten entfernen, damit sich die Vögel nicht verausgaben.

MUTATIONEN

Es sind verschieden Farbmutationen aufgetreten und festgelegt worden.
Wie den Rosenköpfchen kennt man hell-, dunkel- und olivgrüne Tiere, aber auch malvenfarbene, himmel- und kobaltblaue, jeweils in Kombination mit dem „Pastellfaktor". Schließlich gibt es auch Lutinos (gelb mit roten Augen) und Albinos (weiß mit roten Augen).

Agapornis fischeri

PFIRSICHKÖPFCHEN / FISCHERS UNZERTRENNLICHER

VERBREITUNGSGEBIET
Nördliches Tansania.

GRÖSSE
Ungefähr 14–15 cm.

Pfirsichköpfchen mit schöner Zeichnung und Farbe

einen frostsicheren Schlag verfügen, erübrigen sich alle weiteren Vorkehrungen für den Winter.

FÜTTERUNG

Man gibt diesen Vögeln ein gutes Agapornidenfutter, das gelegentlich mit ein wenig Obst und Wildkräutern angereichert wird. Während der Brutzeit fressen sie auch Kraft- und Weichfutter. Eine Gritmischung muss selbstverständlich immer verfügbar sein.

VERHALTEN

Diese lebhaften Vögelchen treiben sich in allen Ecken der Voliere umher. Schwarzköpfchen nehmen auch gern ein Wasserbad. Sie können sehr laut und durchdringend kreischen.

ZUCHT

Man sollte Vögel dieser Art erst zur Zucht verwenden, wenn sie wenigstens ein Jahr alt sind. Ein geeigneter Nistkasten muss bei einer Grundfläche von 25 x 25 cm etwa 30 cm hoch sein. Das Nest wird aus allerlei grobem Material gebaut. Man kann mit 3–4 Eiern rechnen, die vom Weibchen etwa 18–22 Tage lang bebrütet werden. Nach ungefähr 45 Tagen verlassen die Jungen das Nest. Einige Wochen nach dem Flüggewerden können die Eltern aggres-

Pfirsichköpfchen, „himmelblau übergossen"

GESCHLECHTSUNTERSCHIEDE

Beide Geschlechter sind identisch gefärbt. Die Weibchen sind oft etwas größer als die Männchen, doch trifft dies nicht immer zu. Geübte Liebhaber können das Geschlecht anhand des Abstands zwischen den Beckenknochen erfühlen: sie stehen bei Weibchen weiter auseinander als bei den Männchen.

VERTRÄGLICHKEIT

Man kann diese Vögel paarweise oder auch in kleinen Gruppen pflegen. Obwohl es in Letzteren zu kleineren Reibereien kommen kann, sind diese in großen Volieren ohne Bedeutung. Zwei Tiere lassen sich problemlos auch in einem geräumigen Stubenkäfig halten. Kaufen Sie die Tiere am besten gleichzeitig: Einzeltieren fällt es oft schwer, „Eindringlinge" zu akzeptieren – mit fatalen Folgen ...

UNTERBRINGUNG

Diese farbenprächtigen und interessanten Agaporniden kann man sowohl in Außen- oder Innenvolieren als auch in Stubenkäfigen halten. Das verwendete Baumaterial sollte auf jeden Fall so stabil wie möglich sein, da sich die Vögel im Nu durch zu dünne Gaze hindurchnagen können. Den Tieren ist es im Übrigen egal, ob ihr Käfig breit oder hoch ist.

Wegen ihrer kräftigen Schnäbel hat es wenig Sinn, die Voliere zu bepflanzen.

HALTUNGSTEMPERATUR

Diese robusten Vögel können den Winter über ruhig im Freien gehalten werden, brauchen dann jedoch unbedingt einen gut isolierten Schlag.

FÜTTERUNG

Man gibt diesen Vögeln eine Körnermischung für Agaporniden, die mit ein wenig Obst und Grünfutter angereichert wird. Während der Brutzeit wissen die Tiere auch Weich- und Kraftfutter zu schätzen. Eine Gritmischung darf auf dem Speiseplan nicht fehlen.

VERHALTEN

Pfirsichköpfchen sind lebhafte, energische Vögel, die alle Winkel der Voliere durchstöbern. Sie fliegen oft, klettern und klimmen aber auch gern. Zumindest während des Sommers müssen sie täglich ein Wasserbad nehmen können. Im Zimmer gehaltenen Vögeln sollte man auch im Winter eine Gelegenheit dazu bieten. Um ihrem Knabberbedürfnis Rechnung zu tragen, kann man im Käfig ein paar Weidenzweige oder Hanfschnur (aus dem Zoofachgeschäft) aufhängen.

ZUCHT

Vögel dieser Art sollte man erst zur Zucht ver-

Pfirsichköpfchen, „kobaltblau"

Wegen ihrer schwachen Zeichnung dürften diese Pfirsichköpfchen auf Ausstellungen keine hohe Wertung erhalten

wenden, wenn sie wenigstens ein Jahr alt sind. Ein geeigneter Nistkasten sollte bei einer Grundfläche von 23 x 25 cm ungefähr 30 cm hoch sein. Das Nest wird aus verschiedenen groben Materialien wie Zweigen (und Stücken davon) erbaut. Die 3–5 weißen Eier werden vom Weibchen 18–22 Tage lang bebrütet. Im Alter von etwa sechs Wochen fliegen die Jungen aus. Sie werden dann noch eine Zeit lang von den Eltern bewacht und gefüttert, aber meist nicht länger geduldet, wenn sie erst einmal selbständig sind. Man fängt sie dann besser rechtzeitig heraus. Bei Paaren, die sich in guter Verfassung befinden, sind mehrere Gelege pro Saison keine Seltenheit.

Allerdings sollte man den Nistkasten besser nach dem zweiten entfernen, um zu verhindern, dass sich die Eltern zu sehr verausgaben. Jungvögel haben eine schwarze Wachshaut und tragen häufig auch einen roten Punkt auf dem Schnabel.

MUTATIONEN

Neben der Wildform sieht man regelmäßig andere Farbschläge, zum Beispiel hellgrüne oder himmelblaue (bisweilen in Kombination mit dem Pastellfaktor). Es kommen auch Lutinos (gelbe Tiere mit roten Augen) und Albinos (weiße Vögel mit roten Augen) vor.

Loricules galgulus

BLAUKRÖNCHEN

VERBREITUNGSGEBIET

Indonesien, Thailand und Malaysia.

GRÖSSE

Ungefähr 13 cm.

GESCHLECHTSUNTERSCHIEDE

Die Männchen erkennt man bei dieser Art am

Blaukrönchen, Weibchen

Blaukrönchen, Männchen

blauen Fleck auf dem Scheitel sowie am roten Fleck an der Kehle.

VERTRÄGLICHKEIT

Dieses zu den Fledermauspapageien gehörende Vögelchen ist überaus gesellig veranlagt und braucht unbedingt wenigstens einen Artgenossen als Mitbewohner. Als Einzeltiere gedeihen diese Vögel hingegen nicht gut. Sofern ausreichend Platz vorhanden ist, ist es ohne weiteres möglich, sie mit anderen Vogelarten zu vergesellschaften.

UNTERBRINGUNG

Während der Sommermonate kann man die Tiere in einer Außenvoliere halten. Sie fühlen sich aber auch in einer Zimmervoliere oder in einem geräumigen Stubenkäfig wohl. Sie wissen eine Bepflanzung zu schätzen (und neigen deshalb nicht dazu, sie unverzüglich zu zernagen). Wegen ihrer dünnflüssigen Exkremente sind sie für die Zimmerhaltung weniger geeignet.

HALTUNGSTEMPERATUR

Blaukrönchen sind wärmebedürftige Vögel, die man während der warmen Sommermonate ohne weiteres in einer Außenvoliere pflegen kann; wichtig ist dabei, dass die Voliere an einer geschützten Stelle steht. Sobald es kühler wird, ist es Zeit, die Tiere ins Haus zu holen.

bietet ihnen am besten geschlossene Nistkästen mit einem Durchmesser von 20 cm und einer Höhe von etwa 25 cm an. Sie bauen keine echten Nester, sondern bedecken den Boden des Nistkastens mit einer Schicht weich gekauter Weidenzweige. Ein Gelege umfasst 3–4 Eier, aus denen nach ungefähr 18–22 Tagen die Jungen schlüpfen. Die Brutpflege ist allein Sache des Weibchens. Wenn die Jungvögel etwa einen Monat alt sind, fliegen sie aus. Das Geschlecht ist schon bei recht jungen Tieren leicht erkennbar.

BESONDERHEITEN

Das Blaukrönchen wird häufig auch „Fledermauspapagei" genannt, weil die Vögel kopfunter an Zweigen hängend schlafen.

Melopsittacus undulatus

WELLENSITTICH

VERBREITUNGSGEBIET
Australien.

GRÖSSE
Etwa 18 cm (je nach Zuchtform).

Wellensittich, Albino

FÜTTERUNG

Dieser Sittich ernährt sich hauptsächlich von Früchten. Auch kleine, weiche Insekten und Honig müssen auf der Speisekarte stehen. Man kann den Vögeln unter anderem gekochten Reis, Weichfutter, allerhand Obst (Feigen, Äpfel, Beeren, Bananen, weiche Birnen und Ähnliches) anbieten.
Manche Exemplare fressen gerne weiche Sämereien. Man kann diese wässern, bevor man sie an die Vögel verfüttert. Auch Weichfutter und kleine Stückchen hart gekochten Eigelbs werden gut angenommen.

VERHALTEN

Blaukrönchen sind interessante, lebhafte Vögel, die alle Winkel der Voliere durchstöbern. Sie fliegen gut, klettern und klimmen jedoch auch gern umher. Diese Art fasst schnell Vertrauen zu ihrem Pfleger und ist überhaupt nicht laut. Der größte Nachteil dieser Vögel sind ihre dünnflüssigen Exkremente, welche die Reinhaltung des Käfigs (oder der Voliere) nicht gerade erleichtern.

ZUCHT

Blaukrönchen gehören nicht gerade zu den am einfachsten vermehrbaren Vogelarten. Man

GESCHLECHTSUNTERSCHIEDE

Erwachsene Männchen dieser beliebten Vogelart erkennt man an der blauen Wachshaut ihrer Schnabelwurzel, die bei den Weibchen bräunlich gefärbt ist.

VERTRÄGLICHKEIT

Wellensittiche sind äußerst gesellige Vögel, die man paarweise, aber auch in größeren Gruppen pflegen kann. Mit anderen Arten vertragen sie sich ebenfalls hervorragend. Einzeltiere können – sofern sie jung angeschafft wurden – überaus zahm werden, brauchen aber in Ermangelung von Artgenossen sehr viel Zuwendung.

UNTERBRINGUNG

Man kann Wellensittiche sowohl in Stubenkäfigen als auch in Zimmer- oder Außenvolieren pflegen. Es hat keinen Sinn, die Voliere zu bepflanzen, da alles im Nu zerknabbert wird. Klettergelegenheiten wissen die Vögel hingegen sehr zu schätzen.

HALTUNGSTEMPERATUR

Als widerstandsfähige Vögel können Wellensittiche den Winter in einer Außenvoliere zubringen, wenn sie Gelegenheit haben, sich in einen frostsicheren Schlag zurückzuziehen.

Wellensittich mit „Haube"

Wellensittich, „Cinnamon"

Wellensittich, Albino

271

Wellensittich, Lutino

Wellensittich, „dunkelgrün gesäumt"

Wellensittich, „gescheckt"

Wellensittich, „Grauflügel"

Wellensittich, „Clearbody"

Wellensittich, „gesäumt violett"

Violetter Wellensittich

FÜTTERUNG

Als Grundfutter reicht man den Vögeln eine Körnermischung für Wellensittiche, die mit etwas Kolbenhirse sowie ein wenig Obst und Grünzeug angereichert wird. Besonders beliebt sind kleine Apfelstückchen und Vogelmiere. Während der Brutzeit fressen die Vögel gern Weichfutter. Auch eine Gritmischung darf niemals fehlen.

VERHALTEN

Wellensittiche sind wahrscheinlich die bekanntesten Stuben- und Ziervögel. Sie können sehr zahm werden, und manche von ihnen lernen sogar (wenn man viel Geduld aufwendet), ein paar Worte zu sprechen. Nicht alle Vögel sind indes gleich begabt. Vor allem Jungtiere werden zahm, doch fassen auch ältere Vögel bei ruhigem Vorgehen Zutrauen zu ihrem Pfleger. Wellensittiche erzeugen zwitschernde Laute. Sie nehmen gern ein Bad und brauchen die Gelegenheit dazu. Obwohl sie hervorragend fliegen können, klettern sie sehr gern. Wenn man die Vögel als Einzeltiere in einem Stubenkäfig pflegt, muss man dafür sorgen, dass sie genug Ablenkung haben (beispielsweise Spielzeug).

ZUCHT

Diese beliebten Vögel lassen sich recht einfach

Grauer Wellensittich

Wellensittich, „Gelbmaske"

züchten, beispielsweise in einem ungefähr 60 cm breiten Brutkäfig.

Wellensittiche bauen keine Nester. Eigens für sie gedachte Nistkästen besitzen im Boden eine Vertiefung, die verhindern soll, dass die Eier seitlich wegrollen (und folglich schlechter bebrütet werden). Solch ein Nistkasten hat eine Grundfläche von ungefähr 15 x 15 cm und ist etwa 20 cm hoch. Das Flugloch braucht für normal gewachsene Wellensittiche nur 4 cm weit zu sein. Ein Gelege umfasst 4–6 weiße Eier, die etwa 18 Tage lang ausschließlich vom Weibchen bebrütet werden. Sobald die Jungvögel aus dem Ei geschlüpft sind, werden sie von beiden Eltern gefüttert. Wenn sie ein Alter von etwa 4 Wochen erreicht haben, verlassen die Jungen den Nistkasten. Da sie dann noch nicht selbst für sich sorgen können, werden sie noch etwa eine Woche lang von den Eltern bewacht und gefüttert. Voll ausgefärbt sind sie nach ungefähr drei bis vier Monaten. Jungtiere erkennt man an ihren dunkleren Schnäbeln, der unpigmentierten Wachshaut und den dunklen Augen (ohne weiße Iris).

MUTATIONEN

Farbschläge

Durch Farbmutation und gezielte Selektion haben sich bei Wellensittichen im Laufe ihrer sehr langen Geschichte als Käfig- und Ziervögel zahllose Farb- und Zeichnungsvarianten herausgebildet. Man unterscheidet dabei – stark vereinfachend – „normale Farben" und Fettstofffarben. Zu den Ersteren gehören alle Vögel, welche die Zeichnung der Wildform bewahrt haben, unter anderem verschiedene Schattierungen von Grün (Hell-, Dunkel-, Oliv- und Graugrün) und Blau (unter anderem Himmel- und Kobaltblau). Zu dieser Gruppe gehören außerdem alle malvenfarbenen, grauen und violetten Wellensittiche. Zu den Fettstofffarben (also den zeichnungslosen Sittichen) rechnet man unter anderem die Lutinos und Albinos, also gelbe oder weiße Vögel mit roten Augen (es gibt aber auch solche mit dunklen Augen). Außerdem kennt man gescheckte Wellensittiche, solche mit abweichenden Zeichnungsmustern (etwa „gesäumt", „Opal" und „übergossen") und solche, bei denen die sonst schwarze Zeichnung verblichen oder durch eine andere Farbe ersetzt ist (Grau- und Weißflügel, zimtfarbene Vögel). Ein beliebter Farbschlag ist schließlich die „Gelbmaske": bei diesen Tieren ist die „Gesichtsmaske" gelb statt weiß.

Formen

Neben verschiedenen Farbschlägen gibt es auch Wellensittiche mit einer von der Wildform abweichenden Federstruktur. Man kennt beispielsweise Sittiche mit Schöpfen oder gekräuselten Federn. Von Ersteren gibt es verschiedene Varianten, doch sind sie durchweg nicht zahlreich vertreten.

Wellensittiche sind weit verbreitete Vögel, von denen man wohl in jeder Zoofachhandlung mehrere Exemplare in verschiedenen Farben findet. Wer diese Tiere indes züchten will oder Wert auf schön gefärbte, geformte beziehungsweise gezeichnete Tiere legt, sollte besser Kontakt mit der nächsten Züchtervereinigung aufnehmen. Ihre Mitglieder werden Ihnen gern die Adressen eines oder mehrerer einschlägig bekannter Wellensittichzüchter vermitteln. Diese Verbände organisieren außerdem regelmäßig Ausstellungen, die auch der Öffentlichkeit zugänglich sind. Dort kann man sich einen guten Eindruck von der Farb- und Formenvielfalt machen und überdies Kontakt mit Züchtern dieser Vogelart aufnehmen.

Lorius domicellus

ERZLORI

VERBREITUNGSGEBIET

Südliche Molukken, Ambon und Ceram.

GRÖSSE

Ungefähr 30 cm.

GESCHLECHTSUNTERSCHIEDE

Die Geschlechter sind mit bloßem Auge nicht voneinander zu unterscheiden. Nur ein Tier-

arzt kann mittels einer Endoskopie oder einer Chromosomenuntersuchung Auskunft geben.

VERTRÄGLICHKEIT

Wegen der Aggressivität, die diese Tiere gegenüber anderen Vögeln an den Tag legen können, sollte man diese Loris nur paarweise in einer eigenen Voliere halten.

UNTERBRINGUNG

Erzloris lassen sich sowohl in Außen- als auch in Zimmervolieren pflegen. Wegen ihrer flüssigen Ausscheidungen sollte man sie aber besser nicht im Wohnzimmer halten. Das diese Vögel sehr gern klettern und ständig in Bewegung sind, darf ein Kletterbaum mit Seitenästen in der Voliere nicht fehlen. Die Tiere wählen sehr gern Nistkästen als Schlafplätze.

HALTUNGSTEMPERATUR

Erzloris sind recht robuste Vögel, und wenn sie sich im Winter in einen frostsicheren Schlag zurückziehen können, erübrigen sich weitere Vorkehrungen.

FÜTTERUNG

Loris fressen in freier Wildbahn vornehmlich Nektar, Früchte, Blüten und Pollen. Dementsprechend gestaltet sich ihr „Speisezettel": Sämereien (etwa Hirse, geschälter Hafer, Weizen und „Negersaat" (*Guizotia abyssinica*) werden manchmal, aber nicht immer angenommen.

Erzlori

Erzloris

Früher bereiteten Lorihalter selbst eine Mischung aus Honig, Zucker, gekochtem Reis, Babymehl, eingeweichtem Weißbrot und allerhand weichen Obst- und Kräutersorten zu. Heute werden spezielle Futtermischungen für Loris hergestellt, die jedoch leider (noch) nicht überall erhältlich sind. Es lohnt aber die Mühe, in größeren Fachgeschäften darauf hinzuweisen, dass derartige Futtersorten durchaus verfügbar sind.

VERHALTEN

Diese Loris sind neugierige und lebhafte Vögel, die den ganzen Tag über aktiv bleiben. Sie entwickeln relativ rasch ein enges Vertrauensverhältnis zu ihrem Pfleger und sind dann alles andere als scheu. Ihre Stimme ist leider laut und durchdringend – was manche Nachbarn überhaupt nicht zu schätzen wissen ... Sie kommen freiwillig nicht auf den Boden und klettern sehr gern. Auch nehmen sie gern ein Wasserbad und müssen stets die Gelegenheit dazu haben. Loris besitzen kräftige Schnäbel, mit denen sie gern an Weiden- und Obstbaumzweigen herumknabbern.

ZUCHT

Loris haben eine Vorliebe für natürliche Nisthöhlen (beispielsweise hohle Baumstämme). Sie legen 1–3 Eier, die etwa 25 Tage lang vom Weibchen bebrütet werden. Im Alter von circa zehn Wochen verlassen die Jungen die Nisthöhle. Sie werden dann noch ein Weilchen (in abnehmendem Maße) bewacht und gefüttert. Wenn sich absehen lässt, dass die Jungen selbständig werden, fängt man sie besser heraus; die Eltern dulden sie dann oft nicht mehr in ihrer Umgebung. Ein gesundes Zuchtpaar kann pro Saison mehrere Bruten aufziehen.

Trichoglossus haematodus

GEBIRGS-ALLFARBLORI

VERBREITUNGSGEBIET
Australien.

GRÖSSE
Ungefähr 28–31 cm.

GESCHLECHTSUNTERSCHIEDE
Die Geschlechter sind mit bloßem Auge nicht voneinander zu unterscheiden. Auskunft kann nur die endoskopische Untersuchung geben, die man von einem Tierarzt vornehmen lassen sollte.

VERTRÄGLICHKEIT
Den Gebirgs-Allfarblori pflegt man am besten paarweise in einer eigenen Voliere.

UNTERBRINGUNG
Für diese farbenprächtigen Loris kommen geräumige Außen- oder Zimmervolieren in Frage. Wegen ihrer dünnflüssigen Exkremente sollte man sie besser nicht in der Wohnung halten. Die Tiere wissen einen kräftigen Kletterbaum sehr zu schätzen, während eine Bepflanzung wenig sinnvoll ist.
Zur Grundausstattung der Voliere gehört auch ein geeigneter Nistkasten: die Tiere schlafen gern nachts darin.

HALTUNGSTEMPERATUR
Diese Vögel sind sehr robust und lassen sich daher gut in Außenvolieren mit frostsicheren Schlägen halten.

Ein Pärchen Gebirgs-Allfarbloris

FÜTTERUNG

Loris fressen in freier Wildbahn ausschließlich Nektar, Früchte, Blüten und Pollen, aber auch ein paar weiche Insekten. Dementsprechend gestaltet sich auch ihr Speisezettel. Kleine Mengen Körnerfutter – in erster Linie weichere Sorten – werden hin und wieder angenommen, dürfen jedoch nicht den Hauptbestandteil ihres Futters ausmachen. Im Zoofachhandel gibt es spezielle Lori-Mischungen zu kaufen, die indes leider nicht überall erhältlich sind.

VERHALTEN

Der Gebirgs-Allfarblori ist ein farbenprächtiger und interessanter Vogel. Die Tiere sind sehr aktiv und neugierig und werden auch recht zahm, wenn sie von jung auf an den Pfleger gewöhnt sind. Manche lernen sogar ein paar Wörter zu sprechen. Nachteilig wirkt ihre durchdringende Stimme. Die Vögel nehmen gern ein Wasserbad und brauchen regelmäßig eine entsprechende Gelegenheit. Überdies klettern sie gern und knabbern ausgiebig an weichen Weiden- und Obstbaumzweigen.

ZUCHT

Wenn Sie Wert auf Nachwuchs legen, sollten Sie einen wenigstens 30 cm dicken und 45 cm hohen hohlen Baumstamm besorgen. Sein Einflugloch muss ungefähr 8 cm weit sein. Als

Gebirgs-Allfarblori

Unterlage für die Eier dient eine ausreichend dicke Schicht feuchten Torfmulls. Die 1–3 weißen Eier werden vom Weibchen ausgebrütet, und nach 23–26 Tagen schlüpfen die Jungen aus dem Ei. Die Jungvögel werden von beiden Elternteilen gefüttert und verlassen im Alter von 50–60 Tagen die Nisthöhle. Sie können dann noch nicht selbst für sich sorgen und werden deshalb noch eine Weile von den Altvögeln gefüttert. Ca. 30 Tage nach dem Flüggewerden sind sie selbständig. Nun sollte man sie besser herausfangen, da viele Elterntiere ihre Jungen dann nicht länger in ihrer Nähe dulden. Wenn das Zuchtpaar in guter Verfassung ist, sind zwei Gelege pro Saison keine Seltenheit.

Eos bornea

ROTLORI

VERBREITUNGSGEBIET
Verschiedene indonesische Inseln.

GRÖSSE
Ungefähr 29–30 cm.

GESCHLECHTSUNTERSCHIEDE
Die Geschlechter weisen keine äußeren Unterscheidungsmerkmale auf. Aufschluss kann nur eine Endoskopie oder Chromosomen-Untersuchung durch einen Tierarzt geben.

VERTRÄGLICHKEIT
Man sollte diese Vögel am besten paarweise halten, ohne die Gesellschaft weiterer Mitbewohner.

UNTERBRINGUNG
Loris als solche hält man grundsätzlich am besten in einer geräumigen Außenvoliere, an die sich ein vor Zugluft und Frost gesicherter Schlag anschließt. Diese Vögel gedeihen zwar auch in Zimmervolieren, sind aber wegen ihrer reichlichen, dünnflüssigen Exkremente für das Wohnzimmer weniger geeignet. Kletterbaum und Schlafnest gehören zur Grundausstattung der Voliere. Eine Bepflanzung hingegen wird im Handumdrehen zerknabbert.

HALTUNGSTEMPERATUR
Wenn sich die Vögel nachts in einen frostsicheren Schlag zurückziehen können, braucht man im Winter keine weiteren Vorkehrungen zu treffen.

FÜTTERUNG
Diese Papageienart ist auf Nektar und Pollen versessen. In gut sortierten Fachgeschäften gibt es Spezialfutter für Loris. Außerdem fressen die Vögel gern weiche Früchte (Nektarinen und Pfirsiche, aber auch Äpfel), hin und wieder auch Insektenpastete und lebende Insekten. Manche Tiere nehmen auch Körnerfutter wie Hirse, geschälten Hafer und „Negersaat" (*Guizotia abyssinica*) an.

Rotlori

VERHALTEN

Diese Vögel zeichnen sich durch ihr freundliches und zutrauliches Verhalten gegenüber dem Menschen aus. Sie werden schnell zahm und fressen dem Pfleger dann sogar aus der Hand. Außerdem nehmen sie gern ein Bad. Zu den Vorzügen dieser Vögel gehört auch ihr interessantes Verhalten: in einer Lorivoliere herrscht eigentlich immer Leben, da die Vögel niemals an Langeweile leiden. Sie klettern und klimmen gern umher. Nachteilig ist hingegen ihre Lautstärke: Sie kann durchaus zu Problemen führen, wenn ihre Nachbarn empfindlich auf Lärm reagieren. Loris haben gern etwas zu knabbern. Um diesem Bedürfnis Rechnung zu tragen, sollte man ihnen regelmäßig Weiden- oder Obstbaumzweige anbieten.

ZUCHT

Als Nistgelegenheiten bevorzugen die Tiere hohle Baumstämme. Ein geeignetes Stammstück sollte etwa 25 cm dick und wenigstens 50 cm hoch sein und dabei ein ungefähr 7 cm weites Einflugloch aufweisen. Streuen Sie eine dünne Schicht feuchten Torfmulls auf den Boden der Nisthöhle: sie dient als Unterlage für die Eier. Man kann pro Gelege mit 2–3 Eiern rechnen, die vom Weibchen etwa 24 Tage lang bebrütet werden. Die Jungvögel bleiben 60–70 Tage im Nest. Anschließend werden sie noch eine Weile (in abnehmendem Maße) gefüttert und bewacht. Sobald die Jungvögel selbständig sind, sollte man sie besser herausfangen, da sie von den Eltern nicht mehr in deren Nähe geduldet werden.

BESONDERHEITEN

Wie alle Loris weist auch der Rotlori eine besondere Anpassung an seine Lieblingsnahrung (Nektar und Blütenpollen) auf, nämlich seine lange, bewegliche Zunge, die in einer bürstenartigen Spitze endet.

Lorius garrulus

PRACHTLORI

VERBREITUNGSGEBIET

Molukken.

GRÖSSE

Ungefähr 28–30 cm.

GESCHLECHTSUNTERSCHIEDE

Bei dieser Vogelart gibt es keine äußeren Unterschiede zwischen den Geschlechtern.

VERTRÄGLICHKEIT

Diese Loriart ist nicht sehr verträglich. Manchmal verhalten sich diese Vögel sogar untereinander ausgesprochen aggressiv, erst recht anderen Arten gegenüber. Deshalb sollte man besser nur ein Pärchen pro Voliere halten.

Prachtloris („Gelbmäntel")

Prachtlori („Gelbmantel")

UNTERBRINGUNG

Man kann diese Vögel sowohl in Zimmer- als auch in Außenvolieren pflegen. Wegen ihrer dünnflüssigen Exkremente raten wir davon ab, sie im Wohnzimmer zu halten. Mann sollte die Voliere besser nicht bepflanzen, da jedes Grün von den Vögeln im Nu zerknabbert wird. Kletterbaum und Schlafnest dürfen in der Lorivoliere keinesfalls fehlen.

HALTUNGSTEMPERATUR

Prachtloris kommen mit unserem gemäßigten Klima sehr gut zurecht. Wenn sie sich in einen vor Zugluft, Nässe und Frost sicheren Schlag zurückziehen können, erübrigt sich jede zusätzliche Heizung.

FÜTTERUNG

Loris ernähren sich in freier Wildbahn vor allem von Nektar, Früchten, Blüten und Pollen. Entsprechend gestaltet sich auch ihr Speisezettel. Früher bereiteten Loribesitzer ihren Schützlingen selbst eine Futtermischung aus Honig, gekochtem Reis, Babybrei, Zucker und eingeweichtem Brot zu. Heute gibt es in allen gut sortierten Zoofachgeschäften spezielle (und besser geeignete) Lori-Futtermischungen zu kaufen. Leider sind sie nicht überall erhältlich. Außer Lori-Mischfutter kann man den Tieren regelmäßig etwas Obst, Beeren und Grünfutter geben. Manchmal nehmen sie auch Körnerfutter an (vor allem weichere Sorten).

VERHALTEN

Der Prachtlori ist ein neugieriger, intelligenter und lebhafter Vogel, der recht zahm werden kann. Leider können die Tiere eine beträchtliche Lautstärke entwickeln, und auch der friedliche Umgang mit anderen Vögeln gehört nicht zu ihren Stärken. Sie schlafen auch außerhalb der Brutzeit gern in Nistkästen, die man sowohl außen (an einer geschützten Stelle) als auch im Schlag aufhängen kann. Die Tiere klettern gern und knabbern mit Vorliebe an Weiden- oder Obstbaumzweigen; ferner sollte man ihnen regelmäßig die Gelegenheit zu einem Wasserbad bieten.

ZUCHT

Die meisten Tiere bevorzugen zur Brut hohle, mindestens 25 cm dicke und wenigstens 45 cm hohe Stammstücke. Bedecken Sie den Boden mit einer Schicht feuchten Torfmulls, die als Unterlage für das Gelege dient. Dieses umfasst durchschnittlich 2 Eier, die ausschließlich vom Weibchen bebrütet werden. Nach etwa 28 Tagen schlüpfen die Jungen aus dem Ei. Die Jungvögel werden von beiden Eltern gefüttert. Mit etwa zwei Monaten fliegen sie aus; obwohl sie dann farblich häufig schon den Alten gleichen, verrät der dunkelgraue Schnabel ihr jugendliches Alter. Selbständige Junge sollte man besser herausfangen, da sie von den Eltern in der Regel nicht länger geduldet werden.

10 Brillenvögel – Zosteropidae

Zosterops palpebrosa

GANGES-BRILLENVOGEL

VERBREITUNGSGEBIET

Indien und Sri Lanka.

GRÖSSE

Ungefähr 10 cm.

GESCHLECHTSUNTERSCHIEDE

Die Geschlechter kann man mit bloßem Auge nicht unterscheiden. Oft sind die Weibchen – vor allem an der Bauchseite – etwas blasser als die Männchen gefärbt. Mit absoluter Sicherheit kann man die Männchen aber nur an ihrem Gesang erkennen.

VERTRÄGLICHKEIT

Der Ganges-Brillenvogel bildet in freier Wildbahn Schwärme. Während der Fortpflanzungszeit bilden sich einzelne Paare, die sich von der Gruppe absondern. Auch in der Voliere erweisen sie sich – sofern man sie paarweise hält – als verträgliche, friedliche Vögel, die andere Arten nicht behelligen. Es empfiehlt sich, nie mehr als ein Paar pro Käfig oder Voliere zu halten.

UNTERBRINGUNG

Man kann diese Vögel während des Sommers in dicht mit Flieder, Beerensträuchern und ähnlichen Gewächsen bepflanzten Außenvo-

Ganges-Brillenvogel

Ganges-Brillenvogel

lieren pflegen. Für eine langfristige ganzjährige Haltung kommen eher eine bepflanzte Zimmervoliere oder ein geräumiger Stubenkäfig in Frage.

HALTUNGSTEMPERATUR

Wenn man Brillenvögel in einer Außenvoliere pflegt, ist es erforderlich, den Schlag während der Wintermonate schwach zu beheizen.

FÜTTERUNG

Man gibt diesen Vögeln als Grundnahrung ein Universalfutter, das mit etwas Insektenpastete angereichert wird. Lebende Insekten sind vor allem während der gesamten Brutzeit sehr wichtig (denken Sie vor allem an Mehlwürmer, Pinky-Maden, Getreideschimmelkäferlarven, Fruchtfliegen und Blattläuse). Auch Früchte, Nektar und Honig wissen diese beliebten Brillenvögel überaus zu schätzen.

VERHALTEN

Ganges-Brillenvögel sind sehr bewegliche und lebhafte, aber auch unerschrockene Vögel. Sie fassen deshalb leicht Zutrauen zu ihrem Pfleger und können bei ruhigem Vorgehen sogar ausgesprochen zahm werden. Viele Liebhaber schätzen den wohlklingenden Gesang der Männchen. An heißen Tagen nehmen diese Tiere auch sehr gern ein lauwarmes Bad. Ganzjährig im Haus gehaltenen Vögeln muss man täglich die Gelegenheit bieten, ein Bad zu

nehmen. Nur selten kommen sie auf den Boden der Voliere.

ZUCHT

Das kleine, schüsselförmige Nest wird mitten in einem Strauch oder – bei Stubenvögeln – in einem rundum mit Grün verkleideten Nistkörbchen gebaut. Beim Bau werden allerlei Materialien verwendet, etwa Grashalme, Kokosfasern und Moos; die Innenseite wird bevorzugt mit weichen Tierhaaren gepolstert. Das Weibchen legt 2–4 hellblaugrün gesprenkelte Eier. Sie werden 11–12 Tage lang abwechselnd von beiden Elternteilen bebrütet. Die Jungen erhalten ausschließlich lebendes Futter, das folglich immer ausreichend verfügbar sein muss. Sorgen Sie für ein möglichst abwechslungsreiches Insektenangebot! Nach ungefähr 10–14 Tagen fliegen die Jungen aus; da sie noch nicht selbständig sind, werden sie wenigstens zwei weitere Wochen lang von den Eltern gefüttert und bewacht. Sobald sie selbständig sind, werden sie vom Männchen verjagt; nun muss man sie schnellstens herausfangen.

Zosterops japonica

JAPAN-BRILLENVOGEL

VERBREITUNGSGEBIET

Ostasien von China bis Japan (einschließlich der benachbarten Inseln).

GRÖSSE

Ungefähr 11 cm.

GESCHLECHTSUNTERSCHIEDE

Beide Geschlechter gleichen einander praktisch aufs Haar. Da nur die Männchen singen, kann man sie am besten anhand dieses Merkmals unterscheiden.

VERTRÄGLICHKEIT

Brillenvögel eignen sich durchweg nicht für die Einzelhaltung; deshalb sollte nach Möglichkeit nur ein Paar erwerben. Japan-Brillenvögel vertragen sich ausgezeichnet mit anderen Vogelarten, während es in einer Gemeinschaft von Artgenossen bisweilen zu Reibungen kommen kann. Das hängt indes – wie so oft – mit dem jeweils verfügbaren Platz zusammen.

UNTERBRINGUNG

Pflegen Sie Japan-Brillenvögel in einer bepflanzten (oder mit grünen Zweigen verkleideten) Zimmervoliere oder in einem geräumigen Stubenkäfig. Wenn die Außenvoliere an einem geschützten Platz steht, kann man die Tiere während der Sommermonate draußen halten.

HALTUNGSTEMPERATUR

Im Freien gehaltene Brillenvögel kann man zur Winterszeit entweder ins Haus holen, oder man beheizt ihren Schlag ein wenig. Temperaturen unter 8 °C vertragen die Tiere nur schlecht.

FÜTTERUNG

Reichen Sie als Grundnahrung ein Universalfutter und Insektenpastete. Außerdem brauchen die Vögel nach Möglichkeit kleines Lebendfutter, Honig und/oder Nektar sowie weiche Früchte.

VERHALTEN

Japan-Brillenvögel sind überaus aktiv. Sie durchstöbern sämtliche Winkel der Voliere, kommen aber kaum je auf den Boden. Sie nehmen gern ein Bad (das für Stubenvögel geradezu lebensnotwendig ist). Sie sind überhaupt nicht scheu und werden schnell mit ihrem Pfleger vertraut.

ZUCHT

Die Zucht verläuft ähnlich wie bei der vorigen Art. Die Vögel bauen an geschützten Stellen kleine, schüsselförmige Nester. Ihre 3–4 blaugrünen Eier werden von beiden Eltern im Wechsel bebrütet. Nach etwa 12 Tagen schlüpfen die Jungen, und nach weiteren 12 Tagen fliegen sie aus. Als Nahrung erhalten die Jungvögel ausschließlich kleines, weiches Lebendfutter.

11 Sonnenvögel – Timaliidae

Leiothrix lutea

SONNENVOGEL / JAPANISCHE NACHTIGALL

VERBREITUNGSGEBIET

Südostasien.

GRÖSSE

Ungefähr 15 cm.

GESCHLECHTSUNTERSCHIEDE

Die Weibchen sind bei dieser Art häufig etwas blasser gefärbt. Zur Geschlechtsbestimmung verlässt man sich besser auf den Gesang: nur die Männchen singen, während die Weibchen lediglich rufen.

VERTRÄGLICHKEIT

Untereinander und mit anderen Vogelarten gibt es außerhalb der Brutzeit keine Probleme. Wenn andere (kleinere) Vogelarten Eier und Jungen haben, neigt diese Art (allerdings nicht immer) dazu, diese zu fressen. Männliche Sonnenvögel werden wegen ihres schönen Gesangs gern als Einzeltiere in Käfigen gehalten,

doch tut man diesen geselligen Vögeln damit Gewalt an. Schaffen Sie sich deshalb lieber ein Paar oder eine kleine Gruppe an.

UNTERBRINGUNG

Sonnenvögel brauchen Deckung: Man kann sie in einer bepflanzten Außen- oder Zimmervoliere halten, doch gedeihen sie auch in geräumigen Stubenkäfigen sehr (diese müssen allerdings bepflanzt oder an mehreren Seiten gegen Sicht abgeschirmt sein). Einfache Drahtkäfige sind ungeeignet, weil sich die Tiere darin nicht wohl fühlen. Diese Vögel fliegen gern und klettern gar nicht: ihre Käfige sollten deshalb so breit wie möglich sein.

HALTUNGSTEMPERATUR

Sonnenvögel sind widerstandsfähige Tiere, die man auch winters in einer Außenvoliere halten kann; allerdings brauchen sie dazu einen gut isolierten Schlag.

FÜTTERUNG

Man kann diesen beliebten Singvögeln als Grundfutter eine Universalmischung geben,

Sonnenvogel (Japanische Nachtigall)

die mit etwas Insektenpastete angereichert wird. Außerdem brauchen die Tiere regelmäßig Lebendfutter (beispielsweise Mehlwürmer). Hin und wieder fressen sie auch gern ein wenig weiches Obst.

VERHALTEN

Der Sonnenvogel ist eine überaus lebhafte Art, die pfeilschnell durch die Voliere fliegt. Er hält sich am liebsten im Schutz der Bepflanzung im unteren Teil der Voliere auf. Die Männchen singen sehr schön.

Sonnenvögel baden sehr gern, und man muss ihnen unbedingt eine Möglichkeit dazu bieten. Obwohl diese gewandten Tiere einen scheuen, ja schreckhaften Eindruck machen, sind sie es überhaupt nicht: bei bedächtigem Vorgehen können sie sehr zutraulich werden und sogar lernen, ihr Futter aus der Hand zu fressen.

ZUCHT

Das Nest wird in einem dichten Strauch (zum Beispiel in einer Konifere) gebaut, in der man vorsorglich ein Nistkörbchen anbringt. Manche Vögel begnügen sich auch mit einem Drahtkörbchen. Es besteht vorwiegend aus Naturfasern, Grashalmen und Pflanzenwur-

Der bevorzugte Lebensraum des Sonnenvogels

Sonnenvogel

zeln und wird auf der Innenseite mit Kokosfasern gepolstert. Ein Gelege umfasst im Mittel 3–4 Eier. Sie sind hellblau mit bräunlichen Sprenkeln. Das Weibchen brütet etwa 12 Tage lang und übernimmt auch die Fütterung der Jungvögel. Diese brauchen sehr viel kleines Lebendfutter; getrocknete oder gefrorene Insekten werden selten oder nie angenommen. Das Angebot an Insekten sollte immer so abwechslungsreich wie möglich sein. Als Futtertiere eignen sich unter anderem Pinky-Maden, Getreideschimmelkäferlarven, Spinnen, Käfer und gehackte Mehlwürmer. Wenn es an lebenden Insekten mangelt oder die Fütterung zu einseitig ausfällt, überleben die Jungen nicht. Die jungen Sonnenvögel fliegen im Alter von etwa 14 Tagen aus, werden aber (in abnehmendem Maße) noch ungefähr 1–3 Wochen lang von den Eltern bewacht und gefüttert. Sie zeigen dann noch nicht die Färbung erwachsener Tiere; diese nehmen sie erst an, wenn sie ungefähr drei Monate alt sind. Die Männchen können schon gut singen, wenn sie ein Alter von zwei Monaten erreicht haben. Wenn genügend Platz und Deckung vorhanden sind, kann man die selbständig gewordenen Jungvögel ruhig bei den Alten lassen; andernfalls sollte man sie besser umquartieren. Ein gesundes Zuchtpaar kann pro Saison mehrere Bruten aufziehen.

MUTATIONEN

Es gibt auch eine „blasse" Variante des Sonnenvogels. Diese ist allerdings noch recht selten.

Silberohr-Sonnenvogel

Leiothrix argentauris

SILBEROHR-SONNENVOGEL

VERBREITUNGSGEBIET
China, Malaysia, Indonesien (vor allem Sumatra) und Thailand.

GRÖSSE
Ungefähr 17 cm.

GESCHLECHTSUNTERSCHIEDE
Der Bürzel ist beim Männchen rot-orange, beim Weibchen dagegen ockergelb gefärbt. Die Männchen sind außerdem an ihrem Gesang zu erkennen.

VERTRÄGLICHKEIT
Diese geselligen Vögel hält man am besten paarweise oder in kleinen Gruppen. Außerhalb der Brutzeit vertragen sie sich auch mit anderen Vogelarten sehr gut, selbst wenn diese viel kleiner sind. Manche Exemplare werden während der Brutzeit zu Nesträubern, die kleinere und minder wehrhafte Arten beim Brutgeschäft stören können.

UNTERBRINGUNG
Man kann diese Vögel sowohl in Außen- als auch in Zimmervolieren und sogar in einem geräumigen Stubenkäfig halten. Bedenken Sie jedoch immer, dass sich Silberohr-Sonnenvögel nur in dicht bepflanzten Volieren wirklich wohl fühlen. Pflanzen, die ihr Laub oder ihre Nadeln im Winter nicht abwerfen (Koniferen, Tanne, Efeu und Ähnliches), eignen sich besonders gut. Wenn man die Vögel im Zimmer hält, muss man einen Käfig wählen, der an mehreren Seiten verkleidet ist. Käfige oder Zimmervolieren sollten möglichst breit sein, damit die Tiere ausreichend Platz zum Fliegen haben.

HALTUNGSTEMPERATUR
Wenn Silberohr-Sonnenvögel die Möglichkeit haben, sich in einen frostsicheren Schlag zurückzuziehen, erübrigt sich im Winter jede zusätzliche Heizung.

FÜTTERUNG
Man kann diesen Vögeln als Grundnahrung ein Universalfutter geben, das man mit lebenden Tieren (beispielsweise Mehlwürmern, Spinnen, Pinky-Maden, Getreideschimmelkäfern und Grillen) anreichert. Außerdem fressen die Vögel gern kleine, weiche Obststücke (zum Beispiel Banane oder Birne). Auch Beeren oder Rosinen werden gut angenommen.

VERHALTEN
Diese Vögel fliegen gern und viel; dabei halten sie sich am liebsten im Schutz der Vegetation in den tiefsten Lagen der Voliere auf. Ein Wasserbad ist kein Luxus, sondern lebensnotwendig, und die Tiere sollten während der warmen Jahreszeit jeden Tag Gelegenheit dazu haben. Vögel, die in der Wohnung gehalten werden, müssen sogar ganzjährig täglich baden können. Die Männchen singen ziemlich laut.

ZUCHT
Das Nest wird mitten in einem dichten Busch oder zwischen Efeuranken gebaut, an denen man vorsorglich ein Nistkörbchen befestigt. Manchmal beziehen die Vögel auch vorhandene Nistkästen oder -körbchen. Ein Gelege umfasst 3–5 weiße, braun gefleckte Eier, die 12 Tage lang von beiden Eltern im Wechsel bebrütet und anschließend nahezu ausschließlich mit den verschiedensten Insekten gefüttert werden.
Ohne ein ausreichendes Insektenangebot haben die Jungen kaum Überlebenschancen. Sie fliegen nach ungefähr 14 Tagen aus und werden noch eine Weile bewacht und gefüttert. Sobald sie selbständig fressen, sollte man sie besser herausfangen. Oft sind die Altvögel dann bereits mit ihrem nächsten Gelege beschäftigt, so dass sie die Jungen als störend empfinden. Wenn genügend Platz und Deckung vorhanden ist, kann man sie ruhig bei den Eltern belassen.

BESONDERHEITEN
Es gibt auch Silberohr-Sonnenvögel mit roten Kehlen. Dabei handelt es sich nicht um eine Mutation, sondern um eine Unterart mit der wissenschaftlichen Bezeichnung *Leiothrix argentauris rookmakeri*. Sie kommt ausschließlich auf Sumatra vor und ist deshalb auch als Sumatra-Sonnenvogel bekannt.
Silberohr-Sonnenvögel werden viel seltener gehalten als Sonnenvögel, weil ihr Gesang weniger anwechslungsreich klingt. Sie sind auch etwas heikler als jene.

12 Bülbüls – Pycnonotidae

Pycnonotus jocosus

ROTOHR-BÜLBÜL

VERBREITUNGSGEBIET

Indien, Südostasien und Südchina.

GRÖSSE

Ungefähr 20 cm.

GESCHLECHTSUNTERSCHIEDE

Das Rot des Bürzels und der „Ohren" ist bei den Weibchen meist blasser. Die Männchen sind durchweg größer; anders als die Weibchen singen sie.

VERTRÄGLICHKEIT

Rotohr-Bülbüls kann man außerhalb der Brutzeit problemlos in einer Gemeinschaftsvoliere halten. Pflegen Sie am besten nur ein Paar – auf gar keinen Fall zusammen mit anderen Bülbül-Arten! Ansonsten könnten diese Vögel einander vor allem während der Brutzeit das Leben schwer machen.
Man sollte sie deshalb lieber mit anderen Frucht- und Insektenfressern vergesellschaften (möglichst mit gleich großen Arten). Rotohrbülbüls sind überaus gesellige Tiere; deshalb

ist diese Vogelart für die Einzelhaltung völlig ungeeignet.

UNTERBRINGUNG

Diese Vögel lassen sich in mäßig dicht bepflanzten Außenvolieren halten, aber auch in Zimmervolieren oder geräumigen Stubenkäfigen gedeihen sie gut. Ein Stubenkäfig sollte an mehreren Seiten verkleidet und so groß sein, dass sich die Tiere darin nach Herzenslust bewegen können.

HALTUNGSTEMPERATUR

In der (Außen-)Voliere geschlüpfte und aufgezogene Rotohr-Bülbüls sind mit einem gegen Zugluft, Frost und Nässe gesicherten Schlag ausreichend bedient.

FÜTTERUNG

Rotohr-Bülbüls fressen Insekten, Früchte und Beeren. Als Grundnahrung kann man ihnen ein gebrauchsfertiges Universalfutter anbieten, das mit weichen, süßen Früchten und Obst wie Rosinen, Weintrauben, Feigen und Apfelsinen angereichert wird; allerdings akzeptieren nicht alle Bülbüls derartige Fertigprodukte. Honig und Nektar werden ebenfalls gern angenommen. Außerdem sollte man ihnen regelmäßig

Der Rotohr-Bülbül ist die beliebteste Bülbülart

eine Auswahl verschiedener Insekten anbieten, zum Beispiel Heuschrecken, Spinnen, Fliegen und Mehlwürmer.

VERHALTEN

Rotohr-Bülbüls sind pfeilschnelle Flieger, die sich am liebsten im Schutz des Gesträuchs aufhalten. Kaum jemals suchen diese Vögel den Boden auf. Die Männchen singen, doch wird die Schönheit ihres Gesanges äußerst unterschiedlich beurteilt. Beide Geschlechter können verschiedene Laute hervorbringen. Sie nehmen gern ein Wasserbad und müssen auch die Gelegenheit dazu haben.

ZUCHT

Rotohr-Bülbüls nisten am liebsten im Schutz kräftiger Sträucher, doch akzeptieren einige von ihnen auch Nistkästen. Ihr Nest bauen sie unter anderem aus Kokosfasern, Grashalmen, Blättern und Pflanzenwurzeln. Das schalenförmige Gebilde und seine Umgebung werden erbittert gegen Eindringlinge verteidigt. Die Eier – meist 2–3 an der Zahl – sind rosa-grau mit kontrastierenden Flecken. Sie werden vom Weibchen bebrütet, bis nach 12–14 Tagen die Jungen schlüpfen. Die Jungvögel bekommen als Futter in erster Linie Lebendfutter (kleine Insekten). Mit etwa 13–15 Tagen fliegen sie aus, doch werden sie noch eine Weile vom Männchen bewacht und gefüttert. Im Alter von fünf bis sechs Wochen können die Jungvögel meist selbst für sich sorgen. Ihnen fehlt allerdings noch der rote „Ohrenfleck", und ihr

Scheitel ist braun. Unter günstigen Bedingungen kann es in einer Saison auch zu einem zweiten Gelege kommen. Während der Brutzeit reagieren die Altvögel empfindlich auf Störungen; man sollte sie deshalb weitestgehend in Ruhe lassen.

BESONDERHEITEN

Der Rotohr-Bülbül ist die bekannteste und beliebteste Bülbül-Art.

Pycnonotus leucotus

WEISSOHR-BÜLBÜL

VERBREITUNGSGEBIET

Indien und Teile von Asien.

GRÖSSE

Ungefähr 18 cm.

GESCHLECHTSUNTERSCHIEDE

Die Männchen sind im Allgemeinen – vor allem an der Bauchseite – etwas intensiver gefärbt als die Weibchen und häufig auch etwas größer. Allerdings ist das kein absolut sicheres Kennzeichen für ihre Geschlechtszugehörigkeit.

VERTRÄGLICHKEIT

Diese Art pflegt man am besten paarweise, keineswegs aber als Einzeltier. Halten Sie die Vögel niemals in Gruppen oder zusammen mit anderen Bülbül-Arten! Vor allem während der

Brutzeit werden Weißohr-Bülbüls sehr unverträglich, ja aggressiv, und man sollte das Paar in dieser Phase besser getrennt von anderen Vögeln unterbringen.

UNTERBRINGUNG

Am wohlsten fühlt sich diese Art in einer geräumigen, gut bepflanzten Zimmer- oder Außenvoliere. Die Zimmervoliere sollte breiter als hoch sein.

HALTUNGSTEMPERATUR

Gut eingewöhnte Weißohr-Bülbüls brauchen im Winter lediglich einen frostsicheren Schlag an einem geschützten Standort.

FÜTTERUNG

Diese Vögel sind Insekten- und Fruchtfresser. Auch Beeren werden gern und reichlich gefressen, und das Gleiche gilt für Honig und Nektar. Das handelsübliche Universalfutter nehmen nicht alle Vögel an, allenfalls wenn es mit Honig und frischem, weichem Obst vermischt wird. Geben Sie den Tieren auch regelmäßig Lebendfutter (beispielsweise Heuschrecken, Grillen und Mehlwürmer).

VERHALTEN

Diese Art ist von Natur aus neugierig und äußerst lebhaft. Bei bedächtigem Vorgehen können die Tiere sehr zahm werden und sogar aus der Hand fressen. Die Männchen singen, doch hält man ihren Gesang für weniger schön als den des Rotohr-Bülbüls. Die Vögel halten sich mit Vorliebe in den mittleren und unteren Lagen der Voliere auf; kaum jemals kann man sie auf dem Boden beobachten. Sie nehmen gern ein Bad; vor allem in der Wohnung gehaltenen Tieren sollte man täglich eine Gelegenheit dazu bieten.

ZUCHT

Die Zucht dieser Vögel bereitet keine große Mühe. Man bringt das Paar während der Brutzeit am besten separat unter, da es anderen Vögeln gegenüber recht unverträglich werden und sich bisweilen sogar als Nesträuber betätigen kann. In den meisten Fällen beziehen diese Tiere offene oder geschlossene Nistkästen. Sie legen 2–4 rosafarbene Eier mit bräunlichen Flecken. Die Eier werden vom Weibchen ungefähr 11–13 Tage lang bebrütet; sobald die Jungen aus dem Ei geschlüpft sind, beginnt sich auch das Männchen um die Brut zu bemühen. Die Jungvögel erhalten als Futter praktisch ausschließlich kleines Lebendfutter. Für diesen Zweck eignen sich unter anderem Mehlwürmer, Pinky-Maden, Grillen und Getreideschimmelkäferlarven. Wenn sie gut gefüttert werden, können die Jungen bereits im Alter von 11–12 Tagen das Nest verlassen. Sie werden dann noch gut zwei Wochen lang gefüttert und bewacht (hauptsächlich vom Männchen).

Weißohr-Bülbül

13 Drosseln – Turdidae

Turdus merula

SCHWARZDROSSEL ODER AMSEL

VERBREITUNGSGEBIET

Europa, Asien und Nordafrika.

GRÖSSE

Ungefähr 24–25 cm.

GESCHLECHTSUNTERSCHIEDE

Die Männchen sind schwarz und haben gelbe
Schnäbel. Die Weibchen sind eher braun, ihr
Schnabel wiederum bräunlicher gefärbt. Außerdem kann man das Männchen am Gesang erkennen.

VERTRÄGLICHKEIT

Man hält am besten nur ein Paar Amseln pro
Voliere, da diese Vögel untereinander sehr territorial veranlagt sind und die Anwesenheit
mehrerer Artgenossen gar nicht schätzen.
Manche Amselpaare können sich sogar außerhalb der Brutzeit schlecht vertragen: hier ist
ständige Aufmerksamkeit geboten. Dagegen
lassen sich Amseln problemlos mit verschiedenen anderen Vogelarten – auch Körnerfressern – vergesellschaften. Amselmännchen hielt

man früher wegen ihres Gesanges oft einzeln in
speziellen (Amsel-)Käfigen.

UNTERBRINGUNG

Am besten pflegt man Amseln in einer geräumigen, teils überdachten Außenvoliere. Als Bepflanzung eignen sich einerseits immergrüne
Arten (wie Tannen und Koniferen), zum anderen
Blüten- beziehungsweise Beerensträucher (etwa

Schwarzdrossel

Schwarzdrossel, Männchen

Schwarzdrossel, Weibchen

Schwarzdrossel, Albino

Holunder). Der Boden der Voliere sollte am besten aus Garten- oder Walderde bestehen, in die die Vögel nach Nahrung scharren können. Einzeltiere (Männchen) kann man gut in einem so genannten „Amselkäfig" halten, einem breiten Behältnis, das nur an der Frontseite mit Gitterstäben versehen ist. In der Voliere geschlüpfte Jungvögel gewöhnen sich schnell an derartige Käfige und können auch sehr zutraulich werden.

HALTUNGSTEMPERATUR

Amseln sind hervorragend an ein gemäßigtes Klima angepasst. Wenn sich die Voliere an einem geschützten Standort befindet und genügend Deckungsmöglichkeiten bietet, ist ein Schlag eigentlich überflüssig.

FÜTTERUNG

Amseln brauchen reichlich Lebendfutter in Form von Insekten (unter anderem Mehlwürmer). Außerdem fressen sie gern Beeren (beispielsweise jene des Feuerdorns) und Sämereien. Zu den als Nahrung geeigneten Früchten gehören unter anderem Apfel und Erdbeeren. All diese Komponenten bietet man zusammen mit einem guten Universalfutter an.

VERHALTEN

Die Männchen singen sehr schön – und laut. Amseln halten sich in allen Winkeln der Volie-

re auf. Am liebsten suchen sie auf dem Boden nach Nahrung. Sie sind nicht scheu und werden bei guter Pflege sehr zutraulich. Da Amseln – wie alle Drosseln – gern ein Wasserbad nehmen, muss man ihnen regelmäßig die Gelegenheit dazu geben.

ZUCHT

Schwarzdrosseln bauen ihr schalenförmiges, frei stehendes Nest an einer geschützten Stelle mitten in der Bepflanzung. Zum Bau des Nests werden allerhand Materialien verwendet. Die Vögel legen im Schnitt 4–5 hell-blaugrüne Eier mit bräunlichen Flecken. Diese werden vom Weibchen 14 Tage lang bebrütet. Das Männchen sorgt unterdessen für die Bewachung des Nests. Die Fütterung der Jungen übernehmen beide Elternteile. Junge Amseln brauchen sehr viel Lebendfutter, das immer in ausreichenden Mengen verfügbar sein muss. Nach 15–17 Tagen sind die Jungvögel alt genug, um das Nest zu verlassen. Sie können dann noch nicht selbst für sich sorgen und werden weitere 2–3 Wochen lang von beiden Eltern bewacht und gefüttert. Sobald sie einmal selbständig sind, sondert man sie besser ab. Das Elternpaar wird bald vom nächsten Gelege in Anspruch genommen.

MUTATIONEN

Es gibt mittlerweile verschiedene Farbmutationen oder -schläge, etwa braun, pastellfarben, „Ino" (gelb) und weiß.

Zoothera citrina

DAMADROSSEL

VERBREITUNGSGEBIET
Große Teile Südostasiens.

GRÖSSE
Ungefähr 20–21 cm.

Damadrossel, Weibchen

GESCHLECHTSUNTERSCHIEDE

Meist ist das Weibchen bei dieser Art blasser gefärbt, doch gibt es auch Ausnahmen. Eine verlässliche Faustregel zur äußerlichen Unterscheidung der Geschlechter gibt es eigentlich nicht. Die Männchen singen.

VERTRÄGLICHKEIT

Man kann diese Art am besten paarweise halten. Untereinander verhalten sich diese Vögel nicht immer freundlich. Gegen andere Vogelarten gebärdet sich diese Spezies nicht aggressiv (vor allem, wenn jene etwa gleich groß und wehrhaft sind).

UNTERBRINGUNG

Man pflegt diese Vögel am besten in einer geräumigen, üppig bepflanzten Außenvoliere. Sie schätzen eine dichte Bepflanzung und einen sandigen Boden, auf dem sie zwischen dem Falllaub nach Futter scharren können. Nach einer gewissen Eingewöhnungszeit können manche Damadrosseln auch in großen Zimmervolieren oder sogar in Brutkäfigen gehalten werden; allerdings sollte diese ebenfalls bepflanzt sein.

HALTUNGSTEMPERATUR

Die Damadrossel ist kein empfindlicher Vogel, braucht aber für die Wintermonate einen möglichst frostsicheren Schlag an einem geschützten Standort.

FÜTTERUNG

Als Grundnahrung gibt man Damadrosseln ein Universalfutter, das mit allerlei Insekten und deren Larven (etwa Mehlwürmern, Grillen, Käfern und Würmern) angereichert wird. Auch Insektenpastete wird immer gern angenommen. Als Beifutter eignen sich ferner weiche Obststückchen, vor allem aber Beeren (doch nur in „mundgerechten" Portionen).

VERHALTEN

Die Vögel halten sich am liebsten im Laubwerk dicht über dem Boden auf. Sie sind durchweg ruhige Vögel; nur im Frühjahr ist der Gesang des Männchens nicht zu überhören. Bei guter Pflege und bedächtigem Vorgehen fassen die Tiere bald Vertrauen zu ihrem Halter. Sie bleiben jedoch schreckhaft und empfindlich gegen Störungen. Diese Drosseln müssen wenigstens einmal am Tag baden können. Stellen Sie dazu eine schwere, glasierte Keramikschale auf den Boden und entfernen Sie diese rechtzeitig, damit die Vögel nicht vom verschmutzten Wasser trinken.

ZUCHT

Das schüsselförmige Nest wird nachlässig in einem dichten Strauch gebaut. Man kann mit etwa 4 hellgrünen, dunkel gemusterten Eiern rechnen, aus denen nach 14 Tagen die Jungen schlüpfen. Sie werden fast ausschließlich mit Lebendfutter aufgezogen und fliegen nach 2–3 Wochen aus. Da sie dann noch nicht selbständig sind, werden sie noch einige Wochen bewacht und gefüttert, bis sie selbst für sich sorgen können.

Schamadrossel, Weibchen

Copsychus malabaricus

SCHAMADROSSEL

VERBREITUNGSGEBIET

Südostasien, vor allem Indien und Indonesien.

GRÖSSE

Ungefähr 23–27 cm.

GESCHLECHTSUNTERSCHIEDE

Die Weibchen sind matter gefärbt als die Männchen und haben kürzere Schwänze. Beide Geschlechter singen.

VERTRÄGLICHKEIT

Die meisten Schamadrosseln verhalten sich anderen Arten gegenüber wenig freundlich. Manchmal kommen sie sogar mit Artgenossen nur schlecht zurecht. In Freiheit leben sie außerhalb der Brutzeit als Einzelgänger. Wer mehrere Schamadrosseln halten will, sollte am besten ein Paar erwerben. Auch dann ist Aufmerksamkeit geboten, weil es zu erbitterten Kämpfen kommen kann. In einer sehr geräumigen Außenvoliere kann man sie beispielsweise gemeinsam mit ein paar (ebenfalls robusten) Staren halten. Bei dieser Art Spezies ist es durchaus möglich, nur ein Einzeltier zu pflegen. Vergesellschaften Sie aber auf gar keinen Fall mehrere Männchen dieser Vogelart!

UNTERBRINGUNG

In Indien – einem Teil ihres natürlichen Verbreitungsgebietes – werden diese Vögel wegen ihres Gesangs häufig in Käfigen gehalten. Auch in westlichen Ländern ist diese Haltungsform möglich, doch sollten die Tiere dann von Jugend auf daran gewöhnt sein. Zur Unterbringung kommen unter anderem so genannte „Amselkäfige" in Frage, die sehr breit sind und nur an der Frontseite aus Gitterwerk bestehen. Wer diese Vögel züchten und unter naturnahen Bedingungen halten will, sollte dies in einer dicht bepflanzten Außenvoliere tun. Ihr Boden sollte aus möglichst natürlichem Substrat (beispielsweise aus Garten- oder Walderde) bestehen, in dem die Vögel nach einem Teil ihres täglichen Futters scharren können.

HALTUNGSTEMPERATUR

Während der Sommermonate kann man Schamadrosseln ruhig in einer Außenvoliere halten, doch wenn es kalt wird, muss der Schlag unbedingt geheizt werden. Besser noch ist es, die Vögel bereits im Herbst ins Haus zu holen.

FÜTTERUNG

Diese Drosseln sind nahezu reine Insektenfresser. Hochwertige Insektenpastete kann als Grundnahrung dienen, doch muss man den Vögeln daneben möglichst auch lebende Insekten anbieten. Sie schätzen vor allem Mehlwürmer, die man jedoch nur sparsam verfüttern darf, weil diese sehr viel Fett enthalten. Geben Sie den Drosseln lieber ein abwechslungsreiches Futter: in Frage kommen unter anderem Spinnen, Käfer, Getreideschimmelkäferlarven, Grillen und Heuschrecken. Daneben fressen die Tiere ab und zu gern frisches Grünzeug und Beeren.

VERHALTEN

Schamadrosseln baden sehr gern und brauchen immer eine Gelegenheit dazu, damit sie ihr Gefieder in Ordnung halten können. Stellen Sie also täglich eine glasierte Keramikschale mit frischem Wasser auf den Boden der Voliere. Wenn man diese lebhaften, neugierigen Vögel als Einzeltier pflegt, können sie sehr zahm werden. Dann sollte man sie regelmäßig aus dem Käfig lassen, damit sie ihre Flügel trainieren. Beide Geschlechter können singen, doch klingt der Gesang des Weibchens deutlich eintöniger. Außerdem lernen sie manchmal, die Stimmen anderer Vögel zu imitieren. Schamadrosseln halten sich gern auf dem Boden der Voliere auf.

ZUCHT

Schamadrosseln vermehren sich am ehesten in einer großen, bepflanzten Außenvoliere. Wegen ihrer Unverträglichkeit sollte man die Partner erst aneinander gewöhnen – doch so, dass sie einander sehen, aber nicht verletzen können. Das Nest wird durchweg in einem halb offenen Nistkasten gebaut, und zwar aus verschiedenen Materialien (etwa Kokosfasern und Grashalmen). Aus den etwa 4 Eiern schlüpfen nach 11–13 Tagen die Jungen. Sie werden von beiden Eltern mit verschiedenen Insekten (etwa Getreideschimmelkäferlarven, Grillen und Spinnen) großgezogen. Mehlwürmer sollte man nicht anbieten, da sie von den Jungen nicht bewältigt werden können. Nach

Dajaldrossel, Männchen

etwa 2 Wochen fliegen die Jungen aus. Wenn sie ein paar Wochen später ausgewachsen sind, sollte man sie von ihren Eltern trennen.

Copsychus saularis

DAJALDROSSEL

VERBREITUNGSGEBIET

Indien, Indonesien, Malaysia, Philippinen.

GRÖSSE

Ungefähr 18–21 cm.

GESCHLECHTSUNTERSCHIEDE

Der Unterschied zwischen den Geschlechtern ist leicht zu erkennen: die Weibchen sind kleiner und gräulich gefärbt, während die Männchen dieser Art überwiegend schwarz-weiß gefiedert sind.

VERTRÄGLICHKEIT

Dajaldrosseln vertragen sich mit anderen, etwa gleich großen Volierenbewohnern normalerweise gut. Sobald jedoch die Brutzeit anbricht, können sie sowohl gegenüber Artgenossen als auch gegen andere Vogelarten sehr unverträglich werden. Sie fassen sehr schnell Zutrauen zu ihrem Pfleger und können überaus zahm werden.

UNTERBRINGUNG

Man kann diese Vögel sowohl in einer gut bepflanzten Außen- oder Zimmervoliere als auch in einem geräumigen Stubenkäfig halten. Da diese Tiere großen Wert auf Deckung legen, hält man sie am besten in einem „Drosselkäfig": dabei handelt es sich um einen Käfig, der wenigstens 80 cm lang ist und nur an der Frontseite aus Gitterwerk besteht. Wer

Dajaldrossel, Weibchen

diese Vögel züchten will, pflegt sie besser in einer dicht bepflanzten Außenvoliere. Als Bodengrund wählt man am besten Garten- oder Walderde, in der die Vögel nach Nahrung suchen können.

HALTUNGSTEMPERATUR

Dajaldrosseln sind robuste Vögel, die mit unserem gemäßigten Klima durchweg gut zurechtkommen. Allerdings brauchen sie unbedingt einen gegen Zugluft, Frost und Nässe gesicherten Schlag.

FÜTTERUNG

Diese Vögel sind reine Insektenfresser. Als Grundnahrung bietet man ein hochwertiges Universalfutter und Insektenpastete an, welche mit kleinen Insekten und deren Larven angereichert werden. In Frage kommen etwa Mehlwürmer, Spinnen, Käfer, Grillen und Getreideschimmelkäferlarven.

VERHALTEN

Dajaldrosseln können schön und abwechslungsreich singen. Man findet sie oft am Boden der Voliere beziehungsweise des Käfigs, wo sie den größten Teil ihres Futters zusammenscharren. Diese Vögel brauchen unbedingt täglich ein Wasserbad. Stellen Sie dazu eine glasierte Keramikschale auf den Boden und erneuern Sie das Wasser im Verlauf des Tages nach Möglichkeit mehrmals. Wenn es nicht möglich ist, den Vögeln eine Badegelegenheit anzubieten, kann man sie auch täglich mit einer Pflanzenspritze besprühen.

ZUCHT

Dajaldrosseln vermehren sich praktisch ausschließlich in Außenvolieren, wo sie ein ruhiges, geschütztes Plätzchen in der Vegetation aussuchen. Man kann den Vögeln dabei behilflich sein, indem man im Laubwerk an verschiedenen Stellen Nistkästen aufhängt (am besten solche aus hohlen Baumstämmen). Diese sollten einen Innendurchmesser von wenigstens 30 cm aufweisen und mindestens 30 cm hoch sein. Als Nistmaterial kommt allerhand feines, weiches Material in Frage, unter anderem Heu, Pflanzenwurzeln, trockenes Laub und Tierhaare. Dajaldrosseln legen im Schnitt 4–5 blaugrüne Eier mit bräunlichen Flecken. Sie werden 12–14 Tage lang ausschließlich vom Weibchen bebrütet. Die Fütterung der Jungen übernehmen beide Elternteile. Vor allem in dieser Lebensphase kommt es darauf an, dass die Jungvögel in ausreichender Menge verschiedene Insekten und deren Larven bekommen. Nach etwa zwei Wochen werden die Jungen flügge (manchmal schon etwas früher).

14 Stare – Sturnidae

Gracula (religiosa) religiosa

GROSSER BEO

Gracula (religiosa) indica

KLEINER BEO

Gracula (religiosa) intermedia

MITTLERER BEO

VERBREITUNGSGEBIET

Asien (unter anderem Indonesien, China, Indien und Sri Lanka).

GRÖSSE

Großer Beo: ungefähr 28–30 cm.
Kleiner Beo: ungefähr 25 cm.
Großer Beo: ungefähr 25–27 cm.

GESCHLECHTSUNTERSCHIEDE

Bei dieser Art gibt es keine äußeren Geschlechtsunterschiede.

VERTRÄGLICHKEIT

Beos sind äußerst gesellige Vögel, die sich sehr

Beos sind gesellige Vögel

Links: Königsglanzstar

Beos

gut miteinander vertragen können. In Freiheit leben sie in Gruppen; diese Haltungsform ist auch in der Voliere möglich. Man kann die Tiere ohne weiteres paarweise pflegen (sie bleiben einander ein Leben lang treu), aber auch einzeln. In diesem Fall brauchen die Vögel allerdings sehr viel Zuwendung, um zu verhindern, dass sie vor sich hin kümmern oder gar verschiedene Verhaltensstörungen entwickeln. Wenn man diese Tiere auf zu engem Raum hält, kann man nicht erwarten, dass jederzeit Harmonie herrscht: jeder Vogel braucht genug Platz zur Entfaltung. In einer Außenvoliere ist es möglich, diese Tiere mit anderen Arten zu vergesellschaften. Im Hinblick auf das Wohlergehen der Mitbewohner (und ihrer Eier und Jungvögel) sollten die betreffenden Spezies jedoch immer wenigstens gleich groß und wehrhaft sein.

UNTERBRINGUNG

Am besten hält man Beos in einer großen Außenvoliere mit einem beheizbaren Schlag. Eine Bepflanzung kommt den Vögeln sehr entgegen, da sie durchweg Schatten lieben: man trifft sie nur selten in der prallen Sonne an. Alternativ kann man Beos auch in einem geräumigen Stubenkäfig oder einer Zimmervoliere pflegen. Ein Nachteil von Beos – und allen anderen Insekten- und Fruchtfressern – besteht jedoch darin, dass ihrer Exkremente sehr dünnflüssig sind, so dass die Umgebung des Käfigs häufig gesäubert werden muss. Wenn der Käfig an mehreren Seiten geschlossen ist („Drosselkäfig"), halten sich die Reinigungsarbeiten in etwas engeren Grenzen. Beos schlafen – auch wenn man sie als Stubenvögel hält – am liebsten in Nistkästen.

HALTUNGSTEMPERATUR

Beos stammen aus den Tropen und sind deshalb sehr wärmeliebende Vögel. Obwohl man sie während der Sommermonate auch in Außenvolieren pflegen kann, muss man die Tiere im Herbst ins Haus holen. Man kann den Schlag auch im Herbst und im Winter beheizen.

FÜTTERUNG

Man gibt den Vögeln als Grundnahrung ein gebrauchsfertiges, eisenarmes Universal- oder Beofutter, das mit ebensolcher Insektenpastete angereichert wird. Außerdem fressen sie gern Insekten (beispielsweise Mehlwürmer) sowie hin und wieder weiches Obst und Beeren.

VERHALTEN

Beos nehmen sehr gern ein Bad. Stellen Sie deshalb jeden Tag eine schwere Schale mit frischem Wasser auf den Boden. Sie werden bald feststellen, dass sie davon eifrig Gebrauch machen. Beos sind auch begabte Imitatoren: Wer sich ein junges Einzeltier anschafft, kann es mit Leichtigkeit zahm machen. Außer allerlei Flötentönen kann es auch menschliche Stimmen sehr treffend nachzuahmen lernen –

sogar besser als manche Papageien! Nachteilig ist jedoch, dass sie sich sehr lautstark vernehmlich machen können (was kaum jedermanns Sache sein dürfte). Diese Vögel fliegen gern, klettern aber gar nicht.

ZUCHT

Die Zucht von Beos ist nicht einfach. Viel hängt davon ab, ob die künftigen Partner einander leiden können. Auch die Qualität und Zusammensetzung des Futters, die Unterbringung und die allgemeine Verfassung spielen natürlich eine Rolle. Der Nistkasten sollte bei 25 x 25 cm Grundfläche etwa 45–50 cm hoch sein. Der Durchmesser des Fluglochs sollte etwa 10 cm betragen. Diese Vögel bauen ein Nest aus grobem Material, etwa dürren Blättern, Heu, Grashalmen, Federn und Kokosfasern. Ein durchschnittliches Gelege besteht aus 2 Eiern. Diese sind blaugrün mit hellbraunen Flecken. Die Jungen schlüpfen nach etwa zwei Wochen aus dem Ei. Sie werden von beiden Eltern hauptsächlich mit Insekten (etwa Grillen, kleinen Heuschrecken, Zophobas-Larven und Mehlwürmern [sparsam!]) gefüttert. Außerdem fressen sie gern klein geschnittenes Rinderherz und mit Kalk bestreuten Tahoe. Mit etwa vier Wochen fliegen sie aus; da sie noch nicht selbst für sich sorgen können, werden sie noch einige Wochen von den Altvögeln bewacht und gefüttert.

Pagodenstar

Sturnus pagodarum

PAGODENSTAR

VERBREITUNGSGEBIET

Indien, Nepal und Sri Lanka.

GRÖSSE

Ungefähr 20 cm.

GESCHLECHTSUNTERSCHIEDE

Die Geschlechter sind nur mit Mühe zu unterscheiden. Im Allgemeinen lässt sich sagen, dass die Weibchen etwas kleiner als ihre männlichen Artgenossen sind; außerdem haben sie kürzere Schwänze.

VERTRÄGLICHKEIT

Pagodenstare bilden in der freien Natur gern kleine Gruppen. In der Voliere lassen sie sich jedoch auch paarweise pflegen. Sie können sehr zahm werden, wenn sie als Jungvögel viel Zuwendung erhalten und der Pfleger dabei auf behutsame Weise vorgeht. Als Mitbewohner der Voliere kommen unter anderem Bülbüls sowie andere Stare und Timalien in Frage. Mit kleineren, zarten tropischen Vögeln sollte man diese Stare besser nicht vergesellschaften.

UNTERBRINGUNG

Am wohlsten fühlen sich Pagodenstare in einer üppig bepflanzten Außenvoliere.

HALTUNGSTEMPERATUR

Diese robusten Vögel können ohne weiteres in einer Außenvoliere gehalten werden, die an einem geschützten Platz steht. Während der Wintermonate müssen sie sich in einen gut isolierten Schlag zurückziehen können. Unter diesen Umständen erübrigt sich eine Heizung.

FÜTTERUNG

Als Grundnahrung gibt man diesen Vögeln ein gutes Universalfutter und Insektenpastete. Außerdem brauchen sie unbedingt Lebendfutter (beispielsweise Mehlwürmer und Grillen). Obst und Ähnliches wird ebenfalls gern gefressen, beispielsweise kleine Stückchen Birne, Apfel und Orange. Diese farbenprächtigen Stare nehmen überdies auch sehr gern eingeweichte Rosinen und Honig zu sich.

VERHALTEN

Für einen Star sind diese intelligenten Vögel verhältnismäßig ruhig. Einzeltiere, die von Jugend auf an Menschen gewöhnt sind, können überaus zahm werden, benötigen aber in Ermangelung von Artgenossen sehr viel Zuwendung und Ablenkung. Pagodenstare baden gern und müssen täglich die Gelegenheit dazu

haben. Neben diversen Rufen kann diese Art auch einen sehr schönen Gesang hervorbringen. Nachts schlafen die Tiere am liebsten in Schlafnestern.

ZUCHT

Manche Exemplare brüten ohne weiteres in der Gemeinschaftsvoliere, während viele andere in dieser Phase keinerlei Störung vertragen können. Wenn sicher mit Störfaktoren zu rechnen ist, sollte man die Vögel besser in einer eigenen, möglichst ruhig gelegenen Voliere unterbringen. Am liebsten brüten sie in „natürlichen" Nistkästen (etwa in hohlen Baumstämmen). Diese sollten bei einem Innendurchmesser von 15–20 cm etwa 30 cm hoch sein. Als Nistmaterial verwenden die Tiere welke Blätter, Federn und Heu. Man kann mit 3–5 Eiern rechnen, die vom Weibchen etwa 14–15 Tage lang bebrütet werden. Beide Elternteile füttern die Jungvögel, welche abwechslungsreiche Insektenkost benötigen, um sich optimal zu entwickeln. Nach etwa 2–3 Wochen fliegen die Jungen aus, doch werden sie noch etwa zwei Wochen lang von den Eltern bewacht und gefüttert. Ein gesundes Zuchtpaar kann in einer Saison mehrere Bruten aufziehen.

Cosmopsaurus regius

KÖNIGSGLANZSTAR

VERBREITUNGSGEBIET

Östliches Afrika.

GRÖSSE

Ungefähr 32–35 cm.

GESCHLECHTSUNTERSCHIEDE

Die Männchen sind bei dieser Art durchweg größer als die Weibchen und haben außerdem längere Schwänze.

VERTRÄGLICHKEIT

In Freiheit bilden diese Vögel gern kleine

Königsglanzstar

Gruppen. Dies kann auch in der Voliere gelingen. Vergesellschaften Sie diese Vögel wegen ihrer Zudringlichkeit und ihrer Größe nicht mit kleineren Arten!

UNTERBRINGUNG

Man kann diese Vögel während der Sommermonate in einer üppig bepflanzten, überdachten Außenvoliere pflegen, wenn diese an einer windgeschützten Stelle steht und über einen schützenden Schlag verfügt. Auch die Haltung in einem geräumigen Stubenkäfig ist möglich.

HALTUNGSTEMPERATUR

Königsglanzstare sind äußerst empfindlich gegen Kälte und Nässe. Im Sommer kann man sie im Freien halten.
Sobald es jedoch kühler wird und allgemein ungünstigere Witterungsbedingungen vorherrschen, sollte man die Tiere besser ins geheizte Hausinnere holen.

FÜTTERUNG

Als Grundnahrung erhalten die Vögel ein gutes Universalfutter und Insektenpastete, welche mit lebenden Insekten und allerlei weichem, süßem Obst und Beeren angereichert werden. Vor allem während der Brutzeit brauchen die Tiere unbedingt lebende Insekten.

VERHALTEN

Königsglanzstare wissen ein Wasserbad zu schätzen. Frisches, sauberes Badewasser muss daher jederzeit verfügbar sein. Diese Vögel werden bei guter Pflege und bedächtiger Annäherung sehr zutraulich. Diese Art singt nicht, gleicht das aber mit ihrem attraktiven Gefieder und ihrem interessanten Verhalten weitgehend aus.

ZUCHT

Diese Vögel brüten am liebsten in geräumigen „Naturnistkästen". Sie legen im Durchschnitt 2–4 hellblaue, braun gefleckte Eier. Diese werden vom Weibchen ungefähr 14 Tage lang bebrütet. Die Jungen erhalten als Nahrung hauptsächlich Lebendfutter (vor allem Mehlwürmer und Grillen sind sehr beliebt). Wenn die Jungvögel mit etwa 4 Wochen ausfliegen, werden sie noch ziemlich lange von ihren Eltern gefüttert und betreut. Königsglanzstare reagieren empfindlich auf Störungen und können sogar Eier und Junge im Stich lassen, wenn sie zu wenig Ruhe haben.

Lamprotornis suberbus (Synonym: Spreo superbus)

DREIFARBEN-GLANZSTAR

VERBREITUNGSGEBIET

Ostafrika.

GRÖSSE

Ungefähr 19–21 cm.

GESCHLECHTSUNTERSCHIEDE

Die Geschlechter sind mit bloßem Auge nicht voneinander zu unterscheiden.

VERTRÄGLICHKEIT

Artgenossen gegenüber sind diese farbenprächtigen Vögel sehr verträglich. Da sie Gesellschaft schätzen, hält man sie in einer

Dreifarbenglanzstar

Dreifarben-Glanzstar

Dreifarben-Glanzstar

Außenvoliere am besten zusammen mit einigen Artgenossen. Mit anderen Vogelarten vertragen sie sich recht gut, doch sollte man sie besser nicht zusammen mit allzu zarten beziehungsweise kleinen Spezies pflegen. Während der Brutzeit können diese Vögel sehr aggressiv werden. Je größer die Voliere ist und je mehr Raum den einzelnen Paaren zur Verfügung steht, desto weniger besteht Anlass zur Sorge.

UNTERBRINGUNG

Diese Glanzstarart gehört am besten in eine geräumige Außenvoliere, doch kann man sie nach einer Eingewöhnungsphase auch in einer großen Zimmervoliere in der Wohnung pflegen. Eine Bepflanzung ist immer erforderlich.

HALTUNGSTEMPERATUR

Der Dreifarben-Glanzstar ist ein widerstandsfähiger Vogel, den man sowohl im Sommer als auch im Winter in der Außenvoliere halten kann. Bei anhaltendem Frost oder sehr kühlem Wetter muss allerdings ein beheizbarer Schlag vorhanden sein.

FÜTTERUNG

Als Grundnahrung erhalten Dreifarben-Glanzstare ein gutes Universalfutter; zusätzlich brauchen sie allerdings auch Lebendfutter. In Frage kommen unter anderem Mehlwürmer, Pinky-Maden und Grillen. Sehr gern fressen die Vögel auch Früchte, vor allem diverse Beerensorten.

VERHALTEN

Dieser Glanzstar ist ein lebhafter, kluger und neugieriger Vogel, der gern und häufig badet. Eine große Schale auf dem Volierenboden, deren Inhalt man täglich erneuert, wird allzeit gern angenommen. Dreifarben-Glanzstare können recht zahm werden. Auch in der Voliere siegt die Neugier häufig über die Angst, so dass die Tiere schließlich sogar aus der Hand fressen.

ZUCHT

Die Zucht dieser Vögel bereitet keine große Mühe. Dazu brauchen die Tiere einen innen etwa 20 cm weiten Nistkasten, der mit verschiedenen Materialien gepolstert wird. Ein Gelege umfasst zwischen 2 und 4 Eier, aus denen nach ungefähr 12–14 Tagen die Jungen schlüpfen. Die Schalen der Eier sind blaugrün. Beide Elternteile kümmern sich um die Fütterung der Jungen, und wenn man mehrere Dreifarben-Glanzstare hält, kann es vorkommen, dass diese einander dabei behilflich sind. Die Altvögel ziehen ihre Jungen fast ausschließlich mit Insekten (beziehungsweise deren Larven und Puppen) groß. Es ist denn auch äußerst wichtig, dass diese mehrmals täglich in ausreichenden Mengen verfügbar sind. Wenn die jungen Dreifarben-Glanzstare etwa ein Alter von drei Wochen erreicht haben, werden sie flügge. Sie haben dann noch keinen Bruststreifen, und ihre Iris ist noch schwarz. Mit 5–6 Wochen können sie allemal selbst für sich sorgen, dann sollte man sie von den Eltern trennen.

Lamprotornis purpureus

PURPUR-GLANZSTAR

VERBREITUNGSGEBIET

Afrika, vor allem Kamerun, Senegal, Uganda und Kenia.

GRÖSSE

Ungefähr 23–25 cm.

GESCHLECHTSUNTERSCHIEDE

Beide Geschlechter sind völlig identisch gefärbt. Die Weibchen sind durchweg etwas kleiner als die Männchen.

VERTRÄGLICHKEIT

Purpur-Glanzstare sind nicht unbedingt für ihre

Verträglichkeit berühmt. Vor allem während der Brutzeit können sie gegenüber kleineren Vögeln sehr ausfällig werden. Wenn eine ausreichend große Außenvoliere zur Verfügung steht, kann man sie auch mit anderen wehrhaften, wenigstens gleich großen Vogelarten vergesellschaften.

UNTERBRINGUNG

Am wohlsten fühlen sich diese Vögel in einer passenden überdachten Außenvoliere mit üppiger Bepflanzung. Geeignet sind neben immergrünen Gewächsen vor allem blühende Sträucher: sie ziehen Insekten an, welche die Vögel sehr gern erbeuten.

HALTUNGSTEMPERATUR

Purpur-Glanzstare sind sehr widerstandsfähige Vögel. Nur während der Wintermonate brauchen sie einen gut isolierten Schlag für die Nacht.

FÜTTERUNG

Als Grundnahrung gibt man diesen Vögeln ein hochwertiges Universalfutter und Insektenpastete, welche man mit etwas Obst, Beeren und Rosinen sowie täglich (!) einigen lebenden Insekten anreichert.

VERHALTEN

Es handelt sich um eine lebhafte, zudringliche

Purpur-Glanzstar

Purpur-Glanzstar

und neugierige Vogelart. Die Tiere nehmen gern ein Wasserbad, und man muss ihnen schon eine Gelegenheit dazu bieten. Sie durchstöbern alle Winkel der Voliere, sind aber sehr häufig auf dem Boden zu finden, wo sie gemeinsam nach Futter scharren.

ZUCHT

Ein geeigneter Nistkasten sollte bei einem Durchmesser von wenigstens 25 cm etwa 40 cm hoch sein, wobei der Durchmesser des Fluglochs etwa 6–7 cm beträgt. Der Nistkasten wird von den Vögeln innen mit zahlreichen Zweigen und Blättern ausgekleidet. Man kann mit etwa 3–4 Eiern rechnen; diese sind hell-blaugrün und tragen dunkle Flecken. Sie werden ausschließlich vom Weibchen bebrütet. Das Männchen bleibt ständig in der Nähe, um das Nest zu bewachen. Nach einer Brutzeit von etwa 14 Tagen schlüpfen die Jungen aus dem Ei. Die jungen Glanzstare werden von beiden Eltern praktisch ausschließlich mit Lebendfutter (beispielsweise Mehlwürmern, Grillen, Zophobas-Larven und Heuschrecken) versorgt. Daneben bekommen sie auch ein wenig Grünfutter zu fressen. Sobald sie etwa drei Wochen alt sind, fliegen sie aus. Bis sie völlig selbständig sind, werden sie noch ein Weilchen von den Eltern gefüttert und bewacht.

Register

Weißkopfnonnen

Schwarzkopfnonne

Rotloris

Diamantastrilde

Bindenastrild

Blauer Halsbandsittich

Schönsittich

Prachtlori („Gelbmantel")

Blauer Pennantsittich

Dominikanerkardinal

Graukardinal

Bergsittich

Safranammer, Weibchen

Schwarzbrüstchen

Blaukopfastrilde, Pärchen

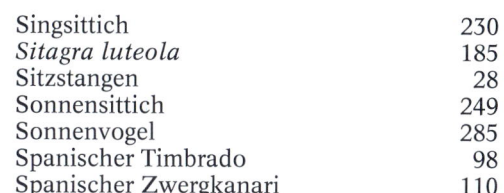

„Geperlter" Nymphensittich

Weißohr-Bülbül

Mohrenkopfpapagei

Yorkshire

Lizard

Wichtige Anschriften

Verband Gemeinnütziger Tier- u. Vogelparks
– z. Hd. Herrn Michael
LAUTENSCHLÄGER –
Stockäckerweg 18
D-69234 DIELHEIM

Interessengemeinschaft für Erhaltungszucht exotischer Vögel
„Estrilda"
– z. Hd. Herrn Dr. Karl A. KAISER –
Ostmarkstr. 19
D-48145 MÜNSTER

Internationaler Cardueliden-Club e.V. (ICC)
– z. Hd. Herrn Jörg NITSCHKY-GERMANN–
Heinrich-Engel-Str. 14
D-64572 BÜTTELBORN

Deutscher Farben-Kanarien-Züchterbund e.V. (D.F.K.B.)
– 1.Vorsitzender Josef LAUFENBERG –
Max-Planck-Str. 135
D- 53177 Bonn

Deutscher Kanarienzüchter-Bund e.V. (DKB)
– z. Hd. Herrn Geschäftsführer Werner
KNEULE –
Salenbergstr. 49
D-72250 FREUDENSTADT

Gesellschaft für Tropenornithologie (GTO)
– z.Hd. Frau Corinna BARTSCH –
Kohlseeweg 7
D-63303 DREIEICH

Thüringer Landesverband der Vogelzüchter u. -liebhaber e.V.
– z.Hd. Herrn Rudolf KÜRSTEN –
Weinbergstr. 20
D-07407 Rudolstadt/THÜRINGEN

Vereinigung für Artenschutz, Vogelhaltung und Vogelzucht (AZ) e.V.
Deutscher Wellensittichzüchter-Verein e.V.
Bendhütter Straße 168
D-41066 MÖNCHENGLADBACH

Bund Deutscher Waldvogelpfleger e.V. (WVP)
– z. Hd. Herrn Georg RIEDL –
Große Heide 108
D-29553 BIENENBÜTTEL

Verband deutscher Waldvogel-Pfleger u. Vogelschützer (VdW)
– z. Hd. Herrn Geschäftsführer Herbert
GEITNER –
Monestr. 25
D-76669 BAD SCHÖNBORN

Deutsche Standard Wellensittiche Züchterverein. e.V. (DSV)
– z. Hd. Herrn Hans-Jürgen LENK –
Schildsheider Str. 25
D-40699 ERKRATH

Vereinigung für Artenschutz, Vogelhaltung u. Vogelzucht e.V.
– z.Hd. Herrn GF Helmut UEBELE –
Postfach 11 68
D-71522 BACKNANG

Vereinigung Ziergeflügel u. Exotenzüchter e.V. (VZE)
– Frau Anita WÖHRMANN –
Spreeaue 14
D-03130 SPREMBERG

Danksagung

Der Verlag und die Autorin möchten an dieser Stelle den folgenden Personen und Institutionen – sämtlich Experten auf ihrem Gebiet – für die von ihnen bereitwillig zur Verfügung gestellten Informationen danken:

Der Firma TEURLINGS, Waalwijk (Fütterung); Herrn J. J. AELBRECHT (Harzer Roller); Herrn G. M. ESSENBERG (Frucht- und insektenfressende Vögel); Herrn G. VAN GEFFEN (Preisrichter); Herrn T. DE GRAAF (Loris, Papageien und Kakadus); Herrn P. V. D. HOOVEN (Wachteln, Tauben und Prachtfinken); Herrn R. J. VAN DER HULST (Kardinäle); Herrn J. DE NIJS (europäische Ziervögel); Herrn F. PIJNEN (Ammern); Herrn F. SCHOLTES (Farbkanarienvögel); Herrn A. SPAAN (Webervögel); Herrn M. C. STEENBAKKERS (Großsittiche und Agaporniden); Herrn H. WARMERDAM (Wasserschläger).

Desgleichen dankt die Autorin dem Vorstand und den Mitarbeitern des „Bondsbureau van de NBvV", die während der Vorarbeiten für diese Enzyklopädie allzeit bereit waren, notwendige Informationen beizusteuern.

Herzlichen Dank verdienen schließlich die Fotografen A. DE BRUIJN und Dion DE BAKKER sowie Dr. R. J. VAN Hulst von der Firma TEURLINGS in Waalwijk, die zusätzliches Bildmaterial zur Verfügung stellten.

Bildnachweis

Die meisten Bilder stammen von Herrn Pieter V. D. HOOVEN, Zwolle.

Folgende Bilder wurden von Frau Dion DE BAKKER (DDB Fotografische Vormgeving, Udenhout) angefertigt und von der Firma TEURLINGS BV (Waalwijk) zur Verfügung gestellt: 33 links; 35 alle; 36 alle; 37 links alle, rechts Mitte und unten; 38 alle; 39 alle; 40 alle; 41 oben links und oben rechts; 44 oben rechts und Mitte rechts; 44 oben rechts und Mitte rechts; 45 alle rechts und links unten.

Die Bilder auf den Seiten 196 und 198 wurden von Herrn A. de BRUIJN aufgenommen und von Herrn R. J. VAN HULST zur Verfügung gestellt.

Esther VERHOEF machte folgende Aufnahmen: 8 links unten; 10 unten; 11 rechts unten; 12 links unten; 14 rechts oben; 15 links oben und rechts oben; 16 oben; 18 beide; 20 beide; 21 rechts oben; 24; alle 27 rechts oben, rechts unten und links unten; 28 unten; 29; 30 links unten; 32 links unten und rechts oben; 34 unten; 37 rechts oben; 41 unten; 43 alle; 44 rechts unten; 46 links oben und rechts oben; 47 oben; 48 rechts oben und links unten; 49 unten; 50 rechts Mitte und rechts unten; 51 unten; 55 links oben und rechts unten; 56 links oben und unten; 68; 70 Mitte; 76; 95 rechts; 96 alle; 97 alle; 98 unten; 114; 116 alle; 119 unten; 127 rechts unten; 135 links oben; 141 links; 143 links; 165 unten; 166 oben; 170 unten; 171 oben; 179 rechts unten und links unten; 202; 205; 208 rechts; 209; 210 unten; 212 unten; 213 rechts oben und links unten; 218; 219 rechts oben; 221 unten; 223 links oben; 225 unten; 228 unten; 237 unten; 249; 259 links; 251 links oben; 254 rechts oben; 260 rechts unten; 268 unten; 275; 286 unten; 297 unten; 299; 300 links; 305 rechts oben; 306 links unten; 308 links oben und 310 rechts oben.